Das Geschlecht des Rechtsstaats

Reihe »Politik der Geschlechterverhältnisse«
Band 17

herausgegeben von Cornelia Klinger, Eva Kreisky, Andrea Maihofer und Birgit Sauer

Gabriele Wilde, Dr. phil., Politologin M.A., arbeitet als wissenschaftliche Mitarbeiterin in einem DFG-Projekt zur »Verfassungspolitik in der EU« an der Universität-Gesamthochschule Essen. Sie ist Mitbegründerin und Mitherausgeberin der *femina politica. Zeitschrift für feministische Politikwissenschaft*.

Gabriele Wilde

Das Geschlecht des Rechtsstaats

Herrschaftsstrukturen und Grundrechtspolitik in der deutschen Verfassungstradition

Campus Verlag
Frankfurt/New York

2. Auflage, unveränderter Nachdruck 2021
Druck Bindung: Books on Demand

Die Deutsche Bibliothek – CIP-Einheitsaufnahme

Ein Titeldatensatz für diese Publikation ist bei
Der Deutschen Bibliothek erhältlich
ISBN 3-593-36871-4

Umschlaggestaltung: Guido Klütsch, Köln
Druck und Bindung: KM-Druck, Groß-Umstadt
Gedruckt auf säurefreiem und chlorfrei gebleichtem Papier.
Printed in Germany

Inhalt

Einführung

1. Rechtsstaat und Geschlechterverhältnisse

„...Sei unser Staat verrenkt und aus den Fugen"

(Shakespeare, Hamlet)

Der deutsche Rechtsstaat steht für innere Sicherheit, soziale Gerechtigkeit und umfassende Demokratisierung. Diese Auffassung ist bis heute tief im politischen Denken verankert. Allein schon der Gedanke, ohne dieses im Grunde typisch deutsche Ordnungsmodell auskommen zu müssen, evoziert bei vielen das Schreckensbild des politischen Supergaus. Bis heute rechtfertigt der deutsche Rechtsstaat seinen Hegemonialanspruch gegenüber der politisch-demokratischen Gesellschaft mit seiner Kompetenz, politische Mehrheiten durch das Recht zu begrenzen sowie den demokratischen Prozeß über rechtliche Verfahren zu regeln. Wie stark wir tatsächlich auf diese interessensneutrale, homogenisierende Instanz vertrauen, wird offenkundig, wenn wir den Rechtsstaat als Garanten gleicher Grund- und Freiheitsrechte verstehen, der in dieser Funktion Bereiche individueller und gesellschaftlicher Selbstbestimmung schützt und damit eine wesentliche Voraussetzung für politische Partizipation schafft.

Normativ gesehen ist die Rechtsbindung aller politischen Gewalten in Zusammenhang mit der Grundrechts- und Freiheitssicherung auch eine wesentliche Voraussetzung demokratischer Geschlechterverhältnisse. Allerdings erscheinen die Leistungen des Rechtsstaats unter geschlechtlicher Perspektive als fragwürdig. Denn weder vermag er bis heute einen männlichen Mehrheitswillen erfolgreich zu begrenzen, noch führt sein Primat der Sicherung gleicher Freiheits- und Partizipationsrechte zu einem gerechten sozialen Status von Frauen, geschweige denn zur politischen Chancengleichheit zwischen den Geschlechtern. Freilich standen Fragen nach der politischen Selbstorganisation schon immer in einem Spannungsverhältnis zu einer Staatsform, die sich anmaßte, demokratische Verhältnisse qua Recht und Gesetz gewissermaßen von oben zu verordnen. Und auch wenn die Rede vom demokratischen Rechtsstaat diese Mesalliance in Abrede zu stellen versucht, kann nichts darüber hinwegtäuschen, daß der deutsche materielle Rechtsstaat – fixiert darauf, das „Unregulierbare zu regulieren" (Beyme 1990, 25) – auf ein dichotomes politisches Verständnis baute, das *erstens* die bürgerliche unpolitische Gesellschaft in den krassen Gegensatz zum freiheitssichernden Staat setzte und *zweitens* wie kein anderes europäische Land den Rechtsstaat gegen die Demokratie ausspielte.

Entpuppt sich also die Frage nach demokratischer Selbstorganisation, eingezwängt in das rechtsstaatliche Zwangskorsett, als ohnehin schwierig genug, gilt das erst recht für demokratische Geschlechterverhältnisse. Bereits die vertragstheoretischen Überlegungen unterstellten die freien und gleichen Bürger staatlicher Regelungsgewalt und verbannten mit der Konstruktion des individuellen Rechtssubjekts (vgl. Yeatman 1996) die Geschlechterdifferenz aus dem öffentlich-politischen Rechtsraum. In die Privatheit der Familie abgeschoben, konnte die geschlechtliche Differenz lange Zeit von der politischen Bühne verdrängt und mit dem Verweis auf einen gleichen Staatsbürgerstatus neutralisiert werden. Wenn überhaupt, dann gelangte die geschlechtliche Verschiedenheit der Rechtssubjekte allenfalls in Zusammenhang mit dem staatlich-rechtlichen Schutz der Familie in den politischen Blick.

Eingeklemmt zwischen dem Verfassungsschutz der Familie (vgl. Häberle 1984) und einer ent-emotionalisierten (vgl. Ebrecht 1998), von allen körperlichen und geschlechtlichen Differenzen gesäuberten Öffentlichkeit blieb der Geschlechterstatus die längste Zeit politisch unbedeutend. Erst die massiven Forderungen der Frauenbewegung nach umfassender Gleichheit sowie zahlreiche Aktionen frauenpolitischer Verbände, die gegen Diskriminierung aufbegehrten und die Demokratisierung der Geschlechterverhältnisse forderten, setzten das Geschlecht der StaatsbürgerInnen auf die politische Agenda. Unter dem Druck feministischer und frauenpolitischer Bewegung wurden seit dem Bestehen der Bundesrepublik Deutschland zahlreiche Regelungen zur Gleichstellung der Geschlechter sowohl im öffentlichen als auch privaten Recht formuliert und in konkrete Gesetzesvorhaben umgesetzt. Doch die Politisierung der Geschlechterungleichheit führte bis heute nicht zur Aufhebung geschlechtlicher Asymmetrien. Vielmehr endete sie in einer rechtsstaatlichen Verkürzung staatsbürgerlicher Gleichheit, die Frauen eher in ein paternalistisches Schutz- und Abhängigkeitsverhältnis zwang, als ihnen die Freiheit zur politischen Partizipation einzuräumen.

Wenn von der These ausgegangen wird, daß rechtliche Gleichheitsfortschritte auch tatsächlich eine faktische Gleichstellung der Geschlechter in den verschiedenen politischen Bereichen bewirken, dann stellt sich spätestens an dieser Stelle die Frage, warum dies bislang im demokratischen und sozialen Rechtsstaat der Bundesrepublik Deutschland nicht eingelöst werden konnte. Gemeinhin stehen für diese Frage zwei mögliche Erklärungen zur Wahl: Entweder stellt sich faktische Gleichheit auf der Basis rechtlicher Normen und Gesetzesvorgaben tatsächlich erst mit einer zeitlichen Verzögerung ein. Dies würde bedeuten, daß die Reformierungsschübe in den nächsten Jahren konkrete und sichtbare Erfolge hinsichtlich einer Gleichstellung der Geschlechter aufweisen müßten, und zwar immer dort, wo auch Veränderungen im Recht erfolgt sind, wie etwa im Familienrecht, Arbeitsrecht, Eherecht etc. Doch scheint die Erklärung der zeitlichen Verzögerung insoweit unwahrscheinlich, als auch die rechtlichen Gleichstellungsmaßnahmen der 50er und 60er Jahre bislang nur wenig zu einer realen Geschlechtergleichheit beigetragen haben. Darüber hinaus widerlegen auch zahlreiche Beispiele jenseits der Geschlechterthematik die Annahme, daß von jahrzehntelangen Transformationsprozessen ausgegangen werden muß, wenn es um die Wirksamkeit rechtlicher Normen auf die gesellschaftliche Realität geht.

Angesicht der Tatsache, daß sich nicht nur an der Situation von Frauen im bundesdeutschen Rechtsstaat wenig verändert hat, sondern zahlreiche Indizien (Altersarmut, höhere Arbeitslosenzahlen) darauf hindeuten, daß die faktische Ungleichheit von Frauen zunimmt, werden diejenigen Erklärungsansätze wahrscheinlicher, die dafür strukturelle Ursachen vermuten. Sie gehen dabei von der Annahme aus, daß grundsätzliche Asymmetrien in rechtsstaatlichen Normen, Institutionen und Verfahren zur gesellschaftlichen und politischen Ungleichheit von Frauen beitragen und damit ein ungleiches Herrschafts- und Geschlechterverhältnis konstituieren. Ausgehend von dieser Annahme, müßte die Frage nach dem Geschlecht des Rechtsstaats dann zunächst lauten, inwiefern das Rechtssystem, die rechtsstaatlichen Institutionen sowie das aufgabenbezogene Handeln des Rechtsstaats geschlechtsspezifisch strukturiert sind.

Mit der vorliegenden Untersuchung möchte ich einen Beitrag zur Klärung dieser Frage leisten. Dabei geht es um eine Neubestimmung des Verhältnisses von demokratischem Rechtsstaat und Frauen, verbunden mit dem Ziel, die Bedingungen für demokratische Geschlechterverhältnisse zu hinterfragen.

Verbunden mit diesem Anliegen konzentriert sich die Forschungsarbeit auf den deutschen sozialen und demokratischen Rechtsstaat als Untersuchungsgegenstand. Bevor nun aber die zentralen Annahmen und der Forschungsverlauf vorgestellt werden, gilt es für das Verständnis des Vorhabens zunächst, die Relevanz des nationalen Rechtsstaats für das Problem ungleicher Geschlechterverhältnisse zu begründen. Schließlich ist der Siegeszug des Gleichheitsrechts in den vergangenen Jahren fortgeschritten, so daß der Anspruch gleicher Grund- und Freiheitsrechte heute als eingelöst gelten kann. Zudem, so läßt sich weiter einwenden, steht die Steuerungs- und Handlungsfähigkeit des nationalen Staates (vgl. Scharpf 1991) im Kontext fortschreitender Europäisierung und Pluralisierung ohnehin in Frage. Daß staatliche Institutionen zunehmend ihre Legitimation einbüßen, läßt sich dabei nicht nur dem Ruf nach einer Verschlankung des Staates entnehmen (vgl. Sauer 1997, 31), sondern mahnen auch Stimmen an, die den Niedergang des Wohlfahrtsstaates (vgl. Kulawik 1996) beschwören oder der Wirksamkeit des Rechtsstaats Grenzen gezogen sehen (vgl. Görlitz/Voigt 1985; Grimm 1996; Preuß 1996).

Bei aller Varianz der Einschätzung wird die Krise des nationalen Staates vielfach als Folge des Funktionswandels staatlicher Tätigkeit gesehen. Im gleichen Maße, wie der bürokratische Verwaltungsstaat und der leistungserbringende Sozialstaat expandierten, entwickelte sich der bundesdeutsche materielle Rechtsstaat besonders seit den 1970er Jahren zunehmend zum intervenierenden Sicherungsstaat (Denninger 1994a) und zum gefahrenvorbeugenden Präventionsstaat (vgl. Albrecht 1986; Denninger 1988; Grimm 1996; Hirsch 1980)[1]. Für die Entwicklung vom ordnungswahrenden hin zum sozialgestaltenden Staat werden in der Regel gesellschaftliche Modernisierungsprozesse verantwortlich gemacht. Das Versagen eines sich selbstregulierenden Marktes, die mit zunehmenden Migrations- und Immigrationstendenzen entstehende multikulturelle Vielfalt, nicht vorhersehbare Gefährdungen durch den technologischen Fortschritt sowie das Aufkommen organisierter Kriminalität brachten ein qualitativ anderes Sicherheitsbedürfnis hervor, das sich im Ausbau eines „lückenlosen Rechtsstaates" (Beyme 1990, 25) zu befriedigen suchte. Gerichtet gegen innere Feinde und Gefahren baute der Rechtsstaat unter dem Deckmantel einer „streitbaren Demokratie" seine nationalen Kompetenzen zum Schutz der Verfassung und zum Schutz einer „freiheitlich-demokratischen Grundordnung" aus (Denninger 1994a, 675 ff.).

1 Zur „Renaissance der Staatsorientierung in Deutschland" vgl. Lietzmann (1994)

Es scheint geradezu, als wenn der nationale Rechtsstaat gerade in Zeiten von Globalisierung und Internationalisierung das Band zu *seinen* StaatsbürgerInnen fester knüpfen wollte.

Offenkundig aber büßt die veränderte - nicht mehr nur planende, sondern auch steuernde - Staatstätigkeit (vgl. Kaufmann 1996, 15) einen nicht unbeträchtlichen Teil an gesellschaftlicher Legitimation ein: Denn statt Rechtssicherheit herrscht bisweilen Rechtsverunsicherung, statt individueller Selbstentfaltung machen sich Ängste vor dem Schnüffel- und Überwachungsstaat breit (vgl. Denninger 1994a, 678). Der starke Verfassungsstaat der Neuzeit und die um sich greifende Rechtsmüdigkeit mit einer starken Tendenz zur Anomie (vgl. Denninger 1995) sind zwei Seiten derselben Medaille. Die sich über die nationalen Grenzen hinaus öffnende Gesellschaft fordert nicht mehr nur den problemlösenden Staat, sondern droht sich bisweilen gegen ihn zu verschließen. Forderungen nach mehr Mitbestimmung (vgl. Landfried 1990, 78) drücken ein Mißtrauen nicht nur gegenüber dem Recht, sondern generell gegenüber dem Staat aus. Auch wenn hier noch Unklarheit herrscht, gegen welche Institutionen, Akteure und Politiken nationaler und europäischer Systeme sich die Widerstände im einzelnen konkret richten, kann eines mit Sicherheit festgestellt werden: Offensichtlich stößt „der Königsweg staatlicher Intervention“, also die „Steuerung mittels regulativer Politik“ an seine Grenzen (Mayntz 1979, 55f.). Die Zeiten, in denen die Rechtspolitik im „vorauseilenden Gehorsam“ (Beyme 1990, 25) ein dichtes Netz an Verrechtlichung schaffen konnte, scheinen vorbei. Eine Abnahme der Wirksamkeit rechtspolitischer Normen ist unübersehbar (vgl. Görlitz/Voigt 1985) und die Verdrossenheit in der öffentlichen Meinung gegenüber zuviel Regulierung (vgl. Landfried 1990, 78), vor allem der „privaten Lebensbereiche“ (Engler 1994) vielerorts spürbar.

Doch trotz dieser nachweislichen Tendenzen, welche die Wirksamkeit von Rechtsnormen brüchig werden lassen, sind die Verschiebungen im rechtsstaatlichen Gefüge viel zu komplex, als daß sie mit dem Hinweis, der Rechtsstaat sei aus der Mode gekommen, zu bewältigen wären. Deshalb wäre es auch falsch, die als Buchtitel provokativ gestellte Frage *Rechtsstaat – was sonst?* (Lisken 1996) als Zeichen von Ratlosigkeit mißzudeuten, die sich auf der Suche nach einem neuen oder anderen politischen System eingestellt haben könnte. Vielmehr gilt es zu erkennen, daß trotz gegenwärtiger Prozesse nationaler Entgrenzung und Entstaatlichung das Geschäft mit der Angst *und* der Vernunft erst gar keine ernstgemeinten Alternativen zuläßt. Viel zu groß ist die Befürchtung vor dem gesellschaftlichen Chaos und gleichermaßen unerschüttert der Glaube an die verordnete Vernunft, sich zum Wohle einer befriedeten und sicheren Gesellschaft dem Recht und Gesetz zu beugen, als daß von der staatlichen Autorität abgelassen werden könnte.[2] Daß der *Rechtsstaat als Aufgabe* (Sarstedt 1987) erst noch oder immer wieder ansteht, mag dabei eine spezifisch-juristische Haltung sein; daß aber auch aus einer dezidiert politischen Sicht der nationale Rechtsstaat im Zeitalter der Globalisierung am Leben gehalten werden soll, und sich im Zuge transnationaler Staatlichkeit lediglich neu gewandet präsentiert (vgl. Voigt 1996), zeigt sich spätestens dann, wenn das staatliche Ordnungsmodell mit dem Aspekt von Herrschaft verknüpft und erkannt wird, daß sich in Folge des Funktionswandels staatlicher Tätigkeit die dort eingeschriebene Dialektik zwischen staatlicher Herrschaft und Freiheitssicherung zwar in den letzten Jahren auf eine mitunter prekäre Art und Weise verändert, aber keineswegs relativiert hat.

Aus dieser Perspektive gerät die Grundrechts- und Freiheitssicherung als Konstituens der Beziehungen Bürgerinnen und Staat in den Blick. Die Veränderungen betreffen den Wesenskern moderner Rechtsstaatlichkeit überhaupt, indem sie das Spannungsverhältnis zwischen Herrschaft und Freiheit im staatsbürgerlichen Verhältnis neu akzentuieren. In seiner ursprünglich-liberalen Idee verkörpert der Rechtsstaat einen Staatstypus, der politische Herrschaft mittels des Rechts ausübt. Die materiale Rechtsgebundenheit alles staatlichen Handelns (vgl. Alexy 1985) schien lange Zeit die Gewähr für individuelle Selbstverwirklichung und gesellschaftliche Selbstorganisation unter hoheitlich rechtsstaatlichen Rahmenbedingungen. Bis heute ergibt sich die ordnungspolitische Relevanz - politische Einheitsbildung unter dem Primat individueller Selbstbestimmung (vgl. Habermas 1963; Grimm 1987) - aus dem Rechtsstaatsprinzip des Grundgesetzes.[3] Es verklammert die rechtsstaatlichen Institutionen der Gewaltenteilung, Rechtsbindung der Gewalten an die Grundrechte und Sozialstaatsprinzip mit demokratischer Willensbildung, indem - ein Novum in der deutschen Staatsgeschichte - auch die demokratische Gesetzgebung an das Recht gebunden ist.

---

2 Vor allem Dietze (1966, 17ff.; 1971, 526ff.) und Hayek (1971) reflektieren den Rechtsstaat als ein probates Mittel gegen die gesellschaftliche Anarchie.

3 Aus einer staatstheoretischen Perspektive steht das Rechtsstaatsprinzip im Zentrum der Ausgestaltung des Staats-BürgerInnen-Verhältnisses. Grundrechte organisieren in diesem Verständnis zwischenmenschliche, wechselseitige Beziehungen zum Austausch von Leistungen (vgl. Grimm 1994, 93). Die vertikalen Beziehungen zwischen Staat und BürgerInnen werden über das öffentliche Recht, als Strafrecht, Polizeirecht, Prozeßrecht und Steuerrecht hergestellt. Die horizontalen Beziehungen zwischen den BürgerInnen untereinander regelt das Privatrecht

Wird die Aufblähung des neuzeitlich-bundesdeutschen Rechtsstaats unter dem Vorzeichen von Inklusion und Differenz nicht nur in einem quantitativen Sinn verstanden, sondern primär in seiner qualitativen Bedeutung erfaßt, dann droht die in der liberalen Rechtsstaatsidee enthaltene Ambivalenz von individueller Freiheitssicherung und Herrschaft nun angesichts des rechtsstaatlichen Funktionswandels gänzlich ihrer Mitte verlustig zu gehen. Gefahrenvorsorge und nicht nur Abwehr von Gefahren lenkt den Blick verstärkt auf dispositionelle Problemstellungen, denen nicht mehr nur mit Verboten oder Geboten zu begegnen ist, sondern die im Grunde bereits im Vorfeld Verhaltensveränderungen bei den BürgerInnen verlangen (vgl. Landfried 1990, 77).

Bestand die vornehmlich ordnende Aufgabe des liberalen Rechtsstaats in der individuellen Freiheitssicherung, fühlt sich im Vergleich dazu die wandelnde Staatstätigkeit zunehmend für den aktiven und mitunter vorbeugenden Schutz (vgl. Preuß 1996) der BürgerInnen und für ihre Sicherheit verantwortlich. Rechtsstaatliche Strukturen stellen zunehmend eine „nachträgliche Korrektur" des demokratischen Prozesses dar. Die Grenzen zwischen Staat und Gesellschaft werden dadurch ebenso verschoben, wie zwischen Rechtsstaat und Demokratie. Dabei kommt dem Bundesverfassungsgericht insofern eine zentrale Bedeutung zu, als es zwischen Rechtsstaat und Demokratie vermittelt, also zwischen dem Schutz individueller Grundrechte und Rechten, die konstitutiv für die Organisation von Gemeinschaften sind. Wie keine andere politische Institution symbolisiert es die Dialektik von Recht und Politik, indem das Verfassungsrecht politische Machtausübung einerseits begrenzt, andererseits die Legislative aber demokratisches Recht hervorbringen soll. Rechtsstaat, rechtsstaatliche Institutionen und rechtsethische Auffassungen von Freiheit und Gleichheit verantworten gleichermaßen den demokratischen Zustand der Gesellschaft, wobei sich der demokratische Auftrag des Rechtsstaats verschiebt, insofern die Erfüllung des Vertrags nicht mehr nur daran gemessen wird, ob für alle Rechtsgleichheit und Rechtssicherheit gewährt wird, sondern inwiefern der Rechtsstaat es zu leisten vermag, gesellschaftliche Differenzen und Ungleichheiten zu einer demokratischen Gemeinschaft zu integrieren.

Der rechtliche Sicherungsstaat kommt seiner eigentlichen Aufgabe, den Rechtsschutz und die individuelle Freiheit zu sichern, unter den veränderten Bedingungen nur noch schwer nach. Für den Schutz der freiheitlichen Grundordnung wird scheinbar immer häufiger in die intimsten Lebensbereiche eingedrungen. Die vielfach geäußerte Besorgnis um die Sicherheit im Innern schränkt bedenkenlos grundlegende demokratische Freiheitsrechte wie die der freien Meinungsäußerung und das Recht auf informationelle Selbstbestimmung ein (vgl. Denninger 1994a, 679). Der staatliche Schutz um die verfassungsmäßige recht(lich)e Ordnung, und damit um ihrer Selbstwillen, enthebt sich so sukzessive seiner im liberalen Denken verankerten Legitimationsgrundlagen: Die Garantie und den Schutz individueller Grund- und Freiheitsrechte. Daß der Rechtsstaat nicht mehr nur menschenrechtliche Freiheit garantiert, sondern sich verstärkt als Produzent und Vermittler sozialer Freiheit zeigt (vgl. Grimm 1996, 620), wird im rechtsstaatlichen Diskurs als eine der folgenschwersten Konsequenzen aus dem neuen Staatshandeln gesehen.

Aus dieser skizzierten methodisch-theoretischen Ambivalenz von Rechtsstaat und Demokratie behauptet die Untersuchung die Relevanz des Rechtsstaats für gesellschaftliche (Geschlechter-)Verhältnisse und entfaltet an dem dort eingelassenen Spannungsverhältnis zwischen Freiheitssicherung und Herrschaft ihre Kritik. Dabei gehe ich von der zentralen These aus, daß rechtsstaatliche Leistungen Frauen zwar zu ihrem Recht verhelfen, nicht aber zu einer Freiheit, die auf politische und soziale Partizipation zielt. Auf dem Hintergrund der Frage, wodurch eine auf das Verhältnis von Rechtsstaat und Demokratie gegründete politische Ordnung demokratische Geschlechterverhältnisse verhindert und wie Bedingungen neu formuliert werden müssen, um die partizipative Freiheit auch von Frauen zu realisieren, ist mit dieser Forschungsarbeit also die Rede von der Wirksamkeit der Grundrechte als individuelle Menschen-und BürgerInnenrechte, von ihrem Schutz durch rechtsstaatliche Institutionen, von ihrer Positivierung durch das Gesetz und den Auswirkungen des Grundrechtsschutzes auf den sozialen und politischen Status von Frauen.

Mit der Fokussierung auf das rechtsstaatliche System gleicher Freiheitssicherung, das die Institution der Staatsbürgerschaft als Scharnier zwischen Rechtsstaat und Demokratie begründet, sollen darüber hinaus die Probleme und krisenhafte Widersprüche eines demokratischen und sozialen Rechtsstaats aufgezeigt werden, der sich seit seiner historischen Entstehung bis heute kategorisch weigert, seine Geschlechtlichkeit anzuerkennen. Mit der Analyse von Verfassungskategorien verbindet sich das Ziel, diese verdeckte Geschlechterstruktur im rechtsstaatlichen System gleicher Freiheitssicherung zu reflektieren und damit das Bedingungsgefüge von demokratischem Rechtsstaat und der politischen Freiheit geschlechtlicher Individuen sichtbar zu machen.

Hypothesen und Forschungsverlauf

Prozesse nationaler Entgrenzung und Entstaatlichung formulieren neue Aufgabenstellungen für den Staat und berühren damit auch immer das Verhältnis zwischen Staat und Demokratie. Schon seit längerem bestätigen neoliberale Tendenzen des bundesdeutschen Sozialstaats mit einem qualitativ anderen StaatsbürgerInnenverhältnis die Verschiebung im Inneren des politischen Gefüges. Ergänzend dazu behaupte ich, daß das Spannungsverhältnis zwischen Freiheitssicherung und Herrschaft, wie es in das normale Funktionieren des demokratischen und sozialen Rechtsstaat eingelassen ist und mit dem ersten Teil (I) theoretisch entfaltet wird, für Frauen eine besondere Dynamik entfaltet. die nicht ohne weiteres mit einem tradierten Verständnis moderner Rechtsstaatlichkeit erfaßt werden kann. Vielmehr vermute ich, daß in rechtsstaatlichen Normen, Institutionen und Verfahren selbst grundsätzliche, d.h. strukturelle und akteursbezogene Asymmetrien existieren, die zur sozialen und politischen Ungleichheit der Geschlechter beitragen.

Die zentralen Fragen, an denen sich der Verlauf der Untersuchung orientiert, sind: 1. Inwiefern das Geschlecht als Strukturkategorie in das rechtsstaatliche Ordnungsmodell eingelassen ist und 2. über welche Mechanismen dies den Anspruch demokratischer Geschlechterverhältnisse blockiert. Dazu wird im ersten Teil die Dominanz des Rechtsprinzips über das Demokratieprinzip im Ordnungsmodell demokratischer und sozialer Rechtsstaatlichkeit herausgearbeitet. Damit werden die Strukturelemente kenntlich gemacht, über die der Rechtsstaat Einfluß auf demokratische Prozesse und Verhältnisse nimmt (Kap. 3). Neben einer Begriffsbestimmung, die Aufschluß darüber geben soll, was genau unter dem Rechtsstaat zu verstehen ist, wird aus historischer Sicht der innere Zusammenhang von Rechtsstaat und Demokratie entlang seiner Entwicklung vom bürgerlichen Rechtsstaat ab dem 19. Jahrhundert über den demokratischen Rechtsstaat bis zum derzeitigen Stand als demokratischer Wohlfahrtsstaat entfaltet (Kap. 2).

Eine der zu bearbeitenden Problemstellungen ergibt sich dabei aus einem jeweils spezifischen Verhältnis zwischen individueller Freiheitssicherung durch den Staat und der rechtlich verbürgten Teilhabegarantie am politischen Prozeß. Denn im Vergleich zum formellen Rechtsstaat etwa der Weimarer Republik schützt der demokratische Rechtsstaat die Individuen nicht mehr nur vor staatlichen Übergriffen, die nicht an Gesetze gebunden sind, sondern er schützt vor Gesetzen, die der individuellen Freiheits- und Gleichheitssicherung widersprechen. Im Zusammenhang damit wurde die Verfassung in der Rechtspraxis aber auch in der Rechtstheorie als objektive Wertordnung definiert. Grundrechtliche Gleichheits- und Freiheitsrechte avancierten zu scheinbar objektiven Kriterien, die relativ unabhängig von den konkreten sozialen und politischen Voraussetzungen der Individuen Gültigkeit beanspruchen. Die Ausdeutung der Grundrechte als objektive Wertnormen und individuelle Grundrechtsnormen wird aus wissenschaftlicher Sicht unterschiedlich bewertet. Grundrechte als staatliche Schutzpflichten sind aus liberaler Sicht sowohl rechtsstaatlich als auch demokratisch bedenklich, weil sie sowohl Eingriffe in individuelle private Räume legitimieren, gleichwohl den Staat stärken, indem sie demokratische Resultate revidieren können. Aber auch die Ausdeutung der Grundrechte als liberale Freiheitsrechte wird aus kritisch-kommunitaristischer Sicht, vor allem auch von feministischer Seite her kritisiert, weil sie die Annahme individualistischer Rechtssubjekte, die losgelöst von sozialen Kontexten in Besitz von Rechten sind (Fraser/Gordon 1994), stabilisieren. Feministinnen kritisieren zudem, daß dieses Individuum geschlechtslos ist und im rechtsstaatlichen Verhältnis schon immer eine geschlechtliche Ambivalenz enthalten ist. Diese wissenschaftliche Diskussion um die Balancierung zwischen individueller Grundrechtssicherung und Schutzpflichten, zwischen Rückzug des Staates und Eingriffen in demokratische und private Räume wird vor allem in Hinblick auf das damit jeweils begründete Verhältnis zwischen Staat und BürgerInnen geführt. Ein wesentliches Ziel dieses Kapitels ist es herauszuarbeiten, wie sich dieser Zusammenhang mit jeweils unterschiedlicher Gewichtung im deutschen Rechtsstaatsverständnis entwickelt hat und welchen Stellenwert dabei dem Gesetz, dem Individuum, den Grundrechten, der Trennung von Öffentlichkeit und Privatheit sowie der Gewaltenteilung als zentrale Analysekriterien zukommt.

In der weiteren Untersuchung geht es vornehmlich um die Klärung der Frage, welche Relevanz die demokratische und soziale Rechtsstaatlichkeit für die Konstituierung ungleicher Geschlechterverhältnisse hat. Diese Strukturmerkmale gilt es vor allem im Hinblick auf das in ihnen angelegte Spannungsverhältnis zwischen Freiheitssicherung und Herrschaft näher zu beleuchten. Dazu wird das Problem ungleicher Geschlechterverhältnisse im zweiten Teil der Arbeit skizziert und der wissenschaftliche Fokus auf den Rechtsstaat um das Geschlecht als weiteres Strukturmerkmal erweitert (Kap. 4). In Zusammenhang mit der Frage, welche Anforderungen sich an den Rechtsstaat aus seiner spezifischen Problemstruktur ergeben, werden mit dem vierten und fünften Kapitel zwei Hypothesen verifiziert: Erstens, daß staatsbürgerliche Rechte und das ihnen zugrundeliegende Prinzip der Rechtsgleichheit ihre Wirksamkeit nur über den Ausschluß der sexuellen

Differenz erlangt haben und zweitens, daß die Bestimmung des Rechtsstaats als positiv-regulierende Einflußgröße für demokratische Geschlechterverhältnisse die Einbeziehung der sozialen Institutionen der Familie und Ehe verlangt. Bereits in den Vertragstheorien des 17. und 18. Jahrhunderts spielten diese privaten Institutionen eine bedeutende Rolle. Um die dort eingelassene Bedeutung der individuellen Handlungsfreiheit für die Konstitution sozialer und politischer Gemeinschaften verstehen zu können, bietet es sich an, den Begründungszusammenhang zwischen der natürlichen Freiheit und Gleichheit des Individuums und der Verfaßtheit politischer Ordnungsmodelle kursorisch zu rekonstruieren (Kap. 5). Mit dessen Verständnis verbindet sich einem weiteren Schritt die Intention, zu klären, ob und inwieweit die liberale Konstruktion der individuellen Handlungsfreiheit einem gleichen sozialen und politischen Status von Frauen möglicherweise entgegensteht und in der Folge den Anspruch demokratischer Geschlechterverhältnisse konterkariert.

Neben der historischen Rekonstruktion geschlechtlicher Asymmetrien, wie sie in das Gleichheitskonzept staatsbürgerlicher Rechte eingelassen sind, geht es mir vor allem darum, wie sich das Geschlecht des Rechtsstaats als eine institutionelle Organisationsform beschreiben läßt. Verbunden mit dieser Absicht sollen dann weitere Kriterien und Untersuchungsfelder benannt werden, die in der aktuellen Debatte entweder keine oder lediglich eine marginale Rolle spielen, die aber für eine Analyse des Rechtsstaats unter Einbeziehung des Geschlechts durchaus relevant werden.

Wenn sich heute die feministische Kritik wieder verstärkt mit den „männlichen" Prämissen in normativen Freiheits- und Gleichheitsbestimmungen auseinandersetzt, gerät nicht nur der Grundsatz der Selbstbestimmung in den Blick, sondern auch die gesellschaftliche Trennlinie zwischen Öffentlichkeit und Privatheit. Denn diese verweisen auf symbolische Räume, in denen bislang der öffentliche Geltungsanspruch der Grund- und Freiheitsrechte von den privaten patriarchalen Formen der Herrschaft in Ehe und Familie sorgfältig getrennt bleibt. Aus feministischer Sicht aber markieren „Öffentlichkeit" und „Privatheit" die Pole männlicher Bürger und Individuen einerseits, Mütter und Frauen andererseits (vgl. Pateman 1988, 1989; Okin 1980; Eisenstein 1978; Elshtain 1981). Bei der kritischen Reflexion dieser Trennlinien geht es aber nicht nur um eine Verschiebung der Grenzen zwischen den Räumen, indem „in der häuslichen Intimität Verborgenes publik gemacht" (Klaus 1994, 92) wird. Sondern es geht vor allem um den gleichen Wert der Freiheit von Frauen und Männern, der sich für Beate Rössler überwiegend an der Frage entscheidet, „in welcher Weise die Trennung des privaten vom öffentlichen Bereich" in politischen Theorien über den Stellenwert der Familie vorgenommen wird (1992, 87f.).

Warum das System rechtsstaatlicher Freiheitssicherung seinem Anspruch, einen gleichen politischen Rechtsstatus in Abhängigkeit vom Geschlecht zu gewährleisten, nicht genügen kann, wird im dritten Teil der Forschungsarbeit herausgearbeitet. In diesem Zusammenhang gehe ich von der Annahme aus, daß der Doppelcharakter der Grundrechtssicherung eine maßgebliche Rolle für die eingeschränkte Rechtssubjektivität von Frauen im bundesdeutschen Rechtsstaat spielt. In Zusammenhang damit soll vor allem geprüft werden, inwieweit die Ausdeutung der Grundrechte nicht nur als individuelle Freiheitsrechte, sondern auch als objektive Wertnormen (Kap. 6) ein besonders offenes Einfallstor des Rechtsstaats in demokratische und persönliche Lebensbereiche von Frauen darstellt. Insofern die materielle Anbindung an die Grundrechte auch das Sozialstaatsgebot umfaßt und in der Folge auf die Abfederung sozialer Ungleichheiten zielt, erscheint der bundesdeutsche Rechtsstaat zweifellos als konkrete Chance, auch diskriminierende Geschlechterverhältnisse zu korrigieren.[4] Allerdings gilt es zu berücksichtigen, daß rechtsstaatliche Leistungen - also Gesetze und Grundrechte - von dieser materiellen Aufgabenstellung her nicht nur zwischenmenschliche, wechselseitige Beziehungen konstituieren (vgl. Grimm 1994, 93)[5], sondern zudem in einem hohen Maße statusbegründend sind (vgl. Hesse 1991, 119).

Ausgehend von der Frage nach einer rechtsstaatlichen Normierung des sozialen und gesellschaftlichen Geschlechterverhältnisses als Herrschaftsverhältnis reflektiert die Untersuchung den Zusammenhang zwischen defizitärer Staatsbürgerschaft von Frauen und ihrer Verortung in der Privatheit von Ehe und Familie aus einer grundrechtlichen Perspektive. Am Beispiel der

---

4 Dem Grundgesetz stehen hierfür zwei Instrumentarien zur Verfügung, mit Hilfe derer das Verfassungsrecht verstärkt in Systeme sozialer Ungleichheit eingreifen kann: Das Sozialstaatsgebot in Artikel 20 GG und die Ausgestaltung der Freiheitsrechte als objektive Wertnormen. Staatsziele verpflichten den Staat, planender, verteilender, individuelles wie soziales Leben fördernder Staat zu sein. Mit der Ausdeutung der Grundrechte als objektive Wertordnung, sind Grundrechte nicht nur individuelle Freiheitsrechte, sondern auch objektive Grundsatznormen (Hesse 1991; Böckenförde 1992a, 159). Das heißt Grundrechte sind nicht nur Abwehrrechte, sondern sie gelten auch als Gestaltungsprinzipien für eine rechtsstaatliche und demokratische Sozialordnung (vgl. Grimm 1982, 56).

5 Das Privatrecht, das die Beziehungen der BürgerInnen untereinander regelt, sowie das öffentliche Recht, das in Form des Strafrechts, des Polizei- und Prozeßrechtes und des Steuerrechtes die vertikale Beziehungen der BürgerInnen zum Staat gestaltet, müssen sich – das ist der Kerngedanke des materiellen Rechtsstaatsverständnisses – an der Menschenwürde messen lassen.

Gleichberechtigungsentwicklung von Artikel 3 GG (Kap. 7), der grundrechtlichen Auslegung von Artikel 6 GG zur Ehe und Familie (Kap. 8) sowie an der Entwicklung der Abtreibungsurteile in Zusammenhang mit Artikel 1 und 2 GG zu Würde und Selbstbestimmung (Kap. 9) werde ich analysieren, wie die verfassungsrechtlichen Ideale der Gleichheit und Freiheit in diesen Grundrechten durch das Bundesverfassungsgericht ausgelegt und in konkrete Politik umgesetzt wurden. In diesen Ausführungen geht es mir vor allem darum, Gleichheit und Differenz als rechtspolitische „Variable und interessensgeleitete Konstruktionen“ (Neyer 1997, 152) zu begreifen und den Einfluß des Grundgesetzes auf die Konstituierung sozialer Geschlechterrollen deutlich zu machen (Kap. 10). Dazu werden die Beziehungen betrachtet, die zwischen dem Staat und den verschiedenen RechtsträgerInnen hergestellt werden, welche Leistungen diese Rechtsverhältnisse beinhalten und für welche Bereiche sie Geltung beanspruchen können.

Im vierten Teil werde ich schließlich der Frage nachgehen, warum der bundesdeutsche Rechtsstaat seinen Anspruch, gleiche demokratische Geschlechterverhältnisse zu sichern, nicht einlöst. In diesem Zusammenhang wird auf das Bundesverfassungsgericht (Kap. 11) sowie auf das allgemeine Gesetz (Kap. 12) als rechtsstaatliche Strukturmerkmale eingegangen und kritisch reflektiert, inwieweit diese Prinzipien demokratischer Gewaltenteilung eine – wenn auch bislang versteckte – Relevanz für die gesellschaftliche Ungleichheit von Frauen besitzen. Kommt dem Bundesverfassungsgericht bei der Umsetzung rechtlicher Normen in konkrete Gesetzesinhalte als zentraler Akteur eine entscheidende Bedeutung zu, wird die Allgemeingültigkeit des Gesetzes vor allem auf das ihm immanente Gleichheits- und Freiheitsverständnis zu hinterfragen sein. Ich möchte die These veranschaulichen, daß jenseits der demokratischen Fragen, die um politischen Mehrheitswillen oder Minderheitenschutz kreisen, die Legitimität der Gesetze für Frauen deshalb brüchig wird, weil sie deren Interessen in Abhängigkeit von ihrem Geschlechterstatus nur bedingt reflektieren. Es wird zu zeigen sein, daß es erforderlich ist, Theorien des Rechtsstaats und Praxen politischer Freiheit in soziale Verhältnisse zu verorten. Dazu sollen abschließend Elemente eines neuen Paradigmas dargestellt werden.

Rechtsstaatstheorien des Mainstream haben die Ambivalenz zwischen Freiheitssicherung und Herrschaft in ihren besonderen geschlechtlichen Ausprägungen bislang nicht reflektiert. Sie haben weder die Wirksamkeit staatsbürgerlicher Rechte in Abhängigkeit vom Geschlecht beachtet, noch die konstituierende Wirkung staatsbürgerlicher Rechte für soziale Geschlechterrollen zur Kenntnis genommen. Angesichts dieses bestehenden Defizits in den Forschungen zur Rechts- und Verfassungsstaatlichkeit legt die Studie einen herrschaftssoziologischen Ansatz zugrunde, indem sie strukturelle Herrschaftsformen in ihren Auswirkungen auf einen ungleichen Staatsbürgerstatus von Frauen untersucht. Es geht darum, einen Zusammenhang zwischen den rechtlichen und politischen Strukturen des Rechtsstaats und dem ungleichen sozialen und politischen Status von Frauen als Staatsbürgerinnen aufzuzeigen.

In der Synthese unterschiedlicher Ebenen wird im Gegensatz zu einem rein juristischen Ansatz ein politologischer Standpunkt zu rechtlichen, rechtsstaatlichen und rechtspolitischen Fragestellungen eingenommen. Dazu wird auf vorhandene empirische und theoretische Forschungsliteratur zurückgegriffen, die hermeneutisch ausgewertet und interpretiert wird. Daß bei der Auswahl der Texte Diskurse unterschiedlicher Disziplinen berücksichtigt werden müssen, ergibt sich nicht zuletzt aus der thematischen Ausrichtung des Forschungsvorhabens selbst, das an der Schnittstelle zwischen Politik-, Rechts- und Staatswissenschaft angesiedelt ist. Demnach werden für die Darstellung der historischen Entwicklung des sozialen und demokratischen Rechtsstaats und seiner theoretischen Verarbeitung sowohl politikwissenschaftliche Literatur als auch verfassungstheoretische Ansätze herangezogen.

Der in der Forschungsarbeit postulierte Zusammenhang zwischen der Konstitution eines bestimmten Grundrechtsstatus von Frauen, ihren faktischen sozialen Lebenslagen und politischen Handlungsmöglichkeiten wird auf der Grundlage eines breiter angelegten Konzeptes von Staatsbürgerschaft analysiert. Verallgemeinert die feministische Literatur den Staatsbürgerstatus in erster Linie zu einem Sammelbegriff, der erst einmal nichts anderes meint, als daß Frauen als MitrednerInnen in politisch-öffentlichen Dingen partizipieren wollen, unterscheidet eine staatsrechtliche Perspektive hier zwischen Staatsbürgerrechten und Bürgerrechten. Demnach verfügen BürgerInnen über einen allgemeinen politischen Anspruch in Form vorstaatlich gültiger Grund- und Freiheitsrechte. Darüber hinaus verweist der Begriff des Staatsbürgers auf einen Rechtsanspruch innerhalb territorial abgegrenzter Gemeinschaften[6]. Dieser Hinweis ist vor allem in Zusammenhang mit dem amerikanischen Begriff des „citizenship“ oder dem französischen „citoyenneté“ von Bedeutung, die nur annähernd mit dem deutschen Begriff der Staatsbürgerschaft übersetzt werden können. Aufgrund ihrer unterschiedlichen Gewordenheit sind sie jeweils von ihrem kulturellen Kontext her zu deuten (vgl. hierzu auch: Koselleck 1989).[7]

Auch in einem dezidiert juristischen Verständnis von Staatsbürgerschaft stellt sich die Verbindung zwischen Staatsbürger- und Grundrechten nicht zwangsläufig her. Denn diese wiederum trennt formal zwischen Menschenrechten und Deutschenrechten, wobei nur letztere als Staatsbürgerrechte, die über die Staatsangehörigkeit zu einer bestimmten Nation erworben werden, im eigentlichen Sinne gelten[8]. Eine weitere Einteilung geht auf Georg Jellinek (1905; 1960) zurück. Er unterteilte die Grundrechtsfunktionen in den status negativus (Freiheitsrechte), status positivus (Teilhaberechte) und status activus (politische Rechte). Die Staatsbürgerrechte gelten demnach nur für den status activus. Solange eine kritische Betrachtung des Staatsbürgerstatus von Frauen in einem engen juristischen Sinne auf die Aktivbürgerschaft rekurriert, und damit nur die politischen Grundrechte wie Wahlrecht, Versammlungsfreiheit etc. betrachtet, ist es kaum möglich, den ungleichen Rechtsstatus von Frauen zu erfassen, denn diese Staatsbürgerrechte sind tatsächlich formal für alle gleich und sagen nichts darüber aus, inwiefern diese Rechte in Anspruch genommen werden können. Vielmehr muß, um

6 Vgl. zu den Unterscheidungen Grawert 1973, 165f. Zu den Ausschlußkriterien aus der vollen Mitgliedschaft vgl. Vogel 1991, 62f., die zu der Erkenntnis gelangt, daß das Geschlecht als Ausschlußkriterium nicht klar erkennbar sei; vgl. dazu Wiener 1996c, 125, Fußnote 12.

7 So meint das amerikanische citizenship vor allem die Anerkennung des politischen Subjekts und betont damit in der Regel sehr viel stärker das demokratische Element von Bürgerrechten im Sinne der politischen Mitsprache und Partizipation.

8 Die Staatsangehörigkeit ist in Art. 16 und Art. 116 GG sowie im Reichs- und Staatsangehörigkeitsgesetz (RuStG) aus dem Jahre 1913 geregelt. Staatsbürgerliche Rechte legen folgendes fest: das aktive und passive Wahlrecht (Art. 38), die Regelung staatsbürgerlicher Rechte und Pflichten (Art. 33 Abs. 1) und das Recht auf gleichen Zugang zu öffentlichen Ämtern bei Eignung, Befähigung und fachlicher Leistung (Art. 33 Abs. 2), die Rechtsschutzgarantie, also das Recht auf gesetzliche Richter (Art. 19 Abs. 4 GG) sowie das Recht zur Verfassungsbeschwerde (Art. 103 GG). Als Deutschenrechte gelten weiterhin Art. 8 GG (Versammlungsfreiheit), Art 9 GG (Vereinigungsfreiheit), Art. 11 GG (Freizügigkeit im Bundesgebiet) sowie Art. 12 GG (Freiheit der Berufswahl). Zu den staatsbürgerlichen Pflichten gehören der Gehorsam gegenüber der Verfassung und dem Gesetz, die Schul-, Dienst- und Wehrpflicht sowie die Pflicht zur Übernahme ehrenamtlicher Tätigkeiten (vgl. Schmidt 1995, 905).

sinnvolle Aussagen darüber zu erhalten, das System der Sicherung von privater *und* öffentlicher Autonomie insgesamt betrachtet werden (vgl. Habermas 1994, 87).

Daß unter dem Aspekt privater und öffentlicher Lebens- und Handlungsformen auch das staatsbürgerliche Verhältnis neu konzeptualisiert werden muß, darauf hat bereits Erna Appelt (1994, 100) verwiesen. Für ein breiteres Analyseraster, das sich für eine differenzierte Untersuchung des Zusammenhangs staatsbürgerlicher und privater Lebensformen grundsätzlich offener zeigt, hat das amerikanische citizenship-Konzept von Thomas H. Marshall (1992) weiterführende Möglichkeiten angeboten. Neben individuellen Freiheitsrechten, objektiven Grundsatznormen und demokratischen Mitspracherechten verweist er in seiner Untersuchung insbesondere auf die Bedeutung sozialer Teilhaberechte für die Geltung staatsbürgerlicher Rechte und Pflichten. Indem er davon ausgeht, daß der Bildungsstand, die Art der beruflichen Tätigkeit sowie die finanzielle Grundabsicherung maßgebliche Faktoren des demokratischen Partizipationsverhaltens sind, bezieht er die freiheitlichen und sozialen Grundrechte in sein Verständnis von Staatsbürgerschaft mit ein. Das vorliegende Forschungsvorhaben schließt sich in diesem Punkt der Annahme von Marshall an und geht grundsätzlich davon aus, daß ohne die kritische Reflexion des gesamten Systems verfassungsrechtlicher Grundsicherung die Bedeutung staatsbürgerlicher Rechtsverhältnisse für die demokratische Verfaßtheit einer Gesellschaft nicht herausgearbeitet werden kann. Wird statt dessen das rechtsstaatliche System individueller Freiheitssicherung für das soziale und politische Handlungsvermögen berücksichtigt, dann gewinnen die über den Grundrechtsstatus konstituierten individuellen und sozialen Voraussetzungen der BürgerInnen für die Wahrnehmung der staatsbürgerlichen Rechte eine stärkere Bedeutung.

Um die Relevanz von Geschlecht als eine politische Kategorie für die Analyse des deutschen Rechtsstaats zu erfassen, untersuche ich auf einer rechtstheoretischen Ebene grundrechtliche Normen der Gleichheit und Freiheit und Würde in ihrer konkret verfassungsrechtlichen Auslegung. Dazu werden diejenigen Grundrechtsartikel betrachtet, die auf das Geschlecht dezidiert bezug nehmen. Unter dieser Maßgabe rücken die rechtspolitische Regulierungen der Gleichberechtigung, der Ehe und Familie sowie der Mutterschaft in das Zentrum der Betrachtung. Anhand der bundesverfassungsgerichtlichen Urteilen und der relevanten vornehmlich rechtswissenschaftlichen Literatur sollen die Auswirkungen rechtsstaatlicher Freiheitssicherung für den sozialen und politischen Status geschlechtlicher Individuen plausibilisiert werden. Damit verbunden ist das Erkenntnisinteresse, ob ein Zusammenhang zwischen den grundrechtlichen Auslegungen zur Ehe und Familie und geschlechtlichen Schließungs- bzw. Integrationsprozessen auf der gesellschaftspolitischen Ebene identifiziert werden kann.

Die Erhebung beginnt mit der Darstellung des Gleichheitsgrundsatzes, nimmt dann den Familien-und Eherechtsartikel unter den Aspekten der Gleichheits- und Freiheitssicherung in den Blick und endet mit einer Untersuchung der Abtreibungsurteile. Gelten diese aus verfassungsrechtlicher Perspektive ausdrücklich nicht als Gleichheitsfrage, sehen feministische Wissenschaftlerinnen durch den Abtreibungsparagraphen den gleichen Grundrechtsstatus von Frauen und damit das Gleichheitsprinzip entscheidend tangiert. In ihrer Auffassung blendet deshalb eine Betrachtungsweise, die den Schwangerschaftsabbruch lediglich ausgehend von den Prinzipien des Lebensschutzes, der Würde und Selbstbestimmung problematisiert, die Konsequenzen aus, die sich aus dem eingeschränkten Grundrechtsstatus für die soziale und politische Rolle von Frauen ergeben.

Die Auswertung des Forschungsmaterials zum Gleichheitsartikel 3 GG konzentriert sich vor allem auf die Entwicklung der Gleichberechtigungsgesetze in der Bundesrepublik Deutschland von seiner Entstehung bis zum Zeitpunkt ihrer Ergänzung durch die Verfassungsreform 1994. Ein Schwerpunkt der Untersuchung liegt dabei auf der Rezeption und Interpretation des Begriffs der Gleichberechtigung in der wissenschaftlichen Literatur und in den Kommentaren zum Artikel 3 GG. Darüber hinaus soll die im Gleichberechtigungsartikel enthaltene Spannung zwischen Gleichbehandlung, Gleichwertigkeit und der Handhabung des Artikels gegen geschlechtliche Unterdrückung und Benachteiligung analysiert werden.

Im Zusammenhang mit dem Familienartikel 6 GG bezieht sich die Arbeit insbesondere auf Forschungsliteratur, die sich kritisch mit der dort eingelassenen Schutz- und Institutionengarantie auseinandersetzt. Im Unterschied zum Gleichstellungsartikel 3 GG und dem Ehe- und Familienartikel 6 GG geht es bei der Auseinandersetzung um den Schwangerschaftsabbruch primär um die Reform eines Strafrechtsartikels. Freilich steht diese Reformierung des Strafrechtsparagraphen in einem engen Zusammenhang zu den Grundrechten, vor allem Artikel 1 GG und 2 GG, und basiert ebenso wie im Falle von Artikel 3 und 6 GG auf der Auslegung eines bestimmten Akteurs, des Bundesverfassungsgerichts. Dennoch nimmt die Betrachtung der rechtlichen Behandlung des Schwangerschaftsabbruchs gegenüber der Untersuchung des Gleichberechtigungsartikels und dem Grundrecht zu Ehe und Familie nicht nur mehr Raum ein, sondern erfordert auch eine andere analytische Herangehensweise. Und das nicht zuletzt deshalb, weil sich erst in einem zweiten

Schritt Rückschlüsse für die grundrechtliche Sicherung der Gleichheit und Freiheit von Frauen ziehen lassen. Denn in Zusammenhang mit der Frage, ob Artikel 1 und 2 GG in ihrer Formulierung als Freiheitsrechte und Schutzpflichten die strafrechtliche Regelung erzwingen, oder ob hier die Auslegungskompetenz des Bundesverfassungsgerichts auch unter dem Aspekt gewaltenteiliger Prinzipien eine weitaus größere Rolle spielt, geraten grundrechtsimmanente Methoden der Verfassungsauslegung, aber auch die institutionelle Ausgestaltung des Bundesverfassungsgerichts wesentlich stärker in das wissenschaftliche Blickfeld. So gilt es zunächst die Dominanz der Abtreibungsfrage als Verfassungsfrage, wie sie sich in der bundesdeutschen Gegenwart auf dem Hintergrund eines materiellen Rechtsstaatsverständnisses in erster Linie stellt, kritisch zu hinterfragen. Die vorrangig grundrechtsdogmatische und -theoretische Auseinandersetzung mit den Werten des Lebensschutzes und der Menschenwürde verschleiert dabei den Schwangerschaftsabbruch nicht nur in seinen demokratisch-gesellschaftlichen Bezügen, sondern erweckt den Eindruck, als handele es sich allein um eine verfassungsrechtliche Gewährleistung überzeitlich vorgegebener Werte, deren „richtige" Auslegung lediglich einer kleinen Gruppe juristisch hochversierter, vorwiegend männlicher Akteure vorbehalten bleibt. Diese Reduktion der Abtreibungsfrage im Kontext von Wertordnungslehre und materieller Rechtsstaatlichkeit läßt die Motive zur rechtlichen Regelung des Schwangerschaftsabbruchs dann als „logisches" Resultat eines vernunftrechtlichen Verfassungs- und Grundrechtsverständnisses aufscheinen. Dieser Logik aber widerspricht der historische Abriß zum Schwangerschaftsabbruch. Mit ihm wird letztendlich deutlich, daß die Motive für eine politische Regulierung des Schwangerschaftsabbruchs kaum auf einen von der Verfassung abgeleiteten Schutz des ungeborenen Lebens zurückgeführt werden kann, wie die jüngsten Debatten um die Reform des § 218 StGB im bundesdeutschen Rechtsstaat glauben machen könnten.

Diese Ambivalenz wird bei der verfassungsrechtlichen Analyse des Schwangerschaftsabbruchs, welcher vor allem auf den Urteilen des Bundesverfassungsgerichts sowie auf den Inhalten der Normenkontrollklagen basiert, grundsätzlich berücksichtigt. Die verfassungsgerichtliche Entwicklung des Schwangerschaftsabbruchs im bundesdeutschen Rechtsstaat wird mit dem Vergleich der beiden Urteile dokumentiert und arbeitet dabei gleichzeitig die Veränderungen der normativen Auffassungen von Gleichheit und Freiheit, Schutz und Würde des Lebens heraus.

Forschungsstand

Die derzeit aktuelle Rechtsstaat- und Verfassungsdebatte beschäftigt sich wieder verstärkt mit dem Problem staatlichen Eingriffs und Rückzugs und diskutiert unter diesem Blickwinkel die Wirksamkeit des Rechts.[9] Noch 1988 monierte Denninger:

> „Weder Grundrechts- noch die Staatszweck- und die Gesetzgebungstheorie einschließlich der Lehre vom Rechtsatzvorbehalt, als die Eckpfeiler einer material, nicht nur formell-organisatorisch verstandenen demokratischen Verfassungstheorie, haben die Akzentverlagerung von einem System der Rechtssicherheit hin zu einem System der Rechtsgütersicherheit ausreichend zur Kenntnis genommen, geschweige denn begrifflich angemessen verarbeitet" (Denninger 1988, 1).

Die Entwicklung des Rechtsstaatssystem als ein qualitativ verändertes Sicherungssystem ist inzwischen, zehn Jahre nach der erstaunten Feststellung von Denninger, ins Bewußtsein vieler ForscherInnen gerückt. Staatsdiskurse beschäftigen sich heute nicht mehr nur mit dem intervenierenden Staat, sondern verstärkt mit dem Steuerungsstaat (vgl. Kaufmann 1996, 30). Dank der aktuellen Sensibilität für die Probleme des demokratischen Rechtsstaats, die dabei durchaus auch die Bedeutung des neuen Staatshandelns für das Grundrechtsverständnis erfaßt[10], kann also auf eine breite Forschungs- literatur zurückgegriffen werden. Allerdings ignorieren staatstheoretische Diskurse, welche die Wirksamkeit des Staates vor allem in seinem Verhältnis zur Demokratie neu zu bestimmen (vgl. Denninger 1988, 1), bis heute nachdrücklich die geschlechtsspezifische Dimension. Wird dem Recht allenfalls eine geschlechtsdifferente Wirkung eingeräumt (vgl. Habermas 1994; Preuß 1998), ist das Geschlecht keinesfalls als konstitutives Merkmal des Rechtsstaats anerkannt. Weder der liberale Staat des individuellen Rechtsschutzes, noch der steuernde Rechtsicherungsstaat wird mit seinem Geschlechtscharakter wahrgenommen.

Die Geschlechtsblindheit politikwissenschaftlicher Mainstream-Ansätze zum Staat korrespondierte zumindest bis in den 1980er Jahren mit einer bemerkenswerten Staatsblindheit in der feministischen Wissenschaft. Und auch wenn heute zahlreiche Publikationen vorliegen, die sich mit der Ent-Geschlechtlichung des Staates und den Vorstellungen, wie sie in der moder-

9 Staatsdiskurse halten grundsätzlich an der konstruktiven Funktion des Rechts fest. Recht als ein Ordnungsfaktor sozialer Beziehungen ermöglicht „Kommunikation über und die Herstellung kollektiv bindender Entscheidungen ... als staatlich gesetztes Recht" (Kaufmann 1996, 35).

10 Daß veränderte Staatsaufgaben (vgl. Grimm 1996) Grundrechte konstituieren, verändern und sogar einschränken, wird mitunter zum vorrangigen Problem erklärt.

nen Staatsdebatte vorherrschen, kritisch auseinandersetzen (vgl. etwa Kreisky 1995a, 1995b; Sauer 1997, 2001; Seemann 1997), kann nichts über die Tatsache hinwegtäuschen, daß die Erkenntnisse der feministischen Forschung über die in Staatsverfassungen eingeschriebenen männerbündischen Strukturen und die in politischen Institutionen wirkenden Geschlechterasymmetrien noch recht dürftig sind. Feministische Wissenschaftlerinnen, die sich heute gegenüber dem Einfluß des Staates auf ungleiche Geschlechterverhältnisse nicht verschließen, stellen unterschiedliche Grundannahmen des Staates in Frage und präsentieren dabei mindestens ebenso verschiedene Antworten hinsichtlich des Problems, wie der Staat beschaffen sein müßte, um der politischen Transformation ungleicher Geschlechterverhältnisse zumindest nicht im Wege zu stehen.

Ausgehend von dieser Intention rückte zunächst weniger der Rechtsstaat als vielmehr der Sozialstaat in das Zentrum der Betrachtung, auf den die Last der sozialen Gleichstellung von Frauen abgewälzt wurde. So bezichtigten die ersten feministischen Reflexionen (Kickbusch/Riedmüller 1984) den Wohlfahrtsstaat insbesondere der Ungerechtigkeit und mangelnden Fürsorge gegenüber Frauen, indem sie vor allem die frauendiskriminierende Auswirkungen staatlicher Politiken aufzeigten (vgl. Kickbusch/Riedmüller 1984; Riedmüller 1984; Schunter-Kleemann 1992, 1993, 1992). Im Unterschied zu den Sozialstaatsanalysen setzten Untersuchungen zum Rechtsstaat verhältnismäßig spät erst Ende der 1980er ein (vgl. Raasch 1989; Gerhard 1988). Das dort vorherrschende Forschungsdesign maß den Rechtsstaat vor allem unter der Prämisse, inwieweit er Frauen Freiräume in der Politik und im Erwerbsleben ermöglichte. Mit der Fokussierung vornehmlich auf das Recht, wurde zu diesem Zeitpunkt noch die Annahme vertreten, daß der Staat gegenüber der Gesellschaft relativ autonom sein muß, um positive Effekte für Frauen zu erreichen (vgl. Raasch 1989, 42).

Insgesamt läßt sich feststellen, daß in dieser Zeit der Blick auf den staatlichen Output dominierte. Die vorwiegend empirischen Analysen nicht nur zu den sozialpolitischen Maßnahmen, sondern auch zur Rechtspolitik (vgl. Battis/Schultz 1990; Gerhard u.a. 1988; Berghahn 1993a, b; Slupik 1988; Lucke 1991) konturierten den Staat dabei primär als Steuerungs- und Verteilungsinstanz. Mit dieser funktionalistischen Staatssicht überwog in der feministischen Wissenschaft bis etwa Anfang der 1990er Jahre die Überzeugung vom patriarchalen Staat als ein Instrument zur Unterdrückung und Ausgrenzung von Frauen. Sie etablierte sich zum einen im Kontext marxistischer Theorieansätze (McIntosh 1978; Barrett 1980) und lag zum anderen Ansätzen zum kapitalistischen und patriarchalen Staat zugrunde (vgl. Eisenstein

1981, 1984), prägte aber auch nicht zuletzt das radikale Staatskonzept von Catharine MacKinnon (1983).

Inzwischen scheinen die Grenzen einer in der Polarisierung gefangenen Forschungsperspektive evident, die unter dem Ausschluß von Machtfragen und subjektiven Handlungspotentialen entweder zur Dämonisierung des Staates oder zu seiner gänzlichen Negierung führten. Bescherte diese epistemologische Engführung aus der Sicht von Birgit Sauer (1997, 34) der Politikwissenschaft ein grundsätzlich analytisches Defizit, greifen für Birgit Seemann (1996) vor allem die dort eingelassenen personifizierten, funktionalisierten oder dämonisierten Staatsbegriffe zu kurz. Doch verweisen diese nicht nur „auf den fehlenden Bezugsrahmen einer erst noch zu entwickelnden feministischen Institutionenanalyse" (ebd., 20), wie sie etwa von Eva Kreisky (1992a) schon seit längerem eindringlich gefordert wird. Daß das Verhältnis von Staat, Geschlecht und Gesellschaft kaum theoretisch konzeptualisiert wurde, hat daraus hinaus auch Folgen für die Wirksamkeit und Zielgerichtetheit frauenpolitischer Strategien (vgl. dazu etwa Gerhard 1988, 22; Kreisky 1992a, 54; Raasch 1989, 30; Sauer-Burghard 1985, 37).

Nicht zuletzt aus diesen Grund beschäftigt sich die feministische Politikwissenschaft seit 1990 wieder zunehmend mit dem Staat als einer zentralen Institution im öffentlichen Raum (Biester u.a. 1992a; Kreisky 1992, 1994, 1995; Seemann 1996). Aufgrund anhaltender gesellschaftlicher Diskriminierung und Unterdrückung von Frauen in und durch den Staat schien es nunmehr dringend geboten, das Verhältnis von Staat und dem sozialen Differenzierungsmerkmal „Geschlecht" analytisch zu fassen (vgl. Biester u.a. 1992b, 31). Folgerichtig dominiert in der feministischen Staatsdebatte bis heute eine Forschungsperspektive, die den Nationalstaat mit gesellschaftheoretischen Kategorien der patriarchalen Ausgrenzung und latent gewaltförmigen Unterdrückung zu erfassen sucht. Analysen zur nationalstaatlichen Entwicklung aus der Perspektive des Frauenausschlusses (vgl. Benhabib/Nicholson 1987; Hansen 1993; Bublitz u.a. 1992; Schultz 1985; Wilde 1997), zum Zusammenhang Staat und sexueller Gewalt (Kerchner 1997; Wasmuth 1991; 1997), zum Verhältnis kapitalistischer Staat und geschlechtsspezifische Arbeitsteilung (Mies 1988; Werlhof 1990, 1991) sowie zu den in staatliche Institutionen eingeschriebenen männlichen Verhaltensweisen und Eigenschaften (Kreisky 1991) münden dabei zwangsläufig in Erkenntnisse, die den Staat übereinstimmend als patriarchales Herrschaftsinstrument oder in der Gestalt als bürokratieförmiger, rechtlich geregelter Männerbund (Kreisky 1992a, 1992b) erscheinen lassen. So identifizierte die Genderforschung auf der Politics-Ebene politische Institutionen sowie staatliche Aushandlungsprozesse als genuin geschlechtlich, und damit als „männlich". Das Geschlecht staatlicher Verwaltung und politischer Institutionen zeigt sich dabei nicht nur an dem geringen Frauenanteil, sondern vor allem auch an bestimmten Schließungs- und Integrationsprozessen. So stellt die feministische Partizipationsforschung (Hoecker 1987; Schöler-Macher 1991, 1992; Meyer 1992; 1997; Cornelissen 1993) die Frage insbesondere nach den institutionellen Behinderungen der „männlichen" Politikforen, zu Wahlsystemen, Zugangsbedingungen und Eliterekrutierungsmuster, die weder die labyrinthförmigen Biographien von Frauen, Müttern und Ehefrauen berücksichtigen, noch den strukturellen Benachteiligungen auf dem Arbeitsmarkt ausreichend Rechnung tragen.

Im Gegensatz zu den Schließungsprozessen gegenüber Frauenbelangen auf der Input-Ebene ist der Output staatlicher und politischer Prozesse offiziell geschlechtsneutral, doch bei näheren Hinsehen genuin geschlechtlich, wie etwa deutlich am Beispiel sozialstaatlicher und arbeitsmarktpolitischer Maßnahmen nachgewiesen werden kann, die sich in der Regel am männlichen (Voll-) Erwerbsbürger orientieren (Mädje/Neusüß 1996; Ostner 1990). Aber auch andere Politikfelder wie die der Rechtspolitik oder Biotechnologie wirken sich unterschiedlich auf die geschlechtlichen Individuen aus und tragen damit zur Konstitution und Reproduktion der Geschlechterverhältnisse bei. So reflektieren feministische Policy-Analysen zum Sozialstaat (Kulawik 1996) und den bislang kaum beachteten Rechtsstaat (Berghahn/Wilde 1996; Wilde 1997) zunehmend in seiner Ambivalenz von Leistung, Recht und Herrschaft. Weil Funktionszuwachs auch immer den Keim für politische Institutionen in sich birgt (Schultze 1996, 740) wird deshalb der Staat inzwischen auch als eine denkbare Chance für eine umfassende Demokratisierung erkannt.

Dennoch: Mochte die feministische Staatsforschung in den vergangenen Jahren auch an Attraktivität gewinnen und bis heute bedeutende Erkenntnisse erzielen (vgl. aktuell dazu: Sauer 2001) - die Scheu vor einer Auseinandersetzung mit dem Recht und dem Rechtsstaat konnten sie der feministischen Wissenschaft bislang kaum nehmen. Vielmehr suchten zahlreiche Forschungsansätze die Antwort auf die Frage, warum Frauen trotz formaler gleicher staatsbürgerlicher Rechte dem demokratischen Prozeß häufig nur beistehen, als in ihm zu stehen, vor allem in demokratischen Politikforen. Mit dieser Fokussierung konzentrierte sich feministische Partizipations- und Demokratieforschung insbesondere auf die institutionellen und strukturellen Behinderungen und verband diese Analyse mit einer konsequenten Infragestellung politikwissenschaftlicher Begriffe und Kategorien. Geschlechterdiskriminierende Demokratieprinzipien wie die der Repräsentativität und Parteiendemokratie wurden für die Tatsache verantwortlich gemacht, daß der Rechtsstaat seiner materiellen Aufgabenstellung, Grundrechte der Freiheit und Gleichheit für alle BürgerInnen zu gewährleisten, nur eingeschränkt nachkommt. Erst in den letzten Jahren führte das anhaltende Ungleichgewicht zwischen den formalen Partizipationsbedingungen und der faktischen Unterrepräsentation von Frauen dazu, daß in der feministischen Forschung auch das Rechtssystem bzw. den Rechtsstaat zunehmend als wesentliche Ursache zu sehen.

Die vorliegende Literatur, auf die sich das Forschungsvorhaben bezieht, fällt dementsprechend mannigfaltig aus. Zugegriffen werden kann einerseits auf Publikationen feministischer Rechts- und Politikwissenschaftlerinnen, die sich Ende der 1980er und zu Beginn der 1990er Jahre mit den Auswirkungen befaßten, die das Rechtssystem den Frauen auf der politisch-demokratischen und gesellschaftlichen Ebene bescherte. Aus einer eher rechtsphilosophischen Perspektive wurde zunächst der herrschende Gleichheits- und Rechtsdiskurs unter Aspekten von Macht, Dominanz und Differenz kritisch diskutiert. Für Catharine MacKinnon (1990, 1994) schreibt die formale Rechtsgleichheit die Diskriminierung von Frauen fest, indem dieses Rechtsverständnis gleiche Bedingungen für die Geschlechter unterstellt, die faktisch jedoch verschieden sind und Hierarchien zu Lasten von Frauen herstellen (MacKinnon 1994, 38). Im deutschen Kontext hat Susanne Baer (1995) versucht, Gleichheit als Hierarchisierungsverbot zu exemplifizieren. Neben Sabine Berghahn (1993a, 1993b, 1996a, 1996b, 1996c, 1997), die sich kritisch mit der bundesrepublikanischen Rechtspolitik auseinandersetzte, beschäftigten sich im deutschsprachigen Raum vor allem Ute Gerhard (1990a, 1990b) und Andrea Maihofer (1990, 1994) mit dem normativen Rechtsverständnis.

Demgegenüber kann für den Zusammenhang zwischen Rechtsstaat und Demokratie insbesondere auf die Untersuchungen der australischen Politikwissenschaftlerin Carole Pateman zurückgegriffen werden. Im Rahmen eines rechtstheoretischen Ansatzes unterzog sie bereits Ende der 1980er Jahre die rechtlichen Voraussetzungen demokratisch-politischer Partizipation einer gründlichen kritischen Revision. Mit dem Geschlechtervertrag, der gleichsam dem Gesellschaftsvertrag eingeschrieben ist, hat sie ein „geheimes Glossar“ der Disziplin aufgespürt, um es mit dem gleichnamigen Buchtitel von Eva Kreisky und Birgit Sauer (1997) zu benennen.

Bezogen auf die Frage nach neuen Wegen politischer Integration haben feministische Wissenschaftlerinnen in der Vergangenheit vor allem Möglichkeiten in einem geschlechtsdifferenten Recht gesehen. Wendet sich Gerhard (1990a, 188) besonders gegen eine spezifische Form der Abstraktion im Recht, die von persönlicher Abhängigkeit und Gewalt in der Familie absieht, richtet Maihofer (vgl. 1990, 359) den Schwerpunkt ihrer Kritik auf die Setzung des „Männlichen“ als Maßstab im herrschenden Gleichheits- und Rechtsverständnis. Gemeinsam ist diesen Ansätzen, daß sie das „sozialstaatliche Distributionsparadigma“ (Habermas 1992, 506) des Rechts, wenn auch nicht ablehnen, so doch umfassender verstehen. Vor allem aus der Sicht von Iris Marion Young (1990) sind es insbesondere liberale und sozialstaatliche Rechtsparadigmen, die den Eindruck erwecken, daß sich Rechte verteilen ließen, statt sie als institutionell definierte soziale Beziehungen zu sehen.

Darüber hinaus bietet die Debatte um liberale und kommunitaristische Integrationsmöglichkeiten eine breite Palette an Ansätzen. Dazu zählen Michael Walzers Sphären der Gerechtigkeit (1992) ebenso wie die aktuellen Ansätze von Ronald Dworkin (1994b) und Jürgen Habermas (1992, 1994, 1997). Die kritische Reflexion ihrer Grundprämissen kann dazu verhelfen, die mit der Untersuchung herausgearbeiteten Sollbruchstellen des demokratischen Rechtsstaats für eine neue Beziehung zwischen Staat und Bürgerinnen einzuordnen und neu zu bewerten.

Schließlich gibt es auch eine Vielzahl von feministischen Ansätzen, die sich mit neuen Vergesellschaftungsmodellen auseinandergesetzt haben. Sie reichen von Entwürfen einer differenzierten Staatsbürgerschaft, in welchen Frauen als Gruppe vertreten sind (Young 1993), bis hin zu Ansätzen, die in der Privatisierung des politischen Prozesses die Gefahr einer Entpolitisierung des Öffentlichen sehen und deshalb in der Nachfolge von Hannah Arendt eine republikanische Auffassung der Staatsbürgerschaft vertreten (Dietz 1991; 1992). Andere Entwürfe wiederum rücken im Gegensatz dazu „mütterliches Denken“ (maternal thinking) in das Zentrum feministischer Staatsbürgerschaft (Elshtain 1981; Ruddick 1983), um die Dichotomisierung öffentlicher und privater Bereiche aufzubrechen. Dabei wird allzu deutlich, daß die feministische Kritik sich zwar weitgehend einig ist, wenn es um die Diagnostik patriarchaler Krankheitsbilder in modernen Gesellschaften demokratischer und rechtsstaatlicher Prägung geht, in der Frage ihrer „Heilung“ jedoch die Ansichten häufig voneinander abweichen.[11] Schlußendlich haben sich hier die Ausführungen von Chantal Mouffe (1992) und ihr Konzept der „radikalen Demokratie“ als fruchtbarer Anknüpfungspunkt für weitere Perspektiven erwiesen.

---

11 Vgl. hierzu auch den Überblick bei Eva-Maria Kenngott 1995.

Teil I: Rechtsstaat als deutsches Modell demokratischer Verfassungsstaatlichkeit

„Die Idee einer Staatsverfassung überhaupt, welche zugleich absolutes Gebot der nach Rechtsbegriffen urteilenden praktischen Vernunft für ein jedes Volk ist, ist heilig und unwiderstehlich (...) Das Gebot: „Gehorchet der Obrigkeit, die Gewalt über Euch hat", grübelt nicht nach, wie sie zu dieser Gewalt gekommen sei (um sie allenfalls zu untergraben); denn die, welche schon da ist, unter welcher ihr lebt, ist schon im Besitz der Gesetzgebung, über die ihr zwar öffentlich vernünfteln, euch aber selbst nicht zu widerstrebenden Gesetzgebern aufwerfen könnt"

(Immanuel Kant 1997, 498)

Der selbstverständliche Gebrauch des Rechtsstaatsbegriffs sowohl im wissenschaftlichen Diskurs als auch in der politisch-staatsrechtlichen Praxis erweckt häufig den Eindruck, als herrsche Übereinstimmung darüber, was unter Rechtsstaat zu verstehen ist. Tatsächlich aber ist es die historische Gewordenheit und die reale Existenz deutscher Rechtsstaatlichkeit, also die Bindung aller politischen Gewalten an das Recht und die Verfassung, die dem Rechtsstaat seine vermeintliche Eindeutigkeit im Sinne eines locus communis gibt. Denn in den juristischen, politologischen, staatsrechtlichen und philosophischen Abhandlungen erscheint er lediglich als „Syntagma" (Šarčević 1996, 6), und auch die politischen und juristischen AkteurInnen gebrauchen ihn auf eine vieldeutige Art und Weise. [12]

In der vorliegenden Untersuchung soll der Begriff des Rechtsstaats zwei Funktionen erfüllen: Zum einen muß er die real existierenden Verhältnisse beschreiben können und zum anderen den normativen Anspruch zum Ausdruck bringen, der mit diesem Strukturprinzip des demokratischen Verfassungsstaats verbunden ist. Weil es jedoch bis heute weder in der politischen Praxis noch in ihrer wissenschaftlichen Reflexion einen theoretischen Kon-

12 Zu verschiedenen Auffassungen des Rechtsstaatsbegriffs siehe insbesondere Kunig 1986, 3f.; Baretta 1985, 213ff.; Hoffmann 1995, 1ff.; Kriele 1976, 34; Garzoni 1972, 11.

sens über den Begriff des Rechtsstaats gibt, lassen sich Auslegungsgehalt und Geltungsgrundlage erst mit der historischen Rekonstruktion der Ideengeschichte deutscher Rechtsstaatlichkeit zufriedenstellend ermitteln. Vor allem die dort eingelassenen Vorstellungen hinsichtlich der politisch-gesellschaftlichen Organisation des Gemeinwesens fördern das Verständnis für die Entwicklung des deutschen Rechtsstaats in Zusammenhang mit der Verfassungsgeschichte, die ich in einem weiteren Kapitel kursorisch skizziere. Damit verbunden ist die Absicht, die rechtsstaatlichen Strukturmerkmale herauszuarbeiten, die im weiteren Verlauf der Untersuchung daraufhin kritisch betrachtet werden sollen, inwieweit sie auf demokratische Geschlechterverhältnisse Einfluß nehmen oder diese gar verhindern. Allerdings kann der tatsächliche Einfluß rechtsstaatlicher Ordnungsprinzipien auf die gesellschaftlichen und politischen Verhältnisse nur dann plausibel gemacht werden, wenn auch die Frage beantwortet wird, welche gesellschaftlichen, sozioökonomischen und politischen Entwicklungen den deutschen Rechtsstaat letztendlich hervorgebracht haben. So verfolgt die historische Rekonstruktion des deutschen Rechtsstaats nicht zuletzt auch den Zweck, das äußerst widersprüchliche Verhältnisses zwischen Rechtsstaats- und Demokratieprinzip in seiner Gewordenheit herauszuarbeiten. Ein Überblick des aktuellen wissenschaftlichen Diskurses im letzten Kapitel dieses Teils soll das Problembewußtsein für das Spannungsverhältnis zwischen den zwei tragenden Prinzipien deutsch-demokratischer Verfassungsstaatlichkeit schärfen. Bis heute ist das Nebeneinander von politischer Selbstorganisation und der Sicherung individueller Freiheit in seinen Auswirkungen für das soziale und politische Gemeinwesen eine offene Frage. Aus den unterschiedlichen Antworten, die der Mainstream bis heute anbietet, ergeben sich aber nicht nur wichtige Kriterien für eine umfassende Reformierung des Rechtsstaats, sondern sie bieten darüber hinaus konstruktive Hilfestellungen für den im weiteren Verlauf der Untersuchung zu problematisierenden Zusammenhang zwischen Rechtsstaatlichkeit und der bislang nicht bewältigten Geschlechterungleichheit.

2. Zur Bedeutung und historischen Entwicklung des Rechtsstaats

„Der liberale Rechtsstaat ist die maßvolle Mitte zwischen Anarchie und Tyrannei"

(Gottfried Dietze, 1982, 7)

In der politischen Alltagssprache gibt es in der Regel keine Berührungsängste mit dem Rechtsstaatsbegriff. Ganz selbstverständlich ist vom sozialen und demokratischen Rechtsstaat vor allem immer dann die Rede, wenn die freiheitliche Grundordnung des politischen Gemeinwesens hervorgehoben werden soll. Offenkundig ist der Rechtsstaatsbegriff so selbstverständlich Bestandteil des deutschen politischen Ordnungsdenkens, daß seine eigentliche Erwähnung im deutschen Grundgesetz kaum mehr notwendig erscheint. So kommt er lediglich in Art. 28 Abs. 1 GG vor, in Zusammenhang mit der verfassungsmäßigen Ordnung der Länder, die „den Grundsätzen des republikanischen, demokratischen und sozialen Rechtsstaates im Sinne dieses Grundgesetzes entsprechen" müssen. Diese wiederum finden sich näher erläutert in Art. 20 GG, der nach den Worten des Bundesverfassungsgerichts das Ideal der „sozialen Demokratie in den Formen des Rechtsstaats" (BVerfGE 5, 85, 198) entwirft, ohne allerdings den Begriff des Rechtsstaats explizit zu nennen. In knapper, eher nüchterner Formulierung verpflichtet hier Abs. 3 des Artikels den Gesetzgeber auf die Verfassung und bindet die vollziehende Gewalt und Rechtsprechung an das Gesetz und umschreibt damit das formale Rechtsstaatsprinzip[13]. Das materielle Rechtsstaatsprinzip hingegen verbirgt sich – als solches ebenfalls nicht deklariert – in Art. 1 Abs. 3 GG, der die Verfassungsbindung des Gesetzgebers über die formalen Verfahren hinaus auch auf die Inhalte freiheitlicher Grundrechte ausdehnt[14].

---

13 „Die Gesetzgebung ist an die verfassungsmäßige Ordnung, die vollziehende Gewalt und die Rechtsprechung sind an Gesetz und Recht gebunden", Artikel 29 GG.

14 „Die nachfolgenden Grundrechte binden Gesetzgebung, vollziehende Gewalt und Rechtsprechung als unmittelbar geltendes Recht", Artikel 1 Abs. 3 GG.

Auf der Verfassungsebene geht der Rechtsstaatsbegriff in den Synonymen der Gesetzmäßigkeit, Gewaltenteilung und Verfassungsbindung nahezu vollständig auf und beschreibt dort die Wirklichkeit eines demokratischen Gemeinwesens, in welchem die sozialen und politischen Beziehungen der BürgerInnen über das Recht geregelt werden und die Staatsgewalt in Form des Rechts und rechtlicher Verfahren zum Schutz individueller Freiheitsrechte begrenzt wird. Mit diesem Selbstverständnis scheint sich der normative Anspruch des deutschen Rechtsstaats auf den ersten Blick mit der Geltungsgrundlage demokratischer Verfassungsstaaten zu decken. Gewiß aber wäre es zu einfach, die Frage, warum im Hinblick auf die zu klärende Problemstellung vom Rechtsstaat als dem zu untersuchenden Gegenstand und nicht etwa vom demokratischen Verfassungsstaat die Rede ist, damit zu beantworten, daß der Rechtsstaat im Grunde die deutsche Bezeichnung für demokratische Verfassungsstaatlichkeit ist.[15]

Doch auch wenn in der wissenschaftlichen Literatur Einigkeit darüber zu herrschen scheint, daß der Rechtsstaat allenfalls als Ausdruck demokratischer Verfassungsstaatlichkeit zu betrachten ist (vgl. Karpen 1992, 20) bzw. der Rechtsstaat den Verfassungsstaat voraussetzt (vgl. Friesenhahn 1950, 242) und damit nicht mit diesem gleichgesetzt werden kann, steckt in diesem hypothetischen Frage-Antwortspiel eine Wahrheit: die vom Rechtsstaat als eine typisch deutsche Wortschöpfung (vgl. Böckenförde 1976, 66; Šarčević 1996, 9) und der damit verbundenen Notwendigkeit, seinen Bedeutungsgehalt als politisches Ordnungsmodell sowohl in der Verbindung als auch in Abgrenzung zur europäischen Verfassungstradition zu erfassen.

Deren Ausgangspunkt wird übereinstimmend mit der französischen Revolution gesehen, obwohl der Verfassungsbegriff selbst sehr viel älter ist. Doch steht die französische Menschen- und Bürgerrechtserklärung vom 16. August 1789[16] für einen Wandel im Verfassungsverständnis. Galten bis in das 17. Jahrhundert Verfassungen allenfalls als „empirische Zustandsbeschreibungen der verfaßten Gemeinwesen, Fürstenhäuser und Bünde" (Pauly 1993, 699) und fixierten damit bestehende politische und rechtliche Machtverhältnisse, verliehen erst die Forderungen der amerikanischen und französischen Revolution im 18. Jahrhundert der Verfassung ihren normati-

15 Wie schwierig eine abgrenzende Definition beider Begriffe offenkundig ist, belegt die Literatur zum Rechtsstaat. So definiert Ulrich Karpen (1992, 20) etwa den Rechtsstaat als Verfassungsstaat, und auch Peter Cornelius Mayer-Tasch spricht davon, daß Grundrechte und Gewaltenteilung sowohl die Grundprinzipien von Verfassungsstaatlichkeit als auch die deutscher Rechtsstaatlichkeit darstellen (1991, 38).

16 Sie ist in Form der Präambel noch heute Bestandteil der Verfassung der 5. Französischen Republik vom 28. September 1958 (vgl. Mayer-Tasch 1991, 38).

ven Gehalt. Indem die Bürger die Sicherung der Menschenrechte und die Gewaltenteilung einklagten, forderten sie nicht nur eine Begrenzung der Staatsgewalt, individuelle Freiheitsrechte und politische Mitsprache, sondern institutionalisierten die Verfassung damit auch als ein politisches und gesellschaftliches „Daseinsprogramm“ (Blumenberg 1983, 159). In diesem Verständnis spiegeln Verfassungen die politisch-rechtliche Verfaßtheit von Gesellschaften wider und stehen, aus einer handlungstheoretischen Perspektive gesehen, für den politischen Selbstwerdungsprozeß mündig gewordener BürgerInnen. Staat und Verfassung gelten fortan als gestaltbar und werden nicht mehr als vorgegeben erfahren, denn die mit der Geburt politischer Subjekte gewonnene Autonomie ermächtigt die Individuen, die Ausübung einheitlicher politischer Entscheidungs- und Herrschaftsgewalt (Böckenförde 1992a, 29) selbst zu organisieren.

Der Rechtsstaat – eine begriffliche Klärung

Werden eine durch die Verfassung gebundene Staatsgewalt, Gewaltenteilung, unabhängige Rechtsprechung und Grundrechte der BürgerInnen als elementare Strukturprinzipien demokratischer Verfassungsstaatlichkeit gesehen, ist der „Rechtsstaat die (deutsche – Einf.G.W.) Antwort des westlichen Konstitutionalismus auf die Grundfragen nach der Herrschaft“ (Karpen 1992, 23). Für seine Besonderung spricht, daß das Modell zur Begrenzung der Staatsgewalt in anderen europäischen Ländern gerade nicht mit dem Staatsbegriff benannt wurde. Vielmehr wurde dort den Prinzipien der Gesetzmäßigkeit und Gewaltenteilung etwa mit dem englischen „rule of law“ oder dem französischen „séparation des pouvoirs“ eine deutlich politischere Bedeutung gegeben. Und auch das amerikanische Verfassungsrecht entkoppelte die Rechtsbindung der politischen Gewalten zumindest sprachlich mit dem Begriff des „due process of law“ vom staatlichen Ordnungsmodell (vgl. Šarčević 1996, 11; Tohidipur 1978, 9).[17] In diesen Begriffen drückt sich das Bestreben nach politischer Emanzipation und Mitbestimmung, das die europäische Verfassungstradition entscheidend prägt, sehr viel stärker aus als im Begriff des Rechtsstaats. Sollte es allerdings zutreffen, daß ein Vergleich zwischen den europäischen Bezeichnungen und dem deutschen Rechtsstaatsbegriff nicht gezogen werden kann, weil mit letzterem grundsätzlich andere Bedeutungsinhalte und Phänomene verbunden sind, wie Böckenförde (1978,

17 Vgl. dazu auch Garzoni 1972, 17ff.; Baretta 1985, 218.

66, Anm. 4) dies behauptet, dann muß an dieser Stelle geklärt werden, womit sich der deutsche Rechtsstaat als typische Antwort deutscher Verfassungsstaatlichkeit auszeichnet und worin er sich von anderen europäischen Verfassungsstaaten unterscheidet.

Wer zuerst den Begriff Rechtsstaat als deutsche Wortschöpfung eingeführt hat, ist strittig. Nach Meinung von Philip Kunig (1986, 21) und Erhard Denninger (1978, 67) taucht er 1789 bei J.W. Placidus auf. Böckenförde (1976, 66) sieht ihn zum ersten Mal 1813 bei Carl Th. Welcker 1813 und 1824 bei Johannes Christoph Freiherr von Aretin verwendet.[18] Denninger (1978, 67) dagegen beruft sich auf Quellen, die eine explizite Verwendung des Rechtsstaatsbegriffs durch Adam Müller 1809 und Welcker 1812 nachweisen, worin er stellenweise mit Ulrich Scheuner (1968, 461f.) übereinstimmt, der ebenfalls Adam Müller als eigentlichen Schöpfer nennt. Mehr Einigkeit hingegen herrscht hinsichtlich der These, daß Robert von Mohl den Begriff 1829 in seiner Abhandlung zum „Staatsrecht des Königsreichs Württemberg" systematisch-theoretisch in die deutsche Staatsdiskussion eingebrachte (vgl. dazu Böckenförde 1976, 67; Baretta 1985, 219; Maus 1978, 13-81).

Doch nicht nur die Herkunftsbestimmung gestaltet sich offenkundig problematisch. Auch hinsichtlich der Frage, was den Rechtsstaat als „kühnes Verfassungsgebäude der Neuzeit" (Karpen 1992, 12) letztendlich ausmacht, erweist sich dieser Begriff schließlich als ein „vager, nicht ausdeutbarer Schleusenbegriff", der offen ist „für das Einströmen sich wandelnder staats- und verfassungstheoretischer Vorstellungen" (Böckenförde 1976, 65).

Versteht man mit Herman Heller (1930) den Rechtsstaat als einen Staat, „in dem jeder zu seinem Recht kommt", dann ist damit zunächst nicht mehr gemeint, als daß der Staat dafür Sorge zu tragen hat, daß niemandem Unrecht geschieht. Doch diese allgemeine Definition ist mißverständlich, insofern sie keine Aussagen darüber macht, welches Recht gemeint ist und wie es zustandekommt. Seit Bestehen des Begriffs hat es sich deshalb eingebürgert, zur genaueren Beschreibung des deutschen Ordnungsmodells verschiedene Zusätze beizufügen.

Der Begriff vom „Vernunftsrechtsstaat" (Böckenförde 1976, 66) suggeriert nicht nur rechtmäßiges staatliches Handeln, sondern mißt dessen Qualität am Maßstab der Vernunft. Wer auf diesen Begriff zurückgreift, muß sich mit verschiedenen Bedeutungsdimensionen auseinandersetzen. Enthalten sind in ihm sowohl das Vernunftsrecht, wie es auf die Naturrechtsideen und auf Immanuel Kant zurückgeht, als auch der *vernünftige* Staat. Obwohl Kant

---

18 Zur Geschichte des deutschen Rechtsstaats vgl. insbesondere Scheuner 1968, 420ff.

den Begriff des Rechtsstaats nie verwendet hat (vgl. Hofmann 1995, 10; Preuß 1993, 186), gilt seine berühmte Staatsdefinition, wonach der Staat „die Vereinigung einer Menge von Menschen unter Rechtsgesetzen" ist (Kant 1997, 431f.) als prägend für das deutsche Rechtsstaatsverständnis. Denn die nahezu euphorische Hinwendung Kants zum öffentlichen Rechtshandeln verband das deutsche Staatsdenken nachhaltig mit dem Prinzip der Vernunft. Der vernünftige Staat agiert in Form des Gesetzes, das als eine allgemeinverbindliche Norm sowohl staatsbürgerliche Freiheit als auch notwendigen, allgemeinen Zwang verkörpert. Das Gegenstück zum „Vernunftsrechtsstaat" Kantscher Prägung ist aber keinesfalls der unvernünftige Staat im Sinne eines Willkürstaates, sondern der Naturzustand.[19] Dieser ist bei Kant, wie auch bei Rousseau, Locke und Montesquieu ein Zustand der Gesetzlosigkeit (vgl. Šarčević 1996, 109), in welchem die Individuen zwar über eine natürliche Freiheit verfügen, die im Gesellschaftszustand aber nur dann keine Willkür ist, wenn sie über das allgemeine Gesetz garantiert wird (vgl. ebd., 111). Erst das Recht als Inbegriff aller Bedingungen „unter denen die Willkür des einen mit der Willkür des anderen nach einem allgemeinen Gesetz der Freiheit zusammen vereint werden kann" (Kant, zit. nach Denninger 1978, 69), führt zu einer für das menschliche Maß erreichbaren Vernünftigkeit (vgl. Böckenförde 1976, 69).

Der mit den Naturrechtsideen in die Welt gesetzte und von der frühen Staatslehre konsequent weitgeführte Gegensatz vom Staat als sittlichem, vernünftigem und gerechtem Gesellschaftszustand und dem Naturzustand, in dem Gesetzlosigkeit und Willkür herrschen, setzt sich mit der Auffassung vom Rechtsstaat als „Verstandesstaat"[20] fort. In diesem Begriff von Robert

19 Diese These wird von Mayer-Tasch (1991) bestritten. In seinem Verständnis versteht die abendländische Verfassungstradition den Rechtsstaat als Gegensatz zum Macht- und Willkürstaat. Dieser zeichne sich dadurch aus, daß dessen „Entscheidungen und Entscheidungsverfahren nicht durch positives (...) Recht regelhaft vorgezeichnet sind" und dessen Zielwert nicht in der Freiheit seiner BürgerInnen bestehe (ebd., 37f.) Die unterschiedliche Einschätzung resultiert aus der anderen sematischen Gewichtung, die dem Rechtsstaat beigemessen wird. Unterstellt man seiner Entstehung eher die Absicht, staatliche Macht zu binden, dann ist sein Gegensatz in der Tat der Macht- und Willkürstaat. Wird der rechtsstaatliche Zielwert jedoch vorrangig darin gesehen, die Freiheit der Individuen zu sichern, dann gilt der Naturstand als seine Legitimationsbasis. Je nach Auffassung variieren die Erkenntnisse. Allerdings kann es als sicher gelten, daß die Vertragstheoretiker die Freiheitssicherung in den Mittelpunkt stellten.

20 Vgl. Mohl 1829, 11. Näheres hierzu auch bei Scheuner (1968) und vor allem bei Šarčević 1996, 19. Die exakte Textstelle bei Mohl heißt: „Dieser Name ist (...) nicht ganz passend, indem Recht nur die Hälfte der Thätigkeit dieser Staatsgattung ist; man müßte

von Mohl drückt sich ähnlich wie beim Vernunftsstaat eine problematische Geringschätzung gesellschaftlicher Selbstentfaltungskräfte aus. Die Verbindung des Staates mit dem des Verstandes unterstellt diesem ein Potential, das die egoistischen, auf sich selbst bezogenen Individuen nicht aufbringen können, um sich zu einer gerechten, befriedeten Gesellschaft zusammenzuschließen. In den Augen von Mohl ist der Rechtsstaat deshalb auch keine Unterkategorie des Staates, sondern eine eigene Staatsgattung, die neben dem patriarchalischen Staat, der Patrimonialherrschaft, der Theokratie und dem klassischen Staat steht (Mohl 1872, 298ff.).[21] Was ihn von einer bloßen Staatsform unterscheidet, ist die ihm unterstellte emanzipatorisch-sozialstaatliche Bedeutung. Neben der Gleichbehandlung der BürgerInnen[22], die mit einem einheitlich-rechtsstaatlichem Gesetzesbegriff als generelle Norm[23] gewährleistet wird, übernimmt der Rechtsstaat als Staatszwecktypus die Aufgabe, die Individuen in ihrem Streben nach Glück, Wohlstand und Freiheit zu fördern und zu unterstützen:

„Ein Rechtsstaat kann also keinen anderen Zweck haben, als den: das Zusammenleben des Volkes so zu ordnen, daß jedes Mitglied desselben in der möglichst freien und allseitigen Übung und Benützung seiner sämtlichen Kräfte unterstützt und gefördert werde. In was aber diese Unterstützung und Förderung zu bestehen hat, ist leicht einzusehen. Die Freiheit des Bürgers ist bei dieser Lebensansicht der oberste Grundsatz." (Mohl 1844, 8)

Mit dem Begriff des Verstandesstaates wird das formale Element der Rechtsgleichheit und Gesetzesgültigkeit mit der inhaltlichen, also materiellen Dimension der Freiheitssicherung verbunden. Keineswegs aber beinhaltet der Begriff, ebensowenig wie der des Vernunftsstaates, ein Verständnis von Autonomie, die es den BürgerInnen ermöglicht, ihre Geschicke selbst zu

---

ihn eigentlich ‚Rechts- und Polizei-Staat' nennen. Vielleicht am besten *Verstandes-Staat*".

21 Zur Unterscheidung von Staatsgattungsbegriff und Staatsformbegriff: a) Staatsgattung: Die Staatstätigkeit legitimiert sich über die Aufgabe, den gesellschaftlichen Individuen eine menschenwürdige, freiheitliche Entwicklung zu ermöglichen. Dementsprechend wird die Staatstätigkeit über Vernunftsgrundsätze bestimmt. Der materiale Ideengehalt konstituiert staatliche Organisation und Verfahren. Der Staatszweck läßt sich mit dem Begriff der Indviualitätsverantwortung umschreiben. b) Staatsform: Der Rechtsstaat als eine Form staatlicher Organisation beinhaltet Garantien zur Gewährleistung gesetzlicher Freiheit. Diese Garantien realisieren sich in Form formeller Elemente wie etwa Grundrechte, Gewaltenteilung und gesetzgebende Gewalt. Es existieren gesetzliche Regelungen für die Verwaltungsbereiche, wobei eigenständige Gerichte die Gesetzeskonformität der Verwaltung überprüfen.

22 „Vorerst Gleichheit vor dem Gesetze, d.h. Berücksichtigung der Lebenszwecke Aller ohne Unterschied auf persönliche Verhältnisse, und objektive Anwendung der allgemeinen Normen ohne Rücksicht auf Rang, Stand u.s.w. des Einzelnen" (Mohl 1872, 328).

23 Vor allem bei Carl Schmitt 1957, 141 und Franz Neumann 1967, 43.

bestimmen und ihre Interessen unter Maßgabe eigener Wert- und Normvorstellungen zu realisieren. Diese Annahme zu vertreten hieße, die eigentümliche Verbindung von Moralität und Legalität in der Zusammensetzung von Recht, Staat, Vernunft und Verstand zu leugnen. Setzt man sich aber über diese „zweistufige Legalität"[24] im deutschen Rechtsstaatsbegriff hinweg, geht einem ein Verständnis verloren, das den Staat als sittliche, moralische Instanz hegelscher Provenienz begreift, als eine Instanz letztendlich, die etwas leistet, das die Gesellschaft aus sich selbst heraus nicht leisten kann: Die Vergesellschaftung vereinzelter Individuen zu einer nationalen Einheit. Aus dieser Perspektive kann nur der Staat das Recht als eine bürgerliche Erscheinungsform der Freiheit institutionalisieren (vgl. Šarčević 1996, 110), wobei sich diese „staatsbürgerliche Freiheit" (Böckenförde 1976, 69f.) an sittlichen, moralischen und vernünftigen Maßstäben orientiert (solange sie nicht wirklich aufgrund demokratischer Verfahren zustandekommt[25]). Während für die einen die Geschichtsschreibung des bürgerlichen Rechtsstaats bis heute „unter der Herrschaft des materialen Rechtsstaatsbegriffs" (Maus 1978, 13) steht, wie er mit dem Mohlschen Verstandesstaat zum Ausdruck kommt, ist etwa in den Augen von Edin Šarčević (1996, 15), der Rechtsstaatsbegriff bis heute ein „formell/materielles Begriffspaar"[26] geblieben.

---

24 Ulrich K. Preuß benutzt diesen Begriff in seinem Aufsatz „Gesellschaftliche Bedingungen der Legalität" (1973) in Anlehnung an die von Carl Schmitt geprägten Begriffe der „höheren und niedrigeren Legalität" und den von Otto Kirchheimer zuerst verwendeten Begriff der „zweistufigen Legalität" als Kennzeichen bürgerlicher Rechtsordnung. Gemeint ist damit, daß ein höherwertiges Rechtsprinzip positive Gesetze auf ihre Rechtmäßigkeit und Gerechtigkeit hin kontrolliert und relativiert. Kritisiert wird dieses „Kainszeichen" (Maus 1986, 15) bürgerlicher Rechtsordnung vor allem von linker und linksliberaler Seite allein schon deshalb, weil damit der Rechtsstaat ein der Verfassung und den Rechtsnormen vorgängiger ist und sich nicht erst aus diesem entwickelt.

25 Solange die Idee des gemeinsamen gesetzgebenden Volkes noch nicht realisiert sei, ist der Gesetzgeber verpflichtet, „daß er seine Gesetze so gebe, als (ob) sie aus dem vereinigten Willen eines ganzen Volkes habe entspringen können" (Maus 1986, 14). Das ist nach Kant das Kriterium für die Rechtmäßigkeit eines Gesetzes. Ungerecht ist es nach dieser Definition dann, wenn es so beschaffen ist, „daß ein ganzes Volk unmöglich dazu seine Einstimmung geben könnte" (Kant 1977, Bd. XI, 153). Maus führt dazu an, daß Kant damit zwar einerseits ein dem positiven Recht vorgelagertes substantielles Rechtsprinzip im Sinne der zweistufigen Legalität institutionalisiert habe, dieses aber eindeutig mit dem Auftrag verbunden hat, die nicht durch einen einheitlichen Volkswillen hervorgebrachten Rechtsprinzipien nur solange aufrechtzuerhalten, wie der einheitliche Volkswille nicht realisiert ist (vgl. Maus 1986, 15).

26 Er gebraucht hier ein Ausdruck von Philip Kunig, 1986, 26.

Und tatsächlich ist das deutsche Ordnungsmodell mit der vernunftrechtlichen Auslegungsdimension nur unzureichend beschrieben. Als ebenso bedeutsam für das Verständnis des deutschen Rechtsstaats erweist sich seine formaljuristische Dimension, in dessen Zentrum das Gesetz steht. Im Unterschied zur materiellen Rechtsstaatlichkeit reflektiert der formelle Rechtsstaatsbegriff lediglich eine „bestimmte Ordnung des Verhältnisses zwischen Gesetz, Verwaltung und Individuum" (Anschütz 1919, 29 zit. n. Böckenförde 1992b, 155, Anm. 47).

Während das Gesetz in der Bedeutung des Vernunftsrechts- und Verstandesstaat für eine sittlich-moralische Zielbestimmung des Staates steht, beschreibt der Zusatz im Begriff vom Gesetzes-Rechtsstaat, wie er insbesondere in der Staatslehre des 19. Jahrhunderts vorherrschend war, lediglich das institutionelle Mittel, mit dessen Hilfe der Rechtsstaat nur noch als ein Formelement des Staates agiert:

„Der Staat soll Rechtsstaat sein, das ist die Losung und ist auch in Wahrheit der Entwicklungstrieb der neueren Zeit. Er soll die Bahnen und Grenzen seiner Wirksamkeit wie die freie Sphäre seiner Bürger in der Weise des Rechts genau bestimmen und unverbrüchlich sichern und soll die sittlichen Ideen von Staats wegen, also direkt, nicht weiter verwirklichen (erzwingen), als es der Rechtssphäre angehört, d. i. bis zur notwendigsten Umzäunung. Dies ist der Begriff des Rechtsstaates, nicht etwa, daß der Staat bloß die Rechtsordnung handhabe ohne administrative Zwecke, oder vollends bloß die Rechte der Einzelnen schütze, sondern nur Art und Charakter, dieselben zu verwirklichen" (Stahl, 1856, § 36).

Neben dieser Auffassung von Stahl, wonach ein Rechtsstaat lediglich ein Staat ist, in dem Gesetze herrschen, lenkt das formale Rechtsstaatsverständnis besonders bei Rudolf von Gneist (1869, 1879) den Blick auf institutionelle Ausformung des Rechtsstaats. Danach gilt eine politische Institution als Rechtsstaat, die auf der Basis von Gesetzen regiert, wobei die Gesetze aber nicht die Grundlage staatlichen Handelns sind, sondern lediglich den funktionalen Rahmen für staatliches Handeln abgeben (vgl. Böckenförde 1976, 72). In diesem Verständnis erscheint der Rechtsstaat nicht mehr als eine Anstalt zur Organisation und Beherrschung der Gesellschaft, sondern die Legitimität des Rechtsstaats basiert allein auf einer „justizstaatlichen Ausgestaltung des Rechtsschutzes" (Böckenförde 1976, 73). Besonders deutlich wird diese formale Ausrichtung des Rechtsstaats auf die Gesetzmäßigkeit der Verwaltung bei Otto Bähr (1963) und Otto von Gierke (1868), in deren Auffassung sich die rechtsstaatliche Bedeutung darin erschöpft, daß alle staatlichen Befugnisse auf der Grundlage des Rechts bestehen und die Verwaltung unter die Kontrolle der Justizgerichte gestellt ist.

In den Augen der KritikerInnen entbehrt dieser formale Rechtsstaatsbegriff alle Merkmale demokratischer Verfassungsstaatlichkeit. Bemängelt wird vor allem, daß dieses mit der Stahlschen Definition ab 1846 auf den formalen Aspekt geschrumpfte Rechtsstaatsverständnis weder den politischen noch den normativen Anspruch, der sich mit diesem Ordnungsmodell verbindet, ausreichend reflektiert. Diejenigen, die vorallem die politische Bedeutungsdimension des Rechtsstaatsbegriffs hervorgehoben wissen wollen, wie etwa Erhard Denninger, monieren besonders das darin eingelassene konservative Staatsverständnis. Indem der Begriff ausschließlich den Gesetzesvorbehalt und die Gesetzmäßigkeit der Verwaltung als zentrale Merkmale des Rechtsstaats hervorhebt, spiegele er den Rechtsstaat lediglich als Abwehrinstanz gegen polizeiliche und staatliche Gewalt, als Kontrollinstanz durch Gerichtsschutz und als Sicherungsinstanz privater und wirtschaftlicher Interessen (Denninger 1978, 69). Die Bedeutung demokratischer Rechtsstaatlichkeit bliebe aus dieser „besitzbürgerlichen, liberalen Rechtsstaatskonzeption" (ebd., 69) insofern gänzlich ausgespart, als sie ausschließlich Abwehrrechte gegen den Staat im Sinne des Schutzes individueller Freiheiten formuliert, nicht aber die BürgerInnen mit Rechten ausstattet, die sie zum politischen Handeln auffordern.

Andere dagegen, wie etwa Böckenförde, halten die Definition des Rechtsstaats als Gesetzes-Rechtsstaat nicht wegen ihrer fehlenden demokratischen Verfahrens- und Mitsprachegarantien für unzureichend, sondern vielmehr deshalb, weil diese die moralischen und sittlichen Dimensionen ausblendet. So sieht Böckenförde (1976, 77) - im Gegensatz zu Denninger - mit dem konservativ und religiös fundiertem Staatsdenken von Stahl eine Absage an den liberal-individualistischen Rechtsstaat, insofern die Tatsache der Existenz eines Gesetzes betont wird, ohne dessen Inhalt kritisch zu hinterfragen, ob das vom Gesetzgeber erlassene Gesetz auch gewissen vernunftrechtlichen Maßstäben entspricht. Die Herrschaft des Gesetzes als Sicherung bürgerlicher Freiheit würde hier auf die Gesetzmäßigkeit der Verwaltung reduziert, wohingegen die Vernunftbeziehung, und damit die Idee der „staatsbürgerlichen Freiheit" die dem Gesetzesbegriff des frühen Rechtsstaatsgedankens noch zugrundelag, gänzlich aufgehoben werde (vgl. ebd., 75f.).

Es mag verwundern, daß die bisher in Augenschein genommenen Begriffe, also der Vernunftsrechtsstaat Kantscher Prägung sowie die materielle als auch formelle Rechtsstaatlichkeit derart unterschiedliche Auslegungsdimensionen zulassen. Zugleich wird damit aber auch ein grundlegendes Dilemma in der Verwendung des Rechtsstaatsbegriff deutlich, mit dem sich offenkundig nicht nur rechtstheoretische, sondern auch politische und ökonomische

Vorstellungen verbinden. So scheint der Ausdruck vom „Verfassungsrechtsstaat", wie Denninger (1987, 73) den zeitgenössischen Rechtsstaat in einem deskriptiv-kritischen Sinn beschreibt, eine möglicherweise angemessenere Bezeichnung für das zu untersuchende Ordnungsgebilde zu sein. Denn jenseits formaler und materieller Zuschreibungen, die erstmal nichts weiter besagen, ob staatliches Handeln auf bestimmte Verfahrensregeln verpflichtet ist und/oder der Rechtstaat auch Einfluß darauf haben soll, wie die freiheitliche Gesellschaftsordnung beschaffen ist, vermag dieser Begriff zumindest das spannungsreiche Verhältnis zwischen Freiheitssicherung und politischer Selbstorganisation zu reflektieren, das den spezifischen Charakter des Rechtsstaats letztendlich ausmacht. Betont die Verwendung des „Grundrechte-Rechtsstaats" (Karpen 1992, 12) primär die Freiheitssicherung als Staatsaufgabe, indem staatliches Handeln an die Grundrechte gebunden wird, drückt die Formulierung vom Verfassungsrechtsstaat die Erweiterung des Rechtsstaatsidee um die Dimension der Menschenrechte aus. Zwar besagt die Verbindung zwischen Rechtsstaat und Verfassung vordergründig nicht mehr, als daß staatliches Handeln nicht nur an Gesetze, sondern auch an übergeordnete Verfassungsgrundsätze gebunden ist. Doch insofern die Verfassung im deutschen politikwissenschaftlichen Verständnis nicht nur eine Zuständigkeitsordnung politischer Gewalten darstellt, sondern darüber hinaus auch bestimmte Wertvorstellungen über das gemeinschaftliche und politische Zusammenleben beinhaltet und damit auch als ein Normenprogramm begriffen wird, bindet sie staatliches Handeln nicht nur an Rechts- und Verfahrensgrundsätze, sondern auch an Grundsätze der Gerechtigkeit, Sicherheit und Verhältnismäßigkeit (vgl. Benda 1994, 725)[27].

Die grundlegende Erkenntnis der *verfassungsförmigen Werte*, auf denen der Geltungsanspruch des Rechtsstaats als politisches Ordnungsmodell aufbaut, ist für die weitere Analyse zentral. Denn neben dem rechtstheoretisch-formellen Substrat des ursprünglichen Rechtsstaatsbegriffs, also die Mäßigung und Begrenzung staatlicher Gewalt durch das Recht, ist hinter der Vielfalt verschiedener Formulierungen für Böckenförde „der materielle Rechtsstaatsbegriff dadurch gekennzeichnet, daß die staatliche Gewalt vorab an bestimmte oberste Rechtsgrundsätze oder Rechtswerte gebunden (ist) und der Schwerpunkt staatlicher Tätigkeit nicht primär in der Gewährleistung formaler Freiheitsverbürgerungen, sondern in der Herstellung eines materiell

27 Ernst Benda verweist hier auf Aussagen des Bundesverfassungsgerichts im BVerfGE 7, 89/92, BVerfGE 21, 378/388 sowie im BVerfGE 37, 57/65.

gerechten Rechtszustandes gesehen wird" (Böckenförde 1976, 81).[28] Dem Gedanken nach ist es also Zweck und Ziel des „finalen Rechtsstaats (...) durch geeignete Mechanismen eine in der Verfassung vorgegebene oder jedenfalls aus ihr abzuleitende Vorstellung von materieller Gerechtigkeit zu verwirklichen" (Hofmann 1996, 4). Der Verfassungsrechtsstaat dient damit nicht nur der Mäßigung und Begrenzung staatlicher Gewalt, sondern insbesondere dem Schutz der zur „objektiven Wertordnung" (BVerfGE 7, 198, 205) erhobenen Verfassungsnormen.

Für diese These stehen die attribuierenden Zusätze, die heute dem Rechtsstaat angehängt werden, um die ihm unterstellten und erweiterten aufgetragenen Aufgabenstellungen zu beschreiben. Legt die Verwendung des *sozialen* Rechtsstaats vor allem den Anspruch nahe, ungleiche soziale Verhältnisse auszugleichen und damit Gerechtigkeit herzustellen, betont das *demokratische* Attribut die Gewährleistung von politischen Rechten, um das Prinzip der Volkssouveränität und damit das demokratische Zustandekommen von Gesetzen sicherzustellen. Beide Aufgabenstellungen betonen in einem klassisch materiellen Sinne die Verantwortlichkeit des Staates für gerechte und demokratische gesellschaftliche Verhältnisse.

Indem der Begriff vom *Verfassungsrechtsstaat* primär das Prinzip der Verfassungsbindung staatlichen Handelns und damit den Aspekt der Grundrechtsdogmatik betont, birgt er einerseits die Gefahr, die formell-rechtstheoretischen Elemente, die dem Rechtsstaat als Konstante nach wie vor verblieben sind, also die kompetenz- und verfahrensrechtlichen Verfassungs- und Gesetzesbestimmungen, auszublenden.[29] Andererseits enthebt dessen Verwendung den Rechtsstaatsbegriff seiner ursprünglich juristischen Bedeutung und vermag ihn für das Begriffsinstrumentarium der politischen Theorie und Philosophie, auch für eine Theorie der Demokratie, zu öffnen. Darüber hinaus erfüllt er den Anspruch eines „integralen Rechtsstaatsbegriffs" (Šarčević 1996, 50), der nicht nur die rechtstheoretischen, sondern auch die politischen und ökonomischen Aspekte berücksichtigt, die sich im

28 Weitere Literatur dazu: Kaegi 1953, 107-142 (133 ff.) und Scheuner 1960, 248. Letzterer hat ein kritisches Verhältnis zum „Gerechtigkeitsstaat".

29 Diese Tatsache wird in jüngster Zeit verstärkt beklagt (vgl. Sobota 1997). Das Anliegen von Katharina Sobota (1997) geht in eine ganz andere Richtung als die vorliegende Untersuchung, indem sie mit ihrer Studie das Rechtsstaatsprinzip „mit den begrifflich-systematischen Mitteln der Jurisprudenz wieder operationabel" (ebd., 12) machen will. Sobota beklagt die Unklarheit des Rechtsstaatsbegriffs als juristisch-dogmatisches Prinzip sowie die „Erosion, mit der angestammte Aufgaben dem Regelungsbereich des Rechtsstaatsprinzips entzogen werden und anderen Normsystemen, besonders der Grundrechte und des Demokratieprinzips, zugewiesen werden" (ebd., 9).

modernen rechtsstaatlichen Handeln verbinden. Konkret benannt sind es die Verfassungselemente der sozialen Gerechtigkeit, Rechtsgleichheit und Freiheitsschutz, die im Rechtsstaat mit Hilfe der Herrschaft der Gesetze, Legalität und Gewaltenteilung erreicht werden sollen (vgl. ebd., 53).

Freilich räumt auch die Definition vom Rechtsstaat als Verfassungsgrundsatz (vgl. Maus 1978, 13) keineswegs die Kritik an der Unklarheit eines Begriffs beiseite, welcher zum allgemeinen Verständnis offenkundig „der Konkretisierung je nach den sachlichen Gegebenheiten bedarf" (BVerfGE 7, 92f.) Problematisch ist für Philip Kunig insbesondere die Beliebigkeit und Instrumentalisierbarkeit eines so verstandenen Rechtsstaatsbegriffs, welcher sich „genauso für den Bürger wie für den Staat, genauso für die Freiheit wie für Ordnung und Sicherheit mobilisieren" (Kunig 1986, 43) lasse. Doch ungeachtet dieser durchaus berechtigten Kritik und jenseits der unterschiedlichen Auffassungen, die sich mit dem Rechtsstaatsbegiff bis heute verbinden, macht der Begriff vom Verfassungsrechtsstaat den zeitgenössischen Rechtsstaat nicht nur als ein „Strukturelement demokratischer Verfassungsstaatlichkeit" (Stein 1997, 89) kenntlich, sondern kann aufgrund der bisherigen Ausführungen als eine spezifisch deutsche Antwort demokratischer Verfassungsstaatlichkeit gelten. In diesem umfassenden Verständnis verkörpert er nicht nur ein Staatsmodell, in dem staatliches Handeln lediglich durch das Recht beschränkt wird und in dem Gesetze herrschen. Vielmehr ist mit ihm das Ideal und die Wirklichkeit einer Staatsform bezeichnet, das noch über den normativen Anspruch demokratischer Verfassungsstaatlichkeit hinausgeht. Verknüpft sich in diesem Ordnungsmodell die Idee der Selbstregierung mit der Idee, daß politische Herrschaft dem Recht unterworfen und durch diese beschränkt ist (vgl. Stein 1997, 42), betont der Rechtsstaatsbegriff die staatliche Ordnung und ihre Legitimation in Verbindung mit Recht. So stehen das Rechts- und das Staatsprinzip im Begriff des Rechtsstaats für zwei unterschiedliche Vorstellungen, die letztendlich das Primat des Rechts über die Politik stellen: die Vorstellung, daß das politische, gerechte und freiheitliche Gemeinwesen nur über das *Recht* zu organisieren sei, indem staatliches Handeln an das Recht gebunden und durch dieses begrenzt ist, sowie die Vorstellung, daß der *Staat* für die Wirksamkeit des Rechts Sorge trägt, indem er nicht nur darüber wacht, daß dieses Recht mit den Verfassungsgrundsätzen übereinstimmt, sondern darüber hinaus auch verpflichtet ist, zum Schutz freiheitlicher, demokratischer und sozialer Grundwerte in die gesellschaftliche Sphäre individueller und politischer Selbstbestimmung einzugreifen.

Schon Otto Bähr bezeichnete Recht und Staat als „unzertrennliche Begriffe" (Bähr 1963, 8) und sah in deren Verknüpfung die eigentliche Legitimationsgrundlage des Staates: „In der Verwirklichung des Rechts verwirklicht der Staat den ersten Keim seiner eigenen Ideen" (ebd.). Und auch in jüngster Zeit wird die Auffassung, daß „Staatlichkeit nur in Gestalt von Rechtlichkeit denkbar ist" (Sobota 1997, 15) wieder verstärkt behauptet. Dennoch ist es in der wissenschaftlichen Auseinandersetzung nicht unbeachtet geblieben, daß die Verbindung beider Ideen im Begriff des Rechtsstaats sowohl eine Antinomie zwischen Freiheitssicherung und staatlicher Gewalt (vgl. Šarčević 1996, 4), als auch zwischen Rechtsstaat und Demokratie (vgl. Kägi 1978)[30] begründen. Hingegen wird ein mit dem Begriff zum Ausdruck gebrachtes Paradoxon kaum zur Kenntnis genommen: Daß es nämlich des Staates bedarf, um staatliche Macht mittels des Rechts zu beschränken und die Freiheit der BürgerInnen zu sichern. Diese rechtsstaatliche Konstruktion und den mit ihr verfolgten Zweck, staatliche Gewalten und damit sich selbst zu binden, ist noch am ehesten einsichtig, wenn das Recht in Form des Gesetzes seine eigene Vernünftigkeit begründen kann. Doch auch wenn mit dem Begriff der Rechtssouveränität[31] die Synthese zwischen Vernunft und Gewalt im Rechtsstaatsbegriff plausibel gemacht werden soll, kann nichts darüber hinwegtäuschen, daß die Diskrepanz zwischen Souveränität und Freiheit bis heute ein ungelöstes Problem des Rechtsstaats darstellt.

Allerdings darf nicht übersehen werden, daß sowohl die Idee als auch der Begriff des Rechtsstaats „vorwiegend rechtstheoretische und politischphilosophische Schöpfungen (sind), die in Wirklichkeit niemals in der postulierten Form realisiert wurden" (Šarčević 1996, 57). Ein systematisches Verständnis des Rechtsstaats ermöglicht für Böckenförde (vgl. 1976, 66) deshalb erst die Betrachtung der historischen Entwicklung. Zu diesem Zweck

30 Beide Prinzipien stellen mit ihrem Ziel, eine freie Gemeinschaft freier Menschen zu begründen, die eigentliche Leitidee der Verfassung dar. Allerdings hängt für Werner Kägi (vgl. 1978, 127) ihre Verträglichkeit sehr stark von einer bestimmten Auffassung von der Demokratie ab.

31 Im Anschluß an eine alteuropäische Rechtstradition wird aus einer vornehmlich juristischen Sicht der Rechtsstaat auch heute wieder „als ein Herrschaftsverband betrachtet, der sich nicht über, sondern zwischen das Recht stellt" (Gierke 1874, 184). Die Behauptung staatlicher Rechtssouveränität statt Staatssouveränität führt zu einer Überwindung der Trennung zwischen Staat als Herrschaftsorgan des Rechts und der Gesellschaft als Raum des Rechts (vgl. Sobota 1997, 15) und kann mit dieser rhetorischen Figur dem Vorwurf begegnen, der Staat stehe über der Gesellschaft, indem er Gesellschaft konstituiert.

sollen im folgenden das Rechts- und das Staatsverständnis, wie sie in den verschiedenen Etappen deutscher Staatsentwicklung prominent waren, herausgearbeitet und skizziert werden. Zwei Ziele sind damit verbunden: Zum einen geht es mir darum, die soziologischen, ökonomischen und politischen Bedingungen für die Entwicklung aufzuzeigen. Zum anderen sollen die konstitutiven Strukturprinzipien deutscher Rechtsstaatlichkeit kenntlich gemacht werden.

Der bürgerliche Rechtsstaat als Folge von Naturrechtsideen und Liberalismus

Der bürgerliche Rechtsstaat des 19. Jahrhunderts kennzeichnet die erste Stufe in der Entwicklung des sozialen und demokratischen Rechtsstaats in Deutschland. Es gilt als unbestritten, daß hauptsächlich zwei Traditionen zu seiner Entstehung beitrugen: Findet der Rechtsstaat im Aufkommen der Naturrechtsideen[32] sein philosophisches Substrat, schuf der Liberalismus die gesellschaftsökonomischen Bedingungen (vgl. Šarčević 1996, 10) für die rechtsstaatliche Entwicklung. Freilich ist die Idee des Rechtsstaats, also die Herrschaft des Rechts und der Gesetze, Mäßigung der Staatsgewalt, Sicherung der BürgerInnenfreiheit und Entwurf materieller Gerechtigkeit sehr viel älter (vgl. Denninger 1978, 67). So waren bereits Aristoteles und Platon der Ansicht, daß es besser sei, wenn Gesetze als „Inbegriff wahrer Gerechtigkeit“[33] statt individueller Willkür herrschen (zit. nach Baretta 1985, 214). In der Auffassung vom Gesetz „als ein Ordnungsprinzip, das auf sittlicher Einsicht und Vernunft beruht“[34], verband Aristoteles die Begrenzung der Herrschergewalt durch das Recht mit dem Freiheitsgedanken und formulierte damit bereits den Kern der Rechtsstaatsidee. Doch trotz dieser frühen Wurzeln im Altertum schuf erst die Entstehung eines neuzeitlichen souveränen Staates die historischen Grundlagen für die Entstehung moderner Rechtsstaatlichkeit. Ausgelöst durch die konfessionellen Bürgerkriege im 16. und 17. Jahrhundert (vgl. Grimm 1987, 56, Böckenförde 1992b, 92ff.) entstand durch die „Entkoppelung von Religion und Herrschaft (…) ein eigenständiger Bereich des Politischen“ (Grimm 1987, 56). Dieser unterschied sich von der mittelalterlichen Ordnung vor allem dadurch, daß die staatliche Herr-

32 Hugo Grotius (1583 –1645) war einer der Begründer des modernen Naturrechts und neben dem spanischen Philosophen und Theologen Francisco Suárez (1548-1617) Initiator des neuzeitlichen Völkerrechts. 1625 erschien sein Hauptwerk „De jure belli ac pacis libri tres“ („Drei Bücher über das Recht des Krieges und des Friedens“).

33 Aristoteles, Politik III-16.

34 Aristoteles, Nikomachische Ethik, zitiert n. Karpen 1992, 56.

schaftsbefugnis sich nicht mehr nur auf die Durchsetzung eines von Gottesgnadentum abgeleiteten Rechts beschränkte, sondern die Rechtssetzung selbst zur Angelegenheit des monarchischen Herrschers wurde. Die politische Machtkonzentration des absolutistischen Staates resultierte demnach keineswegs aus einem Zustand der Rechtlosigkeit, sondern fand ihren Ursprung vielmehr in den vom monarchischen Herrscher beanspruchten originären Herrschaftsbefugnissen, die rechtlich nicht gebunden waren. Aufgrund seiner Garantenfunktion entschied dieser über die Inhalte des Rechts, wobei ihm für die Gewährleistung von Ordnung, innerer Sicherheit und Einheit das Gewaltmonopol als institutionelles Mittel zur Verfügung stand. Mit dem Wegfall transzendentaler Rechtfertigungsgründe (ebd., 63) und der Entstehung des neuzeitlichen souveränen Staates, dessen hauptsächliche Aufgabe darin bestand, den inneren und äußeren Frieden zu sichern, sind unterschiedliche gesellschaftspolitische Entwicklungen verbunden. Auf der einen Seite begünstigte der absolutistische Staat die frühkapitalistische Entwicklung und damit die Entstehung eines liberalen Bürgertums, das zunehmend auf wirtschaftliche Entfaltung drängte. Auf der anderen Seite begründete der Säkularisierungsprozeß eine Trennung von Staat und Gesellschaft. Dieser zufolge stand der öffentlich-politischen Sphäre nunmehr eine unpolitische Gesellschaft gegenüber, die dem staatlichen (Rechts-)Willen unterworfen war, ohne Einfluß auf dessen Bildung oder Ausübung nehmen zu können (ebd., 59). Aus diesem Grund mußte die Entwicklung eines neuzeitlichen absolutistischen Staates, dessen Zweck vornehmlich darin bestand, die Sicherheit und Ordnung eines Volkes zu garantieren, zunehmend in ein Spannungsverhältnis zu der sich entwickelnden bürgerlichen Gesellschaft geraten. Angesichts einer Staatsgewalt, deren Herrschaftsanspruch nunmehr hinterfragbar wurde, drängte das liberale Bürgertum auf den Schutz eines staatsfreien Raumes, der ihnen individuelle, wirtschaftliche Selbstentfaltung aber auch politische Mitbestimmung ermöglichen sollte.

Mit der Französischen Revolution fanden die liberalen Freiheitsforderungen des Bürgertums ihren öffentlich-politischen Ausdruck und setzten den Konstitutionalismus in Europa als eine von dem aufstrebenden Bürgertum getragene gesellschaftspolitische Bewegung in Gang. Allerdings rückte die Französische Revolution nicht nur die Autonomie als Anspruch nach politischer Selbstorganisation ins Zentrum des politischen Geschehens, sondern stärkte auch – und das wird häufig übersehen - den Gedanken des Staates und der Nation. Das mit den Naturrechtsideen und der französischen Revolution aufgekommene Freiheitsdenken bestimmte die Reflexion über die staatliche Organisation ebenso wie sie die Gesellschaft veränderte. Dieses Zusammenspiel zwischen der Freiheitssicherung und der Organisation staatlicher Gewalt prägte von Beginn an die Entwicklung des deutschen Rechtsstaats und macht seinen spezifischen Charakter aus. Erst mit der Entwicklung des liberalen Bürgertums und seinen Forderungen nach Schutz und Garantie von Eigentum und bürgerlicher Freiheit wird der Rechtsstaat „zur zentralen Kategorie der Auseinandersetzung zwischen bürgerlicher Gesellschaft und Staat" (Denninger 1976a, 68). Die Verwobenheit beider Faktoren in der deutschen Rechtsstaatsentwicklung wird allerdings nur im Zusammenhang mit einem naturrechtlichen Freiheitsverständnis plausibel.

Mit dem Blick auf das freiheitliche Individuum konturierten die Vertragstheorien des 17. und 18. Jahrhunderts wichtige philosophische Grundfragen des Rechtsstaats, indem sie der politischen Machtkonzentration des absolutistischen Staates den Entwurf eines neuzeitlichen Freiheitsstaats gegenüberstellten, in dem Gesetze herrschen und die Gewalten geteilt sind. Bestätigte Thomas Hobbes (1588-1679) im Grunde noch den starken Staat, indem er in dieser Institution einen bedeutenden Garanten für die Sicherheit innerhalb der gesellschaftlichen Ordnung sah, entwickelte Charles Montesquieu (1689-1755) als strikter Gegner des Absolutismus seine Lehre von der Gewaltentrennung[35]. Bei John Locke (1632-1704) dagegen wird der säkularisierte Naturrechtsbegriff zum Zentralstück seiner frühbürgerlichen Staatstheorie. Erschien ihm die Sicherung von Freiheit, Gleichheit und Eigentum als grundlegende staatliche Aufgabe, legte wenig später Jean-Jacques Rousseau (1712-1778) in seinen politischen Schriften den Schwerpunkt auf die Volkssouveränität als zentrales Element der Staatsorganisation.

Der Vernunftsrechtsstaat als Ausdruck genereller Gesetzesnorm

Gelten die ideengeschichtlichen Entwürfe ohne Frage als Wegbereiter für die Französische Revolution, ist die Idee von einem rechtlich begrenzten Staat zum Zwecke der Freiheitssicherung nicht ohne den Liberalismus als sozioökonomische Grundlage denkbar. Dem monarchischen Staat tritt im 19. Jahrhundert eine bürgerliche Gesellschaft gegenüber, die auf den Prinzipien der Freiheit als Menschen, auf der Gleichheit als Staatsbürger und auf der wirtschaftlichen Selbständigkeit aufbaute. Anders jedoch als in Frankreich oder England verbanden sich in Deutschland die Forderungen eines auf wirt-

---

35 Seine Bedeutung im Rahmen der Aufklärungsliteratur beruht insbesondere auf den 1721 erschienenen „Persischen Briefen", die Kritik der gesellschaftlichen und politischen Zustände unter Ludwig XIV. enthielten.

schaftliche und individuelle Selbstentfaltung drängendes Bürgertum mit Vorstellungen von einem sittlichen, vernünftigen Staat. Insbesondere die Kantschen Entwürfe von einem Vernunftsrechtsstaat, in welchen er politische Herrschaft über die Bindung des Rechts an Vernunftgründe zu legitimieren suchte, waren für diese frühliberale Phase rechtsstaatlicher Entwicklung prägend. Mit diesem stark auf die staatliche Organisation verengten Blick konzentrieren sich in der Zeit zwischen 1815 und 1848 nahezu alle theoretischen und pragmatischen Bemühungen um den Rechtsstaat auf die Frage nach den Grundrechten und der Gewaltenteilung. Dienten die Grundrechte, also Freiheit und Gleichheit sowie Gewissens-, Religions-, Presse-, Berufs- und Gewerbefreiheit als konkrete Elemente deutscher Verfassungen nach 1815[36] der Sicherung einer Privatsphäre, sollten die gewaltenteiligen Elemente der parlamentarischen Gesetzgebung, Gerichtsschutz und Gesetzesvorbehalt staatliche Gewalt begrenzen. Mit einer deutlichen Ausrichtung auf die Grundrechte wird dem Rechtsstaat nicht nur eine Ordnungsfunktion zugeschrieben, sondern der Zweck des Rechtsstaats besteht ausdrücklich in der Sicherung einer staatsbürgerlichen Freiheit als Grundlage für eine „möglichst allseitige Ausbildung der Naturkräfte der Menschen" (Mohl 1829, 6f.). Dreh- und Angelpunkt dieses materiellen – weil auf eine bestimmte inhaltliche Vorstellung von Freiheit bezogenes – Rechtsstaatsverständnisses ist die *generelle Gesetzesnorm* (vgl. Karpen 1992, 66). Bereits bei Kant verkörpert dieses rechtsstaatliche Prinzip die Vernunft schlechthin, weil es den Einzelwillen zum Allgemeinwillen auf der Basis vernünftiger Einsichten zusammenfügt. Die Freiheit der Einzelnen in der Gemeinschaft ist in dieser Auffassung das Resultat eines allgemeingültigen Gesetzes[37].

36 So in der Verfassungsurkunde für das Königreich Bayern vom 26. Mai 1818, in der Verfassung des Großherzogtums Baden vom 22. August 1818 und in der des Königreichs Württemberg vom 25. September 1819, ferner in der Verfassung des Kurfürstentums Hessen vom 5. Januar 1831 und in der des Königreichs Sachsen vom 4. September 1831 (vgl. Karpen 1992, 64).

37 Das Prinzip der allgemeinen Gesetzmäßigkeit als Ausdruck einer auf Freiheit und Gleichheit begründeten objektiven Vernunft findet sich exemplarisch im Allgemeinen Landrecht für Preußische Staaten (ALR) von 1794. Bereits in § 22 der Einleitung wird diesem Prinzip emphatisch Ausdruck verliehen: „Alle Mitglieder des Staates, ohne Unterschied des Standes, Ranges oder Geschlechts sind den Gesetzen unterworfen" (zit. nach Merten 1995, 116).

Gesetzesrechtsstaat – Konstitutionalismus ohne politische Selbstorganisation

Ist einerseits der Einfluß Kants auf die Entwicklung des Rechtsstaats unbestritten, gibt es andererseits ganz unterschiedliche Auffassungen darüber, wie seine These, wonach politische Herrschaft auf der Basis von Gesetzen nur dann legitim erscheint, wenn deren Gründe allen vernünftigen Menschen einsichtig sind und alle auch ihre Zustimmung dazu geben können, aus einer demokratischen Perspektive zu bewerten ist. Die Klärung des Sachverhalts ist vor allem auch in Zusammenhang mit der zweiten Stufe in der Entwicklung des Rechtsstaats zum Gesetzesrechtsstaat ab Mitte des 19. Jahrhunderts interessant. Denn nach dem Scheitern der Paulskirchenverfassung 1848[38] reduzierte sich die Vorstellung von einem vernünftigen Gesetz, dessen Inhalt sich an sittlichen Wertvorstellungen orientiert und das auf demokratischer Basis zustandekommt, auf die Annahme, daß allein die Existenz des Gesetzes für die Freiheit aller BürgerInnen bürgt. Mit dieser formaljuristischen Auffassung stagnierte der erste Versuch in Deutschland, einen auf Grundrechten basierenden Rechtsstaat in Verbindung mit der parlamentarischen Demokratie zu errichten. Konstitutiv für den Charakter des Gesetzesrechtsstaats ab 1851 ist stattdessen die Verbindung von Rechtsstaatsprinzipien mit einem Freiheitsverständnis, das deutlich ökonomisch und individualistisch konnotiert blieb.

Die konstitutionelle Entwicklung in Deutschland blieb zunächst bei der Beschränkung staatlicher Gewalt und Bindung staatlicher Tätigkeit am Gesetzesvorbehalt stehen. Im Vergleich zu England oder Frankreich institutionalisierten sich sehr viel später, nämlich erst ab 1917, Formen politischer Selbstorganisation. Zum einen lag das an einer starken Monarchie, die sich bis Anfang des 20. Jahrhunderts keineswegs eines vom Volk gewählten Repräsentativorgans in Form eines Parlaments unterstellen wollte. Hatte Frankreich zwischen 1830 und 1848 das Ziel des Parlamentarismus als die zentrale politische Forderung der Verfassungsentwicklung erreicht (Karpen 1992, 67), blieben dagegen die deutschen Verfassungen im 19. Jahrhundert, ebenso wie die Reichsverfassung 1871 dem monarchischen Prinzip verhaftet. Zwar waren die Grundrechte in fast allen Landesverfassungen ebenso wie die par-

38 In dem Verfassungsentwurf der Paulskirche 1848 war der Staat auf Sicherungs- und Ordnungsfunktion beschränkt. Dazu gehörte die Gewaltenteilung zwischen Parlament und Regierung ebenso wie die Grundrechte, die Bestandteile des Verfassungsentwurfs waren. Damit galt die Bindung der Verwaltung an die Freiheit der Person und den Gleichheitsgrundsatz gewährleistet, der staatliche Eingriff über das Gesetz begrenzt sowie die Unabhängigkeit der Gerichte vorgeschrieben.

lamentarische Repräsentation des Volkes gegenüber dem Monarchen formuliert. Doch die Souveränität verblieb beim Monarchen, auch wenn dieser, wie seine Minister und Beamten, von den Landesständen abhängig war, die ein Mitwirkungsrecht bei der Gesetzgebung hatten. Aber es gab weder eine Verantwortlichkeit gegenüber oder gar eine Abhängigkeit der Monarchie von den Willensbekundungen der Repräsentanten des dritten Standes.

Zum anderen prägte aber auch das frühliberale Kantsche Rechtsstaatsverständnis die Entwicklungen in Deutschland. War bei Kant das Gesetz ein Akt der Vernunft, so avancierte es im 19. Jahrhundert als ein Akt hypothetischer Verallgemeinerung. Freiheitssichernd für alle war es dann, wenn es ohne Bezug zum Einzelfall das staatliche Handeln in einem generellen Rahmen begrenzte. Wie auch schon bei Kant, kam es weniger darauf an, ob alle ihre Zustimmung zum Gesetz gegeben haben, sondern entscheidender war und ist, ob alle – sei es aus Vernunftsgründen oder aus Einsicht in die Allgemeingültigkeit – dem Gesetz ihre Zustimmung geben *könnten*.

Mit dem Rechtsstaat des Konstitutionalismus im 19. Jahrhundert verbanden sich keine verfassungspolitischen Forderungen mehr. Vielmehr entwickelte er sich zu einem rein juristischen, „staatsrechtlich-dogmatischen Begriff" (Böckenförde 1976, 74). Im Zuge der einheitlichen Verfassung des Deutschen Reichs von 1871 galt er mit dem Prinzip der Gewaltenteilung und dem Gesetzesvorbehalt als verwirklicht. Diese „Rückführung des rechtsstaatlichen Denkens auf einen sogenannten formalen Rechtsstaatsbegriff", wie Karpen (1992, 76) mit Verweis auf Böckenförde anführt, betonte zwar einerseits die Bindung der Verwaltung an Gesetze, bedeutete aber andererseits auch eine deutliche Absage an die materielle Bindungswirkung der Grundrechte. Für das Freiheits- und Gleichheitsverständnis hatte die Tatsache, daß bei der Gesetzgebung keine materiell-inhaltliche Überprüfung im Sinne des Willkürverbots stattfand und die Grundrechte damit nicht über die Gesetze hinausragten, weitreichende Folgen. Indem bürgerliche Freiheit lediglich bedeutete, daß staatliche Eingriffe nur unter Gesetzesvorbehalt erfolgen dürfen und Gleichheit sich auf die gleiche Anwendung von Gesetzen bezog, erstreckte sich die Wirksamkeit von Grundrechten nur auf staatliches Handeln. Wird allerdings unter einer modernen Verfassung verstanden, daß die Staatsgewalt nicht mehr eine vorausgesetzte ist, sondern der Herrschaftsauftrag erst vom Volk erteilt wird (Grimm 1990, 866), dann kann für den bürgerlichen Rechtsstaat des 19. Jahrhunderts zumindest ein Staatsverständnis festgestellt werden, das den verfaßten Staat nicht als ein Produkt gesellschaftlicher Kräfte verstand, sondern der Gesellschaft allenfalls ein gebändigter Leviathan gegenübergestellt und oktroyiert wurde.

Demokratischer Verwaltungsrechtsstaat als Preisgabe der Rechtsstaatsidee in der Weimarer Verfassung

In der Weimarer Republik wird der bürgerliche Rechtsstaat zum demokratischen Rechtsstaat, die dritte Stufe in der deutschen Rechtsstaatsentwicklung, weiterentwickelt. Mit der Revolution 1918 beanspruchten Arbeiter- und Soldatenräte politische Gewalt. Beschränkte sich die politische Mitsprache in der rechtsstaatlich überformten konstitutionellen Monarchie auf das Besitz- und Bildungsbürgertum, dehnte sich die Demokratie auf den vierten Stand aus (vgl. Heller 1930, 7), indem das Zensuswahlrecht, das im 19. Jahrhundert lediglich dem männlichen steuerzahlenden Bürgertum ein Wahlrecht einräumte, durch ein allgemeines und gleiches Wahlrecht ersetzt wurde. In der Weimarer Verfassung wird die Volkssouveränität (Art. 1 Abs. 2 WRV) verankert und Grundrechte werden als Abwehrrechte der Bürger gegen staatliche Übergriffe in die Verfassung mitaufgenommen. Allerdings blieb der Grundrechtsteil dem Organisationsteil nachgestellt, was bedeutete, daß die Grundrechte nicht unmittelbar verbindliches Recht waren und damit dem Gesetzgeber ein weiter Gestaltungsspielraum für eine mögliche Einschränkung der Grundrechte eingeräumt wurde (vgl. Karpen 1992, 89). Auch wenn neben dem traditionellen Grundrechtsdenken neue Grundrechte, wie etwa die Gleichberechtigung der Geschlechter oder die Stellung unehelicher Kinder mitaufgenommen wurden, war ihre „Sicherungskraft“, wie Karpen (vgl. 1992, 89) es formuliert, beeinträchtigt. Das nicht nur aus dem Grund, weil sie mitunter sehr allgemein und vage formuliert blieben, sondern auch weil ein unantastbarer Grundrechtskern wie etwa im Grundgesetz nicht anerkannt war[39]. Wie bereits im Jahrhundert zuvor dominierte der verfaßte Staat als Verwaltungsstaat (Karpen 1992, 83). Zwar war der rechtsstaatlich-demokratische Verfassungsstaat nunmehr vom ganzen Volk beauftragt, doch herrschte nach wie vor die Meinung, daß die gewaltenteilige Organisation eine wesentlich größere Bedeutung für die Sicherung bürgerlicher Freiheit hat als die Grundrechte. Die in diesem Verständnis eingelassene Rechtsstaatsidee erschöpfte sich in der Bedeutung als Staatsorganisationsprinzip basierend auf

39 Auch wenn alle Grundrechte den Gesetzgeber und die Judikative nicht banden, gab es unterschiedlich verbindliche Grundrechte. So gab es Grundrechte wie etwa die Gleichberechtigung in Ehe und Familie, die nur als Programmsätze verstanden wurden. Im Vergleich dazu galt staatsbürgerliche Gleichberechtigung als ein „hartes“ Grundrecht, das allerdings über das Attribut „staatsbürgerlich“ die Relativierung schon eingebaut hatte. Die Gleichstellung der unehelichen Kinder wiederum war ein Auftrag an die Gesetzgebung. Typische Beispiele für Programmsätze waren darüber hinaus weitere soziale Grundrechte. Sie werden heute als Paradebeispiele der Entwertung angesehen.

den Elementen der Gewaltenteilung, Verfahrenssicherheit und Gesetz. Wie bereits im Gesetzesrechtsstaat des 19. Jahrhunderts gab es keine inhaltliche Ausrichtung an Zielen der Gerechtigkeit oder Vernunft, was Heller (1930, 11) veranlaßte, von einer „inhaltsleeren Nomokratie" zu sprechen. Zugleich galt der Gesetzesbegriff nicht mehr als eine generelle Norm. So befürchteten Staatsrechtler (vgl. etwa Thoma 1910, 204) bereits zu dieser Zeit die Preisgabe der Rechtsstaatsidee in der Weimarer Republik, weil die gesetzgeberische Macht weder durch die Grundrechte noch durch Gerechtigkeitsvorstellungen begrenzt war. Auch wenn diese Einschätzung sicherlich nur bedingt zutreffend war, ermöglichte der Verwaltungsrechtsstaat der Weimarer Republik jedenfalls zahlreiche Einzelfall- und Maßnahmengesetze, eine Besonderheit, die es letztendlich den nationalsozialistischen Machthabern leicht machte, den Rechtsstaat auszuhebeln.

In der wissenschaftlichen Literatur wird die Ursache für den „Absturz des Rechtsstaates" (Karpen 1992, 91) im Nationalsozialismus häufig im Vorherrschen eines rechtspositivistischen Denkens und dem damit verbundenen Fehlen inhaltlicher Freiheits- und Gleichheitswerte gesehen (ebd.). Darüber hinaus erscheint vielen die mangelnde Ausbildung der Deutschen in einer demokratischen Kultur als weiterer Grund. Neben der Offenheit der Weimarer Verfassung, die das Staatsprinzip aus seiner Sicht zu schwach zum Ausdruck brachte, sieht Karpen den Grund vor allem in der Vielzahl heterogener Interessensgruppen und der „Unfähigkeit und dem Unwillen der Parteien von links und rechts, sich zu einer gemeinsamen Politik im Kompromiß zusammenzufinden" (ebd., 92). In all den genannten Gründe mag jeweils ein richtiger Kern enthalten sein. Wesentlich aussagekräftiger allerdings ist m. E. die These, welche in der halbherzigen Ausgestaltung demokratischer Strukturen und Politikstile eine grundlegende Bedingung für den rechtsstaatlichen Zusammenbruch behauptet. Freilich ist es fraglich, ob ein starkes Staatsprinzip zur Beschränkung politischer Macht die Mängel eines halbherzigen Parlamentarismus[40] sowie fehlende demokratische Kultur und Werte auszugleichen vermögen. Jedenfalls – das hat der Rechtsstaat der Weimarer Zeit mehr als deutlich gemacht – erwies sich die Etablierung von Freiheitsrechten als Abwehrrechte gegen den Staat und die mit der Volkssouveränität erfolgte Ausdehnung dieses Freiheitsverständnis auf die politische Mitsprache als

40 Karpen (vgl. 1992, 93) spricht in diesem Zusammenhang von einem „Halb-Parlamentarismus". Gemeint ist die Doppelregierung des Reichspräsidenten, der vom Volk gewählt wurde, und des Reichskanzler, der – wenn auch mit Zustimmung vom Parlament – vom Reichspräsidenten ernannt wurde. Die Regierung ist damit nur zur Hälfte vom Parlament abhängig, anders als im parlamentarischen System des Grundgesetzes.

nicht ausreichend, um politische Macht zu begrenzen, geschweige denn, demokratische Verhältnisse im rechtsstaatlichen Staatsgefüge zu realisieren.

Gerechtigkeitsrechtsstaat und starkes Staatsprinzip nach 1945

Die Konsequenzen, die aus der nationalsozialistischen „Pervertierung des formalen Rechtsstaates“ (Maus 1986, 11) gezogen wurden, schlugen sich in der Erkenntnis nieder, daß ein formaler Rechtsstaat nicht zur Freiheitssicherung ausreicht. Vielmehr bedarf es dazu einer eingeübten Demokratie.

Mit dem Grundgesetz vom 23. Mai 1949 entschied sich der Parlamentarische Rat für die Ausgestaltung des Rechtsstaats zum materiellen Rechtsstaat und damit eindeutig für eine Stärkung des Staatsprinzips. In Anlehnung an die materielle Rechtsstaatstradition des 19. Jahrhundert, wie sie vor allem durch von Mohl (1829, 8) in seiner Abhandlung zum „Staatsrecht des Königreichs Württemberg“ begründet wurde, sollte der Rechtsstaat als ein *gerechter* Staat die bundesrepublikanische Gesellschaft organisieren. Mit der materiellen Ausgestaltung des Rechtsstaats verband sich vor allem das Bekenntnis zum sozialen Rechtsstaat.

Diese neue Entwicklung war explizit den veränderten ökonomischen Bedingungen des 20. Jahrhunderts geschuldet, die letztendlich die „soziale Frage“ hervorbrachten. So stand die Gesellschaft nun nicht mehr einem aristokratischen Staat gegenüber, der ganz andere Interessen und Ziele hatte als diese, sondern die Gesamtgesellschaft konstituierte selbst den Staat und ist überdies durch Interessenspluralität gekennzeichnet. Desweiteren gingen die Mehrzahl der BürgerInnen einer lohnabhängigen Arbeit nach, d. h., das auf Gewerbefreiheit drängende Bürgertum des 19. Jahrhunderts gab es schon bald nicht mehr. Schließlich ging die Bedrohung der Freiheit nicht mehr nur von einem despotischen und aristokratischen Staat aus, sondern inzwischen auch von anderen gesellschaftlichen Gruppen (vgl. Denninger 1978, 72). Weil sich der bürgerliche Rechtsstaat nur recht schleppend diesen veränderten Faktoren anpaßte, konnte sich die gesellschaftliche Ungleichheit, vor allem auch auf der Grundlage des Geschlechts, zur vollen Blüte entfalten. Diese Entwicklung forderte nach Böckenförde nun

> „den sozial intervenierenden, versorgenden und verteilenden Staat, der der gesellschaftlichen Ungleichheit aktiv entgegenwirkt, um nicht die von den rechtsstaatlichen Gewährleistungen intendierte individuelle Freiheit und rechtliche Gleichheit für eine immer wachsende Zahl der Bürger zur leeren Formel werden zu lassen“ (Böckenförde 1976, 77).

Auf diesen gesellschaftspolitischen Entwicklungen baute der Rechtsstaat des Grundgesetzes auf. Kein sittlicher oder vernünftiger Rechtsstaat sollte es sein, sondern rechtsstaatliches Handeln sollte sich nun an den Grundwerten der Gerechtigkeit[41] orientieren. In diesem Verständnis ist aber nicht nur die soziale Gerechtigkeit angesprochen, sondern der materielle Rechtsstaat meint darüber hinaus, wie etwa aus der Sicht von Scheuner,

> „ein auf Achtung personaler Freiheit und auf dem Prinzip einer zu ihrem Schutze gemäßigten und fest geordneten Staatsmacht aufgebautes Gemeinwesen, dessen vom Volk ausgehende Rechtsordnung alles Staatshandeln an diese Grundlagen und an das Streben nach einer gerechten und gleichmäßigen Gestaltung der menschlichen Beziehungen bindet" (Scheuner 1960, 250).

Das Grundgesetz bringt die Orientierung des materiellen Rechtsstaats an der Gerechtigkeit als Rechtsstaatsidee in insgesamt vier Artikeln zum Ausdruck: (1) Mit Art. 1 Abs. 1 GG: „Die Würde des Menschen ist unantastbar. Sie zu achten und zu schützen ist Verpflichtung aller staatlichen Gewalt", (2) mit der Wesensgehaltsgarantie Art. 19 Abs. 2 GG: „In keinem Fall darf ein Grundrecht in seinem Wesensgehalt angetastet werden", (3) mit dem Sozialstaatsprinzip in Art. 20, Abs. 1 GG: Die Bundesrepublik Deutschland ist ein demokratischer und sozialer Bundesstaat und Abs. 3 GG: Die Gesetzgebung ist an die verfassungsmäßige Ordnung, die vollziehende Gewalt und die Rechtsprechung sind an Gesetz und Recht gebunden, und (4) mit Art. 79 Abs. 3 GG: „Eine Änderung dieses Grundgesetzes, durch welche die Gliederung des Bundes in Länder, die grundsätzliche Mitwirkung der Länder bei der Gesetzgebung oder die in den Artikeln 1 und 20 niedergelegten Grundsätze berührt werden, ist unzulässig".

Mit dieser grundrechtlichen Verankerung gilt der deutsche Rechtsstaat heute als ein *aufgabenbezogener* Staat, in dem die Beziehungen zwischen BürgerInnen und staatlicher Gewalt mit dem Mittel des Rechts geregelt werden. Neben der Gewährleistung bürgerlich-liberaler Grundrechte, die „eine Reaktion gegen die Macht des Staates dar(stellen), Freiheit vor staatlicher Unterdrückung (begründen), Abwehr staatlicher Willkür (ermöglichen) und den Staat (verpflichten), freiheitsbeschränkende Maßnahmen zu unterlassen" (Thiele 1984, 104f.), ist er darüber hinaus auch verpflichtet, die Grund- und Freiheitsrechte, wie sie mit dem Grundgesetz festgeschrieben sind, als Werte zu schützen.

Es ist viel – positives wie negatives – über die rechtsstaatliche Gewährleistung von Freiheit, die sich an den Werten der Würde und Gerechtigkeit orientiert, geschrieben worden. Wird von den einen bemängelt, „daß die Garan-

---

41 Nach Lietzmann (1988, 67, Anm. 21) war es Adolf Arndt, der in seiner Abschluß-Laudatio auf das BVerfG den Begriff des Gerechtigkeitsstaats zum erstenmal verwendete (BT-sten. Prot. S. 4415 D).

tie von Inhalten überhaupt als Essential des Rechtsstaats bestimmt wird, während die klassisch rechtsstaatliche Garantie formaler Rationalität des Rechts in den Hintergrund tritt, wenn nicht gar entfällt" (Maus 1986, 12), sehen viele gerade darin einen Vorteil, wenn das Recht nicht nur staatliches Handeln begrenzt und damit indirekt oder abwehrrechtlich, wie es im verfassungsrechtlichen Sprachgebrauch heißt, Freiheit sichert. Andere wiederum, wie etwa Denninger (1978), sehen in der inhaltlichen, wertbezogenen Ausgestaltung und rechtsstaatlichen Garantie von Freiheit, die individuelle Selbstbestimmung ebenso wie gesellschaftlich-politische Selbstentfaltungspotentiale erheblich einschränkt und dominiert. Dem zufolge befriedige der materielle Rechtsstaat zwar die Sicherheits- und Versorgungsbedürfnisse der BürgerInnen, ließe jedoch dabei außer acht, wie das demokratische Verhalten, die Beteiligung und das Interesse für das Gemeinwohl ausgebildet werden kann (vgl. Denninger 1978, 72). Und auch Hans J. Lietzmann pointiert 10 Jahre später:

„In einem systematischen Verständnis, welches die erkämpften und historisch zugestandenen Freiheitsrechte der Bürger gegen den Staat als freiheitliches ‚System', als eine Grund-‚Ordnung' interpretiert und sie damit als exekutivistische Ermächtigungsgrundlage versteht, ist jene sozialdemokratische Proklamation der Wende vom ‚Rechtsstaat' zum ‚Gerechtigkeitsstaat' einleuchtend; denn es handelt sich hierbei – cum granosalis – um nichts anderes als die endgültige Verdrängung jener prozeduralen Gerechtigkeit, die das Charakteristikum dessen war, was man ideell und traditionell-kategorial den ‚Rechtsstaat' nennt (...)" (Lietzmann 1988, 67f.).

Die Stärkung des *Staatsprinzips* zuungunsten des Demokratieprinzips kommt dabei insbesondere mit der Institution des Bundesverfassungsgerichts zum Ausdruck. Es prüft nicht nur, ob die Gesetze und ihr Zustandekommen den Prinzipien und Verfahrensweisen in der Verfassung folgen, sondern auch, ob die Inhalte der Gesetze den Verfassungsgrundsätzen entsprechen bzw. was dafür gehalten wird. Diese Verfassungsgrundsätze sind Gerechtigkeitspostulate, die im Grunde der Verfassung und den Verfassungsgebern selbst vorgängig sind. Für Denninger (1978, 76) liegt in dieser Ausdehnung staatlichen Handelns der Grund, warum der Rechtsstaat nicht getrennt von Demokratie und Sozialstaat betrachtet werden darf, will er nicht zu einem neuen spezifischen Element der Herrschaftssicherung und -bewahrung werden. Auch wenn dies von der herrschenden Meinung emphatisch mit der Behauptung bestritten wird, daß diese Grundsätze aus dem Grundgesetz herausgelesen werden, wird aus der Sicht von Maus mit dieser im Grundgesetz verankerten Bindung des Gesetzgebers an einen unabänderlichen Verfassungskern und mit der Errichtung einer verfassungsgerichtlichen Normenkontrolle „jene latente zweistufige Legalität, die dem Rechtsverständnis des 19. Jahrhunderts (mit Ausnahme des Rechtspositivismus) eigen war, erstmals institutionalisiert und manifest" (Maus 1986, 45). Neben der inhaltlichen Orientierung der Grundrechte an Gerechtigkeitswerten und ihrer übergeordneten Stellung gegenüber dem organisatorischen Teil gilt deshalb die *Verfassungsgerichtsbarkeit* als ein zweites wesentliches Strukturprinzip des bundesdeutschen Rechtsstaats, das mitunter sogar als Krone des Rechtsstaats angesehen wird (vgl. Karpen 1992, 101).

Die zentrale Bedeutung des *Gesetzes* als weiteres Prinzip geht im materiellen Rechtsstaat des Grundgesetzes dadurch nicht verloren. Vielmehr sind Vorbehalt und Vorrang des Gesetzes als demokratisches und als gewaltenteilend-rechtsstaatliches Verfassungselement gegenüber dem Rechtsstaat des 19. Jahrhunderts ausgebaut worden. Staatliche Verwaltung bedarf nicht mehr nur bei Eingriffen in Freiheit und Eigentum der Ermächtigung durch ein Gesetz, sondern bei allen wesentlichen Entscheidungen (Karpen 1992, 100). Allerdings erfordert die Erweiterung des Gesetzes als rechtsstaatliches Prinzip auch seine Verankerung als demokratisches Prinzip, um den Anspruch demokratischer Verfassungsstaatlichkeit letztendlich einlösen zu können. Dazu wurden weitere verfassungsrechtliche Elemente im Grundgesetz aufgenommen, um das parlamentarische Regierungssystem zu stützen. Dennoch bleiben Zweifel darüber, ob die zusätzliche Aufnahme des konstitutiven Mißtrauensvotums und die starke Mitwirkung der Länder bei der Gesetzgebung und Verwaltung des Bundes im Bundesrat tatsächlich ein ausreichendes Gegengewicht zu der (rechts-)staatlichen Verantwortung für eine freiheitlich-demokratische Gesellschaftsordnung sein kann, wie mit dem Grundgesetz letztendlich festgeschrieben.

Die *Sozialstaatlichkeit* als ein weiteres Prinzip des demokratischen Verfassungsstaats spielt in diesem Zusammenhang eine wesentliche Rolle. Neben dem rechtsstaatlichen und demokratischen Element umfaßt das Grundgesetz die Sozialstaatlichkeit als Staatszielbestimmung[42]. Die Aufnahme der Sozialstaatlichkeit in das Grundgesetz ist der Erkenntnis geschuldet, daß der Ausgleich sozialer Lebenslagen für die Realisierung demokratischer Gleich-

42 Die Sozialstaatsklausel aus Art. 20, Abs. 1 GG begründet die Notwendigkeit des Staates, aktiv in das soziale gesellschaftliche Leben einzugreifen. Der Staat ist nach dieser Definition eine planender, verteilender, individuelles wie soziales Leben ermöglichender Staat. Staatszielbestimmungen wirken dort, wo erkannt wird, daß das formale Recht sozial- und wirtschaftlich bedingte Ungleichheit und den damit verbundenen gesellschaftlichen Status nicht transzendieren kann. Staatszielbestimmungen sind demnach der Einsicht geschuldet, daß unter bestimmten Umständen formal-rechtliche Gleichheit soziale Ungleichheiten legitimiere.

heit unerläßlich ist.[43] Dennoch ist die Sozialstaatlichkeit keineswegs dem Rechtsstaats- bzw. Demokratieprinzip verfassungsrechtlich gleichgestellt, sondern steht bis heute in einem latenten Spannungsverhältnis zu diesem.[44] Denn verbürgt das Prinzip der Rechtsstaatlichkeit die Rechtsgleichheit, Erwerbsfreiheit und Eigentumsgarantie, fordert das Prinzip der Sozialstaatlichkeit mitunter in diese Grundrechte einzugreifen, um das Ziel des sozialen Ausgleichs zu erreichen. Aus diesem Grund können aus der Sicht von Karpen „Rechtsstaatlichkeit und Sozialstaatlichkeit (...) also nur in der Form des ‚sozialen Rechtsstaats' verwirklicht werden" (1992, 104). Doch äußert sich die Ambivalenz zwischen Sozial- und Rechtsstaat nicht nur auf der begrifflichen Ebene, sondern erweist sich erst in der Verhältnismäßigkeit dieser beiden Strukturprinzipien als bedeutsam für den Rechtsstatus der BürgerInnen. So sind zwar soziale Teilhabedimensionen im Grundgesetz formuliert, doch gelten diese nicht als einklagbare Ansprüche gegenüber dem Staat. Ein wesentlicher Grund hierfür ist die Gradualisierungsbedürftigkeit der Leistungen und Teilhabeansprüche in Abhängigkeit von ökonomischen, finanziellen und thematischen Voraussetzungen. Weil es dafür keine grundrechtlichen positiven Standards gibt, obliegt die Konkretisierung materieller Sicherheit, individueller Unabhängigkeit und gesellschaftlicher Solidarität im Endeffekt den politischen Entscheidungsorganen und nicht dem Bundesverfassungsgericht.

Zusammenfassend lassen sich demnach die Funktionen und Aufgaben des demokratischen und sozialen Rechtsstaats in Deutschland über folgende wesentliche Strukturelemente beschreiben: Gesetzmäßigkeit der Verwaltung; Gewaltenteilung mit dem Primat der Gesetzgebung und unabhängiger Gerichte; Gesetze als generelle Norm; Unverletzlichkeit der Menschenrechte; individuelle Freiheitssicherung; Parlamentarismus sowie Kontrolle, Mäßigung und Begrenzung staatlicher Gewalt durch Rechtsinstrumente (vgl. Šarčević 1996, 55). Freiheit, Gleichheit und Gerechtigkeit gelten in diesem Verständnis als grundlegende Prinzipien, die das rechtsstaatliche Handeln bestimmen und in dieser Synthese die besondere Charakteristik des Rechtsstaats ausmachen:

---

43 In der Diskussion um die soziale Rechtsstaatlichkeit ging und geht es nur um die ökonomische Ungleichheit. Andere Ungleichheitsfaktoren blieben bei Christoph Friedrich Menger in seinem Ansatz der sozialen Rücksichtsnahme (1953), oder bei Hans Carl Nipperdey (1977) mit seiner These vom „Sozialgestaltungsauftrag" und „Schutz der sozial und wirtschaftlich Schwächeren" sowie bei Wolfgang Abendroth mit seiner Forderung nach umfassender sozialer Umverteilung und Wirtschaftsplanung (1968) ausgespart.

44 Die These, daß Rechtsstaat und Sozialstaat auf der Verfassungsebene nicht vereinbar sind, vertrat in der Bundesrepublik vor allem Ernst Forsthoff (1954, 1964).

Die Realisierung des *Freiheitsprinzips* wird zum einen durch die Begrenzung staatlicher Macht durch Gewaltenteilung erreicht. Auch der Rechtsschutz durch unabhängige Gerichte ist dem liberalen Rechtsstaatsprinzip und damit der Sicherung der Freiheit zuzuordnen. Eine weitere Form der Freiheitssicherung erfolgt durch die Grundrechte als Elemente materieller Rechtsstaatlichkeit. Sie dienen als Eingriffsschranke, werden aber auch gegen politische Entscheidungen geschützt.
Das *Gleichheitsprinzip* ist sowohl als formale Rechtsgleichheit, wie sie über die generelle Gesetzesnorm eingelöst wird, als auch über die Gewährung gleicher staatsbürgerlicher und individueller Rechte dem demokratischen Rechtsstaat zuzuordnen. Die durch Grundrechte garantierte Rechtsgleichheit, wie sie im Staatsbürgerstatus zum Ausdruck kommt, betont den Aspekt der gleichen Wertigkeit der StaatsbürgerInnen. Grundrechte sind rechtlich institutionell verbürgte Menschen- und Bürgerrechte (Somerville 1951, 199). Gehen Menschenrechte auf das Naturrecht zurück, werden Bürgerrechte als Grundrechte erst durch die Verfassung begründet. Grundrechte sind damit subjektiv und objektiv geltendes Recht; d.h. sie können von den Individuen vor Gericht eingeklagt werden und begrenzen die Macht des Staates. Darüber hinaus betont die Rechtsgleichheit vor dem Gesetz die Gleichbehandlung. Gleichheit vor dem Gesetz bedeutet, daß bestehende Rechtsnormen und Gesetze für alle gleich gelten. Die Legitimität des bestehenden Rechtssystem scheint demnach nichts in Frage zu stellen. Zudem ist ein wesentlicher Bestandteil der Rechtsstaatlichkeit das Prinzip der Gewaltenteilung, welches u.a. garantiert, daß die Gesetze durch demokratisch gewählte RepräsentantInnen und damit vom Volk als Souverän erlassen werden.

Das *Gerechtigkeitsprinzip* schließlich ist der Sozialstaatlichkeit und damit dem sozialen Rechtsstaat zuordenbar. Es beinhaltet zwar keinen Verfassungsauftrag zur Herstellung sozialer Gerechtigkeit, bindet aber den Gesetzgeber in Form eines Staatsziels. Der Gesetzesbegriff gilt damit nicht mehr im Sinne einer „generellen Norm“, sondern Maßnahmengesetze orientieren sich nunmehr an einer speziellen, konkreten, eingreifenden und lenkenden Norm, die staatliche Interventionen in die Bereiche der Gesellschaft und Wirtschaft möglich macht (vgl. Böckenförde 1976).

Die mit dieser Ermächtigung entfaltete gesellschaftskonstituierende Wirkung des Rechts steht zu der freiheitlich-demokratischen Selbstorganisation wenn auch nicht im Widerspruch, so doch in einer fortwährenden Spannung. Begründet sich die Legitimität demokratischer Rechtsstaatlichkeit einerseits in dem Vermögen, die Balance zwischen Demokratie, Wohlfahrtsstaatlichkeit und Verfassungsbindung zu halten, liegt andererseits gerade in der Verbindung dieser verschiedenen Strukturelemente nicht zuletzt die grundlegende Problematik des Rechtsstaats. Hat bereits Alexis de Tocqueville vor 150 Jahren auf das Spannungsverhältnis zwischen Freiheit und Gleichheit in der amerikanischen Demokratie aufmerksam gemacht und in diesem Zusammenhang die Befürchtung geäußert, daß in der modernen Demokratie der Freiheitsgedanke dem Gleichheitsgedanken geopfert wird, verstärkt sich das Dilemma im Rechtsstaat des Grundgesetzes mit dem Gerechtigkeitsprinzip, weil mit ihm Konsequenzen für die Verfassungsrealität verbunden sind. Denn insofern Freiheit, Gleichheit und Gerechtigkeit als Verfassungswerte den demokratischen Souverän binden und damit als rechtsstaatliche Normen über dem demokratischen Prozeß stehen, legitimiert sich das Verhältnis von Recht und Staat nicht als Form der Volkssouveränität, sondern als Instrument zur Durchsetzung objektiv gesetzter, wohlfahrtlicher Staatszwecke (vgl. Sobota 1997, 2; Heber 1990, 533). So gerät es auch als reduziertes, abgeschwächtes Sozialstaatsverständnis in Konflikt zum rechtsstaatlichen Freiheits- und Gleichheitspostulat, weil mit ihm Minderheitenregelungen möglich sind, die sowohl den Anspruch der individuellen und gesellschaftlichen Selbstbestimmung als auch den der Rechtsgleichheit unterlaufen. Dieses Spannungsverhältnis, in dem die rechtsstaatlichen Prinzipien der Freiheit, Gleichheit und Gerechtigkeit zueinander stehen, führt dazu, daß die Grenze zwischen staatlichem Eingriff und Rückzug in die Sphäre gesellschaftlicher Selbstorganisation immer neu gezogen werden muß.

Im Folgenden soll es deshalb um die Klärung der Frage gehen, in welchem Verhältnis diese rechtsstaatlichen Strukturprinzipien zur Demokratie als Form gesellschaftlicher Selbstorganisation stehen und wirken. War bislang mit der Rekonstruktion der rechtsstaatlichen Ordnung die Intention verbunden, deren wesentliche Strukturprinzipien herauszuarbeiten, wird nun der Blick auf die Entwicklung des demokratischen Prinzips gerichtet. Diese Fokussierung ist insoweit bedeutsam, als es mit der vorliegenden Untersuchung um die zentrale Fragestellung geht, inwiefern das rechtsstaatliche System gleicher Freiheitssicherung einen Einfluß auf demokratische Geschlechterverhältnisse hat bzw. eine Ursache für ungleiche Geschlechterverhältnisse ist. Nämlich erst dann, wenn die Widersprüche und Gemeinsamkeiten zwischen Rechtsstaats- und Demokratieprinzip herausgearbeitet sind, können auch die Einflußgrößen benannt werden, die für die Konstituierung demokratischer Geschlechterverhältnisse eine Rolle spielen.

3. Zum Verhältnis von Rechtsstaat und Demokratie

„Unterscheidungen zu treffen, ist immer ein schwieriges und riskantes Unterfangen".

(Seyla Benhabib 1991, 147).

Historisch gesehen sind Rechtsstaat und Demokratie im europäischen Konstitutionalismus unweigerlich miteinander verknüpft. Der Entwicklung des Rechtsstaats korrespondiert eine zunehmende Demokratisierung des gesellschaftlichen Lebens. Damit bilden Rechtsstaat, also die Sicherung individueller Autonomie, und Demokratie als Form politischer Selbstorganisation grundlegende Bestandteile westeuropäischer Staatsorganisation (vgl. Šarčević 1996, 56; Hofmann 1995, 8ff.; Marcic 1975, 4). Doch nicht immer befand und befindet sich der deutsche Rechtsstaat an der Seite mit der Demokratie. Sehen ihn die einen der Freiheit als eine formelle Frage des Gesetzesrechts oder als materielle Frage des Verfassungsrechts sehr viel näherstehend, unterstellen ihm andere, den Blick auf die Demokratie und die Grundrechte und damit auf die neueren Legitimationsgrundlagen der Verfassung zu behindern (vgl. Kunig 1986, 17).

In Zusammenhang mit der real-historischen Gewordenheit demokratischer Rechtsstaatlichkeit hat das problematische Verhältnis zwischen Rechtsstaat und Demokratie besonders auch mit der Tatsache zu tun, daß der Rechtsstaat als Form einer bestimmten Staatsorganisation seine Legitimation gerade über die Trennung von Staat und Gesellschaft bezieht, auf welcher die moderne Verfassungsstaatlichkeit prinzipiell begründet ist. Bis heute behaupten demokratische Verfassungen die rechtlich-letztverbindliche Entscheidungsgewalt und das Gewaltmonopol des Staates gegenüber der politischen Gemeinschaft (vgl. Blanke 1986, 500) und kennzeichnen damit Rechtstaat und demokratische Gesellschaft nicht nur als unterschiedlich geprägte Sphären des Politischen. Vielmehr erfordert die formale und materiale Bindungswirkung der Verfassung den Rechtsstaat zwangsläufig als ein der Gesellschaft Übergeordnetes und mitunter Entgegengesetztes[45], dessen politische Geltungsgrundlage vornehmlich darin besteht, verbindliche Entscheidungen zu treffen und allgemeine Ziele zu formulieren (Voigt 1987, 508). Freilich hat sich das Verhältnis zwischen Staat und Gesellschaft im demokratischen Rechtsstaat gegenüber dem konstitutionellen Rechtsstaat verändert. Bildete dort die Verfassung eine konsequente Trennung zwischen monarchisch-bürokratischer Staatsmacht und einer vorwiegend wirtschaftlichen Untertanenfreiheit (Denninger 1990, 11), rückt die Aufnahme politischer Teilhaberechte in das rechtsstaatliche Leistungsspektrum Staat und Gesellschaft im 20. Jahrhundert allein dadurch näher aneinander, weil normativ gesehen Staat und Verfassung nunmehr als Produkte bürgerlicher Mitsprache und Willensbildung gelten (vgl. ebd.).

Dieser neue historisch-kulturelle Zusammenhang läßt die Frage nach der Begrenzung der Staatsgewalt nicht nur als eine Frage des Rechts erscheinen, sondern auch als eine Frage der demokratischen Ordnung. Allerdings erschließt sich weder realpolitisch noch begrifflich das Zusammenwirken beider Prinzipien auf den ersten Blick. Indem Bürger und erst sehr viel später auch die Bürgerinnen an der Hervorbringung politischer und damit auch staatlicher Macht beteiligt waren, veränderte sich zwar das Verhältnis zwischen staatlich-politischer Herrschaft und individueller Freiheitssicherung grundlegend, aber am Schicksal der Demokratie selbst hat sich dadurch kaum etwas verändert. Ihre Unbestimmtheit ebenso wie ihre Bestandsgarantie bleiben vom Staat abhängige Variablen. Zu ihrer Präzisierung kann auch die bundesverfassungsrichterliche Rede von der „Leitidee" (BVerfGE 2, 404; 25, 290), wie das Demokratieprinzip als Verfassungsgrundsatz gerne etikettiert wird, wenig beitragen, sondern scheint viel eher die Grauzone semantischer Beliebigkeit auf das Genaueste zu vermessen.

Letztendlich tritt die symbiotische und deshalb auch mitunter schwer in ihre Bestandteile zu differenzierende Verbindung am Begriff vom demokratischen Rechtsstaat selbst zutage. Verurteilt zum Anhängsel einer Staatsentwicklung, die ihrer historischen Intention nach primär auf wirtschaftliche und politische Vereinheitlichung zielte (Appelt 1997, 117), gibt sich das Prinzip der Volkssouveränität im neuzeitlichen Begriff vom demokratischen Rechtsstaat allenfalls als Prozeß nationalstaatlicher Demokratisierung zu erkennen. Und so bleibt, auch wenn im Verständnis von Šarčević „die begriffliche Existenz des Rechtsstaats dazu verurteilt (ist), sich über den eigenen demo-

---

45 Indem aber die Legitimation des Rechtsstaats auf der Aufgabe beruht, die Unzulänglichkeiten der Gesellschaft auszugleichen, steht er nicht nur im Dienst der Gesellschaft, sondern auch über ihr (vgl. Šarčević 1996, 16).

kratischen Gehalt zu erklären" (1996, 57), dennoch offen, wie die Frage nach der demokratischen Ordnung gestellt werden muß, um die rechtsstaatliche Bindung und Begrenzung des demokratischen Souveräns nicht nur aus einer verfassungs- oder staatsrechtlichen, sondern auch aus einer politischen Sicht rechtfertigen zu können.

Ein Blick auf das Demokratieverständnis im Grundgesetz jedenfalls scheint nur wenig zur Klärung der angestrebten Fragestellung beitragen zu können. Gefordert ist hier die Demokratie als Strukturelement lediglich für die Organisation von Bund, Ländern und Gemeinden (Art. 20, 21, 28 GG) und beschreibt das an den Rechtsstaat gekoppelte Demokratieprinzip insbesondere als ein staatserzeugendes, politisches Handeln. In diesem Verständnis liegt die Betonung weniger auf der Konstitution demokratischer Gesellschaftsordnungen, sondern auf der Hervorbringung einer Staatsgewalt, die in ihrer Herrschaftsausübung an das Verfassungsrecht und einfache Recht gebunden ist. Im Kontext von Staat und Verfassung erschöpft sich die Aufgabe der Demokratie im formalrechtlichen Grundsatz des repräsentativen Parlamentarismus als Hüterin des Gemeinwohls. Mit dieser verfassungsrechtlichen Zuordnung obliegt dem Demokratieprinzip, wie im vorangegangenen Kapitel bereits dargelegt wurde, vor allem die Funktion und Sicherung der Gesetzgebung und des Gesetzes, wobei Gesetzesvorrang und Gesetzesvorbehalt als formalrechtliche Spielregeln den demokratischen Aspekt konturieren.

Rechtsstaatliche Demokratie: Das Primat demokratischer Herrschaft

Für Rousseau bestand das Problem demokratischer Herrschaft darin, eine Form des Zusammenschlusses zu finden,

„welche mit aller gemeinsamen Kraft die Person und das Vermögen jedes Mitglieds verteidigt und schützt, und in welcher ein jeglicher, indem er sich mit allen anderen vereinigt, dennoch nur sich selbst gehorcht und so frei bleibt als er zuvor gewesen" (Rousseau 1977, 17).

Für ein identitäres Demokratieverständnis, wie es etwa Rousseau begründete, muß die Bindung des demokratischen Souveräns durch rechtsstaatliche Normen als Einschränkung eines Autonomieverständnisses verstanden werden, mit welchem der normative Anspruch verbunden ist, die individuellen Interessen aller zu einem Mehrheitswillen zusammenzuführen. Die Gewährleistung individueller Freiheitssicherung ist deshalb seiner Auffassung zufolge, lediglich über eine umfassende politische Teilhabe aller (männlichen)

Bürger an der Bewältigung und Entscheidung gemeinschaftlicher öffentlicher Angelegenheiten möglich. Unter dieser Prämisse aber verbleiben, etwa aus der Sicht von Werner Kägi, Rechtstaat und Demokratie zwangsläufig in der Antinomie. Denn diese „dezisionistisch-totalitäre Auffassung der Demokratie" (Kägi 1978, 128) stelle den demokratischen Mehrheitswillen über das Recht (vgl. ebd., 129) und verabsolutiere damit das Prinzip der Volkssouveränität. So ist es für ihn „eine der folgenschwersten Tatsachen der Demokratie und des Rechtsstaats, daß der einflußreichste Theoretiker der modernen Demokratie nicht in der rechtsstaatlichen, sondern in der absolutistischen Tradition des abendländischen Staatsdenkens steht" (ebd., 129).

Nach Maus hingegen gehören Rechtsstaat und Demokratie dann zusammen, wenn das Recht mit dem Gesetz identifiziert wird. Diese Auffassung liegt ihrem Verständnis nach dem frühen Kantschen Rechtsstaatsverständnis zugrunde, wenn er meinte, daß Gerechtigkeit im Sinne einer Vermeidung von Unrecht nicht durch Rechtsprinzipien, sondern lediglich durch ein demokratisches Verfahren selbst eingelöst werden kann. Gerechtigkeit, Gleichheit und Freiheit, auf die nach Kant der bürgerliche Zustand gegründet ist, benennen demnach nicht eigenständige höherwertige Inhalte des Rechts, sondern können nur als Produkte der gesetzgebenden Gewalt gedacht werden (vgl. Maus 1986, 13). Die Überlegung, daß der demokratische Souverän selbst an übergeordnete Freiheitsrechte gebunden werden muß, war für Kant offenkundig schwer vorstellbar. Vielmehr galt für ihn ganz in der Tradition von Rousseau die gesetzgebende Gewalt an sich als vernünftig und gerecht und diente allein dem Wohle des Volkes, „denn da von ihr alles Recht ausgehen soll, so muß sie durch ihr Gesetz schlechterdings niemand Unrecht tun können" (Kant 1997, 432). In dieser Interpretation[46] des aufklärerischen Staatsdenken von Kant gilt der übereinstimmende und vereinte Wille aller als

46 Im Gegensatz zu Maus legt Böckenförde das Kantsche Rechtsstaatsverständnis ganz anders aus. Basierend auf den Kantschen Vernunftprinzipien, in deren Zentrum die gesetzliche Freiheit, die Gleichheit und die Selbständigkeit der BürgerInnen stehen, diene dieser Rechtsstaatsbegriff in seiner ursprünglichen Fassung in allererster Linie dazu, die Freiheit und Sicherheit der einzelnen BürgerInnen, in der auch das Eigentum miteingeschlossen ist, zu ermöglichen und zu sichern. In diesem Sinne hätte „der Rechtsstaatsbegriff (...) eine freiheitliche, aber nicht unbedingt eine demokratische Tendenz" (Böckenförde 1992b, 148). In eine ähnliche Richtung geht die Auslegung des Kantschen Verhältnisses zum ‚Rechtsstaat' von Gottfried Dietze (vgl. 1982). Daß es Kant in erster Linie um die Freiheit der Bürger ging, die notwendigerweise durch Gesetzesrecht *und* Staatsgewalt eingeschränkt werden müsse, um deren Mißbrauch zu verhindern (ebd., 40f., 73f.), zeigt sich in seiner Auffassung allein daran, daß „Kant sich zu politischen Fragen erst seit Ende seines siebenten Lebensjahrzehnts äußerte, also an der Peripherie seines Lebens." (ebd., 9)

die grundlegende Bedingung für einen vernünftigen und gerechten Rechtsstaat (vgl. ebd., 432):

„Gerechtigkeit als Vermeidung von Unrecht, die Minimierung in positiver Rechtsetzung inkarnierter gesellschaftlicher Repression, sichert Kant – wie vor ihm Rousseau – nicht durch Rechtsprinzipien, denen jedes Gesetz zu entsprechen habe, sondern allein durch dessen demokratische Genesis; die ‚Gerechtigkeit' des Gesetzes ist durch das besondere Verfahren seines Zustandekommens garantiert" (Maus 1986, 13)

Mit dieser Betonung des Gesetzes und des demokratischen Verfahrens retardiert das Rechtsstaatsprinzip zum attributiven Zusatz, zur bloßen Form oder wie Kägi (1978, 144) es ausdrückt, zur „Technik". In seinen Augen steht der seinen Grundwerten und damit seinen Inhalten beraubte Rechtsstaat einer primär demokratischen Auslegung von Gleichheit und Freiheit nahezu ohnmächtig gegenüber (ebd.): In diesem Verständnis nämlich gilt die Freiheit des Staatsbürgers dann realisiert, wenn er keinem Gesetz gehorchen muß, zu dem er nicht seine Zustimmung gegeben hat, wohingehen sich die Gleichheitsvorstellungen auf die Bindungswirkung der Rechtsentscheidungen beziehen, die für alle StaatsbürgerInnen gleich ist. Das Postulat der bürgerlichen Selbständigkeit hingegen meint weniger den ökonomischen Wirkungsbereich, sondern fordert die Teilnahme am demokratischen Rechtsetzungsprozeß (vgl. Maus 1986, 14). Damit „bezeichnen Kants Vernunftsprinzipien nicht so sehr einen von der Gesetzgebung abgehobenen Bereich vorstaatlicher Rechte, sondern konstituieren vielmehr demokratische Teilhaberechte an diesem Gesetzgebungsprozeß selbst" (ebd.).

Die Frage, welche Form der Demokratie, ob nun identitär, repräsentativ, republikanisch oder pluralistisch, die politische Selbstorganisation der Gesellschaft am ehesten ermöglicht und gewährleistet, ist mit dieser Feststellung noch lange nicht beantwortet. Das belegen insbesondere die vor allem in jüngster Zeit wieder verstärkt geführten Diskurse zur Demokratie, auf die an dieser Stelle allerdings nur verwiesen werden kann. Für andere dagegen wie z.B. aus der Sicht von Denninger führen diese Auseinandersetzung kaum zu sinnvollen Ergebnissen, weil sich alle demokratischen Formen im Zusammenspiel mit staatlicher Herrschaftsausübung als defizitär erweisen könnten (vgl. Denninger 1990, 15). Stattdessen sieht er die Notwendigkeit einer Diskussion, die das Demokratieprinzip über den Ausbau staatsbürgerlicher Rechte zu stärken sucht: „Ausschlaggebend muß die volle Wahrung des status constituens sein, dessen grund- und sogar menschenrechtlicher Charakter zu berücksichtigen ist" (ebd.).

Demokratischer Rechtsstaat: Das Primat staatlicher Herrschaft

Mit der gleichen Konsequenz, wie „in der Synthese von der rechtsstaatlichen Demokratie das Substantiv schließlich das Adjektiv" (Kägi 1978, 144) verschlingt, droht umgekehrt das Adjektiv in der Synthese vom demokratischen Rechtsstaat verlorenzugehen. Hat sich das Modell einer rechtsstaatlichen Demokratie, wie sie bei Maus in ihrer Auslegung des Kantschen Rechtsstaatsverständnisses aufscheint, zu keinem Zeitpunkt durchsetzen können[47], behauptet sich das Primat des Rechts in der selbstverständlicheren Rede vom demokratischen Rechtsstaat vor allem mit der Auslegung bürgerlicher Freiheits- und Gleichheitsrechte als dem demokratischen Souverän übergeordnetes, objektiv gesetztes Verfassungsrecht. Doch der scheinbar „objektive Wahrheitsgehalt" verfassungsrechtlicher Normen ist in den Theorien und Lehren über sie keineswegs unumstritten. Gegenstimmen monieren insbesondere den konsequenten Ausschluß politischer Machtfragen und machen mitunter die Vorstellung von einem objektivgültigen Verfassungsrecht für die Entleerung des demokratischen Gehalts im Begriff vom demokratischen Rechtsstaat verantwortlich. So negiere die Generalisierung des Konzepts der Staatsbürgerschaft im 20. Jahrhundert mit der nationalstaatlichen Geburt des Individuums und des Bürgers (Frankenberg 1997, 14) den Zusammenhang von Rechten und gesellschaftlichen Machtverhältnissen, dem zufolge die Inanspruchnahme staatlich gewährter Rechte voraussetzt, daß BürgerInnen selbstbestimmt im Sinne freier und unabhängiger Lebensgestaltung agieren können (vgl. Grimm 1994, 69).

In Zusammenhang mit der real-historischen Gewordenheit *demokratischer* Rechtsstaatlichkeit interessiert an dieser Stelle insbesondere, wie sich die Dominanz des Rechtsstaatsprinzips gegenüber dem demokratischen Attribut legitimiert. Denn erst dadurch können die Strukturmerkmale herausgearbeitet werden, welche die Spannung zwischen Recht und Politik begründen und

---

47 Auch Maus kritisiert, obschon sie dem Kantschen Rechtsbegriff eine durchaus demokratische Absicht zuweist, die sich lediglich aufgrund starker „Einschränkungen im Hinblick auf die rückständige politische Praxis" (Maus 1986, 14), verkörpert durch einen rigiden und starren Obrigkeitsstaat nicht durchsetzen ließ, die „Allgemeinheit der Repression" (ebd., 16) im Kantschen Staats- und Gesetzesbegriff. Selbstbestimmung des Individuums und Allgemeinheit des Gesetzes gingen nur unter der Prämisse zusammen, daß von konkreten individuellen Interessen und Bedürfnissen abstrahiert werde. Kant setze „die Verinnerlichung des allgemeinen Gesetzes im autonomen Willen jedes vernünftigen Wesens voraus. Das vernünftige Individuum bedarf nicht mehr der äußeren Repression, sondern wendet sie gegen sich selbst" (ebd.).

damit sowohl eine politikdominierende als auch politikermöglichende Wirkung entfalten können. Ausgehend von der Frage, in welches Verhältnis aktuelle Theorien zum Rechts- und Verfassungsstaat[48] das Rechtssystem individueller Freiheitssicherung zur politisch-demokratischen Gesellschaft stellen, lassen sich aus meiner Sicht insgesamt drei Paradigmen unterscheiden: das staatszentrierte, das verfassungszentrierte und das politikzentrierte Paradigma.

Staatszentriertes Paradigma: Staatliche Verteilung von Freiheit

Staatszentrierte Modelle zeichnen sich durch eine radikale Gegenüberstellung von Staat und Gesellschaft aus (vgl. Böckenförde 1992b, 92f.). Der Rechtsstaat wird begriffen als Garant politischer Vereinheitlichung auf der Basis individueller Freiheitssicherung. Das Primat selbstbestimmter und gleicher Individuen gilt diesen Ansätzen als etwas dem Staat und der Gesellschaft Vorgängiges und dient in dieser Bestimmung der Legitimation staatlicher Herrschaft. Unter dem Primat der Freiheit erscheint die bürgerliche Gesellschaft als eine natürlich differente, in einzelne Bestandteile zerfallende Gesellschaft (ebd., 213), die aus sich heraus zu einer politischen Organisation des Gemeinwesens nicht fähig ist. Entpolitisierung und Individualisierung lenken das Erkenntnisinteresse dieser Ansätze auf die Begrenzung staatlichen Handelns und der individuellen Freiheitssicherung mittels des Rechts. Die Folge ist eine primär staatszentrierte funktionale Betrachtung von Verfassung, Gesetz und Grundrechten, die die Aufgabe politischer Integration reduktionistisch zu bewältigten sucht, indem gesellschaftliche Einfluß- größen wie etwa Interessenvielfalt und gesellschaftliche Ungleichheit weitgehend ausgeklammert werden.

Ein markantes Merkmal des altliberalen Ansatzes ist deshalb die Blindheit und Ignoranz gegenüber dem Sozialen, was unschwer als ein Pendant seiner Staatszentriertheit zu erkennen ist. So hielt sich lange in diesen Konzepten die Überzeugung, daß die Vergemeinschaftung des Gemeinwesens – Wohlstand und Gerechtigkeit darin eingeschlossen – allein über die rechtliche Freiheitsverbürgung eingelöst werden könnte. Noch in den 1970er Jahren wurde die Möglichkeit einer Koexistenz von Rechtsstaat und Sozialstaat bestritten (vgl. Forsthoff 1968, 1971, 1976, 1978; Benda 1983).

---

48 An der aktuellen theoretischen Debatte zum Rechtsstaat wird deutlich, daß die verschiedenen Ansätze den Begriff des Rechtsstaats im Sinne eines Verfassungsgrundsatzes betrachten und mitunter zwischen Rechtsstaat und Verfassungsstaatlichkeit keine klare begriffliche Abgrenzung benutzen.

Doch gründet dieser Ansatz weniger in einer bewußten Negation sozialer Ungleichheiten, sondern ausschlaggebend ist viel eher die Befürchtung, staatliche Eingriffe in die Gesellschaft könnten die staatskonstituierende Trennung zwischen Staat und Gesellschaft aufheben und damit den Staat selbst sowie die Freiheit der BürgerInnen gefährden. Sozialstaatsbestimmung und materielle Ausgestaltung der Freiheitsrechte haben diese liberale Vorstellung inzwischen zur Utopie erklärt, auch wenn sich aus der Sicht liberalkonservativer Ansätze das veränderte Staatshandel nach wie vor einer „rechtsstaatlichen Formtypik und Kontrolle" (Böckenförde 1992b, 238) entzieht. Aus diesem Grund bemühen sich die Modelle bis heute, den Sozialstaat in ein rechtsstaatliches Korsett zu zwingen, indem sie ihn mit der Gewährleistung der „notwendigen sozialen Voraussetzungen grundrechtlicher Freiheit" (Böckenförde 1992a, 144) rechtfertigen. Als epistomologische Hintertür fungiert letztendlich der Gleichheitsgrundsatz in Art. 3 GG, der die Bewältigung sozialer Ungleichheit aus dem theoretischen Erkenntnisinteresse ausschließt.

Die Argumentationsfigur „Freiheitssicherung durch Herrschaftsbegrenzung" macht das Konzept in vielen Punkten unangreifbar, denn die ihr zugrundegelegten Annahmen treffen auf ein historisch tiefverwurzeltes bürgerliches Bedürfnis nach Staatsferne oder wenigstens einer wirksamen rechtlichen Bändigung staatlich-politischer Herrschaft. Die analytischen Defizite staatszentrierter Ansätze offenbaren sich jedoch methodologisch in dichotomen Setzungen und dem darin angelegten Verständnis des Politischen[49]. So lenken Annahmen von einer natürlichen Freiheit der Individuen und einem vernunftrechlichen Staat das Erkenntnisinteresse allein auf das Problem der „Abschichtung individueller Freiheit und staatlichen, hoheitlichen Handelns" (Forsthoff 1968, 186), also auf den „Umfang der staatlichen Befugnisse und ihres Rechts, in die grundrechtlich geschützten Rechtsgüter einzugreifen" (ebd.). Die Überhöhung des Staates als zwangsläufiges Produkt gesellschaftlicher Machtverhältnisse (Isensee 1987, 611)[50] und als Bedingung von Gesellschaft (vgl. Böckenförde 1992b, 213), führt die Argumentation nicht nur in den Zirkelschluß, sondern entbindet die Konzepte auch von der Notwendigkeit, Faktoren für die Vermittelheit und Verschränkung staatlicher und gesellschaftlicher Funktionsbereiche mitzudenken. Die Wirkung rechtspolitischer Maßnahmen bleibt ebenso ausgegrenzt wie gesell-

49 Zum „Unbegriff des Politischen" vgl. Bussjäger 1999.

50 „Die Gegensätze der Gesellschaft bringen die Notwendigkeit des modernen Staates hervor. Er ist ihr Widerlager, gegenüber dem Pluralismus hat er die Einheit, gegenüber dem Antagonismus den Frieden zu gewährleisten" (Isensee 1987, 611).

schaftliche Subjekte und ihr Handeln. Statt dessen halten liberale Denkmodelle an dem individuellen Rechtssubjekt fest, was vor allem von feministischer Seite immer wieder kritisiert wird (vgl. Okin 1980; Pateman 1988, 1989; Wilde 1997; Yeatman 1996). Indem die Aufgabe des Rechtsstaats darin besteht, „die Freiheit des Bürgers und die rechtliche Bindung der Staatsgewalt zu gewährleisten, nicht dagegen die Pflichten des Bürgers und die Funktionsbedingungen der Staatlichkeit zu sanktionieren“ (Isensee 1987, 596) betrachten diese Ansätze die Verfassung, Grundrechte und das Gesetz reduktionistisch von der Logik des rechtsstaatlichen Verteilungsprinzips her (vgl. ebd.).

Aus dieser Perspektive stellt der Begriff des Politischen – bei aller Varianz, die staatszentrierte Ansätze in der Entwicklung von der konservativen Staatsrechtslehre in der Prägung von Josef Isensee oder Ernst Forsthoff bis hin zum liberal-konservativen Rechtsstaatsverständnis eines Ernst-Wolfgang Böckenförde aufzeigen – das liberale Anlitz staatstheoretischer Konzepte kategorisch in Frage. Auch die vereinzelten Bemühungen um eine staatstheoretische Aufwertung etwa des Politikverständnisses von Carl Schmitt (vgl. Böckenförde 1992b, 344ff.) vermögen an dieser Einschätzung wenig zu ändern. Indem sie in der Lesart Böckenfördes auch weiterhin auf einen dichotomen Politikbegriff beharren, der sich zwischen den unversöhnlichen Polen von Freund und Feind bewegt, bauen diese Modelle ihr Staatsverständnis auf eine „Republik der Angst“ (Preuß 1989, 8). Die Dämonisierung der Gesellschaft, die „ein öffentliches Beziehungsfeld zwischen Menschen und Menschengruppen“ darstellt, „das durch einen bestimmten Intensitätsgrad der Assoziation oder Dissozation bis hin zur Freund-Feind-Unterscheidung gekennzeichnet ist“ (Böckenförde 1992b, 346), rechtfertigt schließlich die staatstheoretische und staatsrechtliche Fokussierung des Erkenntnisinteresses auf die Verfassung, die „alles, was in seinem Innern an Gegensätzen, Spannungen und Konflikten aufbricht, (…) im Rahmen der staatlichen Friedensordnung“ (ebd., 347) relativiert. Staatstheoretische Modelle verstehen in diesem Sinne lediglich den Staat als „Wille zur staatlichen Einheit“ (Isensee 1987, 597), nicht aber das Politische ausdrücklich als beziehungskonstituierend, womit der ‚Begriff des Politischen‘ eine Argumentationsfigur darstellt, „die eine Rechtfertigung der Verselbständigung politischer Herrschaft begriffsnotwendig impliziert“ (Köppe 1997, 49). So macht insbesondere Isensee eine bedeutsame Unterscheidung zwischen *politischen* und *gesellschaftlichen* Angelegenheiten. In seiner Auffassung kann demnach nur der Staat politische Entscheidungen treffen, weil die Gesellschaft in Form individueller Sonderinteressen strukturiert ist und nur der Staat über das

Instrumentarium des Rechts verfüge (1987, 614). Übersehen wird dabei, daß das Politische durchaus gemeinschaftliche Beziehungen herstellen kann, ohne daß Subjekte ihre Autonomie im Sinne einer auf sich selbstbezogenen Handlungsfreiheit aufgeben müssen (vgl. Frankenberg 1997, 14)[51].

Doch gerät mit dem Verfassungsbegriff als staatliche Gewährleistung einer politischer Einheit (vgl. Böckenförde 1992b, 349; Isensee 1987) ausschließlich das Verhältnis zwischen Staat und BürgerInnen in den analytischen Blick dieser Modelle. Auch wenn die Grundrechte im Verständnis von Eingriffsschranken staatliches Handeln binden, darf andererseits nicht übersehen werden, daß die staatstheoretische „Einkästelung der Grundrechte“ (Köppe 1997, 54) kein wirksamer Schutz vor Freiheitseinschränkungen durch soziale, ökonomische und geschlechtliche Machtverhältnisse darstellt. Der Hinweis, daß die Definition der Grundrechte als Abwehrrechte „einem Verfassungsverständnis entgegen(steht), das nicht nur das vertikale Verhältnis zwischen Staat und BürgerInnen thematisiert, sondern auch die Horizontalwirkung der Grundrechte berücksichtigt wissen will“ (ebd., 55)[52], berührt einen wesentlichen Punkt auch der feministischen Kritik, die wiederholt die Wirksamkeit der Grundrechte gegenüber ungleichen Geschlechterverhältnissen (Drittwirkung) anmahnt. Im übrigen stellt Dieter Grimm (1994) zu Recht die Frage, ob die rechtliche Beschränkung politisch-staatlicher Macht und der Individualrechtsschutz in Form der Verfassung überhaupt noch die Gefährdungen neuzeitlicher Gesellschaften erfassen können, welche sich etwa aus der Verflechtung staatlicher und nicht-staatlicher Institutionen und Akteure ergeben.

So haftet dem liberalen Moment in den staatszentrierten Modellen nicht nur etwas durchaus Antiquiertes an, sondern diese Art liberal-konservativer Staatsauffassung, welches die Gesellschaft in die freiheitliche Selbstorganisation entläßt, beinhaltet auch – insbesondere in den Ausführungen von Josef

---

51 Günter Frankenberg (1997, 14) macht in diesem Zusammenhang auf ein weitverbreitetes Mißverständnis aufmerksam, wenn unter Autonomie und Freiheit verstanden wird, daß Menschen ihre Geschicke unabhängig voneinander bestimmen. Vielmehr bedeute Autonomie, daß die Menschen als Subjekte die politische Bühne betreten und um ihrer selbst willen handeln.

52 Wie etwa Denninger dies sieht, indem er begründet: „Aus dem (in Artikel 1 - G.W.) zwischen Abs. 1, 2 und 3 bestehenden normlogischen Konkretisierungszusammenhang (...) ergibt sich, daß der Menschenrechtsschutz sich (innerstaatlich) über den Schutz der (nachfolgenden) Grundrechte und dieser sich wiederum primär über den Schutz des Anspruchssystems der einfachgesetzlichen Rechtsordnung verwirklicht. Dies bedeutet eine mittelbare Horizontalwirkung (Drittwirkung) der Menschenrechte, ebenso und in dem Umfange wie sie für die Grundrechte zu bejahen ist“ (Denninger 1989, 228 ff., 233, Rn 9).

Isensee und Ernst Forsthoff – ein zutiefst antidemokratisches Moment. Denn das Staatsideal dieser Modelle ist nicht etwa mit der Realisierung der Demokratie erreicht, vielmehr besteht das erklärte Ziel darin, das demokratische Prinzip durch den Staat zu begrenzen und in die staatlich-politische Einheit zur Realisierung der „Wirklichkeit der Freiheit" (Isensse 1987, 615) bzw. „zum Zwecke der Sicherung der individuellen und gesellschaftlichen Freiheit" (Böckenförde 1992b, 225) einzubinden. Die theoretisch weiterführenden Gedanken erklären dann das Gesetz als „Bindeglied zwischen Staat und Gesellschaft" (Grimm 1996, 620), das auf der Basis freigewählter Repräsentanten dem Staat eine Eingriffsermächtigung erteilt (Grimm 1994, 162).

Verfassungszentriertes Paradigma: Recht als politisches Steuerungsmedium

Verfassungszentrierte Modelle werden mitunter auch als normativrechtfertigende Ansätze verstanden, indem sie die Polarisierung zwischen Staat und Gesellschaft zumindest abmildern, und die Überhöhung des ‚liberalen' Staates auf ein realistisches Maß heruntersetzen. Das Primat des Staates wird durch das Primat des Rechts ersetzt. Und so erscheint es auch nur konsequent, wenn diese stark institutionell ausgerichteten Konzepte den Rechtsstaat als Ergebnis der Verfassung (Hesse 1991, 5) sehen, die als „Strukturplan für die Rechtsgestalt eines Gemeinwesens" (Hollerbach 1968, 37ff.) sowohl staatliche als auch nicht-staatliche Bereiche umfaßt.

Die verbindliche und weniger ausgrenzende Sicht (vgl. Böckenförde 1992b, 211ff.) auf die Gesellschaft akzeptiert den demokratischen Rechtsstaat als funktionale Einheit der Gesellschaft (Hesse 1991, 7). Gesellschaftliche Konflikte und Vielfalt werden nicht als Bedrohung des Staates gesehen, sondern gelten in dieser Lesart als sein soziologisches Substrat. Das Erkenntnisinteresse dieser Konzepte richtet sich vor allem auf die Verfassungskonformität rechtsstaatlicher Strukturen und das in ihnen mögliche Handeln. Aus dieser stark normativen Sicht bestätigt die bundesrepublikanische Verfassung weder die Annahme einer „rechts- und staatsfreien Sphäre", die es gegen politische Macht zu verteidigen gilt, noch kennt sie einen zu schützenden individuellen Freiheitsbereich (Hesse 1991, 78ff.). Folglich besteht die Funktion des Rechtsstaats auch nicht allein in der „Erhaltung individueller Freiheit" (Hesse 1978, 290), sondern wird aus der Verfassung selbst erst herausgelesen. Sie allein realisiert das rechtsstaatliche Prinzip (ebd., 291) und bestimmt Art und Umfang rechtsstaatlichen Handelns über die Konstitution von Verfahren und Organisationen sowie über die Normierung von

Grundlagen und Konfliktbewältigungsstrategien (vgl. Hesse 1991, 10; 12ff.). Unter diesem Aspekt sind Freiheit und Gleichheit keine anthropologischen Konstanten, sondern das Resultat ihrer rechtlichen Ausgestaltung von Vergesellschaftungsprozessen. Insofern gibt es auch keine Privatheit im klassisch-liberalen Sinne. In der Auslegung der Freiheits- und Gleichheitsrechte als Prinzipien der Gemeinschaftsordnung (vgl. Hesse 1978, 302) gelten rechtlich nicht regulierte Bereiche als Orte, an denen gesellschaftliche Unfreiheit und Ungleichheit wirksam werden:

„Wo Freiheit wirklich werden soll, läßt sie sich nicht von Staat und Recht trennen. Sie kann nur dort bestehen, wo der Staat ein freiheitlicher Staat und das Recht ein freiheitliches Recht ist. Private und öffentliche Freiheit sind unteilbar. Es gibt nur eine Alternative: Freiheit durch ein freiheitlich geordnetes Gemeinwesen oder Unfreiheit; eine andere Alternative ist nicht gegeben" (Hesse 1978, 301).

Im Kontext dieser nahezu euphorischen Hinwendung zum Recht spielen die Grundrechte für die Vermittlung staatlicher und gesellschaftlicher Prozesse eine bedeutende Rolle. Indem Grundrechte nur dort existieren und auch nur dort gesichert werden, „wo sie zur positiven staatlichen Rechtsordnung gehören" (Hesse 1991, 121), bilden sie in der materiellen Ausgestaltung und in der Positivierung durch das Gesetz die Grundlage für staatliches Handeln. Verfassungszentrierte Ansätze binden die individuelle Freiheit an die soziale Situation und damit an den Begriff der Chancengleichheit. Diese ist im Art. 3 GG und im Sozialstaatsprinzip enthalten, wobei dieses aber explizit nur in Art. 20, 28 GG zu finden ist sowie in Art. 1 GG insoweit, als die Würde des Menschen die Sicherung eines Existenzminimums gebietet. Aus diesem stark ökonomisch konnotierten Begriff von Gleichheit, der auf die Konsequenzen einer sozialen und ökonomisch ungleichen Gesellschaftsordnung zielt, fallen geschlechtliche Unterschiede heraus und finden allenfalls in einem materiellen Rechtsstaatsverständnis Berücksichtigung. Die Positivierung der Grundrechte in Form objektiver Wertnormen dient dem Schutz und der Bewahrung (vgl. Hesse 1991, 87) *gleicher* Verhältnisse, in die der materielle Rechtsstaat etwa über den Gleichheitsartikels 3 GG oder über den Familienartikel 6 GG intervenieren muß.

Ein weiterer Kritikpunkt am normativ-rechtfertigenden Ansatz ergibt sich aus der verfassungspragmatischen Verengung des Verhältnisses zwischen Rechtsstaat und Demokratie.[53] Damit werden gesellschaftliche Ungleichhei-

---

53 Mit Art. 79 Abs. 1 GG verbietet das Grundgesetz Verfassungsdurchbrechungen und mit Art. 19 Abs. 2 GG die Aushöhlung der Grundrechte. Der Vorrang der Verfassung ist neu in der deutschen Rechtsstaatsentwicklung. Er bedeutet auch die verfassungsrechtliche

ten zwischen den Grundsätzen des Vorrangs der Verfassung und des Vorrangs der Gesetze (vgl. Hesse 1978, 293) zerrieben. In der Rechtsbindung von Staat und BürgerInnen koexistieren demokratisches und staatliches Handeln, freilich unter einem relativ eng gefaßten Demokratieverständnis, indem das Recht das Resultat demokratischer Mehrheitsentscheidungen ist. Minderheitenschutz seitens des Rechts und demokratischer Mehrheitswille werden so verfassungsrechtlich in einem Spannungsverhältnis zueinander gehalten. Auf diese Weise bleiben der Allgemeingültigkeitsanspruch des Rechts ebenso unhinterfragt, wie der über unterschiedliche Machtverhältnisse zustande gekommene Mehrheitswille.

Mit der konsequenten Überhöhung des Verfassungsrechts erweitern diese Ansätze zweifellos auch den analytischen Blick auf die rechtsstaatliche Konstitution vor allem des sozialen Bürgerstatus. Doch darf dabei nicht übersehen werden, daß diese geradezu emphatische Hinwendung zum objektivrechtlichen Gehalt des Rechts (vgl. Hesse 1991, 81)[54] eine kritische Reflexion des Dilemmas zwischen staatlicher Herrschaft und individueller Freiheit allenfalls in einem verfassungsrechtlich begrenzten Rahmen erlaubt. Und dieser kennt als „rechtliche Grundordnung des Gemeinwesens" (ebd., 19) bislang nur den sozialen Rechtsstaat als „planende(n), verteilende(n), gestaltende(n), individuelles wie soziales Leben erst ermöglichende(n) Staat" (Hesse 1978, 295), wenn es um die Regulierung sozialer Ungleichheit geht. Die theoretisch weiterführenden Gedanken berühren damit unweigerlich das Thema der Staatsbürgerrechte. Lediglich in der sozialstaatlichen Verkürzung scheint die Politisierung unterschiedlicher Lebensverhältnisse möglich, allerdings auch nur auf der Gesetzgebungs- und nicht auf der Verfassungsebene. Die Gleichheit und Freiheit eines zugegeben verfassungsrechtlich stark verankerten Sozialstaats- und Demokratieprinzips bleiben abhängige Variablen von einem Verfassungsrecht, das als objektivrechtlich Gesetztes den BürgerInnen übergestülpt wird und sie unter ein verordnetes Gemeinwohl zwingt.

Die Kritik an verfassungszentrierten Ansätzen besteht aber nicht nur darin, daß sie das Ethos einer „sozial-egalitären Staatsbürgerschaft" (Preuß 1989, 4) favorisieren. Indem die Verfassung zum alleinigen Untersuchungsgegenstand in den Mittelpunkt gerückt wird, werden darüber hinaus auch nur solche Beziehungs- und Machtverhältnisse erfaßt, die im Primat des Verfassungsrechts mit aufgenommen sind. Die normativen Prämissen, wie etwa das for-

---

Bindung des Gesetzgebers (Art. 20 Abs. 3 GG). Allerdings ist der Gesetzesvorbehalt in Art. 20 Abs. 3 GG nicht ausdrücklich normiert.

54 In dieser Lesart wird das Recht als eine eigenständige, unabhängige Größe betrachtet und nachdrücklich nicht als Ausdruck partikularer Interessen begriffen.

male Gleichheitsverständnis, entfalten unter dieser Perspektive auf der einen Seite zweifelos eine politikermöglichende wie auch politikregulierende Wirkung. Ein derart reduzierter Blick auf das Recht als Geburtshelfer politischer und sozialer Beziehungsverhältnisse aber schließt auf der anderen Seite akteurs- und subjektbezogene Prozesse sowie deren Einfluß auf staatliche Institutionen und Verfahren kategorisch aus.

Politikzentriertes Paradigma: Recht als Kommunikationsmedium

Politikzentrierte Modelle kritisieren generell die staatliche Gängelung politisch-demokratischer Prozesse durch den Staat. Taten sie das in den 1970er Jahren noch unter Ablehnung jeglicher Staatlichkeit (vgl. Habermas 1985), fanden sie in den 1990er Jahren zu der Einsicht zurück, daß der Rechtsstaat für den Ausgleich sozialer Ungleichheiten und Differenzen durchaus notwendig sei (vgl. Habermas 1992, 1994; Preuß 1998). Das ändert jedoch nichts an der Einschätzung, daß die noch zu Beginn der Bundesrepublik erhoffte Demokratisierung der Gesellschaft durch die Erweiterung des Rechtsstaats zum sozialen Rechtsstaat (vgl. Heller 1978) kläglich in einer „sozialstaatlichen Verkürzung der Demokratie“ (Preuß 1989, 2) endete. Die Ursachen und Logiken schleichender Entdemokratisierungsprozesse entfalten sich an der zwangsweise eingegangenen – in den 1970er und 1980er Jahren sozialdemokratisch überformten – Kooperation des Wohlfahrtsstaats mit der kapitalistischen Wirtschaftsform. Dieser unter wirtschaftsliberalen Vorzeichen geführte Zusammenschluß prägt aus der Sicht demokratieorientierter Staatskonzepte den spezifischen Verteilungscharakter des sozialen und demokratischen Rechtsstaats. Staatlich-politische Steuerung, pendelnd zwischen Freiheitssicherung und Leistungszuwendung, knüpft in der Folge ein immer dichter werdendes Netz von Abhängigkeiten. Gleichzeitig bleibt die Politisierung der sozialen Konflikte durch den Staat, bestimmt von der kapitalistischen Entwicklungslogik, ökonomisch verengt. Rechtsstaatliche Prämissen wie die der staatsbürgerlichen Freiheit und Gleichheit schieben dabei all jene Interessen und Beziehungsformen in die von der öffentlichen Sphäre geschiedene Privatheit, die sich zum einen nicht unter den vom Recht diktierten Allgemeinheitsanspruch subsumieren lassen, zum anderen nicht öffentliche *Regelungsinteressen* sind.

Mit diesen zentralen Annahmen von der Entdemokratisierung postmoderner Gesellschaften – die das erkenntnistheoretische Fundament politikzentrierter Modelle bilden – korrespondiert die Annahme von der schleichenden Entpolitisierung des Individuums. Demnach brachte der von der kapitalistischen Logik getriebene bundesdeutsche Wohlfahrtsstaat in Gestalt materieller Rechtsstaatlichkeit einen neuen Staatsbürgerstatus hervor, der auf einer zweifach-dichotomen Grundlage steht: War die Trennung des Individuums in „bourgois“ und „citoyen“ bereits mit der bürgerlichen Entwicklung erfolgt und mit der Form liberaler Rechtsstaatlichkeit bestätigt, sehen politikzentrierte Konzepte in der Verschmelzung des demokratischen Staatsbürgers mit dem sozialstaatlichen Klienten (vgl. Preuß 1989, 3) eine weitere Entwertung demokratischer Strukturen und partizipativen Handelns, die zur bloßen Demokratie des Staates verkommen ist (vgl. ebd., 7).

Der mit dieser Einschätzung moderner Gesellschaften gefundene Konsens unter den Vertretern dieser Ansätze (Denninger 1978, 1996; Habermas 1994; Preuß 1994) führt in der Folge auch zu dem einhelligen Urteil, daß die Entgegensetzung von Rechtsstaat und politischer Form eine unlautere Dichotomisierung sei, die in der Konsequenz zu der Auffassung führen könne, es gäbe „in der Demokratie die Möglichkeit der Autorität des ‚letzten Wortes‘ in Gestalt des Rechts, das aber nicht beim Volk liege“ (Preuß 1994, 8). Gleichermaßen unterstellen sie den staatszentrierten Ansätzen eine „Flucht vor der Gesellschaft“ (ebd., 11), wenn sie die Verfassung als staatliche oder rechtliche Ordnung des Gemeinwesens mit Begriffen wie Schrankenziehung, Abwehr, Eingriff und Fesselung (vgl. ebd., 12) rechtfertigen. Dem Prinzip des ‚divide et impera!‘ staats- und verfassungszentrierter Ansätze stellen diese Modelle einen politischen Verfassungsbegriff gegenüber, dessen Funktion vornehmlich darin besteht, ein *politisches* Gemeinwesen zu konstituieren (vgl. ebd., 11). Wenn sie damit dem Rechtsstaat nicht die verfassungsrechtliche Aufgabe der Vereinheitlichung zuweisen, sondern in einer krassen Umkehrung die Zukunft nationaler Staatlichkeit in einer radikalen „Freisetzung partikularer Lebensformen“ (Denninger 1994b, 120) sehen, dann bemühen sich diese Ansätze um eine Rückgewinnung des Politischen, ohne allerdings den Rechtsstaat zu verabschieden.

Die Begründung, wonach die dichotome Entwicklung des modernen Rechts in Zwangsgesetze, welche die individuelle Freiheit beschränken, und in subjektive Grundrechte, die individuelle Freiheit ermöglichen (vgl. Habermas 1994, 85), den Rechtsstaat und die Demokratie gleichermaßen bedingen, kann allerdings nur eingeschränkt unter den Annahmen nachvollzogen werden, daß Subjekt und Vergemeinschaftung einander gegenüberstehen und sich gegenseitig wenn auch nicht begrenzen, so doch ‘stören’. Und unter dieser Disharmonie, die das Aufeinandertreffen von Gemeinschaftsinteressen und Einzelinteressen hervorruft, sind die Entweder-Oder-Lösungen nur konsequent, welche im Kontext politikzentrierter Ansätze für die Frage gefunden werden, ob nun der Rechtsstaat eine Voraussetzung der Demokratie (Dworkin 1994b) oder aber die Demokratie die Bedingung des Rechtsstaat (Habermas 1992, 1994) ist.

Jenseits dieser Polarisierung jedoch scheint das Primat des Rechts unangefochten. In dessen theoretischer Weiterführung übt der parlamentarische Souverän seine politische Funktion zwar nicht *in Begrenzung durch*, sondern *über* das Recht aus (vgl. Preuß 1994, 14)[55]. Rechtliche Regelungen in Form von Gesetzen können dabei nur dann vollständige Legitimität erlangen, wenn ihnen „alle möglicherweise Betroffenen als Teilnehmer an rationalen Diskursen" (Habermas 1994, 89) zustimmen können.

Politikzentrierte Konzepte versuchen die Integration gesellschaftlicher Differenz durch das Recht mit der Umdeutung der Verfassung als Staatszielbestimmung für Demokratie und Menschenrecht zu bewältigen. Die „Selbsterzeugung des sich verfassenden Volkes über die als solche erfahrenen fundamentalen Bedingungen der kollektiven Existenz" (Denninger 1994b, 98) wird dabei zusätzlich zu den elaborierten Verfassungsfunktionen[56], von denen die Erzeugung politisch-staatlicher Macht am voraussetzungsvollsten zu sein scheint (vgl. ebd.), als weiterer Verfassungszweck herausgelesen. Neben einer Neudefinition der Gewaltenteilung und des Gesetzesbegriffs bemühen sich diese Ansätze besonders um eine Erweiterung der Grundrechte über ihre abwehrrechtliche und objektiv-wertorientierte Funktion hinaus (vgl. Denninger 1978, 78), wobei die politische Sicht auf die Grund- und Menschenrechte mit der Absicht verbunden ist, diese dem demokratischen Prozeß zurückzugeben. Statt wie bislang als eine dem Staat und der Gesellschaft vorgängige anthropologische Konstante, die der verfassungsgerichtlichen Beliebigkeit von jeher Tor und Tür öffnete, sollen die Menschenrechte, respektive die Menschenwürde als Recht auf politische Mitgestaltung (vgl. Habermas 1994, 89), in jedem Falle als Staatsziel (vgl. Denninger 1994b, 121) konkretisiert werden. Denn diese sind, auch wenn sie bisweilen nur einen „intrinsischen

---

55 „Die Verbindung der Souveränität des Parlaments zum Recht liegt in dem zumindest für kontinentale Juristen nicht leicht zugänglichen Prinzip des 'rule of law': es bedeutet nicht rechtliche Bindung des Souveräns in Form des Rechts, d.h. Herrschaft abstrakter Rechtsprinzipien über den Souverän, sondern Ausübung der Souveränität in Form des Rechts. Souveränität des Parlaments und ‚rule of law' sind nicht Gegensätze, sondern ergänzen einander" (Preuß 1994, 14).

56 Neben der der Machterzeugung unterscheidet Denninger drei weitere Funktionen: Die der Machtbegrenzung, der Machtlegitimation und der Gruppenintegration bzw. Einheitsbildung. (Vgl. Denninger 1994b, 97). Schließlich fügt er noch die Funktion als „Selbsterzeugung des sich verfassenden Volkes über die als solche erfahrenen fundamentalen Bedingungen der kollektiven Existen an" (ebd., 98).

Wert“ (ebd., 90) haben, in ihrer Gleichursprünglichkeit mit den politischen Bürgerrechten kaum erkannt worden.

Grundrechte dienen in diesen Konzepten nicht mehr der individuellen Freiheitssicherung gegenüber dem Staat, sondern gelten als „gemeinsame Elemente des Rechtsstaats- und Demokratieprinzips“ (Denninger 1978, 78):

> „Die Idee der rechtlichen Autonomie der Bürger verlangt ja, daß sich die Adressaten des Rechts zugleich als dessen Autoren müssen verstehen können. Dieser Idee widerspräche es, wenn der demokratische Verfassungsgesetzgeber die Menschenrechte als so etwas wie moralische Tatsachen schon vorfinden würde, um sie nur noch zu positivieren.“ (Habermas 1994, 90)

Mit dieser grundrechtlichen Lesart ist eine andere Funktion der Verfassung sowie des Bundesverfassungsgerichts verbunden. Kam letzterem bislang die Aufgabe zu, die mit der Verfassung festgelegte Machtverteilung, Zuständigkeitsordnung und Grenzziehung zwischen Staat und BürgerInnen zu überwachen (vgl. Denninger 1994b, 116), wird unter einer politikzentrierten Perspektive seine vorrangige Aufgabe darin gesehen, staatliches Handeln in seinen demokratischen Auswirkungen[57] zu qualifizieren. Offenkundig verbirgt sich hinter der Idee, das Recht auf politische Mitgestaltung als Staatsziel zu etablieren (Häberle 1984), der Gedanke, das sonst häufig umstrittene Bundesverfassungsgericht für die eigenen Zwecke zu instrumentalisieren. Methodisch fragwürdig allerdings erscheint die Setzung eines Sachzwanges, die der Institution eine nicht zu unterschätzende Funktion deshalb eingeräumt, weil die Ausdeutung der Grundrechte zu Staatsaufgaben-Normen nunmehr Realität und unumkehrbare Entwicklung sei (vgl. Denninger 1994b).[58]

---

57 Nach Habermas (1992) ist darunter insbesondere die Ermöglichung demokratischer Verfahren zu verstehen, die „eine vernünftige Behandlung politischer Fragen gewährleisten soll“ (ebd., 201). Abgeleitet vom Prinzip der Volkssouveränität, das „die Übertragung der Gesetzgebungskompetenz an die Gesamtheit von Staatsbürgern [sic]“ verlange, die „allein aus ihrer Mitte die kommunikative Macht gemeinsamer Überzeugungen generieren“ (ebd.) könne, zählt neben der „Einrichtung deliberierender und beschlußfassender Vertretungskörperschaften“ (ebd.) aus seiner Sicht weiterhin der „Grundsatz des *politischen Pluralismus* und die Notwendigkeit, die parlamentarische Meinungs- und Willensbildung unter Mitwirkung der politischen Parteien durch eine allen Staatsbürgern offenstehende informelle Meinungsbildung in der politischen Öffentlichkeit zu ergänzen“(ebd., 211 – Hervorhebung im Original).

58 „Die Verfassungsrechtsprechung zu den objektivrechtlichen Gehalten der Grundrechte, aus welchen sich dann staatliche Handlungspflichten zugunsten der (durch Dritte) gefährdeten Grundrechtsgüter ergeben sollen, ist freilich unumkehrbar. Diese Entwicklung ist nicht nur deshalb nicht mehr rückgängig zu machen, weil sie von der ganzen institutionellen Autorität des Bundesverfassungsgrichts getragen wird, sondern auch deshalb, weil sie dem zukunftsweisenden Paradigma der grundlegenden Bürger-Staat-Beziehung entspricht.“ (Denninger 1994b, 101)

Mit diesem Kapitel war beabsichtigt, die Dominanz des Rechtsprinzips über das Demokratieprinzip im Ordnungsmodell demokratischer und sozialer Rechtsstaatlichkeit herauszuarbeiten sowie die Spannungsverhältnisse kenntlich zu machen, die zwischen Freiheitssicherung und gesellschaftlicher Ungleichheit sowie zwischen Rechten und politischer Partizipation in die historische Entwicklung des Rechtsstaats eingelassen sind. Den bisherigen Ausführungen zufolge rechtfertigt sich das Primat des Rechts über die Politik im Begriff vom demokratischen Rechtsstaat nicht nur mit der verfassungsrechtlichen Bindung des demokratischen Souveräns an die Postulate der individuellen Freiheit, Rechtsgleichheit und Gerechtigkeit, sondern auch mit deren aktiven Schutz. Demnach kann das Primat der gleichen Freiheitssicherung als Herzstück demokratischer und sozialer Rechtsstaatlichkeit betrachtet werden, auf dessen Grundlage sich die gesellschaftskonstituierende Wirkung demokratischer und sozialer Rechtsstaatlichkeit erst entfaltet. Der zugrundeliegende Gedanke dabei ist, daß erst die Sicherung individueller Freiräume auch die Möglichkeit zum selbstbestimmten öffentlichen und damit auch politischen Handeln einräumt:

> „Im innerstaatlichen Bereich bedeutet Selbstbestimmung zunächst einmal das demokratische Selbstbestimmungsrecht des Volkes. Selbstbestimmung ist hier Ausdruck der Volkssouveränität und gegen Fremdbestimmung durch eine nicht vom Volk legitimierte Staatsgewalt gerichtet. Zum anderen handelt es sich um die Selbstbestimmung des Individuums, um seine Freiheit vor staatlicher Bevormundung und Unterwerfung unter gesellschaftlichen Mächten. Historisch ist der Gedanke der Selbstbestimmung des Individuums daher mit den vielfältigen Forderungen nach Emanzipation, wie sie im 18. Und 19. Jahrhundert aufkamen, verbunden.“ (Boldt 1987, 890f.)

Der Begriff der Selbstbestimmung umschreibt ein positives, aktives Verständnis von Freiheit, das einerseits die individuelle Freiheit im Sinne „eine(r) Vorstellung von der eigenen Existenz, vom Selbst“ (Correll 1998, 16) voraussetzt, weil nur über das Bewußtsein von sich selbst Beschränkungen der Freiheit durch Willkür, Abhängigkeit und Zwang erfahrbar sind. Andererseits jedoch bedarf es des Vorhandenseins verschiedener Wahlmöglichkeiten, um die Freiheit im Sinne einer selbstbestimmten Entscheidung in Anspruch nehmen zu können. Diese liegen für das in die Gemeinschaft eingebundene Individuum mitunter außerhalb seines eigenen Ermessens. Denn neben dem Bewußtsein von sich selbst ist das Individuum in seiner Entscheidungsfreiheit auch davon abhängig, welche Handlungsalternativen die Gemeinschaft den Einzelnen konkret ermöglicht und inwieweit diese durch gesellschaftliche Normen und Werte begrenzt sind. In diesem Verständnis setzen Rechtsnormen der individuellen Handlungsfreiheit zum Schutz einer *gleichen* Freiheit aller in der Gemeinschaft Grenzen, auch wenn auf der anderen Seite individuelle Freiheit im Sinne von Entscheidungsfreiheit eine notwendige Voraussetzung ist, um Rechte überhaupt in Anspruch nehmen zu können. Während die individuelle Freiheit als negatives Recht gegen staatliche Übergriffe das eigentliche Primat des Rechtsstaats darstellt und normativ nahezu unbegrenzt eingeräumt wird, endet die rechtsstaatlich geschützte Freiheit auf der Ebene der tätigen Freiheit immer an den Rändern eines sozialverträglichen und gerechten Maßes. Freiheit nicht als persönlicher Freiraum, sondern als *aktive Teilnahme* „existiert im Rechtsstaat nur im staatlicherseits durch Gesetze vorgegebenen Rahmen“ (Correll 1998, 30).

Normativ gesehen ist mit dieser Auffassung von politischer Freiheit und ihrem Schutz die Rechtsbindung aller politischen Gewalten in Zusammenhang mit der Grundrechts- und Freiheitssicherung eine wesentliche Voraussetzung auch demokratischer (Geschlechter-) Verhältnisse: Der demokratische Rechtsstaat sichert die Grundrechte und schafft eine wichtige Voraussetzung für politische Partizipation, bindet die Gesetzgebung an die Grundrechte und begrenzt damit einen unter Umständen machtpolitischen Mehrheitswillen. Darüber hinaus normieren Grundrechte die sozialen und politischen Beziehungen der BürgerInnen und gelten damit als eine wesentliche Voraussetzung für einen gleichen, zumindest gerechten sozialen Status. Allerdings varriert die Wirksamkeit des Rechtsstaats mit einem bestimmten verfassungsrechtlichen und demokratischen Verständnis. Der gegenwärtige Geltungsanspruch demokratischer Rechtsstaatlichkeit ergibt sich dabei insbesondere aus einer vernünftigen und nicht konsensualen[59] Begründung der Verfassungsinhalte. Sie stehen dem politischen Prozeß deshalb nicht zur Disposition, weil sie auf einem naturrechtlichen Begriff vom Individuum beruhen. Dem zufolge sind Freiheits- und Gleichheitsrechte natürliche Rechte des Menschen und sind als solche weder verhandelbar noch begrenzbar. Stattdessen obliegen der Schutz und die Definitionsmacht dessen, was unter Freiheit und Gleichheit verstanden wird, den rechtsstaatlichen Institutionen und Akteure, insbesondere aber dem Bundesverfassungsgericht.

Auf diese im Begriff und Gewordenheit materieller Rechtsstaatlichkeit angelegte Dialektik von individueller Freiheitssicherung und staatlicher Herrschaft nimmt die aktuelle Debatte derzeit wieder verstärkt Bezug. Das

---

59 Diese Forderung erhebt vor allem Ulrich Matz. Aus seiner Sicht stehe die Theorie des demokratischen Verfassungsstaats deshalb über dem Abgrund, weil sich eine politische Ordnung heute nur noch über den demokratischen Verfassungsstaat legitimieren könne (vgl. Matz 1975, 129).

Vermittlungsproblem verfassungsrechtlicher Norm- und Wertvorgaben auf der real-politischen Ebene verbindet sich dabei konsequent mit der Frage, inwieweit die Verfassung Demokratie ermöglichende oder verhindernde Faktoren formuliert (vgl. Dworkin 1994b, 171ff.). Dominiert also sehr wohl die Erkenntnis, daß die Politik „in den rechtsstaatlich und demokratisch verfaßten Gesellschaften des Westens Orientierung und Selbstbewußtsein" (Habermas 1992, 13) verloren haben, wird die These von Habermas, wonach der „Rechtsstaat ohne radikale Demokratie nicht zu haben ist" (ebd.) nicht unbedingt von allen an dem Diskurs Beteiligten geteilt. Vielmehr steht die Verfassung als rechtliche Ordnung des Politischen (vgl. Preuß 1994, 9) oder als „rechtliche Ordnung und Organisation staatlich-politischer Macht" (Böckenförde 1994, 72) ebenso im Zentrum wie die Frage, ob die Grundrechte so ausgestaltet werden sollen, daß sie Partizipation und Demokratie ermöglichen (vgl. Preuß 1994) oder deren Funktion primär im Sinne von Böckenförde (1994) zu verstehen, der mit den Grundrechten insbesondere die individuelle Freiheit der BürgerInnen vor staatlichen Übergriffen gewährleistet wissen will. Eine Mittlerfunktion dazu nimmt Jürgen Habermas ein, der zwar auch in der Sicherung privater und öffentlicher Autonomie den zentralen Legitimationsgrund des Rechts sieht, allerdings für eine Verstärkung staatsbürgerlicher Autonomie eintritt (Habermas 1994, 91). Eine Versöhnung zwischen Verfassung und demokratischer Politik dagegen sieht Ronald Dworkin (1994, 181ff.) verbunden mit einer Abkehr von einem Demokratiebegriff, der sich über das Mehrheitsprinzip definiert. Und Denninger (1994, 95 ff.) wiederum fordert eine konkrete Bestimmung der Menschenwürde, die sich nicht mehr in der Normen-Trias von Freiheit, Gleichheit, Brüderlichkeit positiviert, sondern die Elemente der Sicherheit, Vielfalt und Solidarität berücksichtigt.

Doch weder im Begriff noch in der historischen Gewordenheit des deutschen demokratischen und sozialen Rechtsstaats scheint diese Möglichkeit einer menschenrechtlichen Demokratie bislang auf. Mit dem Schwerpunkt auf einer primär vernunftrechtlichen und weniger konsensual-demokratischen Auslegung der Grund- und Freiheitsrechte konnte die Synthese zwischen Recht und Demokratie bislang nicht zur Entfaltung gebracht werden. Soll das Recht den politischen Souverän im demokratischen Rechtsstaat nicht nur begrenzen und damit verschlingen, muß sich einerseits das Recht für die gesellschaftliche Differenz öffnen. Andererseits ist ein Demokratieverständnis gefordert, das nicht nur auf die repräsentative und parlamentarische Struktur gründet, sich auch nicht nur auf die Gewährung gleicher staatsbürgerlicher Rechte oder dem Gesetz als allgemeingültige

Norm bezieht, sondern darüber hinaus das Problem gesellschaftlicher Ungleichheit und politischer Differenz in das Recht zu integrieren vermag. Zwar hat die Entwicklung des Rechtsstaats auf den Zusammenhang zwischen dem Universalitätsanspruch staatsbürgerlicher Rechten und den unterschiedlichen gesellschaftlichen Verhältnissen historisch auch mit dem sozialen Rechtsstaat reagiert. Allerdings – und das ist eine grundsätzliche Kritik dieser Forschungsarbeit – stellt die aktuelle rechts- und politikwissenschaftliche Debatte die Frage, inwieweit BürgerInnen, also Frauen *und* Männer, individuelle und politische Freiräume in Form des Rechts überhaupt in Anspruch nehmen können, lediglich in Zusammenhang mit den sozialen Ungleichheiten und läßt – wie im vorangegangenen Kapitel skizziert – die Diskussion am Sozialstaat und seiner Bedeutung für die rechtsstaatliche Staatszielbestimmung stagnieren.

Mit einem Blick sowohl auf die freiheitsermöglichenden als auch herrschaftsausübenden Strukturmomente des deutschen Rechtsstaats läßt sich deshalb für die weitere Untersuchung folgendes konstatieren: Auf der einen Seite wird der moderne Freiheitsbegriff mit der Staatsbürgergesellschaft politisch bestätigt. Er gründet im Beharren auf einer Autonomie des Individuums, die zu ihrer Sicherung Gewaltentrennung, politische Mitwirkungsmöglichkeiten und die Anerkennung gleicher Menschenrechten verlangt. Mit dem deutschen Rechtsstaat ist eine politische Form konstituiert, die diesen Anforderungen prima facie entspricht. Während aber Freiheit und Nation im Begriff und in der historischen Gewordenheit deutscher Rechtsstaatlichkeit eine stabile Verbindung eingegangen sind, bleibt Gleichheit bislang auf Gleichberechtigung reduziert und taucht differenziert allenfalls in Forderungen wie gleiches Wahlrecht, Chancengleichheit usw. auf. In ihrem Geltungsbereich dem sozialen und demokratischen Kontext entzogen (vgl. Köppe 1997)[60], begründen staatsbürgerliche Rechte zwar einen individuellen Rechtsstatus und ermöglichen damit politisches Handeln, stehen aber auch – wenngleich nicht in Widerspruch – so doch in einem latenten Spannungsverhältnis zur gesellschaftlichen und politischen Ungleichheit und Verschiedenheit.

Dies gilt insbesondere für die Geschlechterdifferenz als ein fundamentales System gesellschaftlicher Ungleichheit, das weder von der gesellschaftspoli-

60 Aus der Sicht von Köppe (1997) wird damit die „empirische Problematik" posttraditionaler Gesellschaften ausgeblendet:"eben daß der normative Geltungsanspruch, dem diese Gewißheiten inne wohnen, wie diese Gewißheiten selbst, ihren apriorischen Anspruch des Unbedingten *verloren haben* und *begründungspflichtig* geworden sind" (ebd., 50 – Hervorhebung im Original).

tischen Praxis noch von der theoretischen Debatte bislang ausreichend reflektiert wurde. Mit diesem verengten Blick aber, so die weiterführende These der Arbeit, bleibt nicht nur der Zusammenhang zwischen individueller Freiheitssicherung und politischer Partizipation von Frauen ausgeblendet, sondern auch die strukturelle männliche Dominanz des Rechtsstaats ebenso wie geschlechtliche Asymmetrien im System der Staatsbürgerschaft ausgespart. Für die weitere Untersuchung, in der es vornehmlich um die Klärung der Frage geht, welche Relevanz die demokratische und soziale Rechtsstaatlichkeit für die Konstituierung und Bewältigung ungleicher Geschlechterverhältnisse hat, soll deshalb mit dem folgenden Kapitel der wissenschaftliche Fokus auf den Rechtsstaat um die Dimension des Geschlechts erweitert werden. Dieser Schritt ist voraussetzend im Hinblick auf die These, der zufolge die Dialektik von Freiheit und Herrschaft unter geschlechtlicher Perspektive eine andere Dynamik entfaltet.

Teil II: Rechtsstaat und Geschlecht

> „Recht ist ein prägnanter Ausdruck sozialer Wirklichkeit; die Rechtspraxis unterliegt zwar kulturellen Verspätungen, enthält Vergröberungen, aber sie ist doch Gradmesser für das Machtverhältnis, ja, Gewaltverhältnis der Geschlechter“
>
> (Ute Gerhard 1990, 35)

Es ist weniger der Rechtsstaat selbst, als die mit dem Begriff der Staatsbürgerschaft assoziierte Vorstellung gleicher und freier BürgerInnen, die dem politischen Denken schon immer vorauseilte. Zu ihrem Credo gehört neben der Wahrung einer nationalen, staatlichen Einheit insbesondere das Recht auf individuelle Selbstbestimmung und politische Teilhabe. Doch so zugkräftig sie als Ideologie auch erscheinen mag, so mühsam hinkt sie auf dem Boden politischer Tatsachen den gesellschaftlichen Ungleichheiten hinterher. Der Ikone staatsbürgerlicher Gleichheit aber scheint der vergebliche Wettlauf keinen Abbruch zu tun. Mögen die allerorts schreienden Ungerechtigkeiten auch noch so beharrlich und zeitüberdauernd ihr „Bin schon da“ verkünden und damit den Wunschtraum zum Alptraum werden lassen: Allen Unkenrufen zum Trotz, die bisweilen aus dem politisch-kritischen Lager der Theoriedebatte dringen, behauptet sich der Staatsbürgerstatus bis heute als ein System formaler Rechtsgleichheit, dessen Anspruch es ist „alle, die diesen Status innehaben (...) hinsichtlich der Rechte und Pflichten, die mit diesem Status verknüpft sind, gleich(zustellen)“ (Marshall 1992, 53).

In diese gängige Rede von der universellen Staatsbürgerschaft ist seit dem 20. Jahrhundert auch die demokratische Gleichheit mit einbezogen. Mit der Anbindung des Bürgers an den Staat gilt sie als realisiert und führt die Politikrelevanz individueller, sozialer und geschlechtlicher Verschiedenheit insofern ad absurdum, als alle Bürger auf der Basis gleicher Beteiligung am politisch-öffentlichen Willensbildungsprozeß partizipieren.[61]

---

61 „Der Gedanke der demokratischen Gleichheit wird fast allgemein auf den Status des politischen Staatsbürgers eingeschränkt, dessen ‚Chancengleichheit‘ zur Beeinflußung

Verläßt man jedoch den ideologischen Bedeutungshorizont eines nationalstaatlichen Verständnisses von Staatsbürgerschaft[62], dann ist bald zu erkennen, daß es sich hierbei um einen eher praxisfernen Begriff handelt, der zwar über das Beziehungsverhältnis zwischen Staat und BürgerInnen einen Rechtsstatus beschreibt, dieser jedoch allenfalls individuelle Freiheit und Gleichheit *ermöglicht*, nicht jedoch auch realisiert. Marshall (1992, 8) fand für diesen im Grunde visionären Status eine angemessene Umschreibung, indem er den Staatsbürgerstatus als *„Dimension“* des gesellschaftlichen Lebens bezeichnete, in der sich lediglich die Vorstellungen über die Gestalt des demokratischen Lebens formen. Weil Grundrechte lediglich Befugnisse (ebd., 66) in Form rechtlich garantierter Freiheiten (Grimm 1994, 69)[63] beinhalten, räumen staatsbürgerliche Rechte damit den Mitgliedern einer Gemeinschaft Freiräume ein, jenseits der Frage, inwieweit das Recht auf der realpolitischen-demokratischen Ebene von den BürgerInnen in Anspruch genommen werden kann. Hinsichtlich der Frage nach der gesellschaftspolitischen Wirksamkeit ist es daher eine der grundlegenden Einsichten, daß staatsbürgerlich gewährte Rechte den Status des Erwerbsbürgers und des politischen Bürgers historisch zwar begründet haben, die Menschen jedoch gleich machen in dem was sie leben könnten, nicht in dem was sie sind.

Ist für die Staatsbürgerschaft, – allgemeiner gefaßt als „eine generelle Grundbeziehung des politischen und sozialen Lebens“ (Appelt 1999, 43) –, der dort eingelassene Zusammenhang zwischen Rechtsstaat und politischer Gleichheit eine relativ neue Errungenschaft, gilt das um so mehr für die Beziehung zwischen Rechtsstaat und Geschlecht. Die Radikalisierung des Gleichheitsgedankens, wie er insbesondere mit der Französischen Revolution erfolgte, berücksichtigte das Geschlecht der BürgerInnen nicht. Erst viel

---

der Gestaltung des öffentlichen Lebens freilich realiter eher eine notwendige Fiktion ist.“ (Fetscher 1985, 37)

62 Im Vergleich dazu hat der Begriff ‚Bürgerschaft‘ eine weitere Bedeutung. Definiert die Staatsangehörigkeit „Rechte und Pflichten der Individuen als Unterworfene der Staatsgewalt“ (Preuß/Everson 1996, 545), thematisiert der Bürgerstatus „das Individuum in seiner Eigenschaft als Träger und Gestalter staatlicher Herrschaft“ (ebd.) oder wie Appelt differenziert: „Der Terminus Bürger verweist auf einen allgemeinen politischen Anspruch, während Staatsbürger Ansprüche im Rahmen territorial und personal abgegrenzter Gemeinschaften meint“ (Appelt 1995, 544).

63 Zum einen sind Grundrechte Resultate bürgerlicher Revolutionen des 18. Jahrhunderts und stellen für Dieter Grimm als notwendige Bestandteile des Verfassungsstaates „eine historische Form der Freiheitssicherung dar (Grimm 1994, 67). Sie sind historisch Ausdruck bürgerlicher Interessen, die unabhängig von staatlich-politischer Lenkung auf eine freie Entfaltung in den Sozialbereichen des Wirtschaftens, der Wissenschaft und der Religion drängten.

später wurden auch Frauen in den Staatsverband inkludiert und ihnen politische Rechte zugestanden, was die Partizipationschancen von Frauen aber kaum veränderte. Stattdessen zeugen die Beschneidungen der Rechte von Frauen auf Selbstbestimmung insbesondere auch im wirtschaftlichen Bereich, flankiert von Ausgrenzungen gegenüber Frauen aus politischen Institutionen und Entscheidungsprozessen, von der Staatsbürgerschaft als männlicher Gleichheitsidee (Appelt 1995, 539)[64]. Aber auch im rechtsstaatlichen Diskurs blieb das Geschlecht und die Geschlechterdifferenz als relevante Strukturmerkmale bislang ausgespart. Staatliche Institutionen gelten grundsätzlich als geschlechtslos – und wenn das Geschlecht vorkommt, dann allenfalls dem Privaten zugehörig.

Mit dem Verweis auf das Geschlecht als politische Strukturkategorie reagierte die feministische Theorie in den letzten Jahren auf die Leugnung des Geschlechts in der politischen Theorie und Praxis. Im Gegensatz zum Phänomen der Entgeschlechtlichung (vgl. Kreisky 1992, 1994a, 1995a, 1996) erkannten feministische Wissenschaftlerinnen das Private als ein relevantes Strukturmerkmal und enthüllten das Geschlecht und die Geschlechterdifferenz als blinde Flecken (vgl. Appelt 1999, 24) des politikwissenschaftlichen Mainstreams. Mit der behaupteten Geschlechtsneutralität – so bislang die feministische Erkenntnis – werden Männlichkeit und Weiblichkeit nicht nur als relevante Merkmale negiert, sondern die geschlechtsneutrale Theoriebildung reproduziert die Eingeschlechtlichkeit ihrer Analyse- kategorien im Sinne von Männlichkeit. Indem ihre zentralen Paradigmen nahezu ausschließlich „eine männlich gestaltete und männliche beherrschte Welt“ reflektieren, „erfüllten und erfüllen (sie) immer noch eine beachtliche Funktion zur Erhaltung des männlich-herrschaftlichen Status quo“ (Kreisky 1994a, 14f.).

Ausgehend von den zentralen Fragestellungen, „wie das Geschlechterverhältnis eingebunden ist in soziale Prozesse materieller, generativer und symbolisch-kultureller Reproduktion“ (Knapp 1994, 262) und inwieweit politische Institutionen und Akteure Prozesse geschlechtlicher Segregation und Stratifikation unterstützen, bemüht sich die feministische Forschung um die Rekonstruktion der Herausbildung des neuzeitlichen Geschlechterver-

64 Einen guten Überblick zum derzeitigen Stand der feministischen Debatte geben insbesondere Lister (1997), die den Staatsbürgerstatus von Frauen im Kontext der Privatheit-Öffentlichkeit-Dichotomie reflektiert und Voet (1998), die sich ausführlich mit den Subthemen der Citizenship-Problematik auseinandersetzt. Aus ihrer Sicht zählen dazu neben Freiheit und gleichen Rechten auch die soziale Gleichheit, Politische Identität, Politische Repräsentation und Politische Gerechtigkeit.

hältnisses als staatliches und gesellschaftliches Herrschaftsverhältnis. Die mit der vorliegenden Untersuchung verbundene Absicht, „die besonderen Einschlußmuster von Männlichkeit und Weiblichkeit“ (Kreisky 1996, 587) in rechtsstaatlichen Institutionen und Prozessen offenzulegen, erfordert in einem ersten Schritt, das Geschlecht als ein weiteres, wesentliches Strukturmerkmal für eine Analyse des Rechtsstaats zu begründen. Gemäß den Anforderungen, die sich mit der Frage ergeben, inwieweit und in welcher Form der soziale und demokratische Rechtsstaat auf ungleiche Geschlechterverhältnisse Einfluß nimmt, müssen sich mit dem Geschlecht als politische Strukturkategorie gegenwärtige Geschlechterverhältnisse beschreiben lassen, ebenso wie sie deren Probleme kenntlich zu machen hat. Zu diesem Zweck wird im folgenden Kapitel das Geschlecht als relevante politische Strukturkategorie eingeführt und in einem zweiten Schritt unter Rückgriff auf seine Bedeutungsgeschichte für eine verfassungstheoretische Verwendung konturiert. Denn die Frage nach dem Geschlecht des Staates beinhaltet zwangsläufig auch immer die Frage nach der Stellung von Frauen zum Staat. Diese Frage zielt schließlich darauf ab, gerade die Beschränkung der Freiheit und Gleichheit von Frauen zu bestimmen, wie sie sich durch deren Eintritt in den Staat als Bürgerinnen im Zuge rechtsstaatlicher Vergesellschaftslogik ergibt.

Mit dem historischen Rekurs auf den Gesellschaftsvertrag als neuzeitliche Freiheits- und Gleichheitsvorstellung sollen insgesamt zwei epistemologische Denkmodelle feministisch-politikwissenschaftlicher Theorie vorgestellt werden: Erstens das Geschlechterverhältnis und die in ihm eingelassene Differenz als politische Organisations- und Herrschaftsform kenntlich zu machen und zweitens, die damit behauptete Dichotomie zwischen dem gesellschaftlichen Geschlechterverhältnis als eine Sphäre familialer Privatheit und der staatlich-öffentlichen Sphäre politischer Bürgergesellschaft aufzuzeigen. Auf der Grundlage dieser Paradigmen schließlich soll die Hypothese verifiziert werden, daß die Bestimmung des Rechtsstaats als positivregulierende Einflußgröße für demokratische Geschlechterverhältnisse die Einbeziehung der sozialen Institutionen der Ehe und Familie verlangt.

4. Geschlecht als politische Strukturkategorie

„Zum ‚Problem' wird feministisches Denken und Arbeiten, wenn es das Korsett politikwissenschaftlichen Ordnungsdenkens sprengen könnte, weil es durch methodischen und kategorialen ‚Ungehorsam' das politikwissenschaftliche Fundament zu ‚unterminieren' droht."

(Eva Kreisky 1994a, 21)

Zum Begriff des Geschlechts

Der anglo-amerikanische Sprachgebrauch benennt mit den Begriffen *sex* und *gender* die Geschlechterdifferenz in ihrer doppelten Bedeutung. Bezeichnet *sex* eine biologisch vorgegebene Naturkategorie, die auf der unterschiedlichen Körperlichkeit der Menschen basiert, benennt *gender*[65] die kulturelle und institutionalisierte Form, mit der biologische Geschlechterunterschiede innerhalb einer Gesellschaft und in einer bestimmten historischen Phase soziale Bedeutung verliehen wird (vgl. Bublitz 1993). Im deutschen Begriff „Geschlecht" dagegen verliert die Unterscheidung zwischen dem natürlichen Geschlechtsmerkmal und der „soziologischen Kennzeichnung eines polarisierten Gattungsverhältnisses" (Becker-Schmidt/Knapp 1989, 10) an Trennschärfe. Lediglich im Schatten von Geschlecht als biologisches Unterscheidungsmerkmal koexistiert das Geschlecht in seiner Bedeutung als gesellschaftliches, politisch vermitteltes Konstrukt.

Die homonyme Begriffsverwendung, allenfalls umständlich unterschieden in biologisches und soziales Geschlecht (vgl. Gildemeister/Wetterer 1992, 205), widersetzt sich nicht nur einer politiktheoretisch gebotenen Differenzierung, sondern lädt darüber hinaus auch zu Mißverständnissen ein. Etwa zu dem, daß sich mit der Geschlechterdifferenz, wenngleich erkannt als eine

65 Zu den ersten Veröffentlichungen zählen der Aufsatz „The Traffic in Women" von Gayle Rubin (1975) sowie die von Suzanne J. Kessler und Wendy McKenna (1978) herausgegebene Gender-Studie.

politische und soziale Strukturkategorie, allenfalls Beziehungen zwischen Männern und Frauen beschreiben lassen und sich demzufolge ihr analytischer Wert mit dem relationalen Bedeutungsgehalt erschöpft. Diese begriffliche Engführung aber erfaßt den Stellenwert von Geschlecht, den die feministische Forschung dieser Kategorie im Sinne von *gender* beimißt, nicht ausreichend. Linda Nicholson (1994, 188f.) etwa identifiziert hier mindestens zwei relevante Konnotationen: Einmal umfaßt die *gender*-Kategorie alle gesellschaftlichen Konstruktionen des Frau-Mann-Unterschiedes. In dieser Bedeutung hat Joan Scott bereits Ende der 1980er Jahre *gender* als „gesellschaftliche Strukturierung des Geschlechterunterschiedes" (Scott 1988, 2) definiert. Zum anderen sieht Nicholson in einer Vielzahl feministischer Theorieansätze den *gender*-Begriff als Bezeichnung für die kulturellen Interpretationen und Deutungen des körperlichen Geschlechtsunterschiedes verwendet (Nicholson 1994, 189f.). Für Nicholson besteht der Unterschied vor allem darin, daß im ersten Fall *sex* ein Bestandteil von *gender* im Sinne kultureller Vermitteltheit ist, während in der zweiten Auffassung *gender* sich auf bestimmte Verhaltens- und Persönlichkeitsmuster bezieht, wobei der Körper eine relativ konstante Grundlage menschlicher Identität darstellt, die wiederum jeweils spezifischen Sozialisationsprozessen und Machtstrukturen unterworfen ist. Mit dieser Annahme vom Körper als gewissermaßen „stummer Diener" aber, so Nicholson kritisch, werden „die ‚naturgegebenen' körperlichen Unterschiede als historisch und kulturell relativ unverändert wahrgenommen" (ebd.).

Aus ähnlichem Grund bewerten Regina Gildemeister und Angelika Wetterer (1992, 205) die Verwendung der Begriffe *sex* und *gender* als „Aporien einer Scheinlösung", die für sie letztendlich in einem bloß „verlagerten Biologismus" mündet, wenn an der Annahme festgehalten wird, „ein Teil der vorfindlichen Geschlechtsunterschiede wäre nach wie vor der Natur zuzuordnen" (ebd., 206). Mit dieser Kritik stehen sie in der Tradition etwa von Joan Scott und Alison Jaggar (1983, 109ff.), die bereits zehn Jahre zuvor monierte, daß die Trennung zwischen *sex* und *gender* nicht zur Kenntnis nehme, inwieweit der biologische Körper selbst schon das Ergebnis sozialer Normierung sei. Doch besteht für Gildemeister und Wetterer das Problem nicht nur darin, daß die biologische Verschiedenheit von der Frage nach der kulturellen und sozialen Produktion der Zweigeschlechtlichkeit ausgeschlossen bleibt, sondern darüber hinaus in ihrer scheinbar natürlichen Gegebenheit als binäre Bezugsgröße für die kulturell-gesellschaftliche Geschlechterdifferenz figuriert. Damit stellt sich aus ihrer Sicht „die Frage nach kulturspezifisch unterschiedlichen Formen geschlechtsspezifischer Sozialisation oder geschlechtsspezifischer Arbeitsteilung (...) in der Regel eben stillschweigend als Frage nach binär strukturierten Differenzierungs- und Segregationsprozessen" (Gildemeister/Wetterer 1992, 208).

Vor allem die amerikanische Feministin Judith Butler (1991) hat sich mit diesem „latenten Biologismus" (Gildemeister/Wetterer 1992, 207) auseinandergesetzt, wie er in die *sex/gender*-Trennung eingelassen ist. Als eine der ersten Wissenschaftlerinnen hat sie versucht, die kausale Determinanz des biologischen Geschlechts in seiner Bedeutung für das soziale Geschlecht zu relativieren, indem sie eine „grundlegende Diskontinuität zwischen den sexuell bestimmten Körpern (*sex*) und den kulturell bedingten Geschlechtsidentitäten (*gender*)" (Butler 1991, 23) annimmt und *sex* damit faktisch im *gender*-Begriff aufgehen läßt. Butler stellt mit ihrem mitunter provaktiven Ansatz nicht nur die zweigeschlechtlich gedachte „Natur des Menschen" in Frage, indem sie diese eben auch als *gender* und damit als kulturell, historisch und gesellschaftlich vermittelt begreift, sondern sie hebt auch die selbstverständliche Parallelisierung von *sex* und *gender* auf.

Auch wenn sich die daraus ergebende These, „daß es keine notwendige, naturhaft vorgeschriebene Zweigeschlechtlichkeit gibt, sondern nur verschiedene kulturelle Konstruktionen von Geschlecht" (Hagemann-White 1989, 230) in der feministischen Wissenschaft nur partiell durchsetzen konnte[66], hat die konsequent zu Ende gedachte Logik der *sex/gender*-Differenzierung zumindest zu der Erkenntnis geführt, daß die Beziehungen zwischen biologischen und kulturellen Prozessen komplexer und vielschichtiger betrachtet werden müssen, als zunächst angenommen. In diesem Verständnis sind deshalb nach Gildemeister und Wetter (1992, 213) für eine differenzierte Verwendung des Genderbegriffs drei Bedingungen zu berücksichtigen: (1) Die analytische Trennung von *sex* und *gender* ist beizubehalten, um deutlich zu machen, daß die soziale Konstruktion der Geschlechterdifferenz nicht unmittelbar vom biologischen Geschlecht abgeleitet werden kann. (2) Die Beziehung zwischen beiden Kategorien ist zu reflektieren, denn sie erst ermöglicht die Klärung, welche Rolle das biologische Geschlecht bei der gesellschaftspolitischen Konstitution des Geschlechterstatus spielt. (3) Geschlechtskonstitutive Analysen sind interaktiv und kontextabhängig einzubinden, um damit zu verhindern, daß das Geschlecht als individuelle Eigenschaftskategorie mißgedeutet werden kann.

---

66 Auf die vor allem Anfang der 1990er Jahre geführte Debatte, ob *sex* als eine natürliche Kategorie überhaupt existiert, oder nicht vielmehr das Resultat einer dimorphisierenden Bedeutungszuweisung ist (vgl. etwa Knapp 1994) bzw. *sex* seinen Ursprung in *gender* hat, wie Judith Butler (1991) argumentiert, kann an dieser Stelle nur verwiesen werden.

Insgesamt betrachtet besteht das Verdienst dieses epistemologischen Diskurses zweifellos darin, das binäre System der Zweigeschlechtlichkeit zumindest gedanklich aufzubrechen und das Gender–Konzept als „Webstück" (Nicholson 1994, 216) zu begreifen, indem der Körper ebenso als Variable und Ergebnis historischer, kultureller und sozialer Konstruktion betrachtet wird, wie auch die mit der körperlichen Verschiedenheit assoziierten Verhaltensweisen und Persönlichkeitsstrukturen. Geradezu prototypisch für eine weitere Verwendung des Geschlechterbegriffs ist deshalb Andrea Maihofers Definition:

„'Geschlecht' im heutigen Sinne ist eine historisch bestimmte gesellschaftlich-kulturelle Existenzweise. Es ist das Ergebnis eines langwierigen gesellschaftlichen Prozesses, und zwar sowohl, was den scheinbar natürlichen Geschlechtskörper als auch was die Geschlechtsrollen, -normen und -identitäten anbetrifft." (Maihofer 1994, 357)

Eine dezidiert politikwissenschaftliche Arbeit mit dem Geschlecht erfordert nunmehr, diese begrifflichen Überlegungen einerseits zu reflektieren, andererseits sie entsprechend dem zu untersuchenden Gegenstand näher zu bestimmen.

Geschlecht als Herrschaftsform

Feministisch-politikwissenschaftliche Forschungsansätze beschreiben die Strukturkategorie ‚Geschlecht' (vgl. Beer 1989, 1991) als eine Organisationsform, in der geschlechtliche Vergesellschaftung erfolgt. Geschlecht in diesem Verständnis hat Verweisungscharakter, indem sich der geschlechtliche Status mit den Lebensmöglichkeiten und Lebensentwürfe verknüpft (vgl. Bublitz 1993, 67). Mit dieser Kategorie richtet sich das Augenmerk auf die gesellschaftliche Position der Frau im Verhältnis zu der des Mannes und zielt auf die Erklärung einer bestimmten Form gesellschaftlicher Ungleichheit und Verschiedenheit, nämlich auf die unterschiedliche gesellschaftliche und biologische Konstruktion menschlichen Seins in weibliche und männliche Kategorien. Allerdings gilt in der feministischen Wissenschaft das Geschlecht nicht nur als ein soziales und politisches Differenzierungskriterium, sondern auch als eine analytische Kategorie zur Erklärung von Diskriminierung (Knapp 1989, 303). Ausgehend von der Annahme, daß Frauen und Männer aufgrund ihrer natürliche Verschiedenheit auch unterschiedliche Wertigkeiten in der Gesellschaft zugeschrieben werden, bezeichnen Geschlecht und Geschlechterverhältnisse spezifische Herrschaftssysteme, die über eine Vielzahl von Mechanismen verfügen, Macht durchzusetzen. So ist für Cornelia Klinger etwa auf der biologischen „'Tatsache' der Geschlechterdifferenz über die längste Zeit der Geschichte und in den meisten Kulturen der Erde ein Herrschaftsverhältnis begründet worden" (Klinger 1990, 118). Geschlechterherrschaft zeigt sich aus ihrer Sicht als eine fundamentale, vielleicht älteste Herrschaftsform, die im Gegensatz zu anderen Herrschaftsverhältnissen tief in die Normalität gesellschaftlichen Lebens eingelassen scheint. Mit dieser Fokussierung gewinnen für die feministische Forschung nicht nur die Lebenssituationen unterdrückter und benachteiligter Frauen an Bedeutung, sondern das Geschlechterverhältnis als Unterdrückungsverhältnis rückt in das Zentrum der Betrachtung (vgl. Davis 1975, 90).

Im Kontext dieser Frage zielt die feministische Staats- und Demokratieforschung auf die theoretische Konzeptualisierung des Herrschaftscharakters, wie er mit einem bestimmten Verhältnis zwischen Staat, Geschlecht und demokratischer Gesellschaft zum Ausdruck kommt. Sind dabei die demokratischen Verhältnisse offenkundig geschlechtlich strukturiert, gilt auch der Staat – entgegen seinem offiziellen Tenor – aus feministischer Sicht weder als neutral noch als „geschlechtsneutral" (Sauer/Kulawik 1996, 11), sondern wird als Herrschaftsinstanz für die soziale und politische Organisation des Geschlechterverhält- nisses (vgl. Scott 1991, 13) vorgestellt. Doch ist der Blick dabei nicht funktionalistisch auf den Staat als rationale Verwaltungsinstanz oder den neutralen Steuerungsstaat gerichtet. Vielmehr werden Macht- und Herrschaftsverhältnisse in Netzwerken aufgespürt und der Staat als ein „geschlechtlich konturiertes soziales Verhältnis" (Seemann 1996, 120) begriffen, dessen vielfältige, widersprüchliche Verflechtungen es theoretisch zu erfassen gilt. Unter diesem Aspekt stellt sich die Frage nach dem Geschlecht des Staates für Birgit Sauer und Teresa Kulawik folgendermaßen:

„Wie ist die Idee des Staates, nämlich die legitime Herrschaft über Menschen, wie seine Funktion, nämlich Entscheidungen über den Alltag, und schließlich wie sein Apparat, der ‚politische Anstaltsbetrieb' (Weber 1980, 79), geschlechtsspezifisch geprägt?" (Sauer/Kulawik 1996, 9f.)

Der Blick auf staatliche Funktionen umfaßt dabei insgesamt zwei Perspektiven: Zum einen sind staatliche Institutionen und ihr Handeln daraufhin zu durchleuchten, inwiefern sie sowohl zur Konstituierung als auch zur Strukturierung von Geschlechterverhältnissen beitragen; zum anderen geht es, worauf insbesondere die österreichische Politikwissenschaftlerin Eva Kreisky hingewiesen hat, „um das analytische Ausloten der Bedeutung des Geschlechterverhältnisses für die gesellschaftliche und politische Funktionsfähigkeit, also um den Nachweis des für Politik- und Gesellschaftsanalysen unverzichtbaren theoretischen Potentials der Geschlechterkategorie" (1994a, 17). Sauers Definition von ‚Geschlecht' als ein Organisationsmuster innerhalb staatlicher Verwaltung und ein durch Institutionen reproduziertes Verhältnis (Sauer 1997, 43) wird beiden Ansprüchen gerecht. Das Geschlecht in diesem Verständnis sichtbar zu machen, heißt für sie in einem weiteren Schritt,

„die Produktionsweisen von hierarchisierter Zweigeschlechtlichkeit durch Ausschluß, Marginalisierung und Unterbewertung von Frauen, durch institutionell unterworfene Weiblichkeit (beispielsweise durch Arbeitsteilung), durch Privilegierung von Männern und durch systematische Männlichkeit, explizieren" (ebd., 33)

Mit dieser Zielsetzung geht es der feministischen Staatsdebatte vor allem darum, demokratische Handlungsräume für Frauen zu entgrenzen und auszuloten, in welchen Bezügen der Staat als Ermöglicher oder Verhinderer von Demokratie auftritt (ebd., 35).

Allerdings herrscht in der feministischen Forschung Konsens darüber, daß die institutionell vermittelte Konstitution geschlechtlicher Subjekte nicht mit den herkömmlichen ideologischen, psychosozialen und ökonomischen Begriffen zu fassen ist (Jonasdottir 1988, 157). Deshalb spielen politiktheoretische Revisionen klassischer Begriffe und Theorieansätze in diesem Zusammenhang inzwischen eine sehr viel größere Rolle als etwa in den feministischen Untersuchungen noch vor zehn Jahren. Ansätze der Politikwissenschaft werden unter diesem Aspekt gegenwärtig verstärkt auf ihre Begrifflichkeiten und Konzepte hin befragt, verbunden mit dem Ziel, politikwissenschaftliche Begriffe als vergeschlechtlichte Kategorien kenntlich zu machen. Freilich varriert unter diesen Voraussetzungen auch der Politikbegriff: so begreifen etwa Kreisky und Sauer (1998a, 7ff.):

„(...) Politik als die Regelung von gesellschaftlichen *Beziehungen*, d.h. von Identitäten und Interessen, von Beziehungen zwischen Männer und Frauen, zwischen Frauen wie auch zwischen Männern, also auch von Intimität und Sexualität. Wir gehen zudem davon aus, daß man Politikwissenschaft nur glaubwürdig betreiben kann, wenn Politik als Ausdruck und Gestaltungsprinzip gesellschaftlicher *Verhältnisse* begriffen wird. (...) Politik greift ordnend in diese Verhältnisse ein und konstituiert Geschlechterverhältnisse, sie ist selbst Teil von Geschlechterarrangements, ist also geschlechtlich konstituiert. Politikwissenschaftliche Geschlechterforschung entschlüsselt diesen quasi selbst*verständlichen* und mithin weithin un*verstandenen* Zusammenhang" (ebd., 7 – Hervorhebung im Original)

In zahlreichen Untersuchungen wurde inzwischen die Geschlechterstruktur in politischer Theorie und Praxis freigelegt und aufgezeigt, wie elementar das Geschlecht in politische Beziehungen eingelassen ist. Wenn dabei im Hinblick auf die Beziehung zwischen Staat und Geschlecht von einem Strukturverhältnis ausgegangen wird, so ist darunter keineswegs ein statisches Gebilde zu verstehen, sondern ein „komplexe(s) wechselseitige(s) Geflecht zwischen gesellschaftlichen Strukturbedingungen und handelnden Subjekten“ (Seemann 1996, 38)[67]. In eine ähnliche Richtung weisen Kulawik und Sauer (1996, 21), wenn sie dafür plädieren, den „institutionalisierten Handlungskontext“ in feministischen Staatsanalysen stärker zu berücksichtigen, um die „Prozeßhaftigkeit von staatlichen Entscheidungen, das Aushandeln von Politiken und die in diese Verhandlungsprozesse eingelagerten Machtbildungen“ (ebd.) erfassen zu können.

Geschlecht zwischen Öffentlichkeit und Privatheit

Daß sich geschlechtliche Antagonismen und Dualismen in staatlichen und demokratischen Institutionen, Projekten und Regelungen materialisieren konnten (vgl. Jessop 1998) und dennoch bis heute aus dem politischen Denken verdrängt bleiben, liegt nicht zuletzt an der behaupteten Trennung der Gesellschaft in einen öffentlichen und privaten Bereich. Als „fundamentale Paradigmen der Politikwissenschaft“ erweisen sich diese Konzepte als „dauerhafte Geschlechterfalle“ (Kreisky 1994a, 19). Denn mit diesen scheinbar dichotomen Sphären verbindet sich eine Vergesellschaftslogik, die die Produktionsweisen von Geschlechterverhältnisse und -differenzen jenseits der Öffentlichkeit unterstützt, systematisiert und ordnet.

Die Zuordnung des Weiblichen zur familialen Privatheit sowie die Ausgrenzung des Privaten bzw. Persönlichen aus dem öffentlich-politischen Raum scheint mit dem Begriff des Politischen selbst und seiner inhaltlichen Auslegung begründet zu sein. Denn bereits bei Plato und Aristoteles findet sich die Unterscheidung zwischen öffentlichen und privaten Bereichen als keinesfalls zufällige Ordnungsprinzipien, wie Jean Bethke Elshtain (1981, 6) in ihrem Klassiker *Public Man and Private Women* betont. Schon in den Anfängen politischen Denkens stand der private Haushalt und mit ihm die Frauen einer öffentlichen Welt der Politik gegenüber, die völlig andere Tugenden erforderte als die, welche für die Organisation des privaten Haushaltes benötigt wurden. Mit der gleichen Selbstverständlichkeit, mit welcher

---

67 Birgit Seemann (1996, 36ff.) setzt sich in ihrem Buch zur feministischen Staatstheorie ausführlich mit der Klärung der Frage auseinander, was in der Verwendung des Geschlechts als Strukturkategorie überhaupt unter Struktur zu verstehen ist. Sie bezieht dabei vor allem auf die Ausführungen von Alfred Bellebaum, in dessen Auffassung Struktur als „ein im einzelnen wie auch immer geartetes relativ dauerhaftes Gefüge“ bezeichnet werden kann, das bezogen auf die Gesellschaftsstruktur die „Gesamtheit des zwischenmenschlichen Geschehens“ (ebd., 37) umfaßt. Seemann konturiert diese Definition unter Berücksichtigung der Erkenntnisse von Ursula Beer (1991) mit einem handlungstheoretischen Aspekt.

Aristoteles seinerzeit Vernunft, Rationalität und Heldentum der öffentlichen Sphäre vorbehielt, ordnete er auch das Weibliche der familialen Privatheit zu (vgl. Okin 1979).

Bedeutete der private Haushalt im antiken Verständnis noch Familie und Wirtschaft, erfolgte mit der Entwicklung der bürgerlichen Gesellschaft eine Verschiebung zwischen öffentlicher und privater Sphäre, indem sich nun auch die Familie von dem Produktionsbereich trennte und damit – wie Hannah Arendt es formulierte – das Gesellschaftliche „aus dem Dunkel des Hauses in das volle Licht des öffentlich-politischen Bereichs" (Arendt 1981, 38) trat. Daß dadurch das Politische vom Gesellschaftlichen absorbiert und der öffentliche Raum der Politik „in einen Pseudo-Raum der Interaktion" (Benhabib 1991, 148) verwandelt werden könnte, „in dem die Individuen nicht mehr 'handeln', sondern sich als wirtschaftliche Produzenten, Konsumenten oder Großstadtbewohner 'bloß verhalten'" (ebd.), begründet in der Interpretation von Seyla Benhabib die Sorge Arendts um den „Verlust" des öffentlichen Raums unter den Bedingungen der Moderne.

Die theoretische Fundierung der neu akzentuierten Spaltung zwischen öffentlicher Gesellschaft und privater Familie setzte schließlich mit den Vertragstheorien ein. Im Kontext bürgerlicher Gesellschaftsentwicklung verweisen die Begriffe der Öffentlichkeit und Privatheit nun auf ein Organisationsmuster, in welchem der öffentliche Geltungsanspruch der Grund- und Freiheitsrechte von den privaten patriarchalen Formen der Herrschaft in Ehe und Familie bislang sorgfältig getrennt bleibt. Für diese Grenzziehung spielen staatlich-politische und soziale Institutionen eine zentrale Rolle (vgl. Lang 1995, 92). Symbolisiert der für diese Untersuchung relevante Rechtsstaat dabei eine staatlich-institutionalisierte Öffentlichkeit[68], gilt das Geschlecht und die Geschlechterverhältnisse als Metapher für eine Privatheit, die nicht unter die Regulierung des Rechts fallen. Nach wie vor beschäftigt sich die Politikwissenschaft mit dem öffentlichen Bereich als Kern des Politischen[69] und assoziert mit dem Geschlecht den privaten Aspekt bürgerlicher Lebensformen. In den theoretischen Debatten zum Rechtsstaat erscheint übereinstimmend nicht nur die Öffentlichkeit als Ort individueller und politischer Freiheit durch Regeln und regelgeleitete Verfahren, sondern

---

68 Zu dem Begriff der Öffentlichkeit vgl etwa Habermas, 1987; Arendt 1989 und Senett 1993.

69 So belegen Untersuchungen zu Öffentlichkeitsbegriffen in der politischen Theorie, daß die Polarisierung gegenüber dem Begriff der Privatheit grundsätzlich als eine demo- kratienotwendige Grenze gesehen wird, die dann gefährdet ist, wenn die Öffentlichkeit nach intimisierenden, personalisierenden und privatisierenden Muster verfahre (vgl. Holland-Cunz 1994, 234).

die „geregelte Öffentlichkeit“ avanciert als Voraussetzung für individuelle Freiheit im Privaten schlechthin. Die Kehrseite einer staatlich institutionalisierten Öffentlichkeit (vgl. Benn/Gaus 1983, 25), in der die Beziehungen des Gemeinwesens in Form von Gesetzen geregelt werden, ist die Privatheit als Metapher für Beziehungsformen, die nicht unter die Regulierung durch das öffentliche Recht fallen. Die sozialen Räume der demokratischen Partizipation und Interessensbildung, hier maßgeblich die Wirtschaft und Familie, spielen formal für die Gewährung gleicher Mitspracherechte keine Rolle, weil sie zu dem individuellen Freiheitsbereich zählen, über dessen Schutz sich das staatsbürgerliche Verhältnis in Form von Grund- und Menschenrechte letztendlich legitimiert. Privatheit ist demnach eine ‚negative‘ Konstitutionsbedingung des Staates, nicht aber sein Regelungsgegenstand.

Allerdings dürfen Öffentlichkeit und Privatheit nicht als soziale und festgeschriebene Räume gefaßt, sondern müssen vielmehr als Handlungsfelder und Kommunikationsstrukturen verstanden werden (vgl. Kreisky 1994a, 20; Lang 1995, 83), die als keinesfalls historisch gleichbleibende Werte dem gesellschaftlichen Wandel unterliegen. So betont Günter Frankenberg ostentativ, daß „*die* Öffentlichkeit als solche nie existiert“ (Frankenberg 1997, 38 – Hervorhebung im Original) hat. Keineswegs aber ist ihm mit dieser These daran gelegen, einer herrschaftsfreien Öffentlichkeit das Wort zu reden oder gar die Ausgrenzung bestimmter gesellschaftlicher Gruppen aus der öffentlichen Sphäre zu bezweifeln. Daß dabei die Trennung von Privatheit und Öffentlichkeit sehr wohl „die handlungsprägende und –verhindernde Gewalt geronnener Strukturen“ (ebd., 39) annehmen kann, verkennt er genausowenig wie deren Auswirkungen für demokratische Geschlechterverhältnisse.

Aus feministischer Sicht liegt das Problem dabei weniger in der Differenzierung der beiden Sphären als vielmehr in ihrer Hierarchisierung und der jeweiligen kulturellen und politischen Zuschreibungen, die es in ihrem Herrschaftscharakter zu dekonstruieren gilt (vgl. Holland-Cunz 1994, 227). Feministische Wissenschaftlerinnen, vornehmlich aus dem sozialistischen, aber auch liberalem Lager, sahen in der Trennung von Öffentlichem und Privatem schon lange „eine Fassade politischer Gleichheit“ vor einer Gesellschaft errichtet, „in der die gröbste Ungleichheit herrscht“ (Phillips 1995, 50). Und Pateman betrachtet den modernen Gesellschaftsvertrag „als eines der wichtigsten Instrumente zur Herstellung sozialer Beziehungen“ (Pateman 1994, 77), der sich auf einer Trennung von öffentlichen und privaten Bereichen begründen müsse, um die Vision „bürgerlicher Gleichheit“ überhaupt herstellen zu können. Der Schulterschluß der feministischen Wissenschaft mit einer Kritik, die bislang vor allem das Nebeneinander eines Herrschafts-

und Unterwerfungsvertrages am liberalem Staats- und Gesellschaftsverständnis moniert, kommt dabei nicht überraschend. Eines genaueren Blickes würdig ist allerdings der Umstand, daß der feministische Ansatz diese begriffliche Dichotomie aufbricht und den Geschlechtervertrag (Pateman 1988) als eine bislang kaum wahrgenommene dritte Gesellschafts- und Herrschaftsstruktur zum Herzstück ihres Anliegens erklärt[70]: „Der Gesellschaftsvertrag schafft die öffentliche Welt von Zivilrecht, bürgerlicher Freiheit, Gleichheit, Vertragsfreiheit und Individuum. Was ist die (hypothetische) Geschichte des Ursprungs des Privatbereichs?“ (Pateman 1994, 84)

Pateman stellt das Konstrukt des Vertrages, also die Kernfigur des Liberalismus grundsätzlich in Frage, wenn sie konstatiert: „Ein Vertrag schafft immer ein politisches Recht in Form von Herrschaft und Unterwerfung“ (Pateman 1994, 82). Keineswegs ein Instrument zur Herstellung von Gerechtigkeit, diene er vielmehr dazu, die Ausgrenzung all derer, die sich nicht unter das politische und philosophische Konstrukt vom Individuum subsumieren lassen, zu rechtfertigen und zu legitimieren (vgl. ebd).

Im Rahmen einer kritischen Reflexion dieser Vergesellschaftungslogik, ihrer dichotomen Erscheinungsformen als Staat und Familie sowie ihrer Bedeutung für demokratische Geschlechterverhältnisse, dienen die folgenden Ausführungen dazu, die historischen Geschlechterasymmetrien in den vertragstheoretischen Konzeptionen politischer Gemeinschaften kenntlich zu machen. Darüber hinaus soll die Dialektik von Freiheit und Herrschaft, wie sie in das normale Funktionieren des Rechtsstaats eingelassen ist, unter Berücksichtigung des Geschlechteraspekts veranschaulicht werden. Dazu wird in einem ersten Schritt auf den Vertrag als eine Form zur Herstellung freier sozialer Beziehungen eingegangen. Ein besonderer Blick soll dabei auf die damit verbundenen Definitionen von Individualität und natürlicher Freiheit der Subjekte gerichtet werden, wie sie unter in den Vertragstheorien des 17. und 18. Jahrhunderts mit dem Konstrukt des Naturzustandes entwickelt wurden. Mit der genaueren Betrachtung des Autonomieverständnisses als Grundlage des Vertrages, das den Geschlechterstatus der Individuen kategorisch leugnet, verbindet sich besonders der Versuch, das Bedingungsgefüge von Staat und Familie sichtbar und das Geschlecht als vergessenes, gleichwohl bedeutendes Rechtsprinzip kenntlich zu machen.

---

70 Zur einer feministischen Kritik der Öffentlichkeit insbesondere auch in Auseinandersetzung mit Habermas und Hannah Arendt vgl. vor allem Fraser 1989, 113ff. und 1992, 109ff. und Landes 1988 und 1995, 91ff. Zur Trennung von Öffentlichkeit und Privatheit als Grundlage geschlechtlichsspezifischer Arbeitsteilung und Herrschaftsbegründung vgl. Pateman 1988 und Young 1987, 57 ff.

5. Gesellschaftsvertrag und Geschlechterdifferenz

„Feministische Theoriebildung bewegt sich zwischen dem Anliegen, die Konstruktion von Geschlechterverhältnissen verstehbar zu machen und dem Wunsch, androkratische bzw. androzentrische Gesellschaftsordnungen zu überwinden."

(Erna Appelt 1990, 30)

Seit dem 18. Jahrhundert firmiert der moderne Gesellschaftsvertrag als politikwissenschaftlicher Schlüsselbegriff, der die friedliche Entwicklung der bürgerlichen Gesellschaft charakterisieren soll und zwar vorzugsweise mit dem Anspruch einer Vereinbarung zwischen den Menschen auf der Basis freiwilliger Übereinkunft. Dieses ideengeschichtlich verengte Verständnis schlägt sich in den Vertragstheorien nieder, die sich als moral-, sozial- und politikphilosophische Konzeptionen verstehen. Als solche erblicken sie

„die moralischen Prinzipien menschlichen Handelns, die rationale Grundlage der institutionellen gesellschaftlichen Ordnung und die Legitimationsbedingungen politischer Herrschaft in einem hypothetischen, zwischen freien und gleichen Individuen in einem wohldefinierten Ausgangszustand geschlossenen Vertrag (...) und (erklären) damit die allgemeine Zustimmungsfähigkeit zum fundamentalen normativen Gültigkeitskriterium."(Kersting 1994, 16f.)

Die Argumente für einen herrschaftslegitimierenden Vertrag bezogen die Vertragstheoretiker aus einem neuen Verständnis des Naturzustandes. In deren Vorstellung ist dieser Urzustand durch völlige Autonomie gekennzeichnet, in ihm sind die Menschen grundsätzlich frei und gleich.[71] Abweichungen zwischen den einzelnen Vertragstheoretikern gibt es nur hinsichtlich des Kontextes, d.h. in der Frage, wie diese Autonomie letztendlich gelebt wird: Ist der Naturzustand für Hobbes ein Kriegszustand, gekennzeichnet durch den Kampf des Einzelnen gegen den Anderen, konstruiert ihn Locke als Zustand der Gegenseitigkeit und Gleichheit, der jedoch in Konkurrenz

71 In der Darstellung des Menschenbildes im Naturzustand beziehe ich mich vor allem auf die Ausführungen von Thomas Hobbes (1588-1679), John Locke (1632-1704) und Jean-Jacques Rousseau (1712-1778).

und Konflikt abgleitet. Auch bei Rousseau führt der Naturzustand zu Konflikten, wenngleich auf der Basis völliger Unabhängigkeit[72]. Für die Geltungsgrundlage des Gesellschaftsvertrages ist an dieser Definition des Naturzustandes auf der einen Seite entscheidend, daß aufgrund der prinzipiellen Gleichheit und Freiheit der Menschen der Naturzustand selbst keine Vergesellschaftungs- und Ordnungsmechanismen bereithält.[73] Auf der anderen Seite erfüllt die mit dem Naturzustand erfolgte Wesensbestimmung des Menschen als fortschrittliches, vernunftfähiges Subjekt das Kriterium der Vertragsfähigkeit und bildet damit gleichsam die entscheidende Voraussetzung für Gesellschaft und staatliche Herrschaft. Denn der durch die Vernunft erzeugte gemeinsame Wille in Form von Gesetzen und Verordnungen konstituiert eine öffentliche Ordnung, deren Hauptmerkmal darin besteht, daß sie fortan über Rechte geregelt wird, die sich vor allem auf objektive, allgemeingültige und rationale Eigenschaften und Handlungen der einzelnen Vertragsmitglieder beziehen. In der Folge sind nicht „Tugend", „Sittlichkeit" oder „Moral" wie noch bei Aristoteles und Plato die Kriterien für Gerechtigkeit, sondern die Vernunft und die Unterordnung unter einen rationalen Willen liegen im Vertragsgedanken dem Verständnis von Gleichheit und Gerechtigkeit zugrunde. Die „Grundfigur politisch-philosophischer Erklärung und Rechtfertigung von Gesetz und Staat" (Staatslexikon 1989, 728), wie der Vertrag aus theoretisch-normativer Sicht definiert wird, setzt damit einerseits einen normativen Individualismus voraus, insofern die Individuen moralisch autonom sind und damit das Recht haben, nur solche Gesetze zu akzeptieren, auf die sie sich im Rahmen fairer Verfahren und auf der Grundlage gleicher Partizipation rational über das Prinzip der Gegenseitigkeit hätten einigen können. Andererseits aber können Verträge, seien sie nun real oder hypothetisch, nicht ohne ein externes, institutionalisiertes Ordnungssystem Gültigkeit erlangen.

Denjenigen Ansätzen, die die Entwicklung bürgerlicher Gesellschaften als Koordination unter staatlicher Ägide begreifen, liegt die Vorstellung zugrunde, daß die Gewährleistung individueller Handlungsfreiheit im Sinne von

---

72 Insbesondere Seyla Benhabib und Linda Nicholson (1987) haben sich in ihrer Analyse von Rousseaus Einstellung zur Frauenfrage mit der Metapher vom Naturzustand sehr detailliert und aufschlußreich auseinandergesetzt.

73 Bewußt ist hier von Menschen die Rede, denn sehr wohl machte Rousseau dort Unterschiede, wo seiner Meinung nach das Geschlecht die „natürliche" Verschiedenheit von Mann und Frau bestimmt. Bereits sehr früh führt er die Kernfamilie in seine Beschreibung des Naturzustandes ein, die in einem Spannungsverhältnis zum Ideal der männlichen Autonomie steht, welches nur aufgelöst werden kann, wenn sich die Frau dem Mann unterordnet (vgl. Benhabib/Nicholson 1987, 534f.).

Eigentum und Selbsterhaltung eine notwendige Voraussetzung für eine gerechte und stabile Gesellschaftsordnung ist. In diesem Verständnis erscheint Gesellschaft als eine Ansammlung natürlich gleicher und freier Individuen, die in ihrer ontologischen Struktur konnotiert als Einzelwesen, einzig von dem Trieb nach Selbsterhaltung und Vorteilstreben motiviert sind. Als sowohl irreduzibler Letztbegriff in der Reihe „genus-species-individuum", als auch im Sinne von ein sich in seiner spezifischen Materialität unterscheidendes Einzelnes von anderen Einzelnen (vgl. Pieper 1973, 729), gilt das Individuum als universell, geschlechtsneutral und selbstbestimmt. Doch in seiner Besonderheit als eine An-Sich und Für-Sich existierende Einheit assoziiert der semantische Gehalt des Individuumsbegriffs nicht nur das Subjekt als ein sich selbst bewußtes, handelndes Ich, sondern akzentuiert in einem emphatischen Sinne auch das Moment abgrenzender Selbstbehauptung. Neben Rousseau und Hobbes ist es vor allem Locke, der die Handlungsfreiheit des Menschen mit einem Freiheitsverständnis verbindet, das sich vor allem darin zeigte,

> „innerhalb der erlaubten Grenzen jener Gesetze, denen er untersteht, über seine Person, seine Handlungsweise, seinen Besitz und sein gesamtes Eigentum zu verfügen und damit zu tun, was ihm gefällt, ohne dabei dem eigenmächtigen Willen eines anderen unterworfen zu sein, sondern frei dem eigenen zu folgen." (Locke 1992, § 57, 234)[74]

Insofern dieser Trieb nach individuellem Vorteilsstreben nicht nur wesensbedingt ist, sondern in einem erheblichen Maße auch zum Vorteil für die Gemeinschaft gereichen soll, stellt sich berechtigterweise die Frage nach den sozial gerechten und politisch stabilisierenden Effekten eines rechtsstaatlichen Freiheitsschutzes, der dieser anthropologischen Auffassung bis heute folgt. Denn es scheint nur schwer einsichtig, wie der Schutz individueller Freiheit, die nach Kersting (1992) in Zusammenhang mit der Eigentumssouveränität auf einem „konstitutiven Egoismus" und der „Rationalität des offenen Mißtrauens" beruft[75], zum gemeinschaftlichen Wohl beitragen kann, zumal sich dieses Konstrukt vom autonomen Individuum insbesondere gegenüber geschlechtlicher Differenz als ausgesprochen gleichgültig erweist.

---

74 Vgl. dazu auch die kritische Analyse der Lockschen Eigentumskonzeption von Broker (1992).

75 Individuelles Vorteilsstreben ist neben einem konstitutiven Egoismus und der natürlichen Gleichheit der Individuen nach Kersting (1992, 104f.) auf weitere drei Voraussetzungen zurückzuführen: auf eine natürliche Situation der Konkurrenz, die durch die Knappheit vorhandener Güter hervorgerufen wird; auf eine dadurch bedingte Verfeindung und Gewalttätigkeit der Menschen, sowie auf die Vernunftsfähigkeit der Menschen, die sie zur Rationalität des offenen Mißtrauens und zur vorbeugenden Gewaltanwendung befähigt.

Gleichzeitig drängt sich die Frage geradezu auf, warum Menschen sich überhaupt zu sozialen und politischen Gemeinschaften zusammenschließen, deren Funktion es dann letztendlich wieder ist, die aufgegebene Freiheit und Unabhängigkeit der Individuen zu schützen. Doch ist eine plausible Antwort auf diese grundlegenden Fragen nicht auf dem direkten Weg zu erreichen. Um sowohl die Bedeutung der individuellen Handlungsfreiheit für die Konstitution sozialer und politischer Gemeinschaften als auch die dort eingelassene Geschlechterstruktur verstehen zu können, bietet es sich vielmehr an, den vertragstheoretischen Begründungszusammenhang zwischen der natürlichen Freiheit und Gleichheit des Individuums und der Verfaßtheit politischer Ordnungsmodelle kursorisch zu rekonstruieren.[76]

Autonomie des Staatsbürgers in den Vertragstheorien

Eine erste Klärung dieser vermeintlich zirkularen Konstruktion findet sich in den Ausführungen der Vertragstheoretiker zum Naturzustand. So beschreibt etwa das 13. Kapitel des Leviathan von Thomas Hobbes (1970, 112f.) den Naturzustand als ein „analytisches Abstraktionsprodukt" (Kersting 1992, 102), das menschliches Dasein ohne Institutionen, Regelsysteme und Ordnungselemente denkt. Die hinter der schematischen Vision stehende Absicht zielt darauf, unabhängig vom gesellschaftspolitischen Überbau den Menschen mit seinen natürlichen Fähigkeiten und Kompetenzen zu erfassen, um damit den Abschluß eines Gesellschaftsvertrages begründen zu können. Übereinstimmend unterstellt die gedankliche Rückführung der Menschen in den Naturzustand diesen eine natürliche Freiheit und Gleichheit, die bei Hobbes im wesentlichen aus dem gleichen Interesse jedes einzelnen Individuums an Selbsterhaltung resultiert.[77] Diese Prämisse aber führt gleichzeitig zu einem Kriegszustand aller gegen alle:

---

76 Vor allem in den 1980er Jahren sind eine Fülle historischer, staatstheoretischer und politikwissenschaftlicher Studien erschienen, die mit einem feministischen Erkenntnisinteresse das Erbe der Aufklärung aus rechtsphilosophischer und demokratietheoretischer Perspektive – wenn auch mit jeweils unterschiedlicher Akzentuierung - kritisch hinterfragt haben und dessen Androzentrismus entlarvten. Dazu gehören neben Benhabib/Nicholson (1987) sowie Pateman (1988) insbesondere Bennent (1985), Clark (1989), Fox Keller (1986), Jauch (1988), List/Studer (Hg.) (1989), Lloyd (1985). In den folgenden Ausführungen nehme ich nur auf einige von ihnen dezidiert Bezug. Gleichwohl sind diese ideologiekritischen Ansätze in meinen Überlegungen berücksichtigt.

76 Die von Hobbes beschriebene Gleichheit darf jedoch nicht mit menschenrechtlicher Gleichheit verwechselt werden, wie Locke sie zu einem späteren Zeitpunkt eingeführt

„Sooft daher zwei ein und dasselbe wünschen, dessen sie aber beide nicht zugleich teilhaftig werden können, so wird einer des anderen Feind und um das gesetzte Ziel, welches mit der Selbsterhaltung immer verbunden ist, zu erreichen, werden beide danach trachten, sich den anderen entweder unterwürfig zu machen oder ihn zu töten." (Hobbes 1970, 113f.)

Hobbes gesteht den Menschen die Selbsterhaltung als natürlichen Trieb zu, den er als rationale Leidenschaft bezeichnet, die der Sicherung der Existenz dient.[78] Gleichzeitig schließt er damit auf der anderen Seite aber solche Fähigkeiten als angeborene aus, die der Selbstregulierung von Konflikten dienen könnten. Vielmehr gelten ein offenes Mißtrauen und vorbeugende Gewaltbereitschaft als notwendige rationale Eigenschaften, da die Menschen im Naturzustand immer damit rechnen müssen, daß aufgrund der natürlichen Gleichheit die Menschen auch immer die gleichen Absichten haben wie sie selbst. Doch weil sie vernunftbegabte Wesen sind, können sie die Handlungen anderer vorwegnehmen und in das eigene Handeln vorausplanend integrieren: „Sie sind Planer und Machtmaximierer und wissen, daß auch andere Planer und Machtmaximierer sind." (Kersting 1992, 105) Notwendigerweise erweist sich aus dieser Sicht die menschliche und soziale Fähigkeit des „Vertrauen-in-andere-Setzens" im Vergleich dazu als eine irrationale Eigenschaft der Menschen und gilt bei Hobbes, ebenso wie moralische oder rechtliche Gerechtigkeitsprinzipien als *soziale* Eigenschaften, die Menschen erst im vergesellschafteten Zustand erwerben (Hobbes 1970, 117). So zeichnet das Hobbsche Menschenbild im Grunde radikal vereinzelte Wesen, die in ihrer Existenz unabhängig sind von anderen und ausgestattet mit einer von Natur aus vorgegebenen verfügbaren Freiheit und Gleichheit, wie sie sich aus dem Prinzip der Selbsterhaltung ergeben. Aufbauend auf diesen anthropologischen Prämissen steht im Hobbschen Gesellschaftsvertrag der starke Staat im Vordergrund, der den Frieden zwischen den verfeindeten Individuen sichern und garantieren soll.

Im Gegensatz dazu geht es in den Ausführungen von John Locke weniger um die Begründung eines starken Staates, sondern vielmehr um die Prämissen einer freien bürgerlichen Gesellschaft, in der sich wirtschaftliche Produktion und politisch tragendes Besitzbürgertum möglichst frei von staatlichen

---

hat. Für Hobbes gibt es kein Natur- oder Menschenrecht, daß vorstaatliche Gültigkeit beanspruchen kann, sondern die von ihm beschriebenen natürlichen Rechte der Gleichheit und Freiheit sind nach Kersting lediglich „hypothetische Imperative der sich um die Selbsterhaltung sorgenden Vernunft." (Kersting 1992, 123f.)

78 Kersting verweist aber auch an dieser Stelle auf Widersprüche bei Hobbes selbst. So beschreibt dieser nicht nur rationalitätsbedingte, sondern auch leidenschaftsbedingte, also durch Rachsucht, Habgier und Ruhmsucht hervorgerufende Konfliktsituationen (vgl. Kersting 1992, 108f.).

Einflüssen entfalten konnte. Aber ähnlich wie bei Hobbes sind die Individuen auch bei Locke ausgesprochene Egoisten und getrieben von der Notwendigkeit der Selbsterhaltung. Das Prinzip der Selbsterhaltung ist das grundlegende Motiv menschlichen Handelns und Denkens, ein Gebot Gottes und damit ein Gebot der Vernunft (vgl. Locke 1992, § 6, 136). Begründet wird dies nicht zuletzt durch den Status der Individuen als Eigentümer, sowohl im Sinne von Eigentümer an sich selbst, als auch über den Erwerb und Besitz materieller Güter. Das Selbsterhaltungsstreben „verkörpert das hervorragenste naturrechtliche Prinzip, auf dem auch das Eigentumsrecht beruht" (Röhrich 1989, 43). Der von Locke beschriebene Zustand der natürlichen Freiheit und Gleichheit gleitet jedoch nicht wie etwa bei Hobbes in einen „*Zustand der Zügellosigkeit*" (Locke 1992, § 6, 203 – Hervorhebung im Original) ab, in dem jeder das Recht hat, sich selbst oder andere „zu vernichten" (ebd.). Denn Locke stattet den Naturzustand mit natürlichen Vernunftsgesetzen aus, denen die Menschen unterliegen und dadurch die Fähigkeit der moralischen Unterscheidung im Sinne von gut und böse kennen. Was die Menschen daran hindert, einen „Krieg aller gegen alle" zu entfachen, wie das bei Hobbes der Fall ist, ist das Vorhandensein eines natürlichen Gesetzes, das der menschlichen Fähigkeit zur Vernunft entspricht (vgl. Locke 1992, 203). Diese Vernunft unterscheidet den Menschen vom Tier und verpflichtet die Menschen, keinem anderen Menschen Schaden zuzufügen, insoweit es nicht zur individuellen Selbsterhaltung notwendig ist. Ist jedoch das Leben oder der Besitz einzelner bedroht, „so (...) ist ein jeder berechtigt, die Übertreter dieses Gesetzes in einem Maße zu bestrafen, wie es notwenig ist, um eine erneute Verletzung zu verhindern" (ebd., § 7, 203f.).

Wenn Locke von einer grundsätzlichen natürlichen Freiheit der Menschen im Naturzustand ausgeht, so meint er damit, daß die Menschen fähig sind „innerhalb der Grenzen des Gesetzes der Natur ihre Handlungen zu regeln und über ihren Besitz und ihre Persönlichkeit so zu verfügen, wie es ihnen am besten scheint, ohne jemanden dabei um Erlaubnis zu bitten oder vom Willen eines anderen abhängig zu sein" (ebd., § 4, 201). Mit natürlicher Gleichheit meint er ein gleiches Recht, „das jeder Mensch auf seine natürliche Freiheit hat, ohne dem Willen oder der Autorität irgendeines anderen Menschen unterworfen zu sein" (ebd., § 54, 233). In einem sehr eingeschränkten Sinn assoziiert Locke natürliche Freiheit und Gleichheit mit Besitz und Eigentum. Mit Gleichheit meint er nicht „jede Art von Gleichheit" (ebd., 232)[79], sondern Gleichverteilung von Eigentum, und „Freiheit meint die Freiheit, über Besitz nach Gutdünken zu verfügen“ (Braun/Heine/Opolka 1994, 140).

Im Gegensatz zu Hobbes aber sind die Lockeschen Individuen wenigstens noch zu – wenn auch ausschließlich ökonomisch determinierten – sozialen Beziehungen in Form von Tausch, Handel sowie Herr- und Knecht-Verhältnissen fähig. Allerdings bedürfen auch sie nicht anderer „Tauschbeziehungen“ zu ihrer Selbsterhaltung, wie sie etwa über Fürsorge, Liebe und Anerkennung erfolgen könnten. Diese ausschließlich utilitaristisch konnontierten Prämissen, die nur eine Seite der Medaille ausweisen, haben Auswirkungen auf die Definition des Gemeinwohls, des Gesellschaftsbegriffs, des privaten und öffentlichen Bereichs sowie auf die der Grund- und StaatsbürgerInnenrechte. Denn der Grund, warum es dennoch einer politischen Gemeinschaft bedarf, zeigt sich in der Notwendigkeit einer beständigen Sicherung von Eigentum. Demnach fehlt es dem Naturzustand erstens an einem feststehenden, geordneten Gesetz, zweitens an einem anerkannten und unparteiischen Richter und drittens an einer Gewalt, die die Vollstreckung der Urteile sichert (vgl. Locke 1992, § 124, 278f.). Weil der Staat zum Schutz des Eigentums errichtet wird, umfaßt dies sowohl das Eigentum in Sinne von Leben und Freiheit, als auch Besitz und Eigentum. Aber nur bei den Besitzenden besteht „ein ausgeprägtes Interesse an einer Sicherung des materiellen Eigentums“ (Röhrich 1989, 49), denn das Recht auf Freiheit und Leben scheint allein über die Existenz von Gemeinschaften gesichert: „Dementsprechend sind in Lockes Konzeption (...) zwar alle Menschen im Sinne von Objekten Mitglieder der Gesellschaft, im Sinne von Subjekten letztlich jedoch nur diejenigen mit Besitz“ (ebd., 45).

Im Vergleich zu Locke und Hobbes verbindet Jean-Jacques Rousseau seinen Entwurf einer organisierten menschlichen Gemeinschaft mit einer Zivilisationskritik, innerhalb derer die Natur, das heißt auch der natürliche Mensch grundsätzlich gut ist. Nicht wie bei Hobbes und Locke ist hier der Naturzustand durch Unfreiheit, Feindschaft und Ungleichheit geprägt, sondern es ist der vergesellschaftete Zustand, die Zivilisation, die den Verlust der Unschuld des Menschen und eine zunehmende Ungleichheit zwischen den Menschen herbeiführt. Dementsprechend ist der „contract social“ (Rousseau 1977) in der Hauptsache dem Versuch geschuldet, die Elemente des Natürlichen mit denen der Vernunft in ein menschenwürdiges Gleich-

79 In der Auffassung von Locke (1992, 233) können Unterschiede hinsichtlich des Alters, des Verstandes, der Tüchtigkeit, Verdienste sowie Talente, Menschen auch im Naturzustand durchaus einen Vorrang einräumen.

gewicht zu bringen. Rousseau unterscheidet jedoch sehr deutlich zwischen einer natürlichen Ungleichheit der Menschen im Naturzustand und einer gesellschaftlichen Ungleichheit:

„Ich nehme zwei Arten von Ungleichheit unter den Menschen an. Eine nenne ich die natürliche oder physische Ungleichheit, weil sie von der Natur eingeführt worden ist. Sie besteht in der Verschiedenheit des Alters, der Gesundheit, der körperlichen Stärke und der Geistes- und Seelenkräfte. Die andere könnte man eine sittliche oder politische Ungleichheit nennen, weil sie von einer Art Übereinkunft abhängt und durch die Einwilligung aller Menschen eingeführt oder wenigstens gebilligt worden ist. Sie besteht in verschiedenen Freiheiten, welche einige zu anderer Nachteil genießen, nämlich reicher, angesehener, mächtiger zu sein als diese oder sich sogar Gehorsam von ihnen leisten zu lassen." (Rousseau 1978, 191)

Durch die Vergesellschaftung sind Menschen nach Rousseau Zwängen ausgesetzt, um ihr Leben zu sichern. Die natürliche Ungleichheit wird zur gesellschaftlich bedingten Ungleichheit und äußert sich jetzt in unterschiedlichem Ansehen, Macht und Besitz (vgl. Braun/Heine/Opolka 1994, 169). Ungerechtigkeit und Ungleichheit, die im Gegensatz zu den natürlichen Unterschieden zu Abhängigkeiten zwischen den Menschen führen, entstehen erst durch die mit dem Recht auf Eigentum verbundenen individuellen Ansprüche und Gewaltverhältnisse (Rousseau 1989, 239).

Doch auch wenn damit die natürliche Freiheit der Individuen im Sinne einer Freiheit von Abhängigkeit (vgl. Nagl-Docekal 1994, 573) verloren geht und sich durch Arbeitsteilung und Privateigentum in einen gemeinwohlschädigenden Egoismus wandelt (vgl. Fetscher 1980, 46f.), sieht Rousseau den Zusammenschluß in Gemeinschaften grundsätzlich als Akt der menschlichen Vernunft. Mit dem Gesellschaftsvertrag versucht er – wie auch Hobbes und Locke – die egoistischen Individuen zu bändigen, wobei jedoch der souveräne Wille der Freien und Gleichen nicht durch staatliche Autorität eingeschränkt wird, weil sich die Menschen bei Rousseau auf der Grundlage radikaler Volkssouveränität nur solchen Gesetzen unterwerfen, die sie sich selbst gegeben haben[80]. Rousseaus Vorstellungen sind jedoch nur in Verbindung mit einem bestimmten Menschenbild plausibel. Deutlich unterschieden von Hobbes und Locke beschreibt er die Menschen nicht als von Natur aus kriegerisch und selbstsüchtig, sondern als Individuen, die Beziehungen eingehen können, d.h. durchaus fähig sind, Andere wahrzunehmen und mit ihnen zu leiden, auch wenn sie getrieben von ihrem Selbsterhaltungstrieb und dem Bedürfnis nach Schutz ihrer eigenen Person ihre Unabhängigkeit beanspruchen. Die Begrenzung des natürlichen Willens durch das Gesetz ist des-

80 Zum demokratischen Freiheitsbegriff bei Rousseau vgl. auch die hervorragende Untersuchung von Fetscher (1980).

halb auch die einzige Einschränkung natürlicher individueller Autonomie, die die vergesellschafteten Menschen hinzunehmen bereit sind. Allerdings scheint die Überwindung dieser, durch die Vergesellschaftung verursachten Defizite, lediglich unter der Voraussetzung radikaler Gleichheit möglich, die nicht einmal geschlechtliche Verschiedenheit zuläßt.

Dienen (rechtliche) Gleichheitskonstruktionen in nahezu allen vertragstheoretischen Überlegungen zur Kompensation für die Einschränkung natürlicher individueller Autonomie und kann damit im Grunde als Schlüsselmotiv der Gesellschaftsmodelle betrachtet werden , sieht Herta Nagl-Docekal (1994, 575) vor allem im Rousseauschen Gleichverständnis das Ringen um zwei unterschiedliche Freiheitsauffassungen: Eine staatsbürgerliche Freiheit, die sich daraus ergibt, dass alle männlichen Bürger in gleicher Weise am Zustandekommen der Gesetze partizipieren und diesen unterworfen sind, sowie die moralische Freiheit, die sich darin zeigt, daß „jeder einzelne, mit allen verbündet, nur sich selbst gehorcht und so frei bleibt wie zuvor" (Rousseau 1977, 73).[81]

Bis heute lebt die Geltungsgrundlage staatlicher und rechtlicher Autorität von diesem um sich selbst sorgenden – oder wie bei Kant – vernünftigen Individuum, das nur um seiner eigenen Vorteil und Sicherheit willen soziale Beziehungen eingeht und im sicheren Wissen um diesen vermeintlich gleichen Status gemeinschaftliche Güter wie Arbeitskraft, Eigentum, Besitz und Rechte verhandelt.

Freiheitliche Grundrechte und eine durch das Volk beschlossene Gesetzgebung sowie der Gesetzesvollzug durch eine dem Volk gegenüber rechenschaftspflichtige Regierung begründen dieser Logik zufolge ein Kooperationssystem zur Wahrung der Existenzvoraussetzungen der Individuen, ihrer Freiheitssicherung und zum Zwecke des allgemeinen Wohles. Unter der Voraussetzung eines auf Selbsterhaltungsstreben ausgerichteten Menschenbilds übernimmt der Staat die Funktion, soziale Beziehungen in Form des Rechts zu ermöglichen. Gleichzeitig aber darf in das auf Eigentum und

81 Eine ähnliche staatsbürgerliche Umformung natürlicher Freiheit und Gleichheit läßt sich bei Kant finden, wobei er jedoch die emphatische Hinwendung Rousseaus zum Vertrag nicht teilt. Stattdessen setzt er, wenn es um die Gewährleistung von Menschenrechten geht, auf das Prinzip der Vernunft. Die Autonomie der Individuen bleibt bei ihm als moralisch begründetes Menschenrecht auch in der Vergemeinschaftung erhalten und kann demnach nur in solchen Gesetzen eingehen, die allen die gleiche Freiheiten garantieren. Demokratisches Handeln dient aus seiner Sicht allein dazu, die Menschenrechte zu sichern und weniger, sie aus Gründen friedlicher Vergemeinschaftung einzuschränken. Die gängige Kant-Interpretation sah dafür das Prinzip der Volkssouveränität durch die moralisch begründeten Menschenrechte bei Kant stark eingeschränkt.

Selbstbehauptung basierende Recht nicht eingegriffen werden und wenn, dann nur im Rahmen eines Gesetzes und unter Zustimmung aller Betroffenen. Aber das Eigentumsrecht und die individuelle Handlungsfreiheit sind nicht nur deshalb sakrosankt, weil sie „auf einer ‚natur- und von Gott gegebenen‘ Beziehung zwischen Person und Sache“ (Stein 1998, 93) beruhen, sondern weil die Sozialität der Menschen und damit die Anerkennung anderer als Gleiche in diesem Gedankenkonstrukt tatsächlich nur auf der Grundlage eines geschützten Willens- und Entscheidungsraums beanspruchen kann. Pateman hat auf diesen Zusammenhang, wonach die Sicherung des Eigentumsrechts an der Person eine wesentliche Grundlage für die Vergemeinschaftsfähigkeit natürlich autonomer Individuen ist, in elaborierter Weise hingewiesen: „According to this view, each individual can and must see the world and other individuals only from the perspektive of his subjective assessment of how best to protect his property, or, as it is often put, from the perspective of his self-interest.“ (Pateman 1988, 55) Der Zugang zum Eigentum des anderen erfolgt nur über eine freiwillige Vereinbarung und basiert auf Gegenseitigkeit, d.h. zum gegenseitigen Nutzen der Individuen. Das ist die Vergesellschaftungslogik, wie sie sich aus dem Konstrukt des Naturzustandes ergibt: „Individual self-protection is the problem that has to be solved in the state of nature - and the solution ist contract.“ (ebd., 55f.)

Politische Gemeinschaft und Familie

Nach den bisherigen Ausführungen könnte nun die Annahme bestehen, daß Frauen, vorausgesetzt sie sind Eigentümer ihrer Person, ebenso wie Männer als Individuen gelten und dem zufolge auch Frauen die Fähigkeit zur Selbstbestimmung zugestanden ist. Jedenfalls wird dies von der Konstruktion gleicher Staatsbürgerreche behauptet. Doch schon in den Vertragstheorien will sich die Geschlechterdifferenz einem Gleichheitsverständnis, das auf einer menschenrechtlich begründeten, gleichsam vernünftigen Fähigkeit zur freien Willensentscheidung beruht, nicht fügen. Schließen Locke und Rousseau – im Gegensatz zu Hobbes – Frauen vom Status des Individuums explizit aus, werden darüber hinaus Ehe und Familie und die dort vorherrschenden Beziehungen durchgängig als ein der wirtschaftlichen, staatlichen und politischen Sphäre Entgegengesetzes beschrieben, für das die vertraglich entworfenen Freiheits- und Gleichheitsverständnisse keine Gültigkeit beanspruchen kann.

So soll in der Auffassung von Locke zwar ebenso wie die politische Gemeinschaft auch „die eheliche Gemeinschaft (...) durch einen freiwilligen

Vertrag zwischen Mann und Frau geschlossen" (Locke 1992, § 78, 248) werden, jedoch unter anderen Bedingungen und mit verschiedenen Zielsetzungen. Die Begründung einer politischen Gemeinschaft in Abgrenzung von der familialen-ehelichen Gemeinschaft durch die Vertragstheoretiker treibt auf die Dichotomie zwischen einer rechtlich geregelten und einer natürlichen Gemeinschaft zu. Was die Familie als natürliche Gemeinschaft gegenüber der politischen Gesellschaft auszeichnet, ist zum einen die Art der Beziehungen, die zwischen den Mitgliedern bestehen, zum anderen sind es die unterschiedlichen Bedürfnisse, die jeweils an den Staat bzw. die Familie gestellt werden. Erscheinen in den Vertragstheorien die Menschen in der politischen Gemeinschaft als nicht in Beziehung stehende Gleiche, entwerfen die Vertragstheoretiker die Familie als Gemeinschaft vereinter, aber unterschiedlicher Personen, deren Beziehungen nicht über das Recht geregelt werden können.

Zur Begründungslogik moderner Gesellschaftsentwicklung gehört, daß die Ehe und Familie dem Staat nicht als juristische, sondern als moralische und natürliche Gemeinschaft entgegengesetzt wird. In dieser Hinsicht unterscheiden sich die theoretischen Ausführungen von Rousseau bis hin zu Fichte und Kant ebensowenig, wie bei dem Gebrauch einer „explizit sexistischen Formel für den Ausschluß der Frauen aus dem Kreis der Rechtspersonen und ihre juristische Diskriminierung" (Gerhard 1990, 48). Die Vertragskonzeptionen lassen dabei weder im unklaren, welche Art von Beziehungen rechtlich nicht regelungsfähig sind, noch geraten sie unter Legitimationszwang, wenn es um die Definition natürlicher Unterschiede geht. Den privaten Bereich der Familie übersetzen sie mit den Bedürfnissen nach „Intimität, Zuneigung, Aufzucht von Kindern, gegenseitiger Unterstützung und Hilfe" (Benhabib/Nicholson 1987, 529) und schirmen ihn, wenn auch nur theoretisch, gegenüber dem staatlich-politischen Bereich ab, der Interessen umfaßt, die sich unter einen universalistischen, allgemeinen Anspruch subsumieren lassen. Lediglich wenn es darum geht, die Beziehungen der Familien untereinander zu regeln oder die Familie vor den Angriffen anderer Familien zu schützen (vgl. Benhabib/Nicholson 1987, 529) sollte der Staat in Form des Rechts eingreifen. Bei dieser idealtypischen Gegenüberstellung von Staat und Familie darf allerdings nicht übersehen werden, daß Entfamiliarisierung der Politik und Entpolitisierung der Familie Schlüsselbegriffe sind, die das gleiche und doch etwas anderes meinen als nur die Trennung der Lebensbereiche in einen öffentlichen und privaten Raum.

Der Grund, warum nicht auch der Bereich der familialen Privatheit über den Gleichheitsvertrag, sondern über einen anders gearteten Vertrag geregelt werden muß, begründen die Vertragstheorien mit der natürlichen Ungleichheit innerhalb der Familie. Mit den differenzierten Vorstellungen von Frauen und ihren konkreten Lebensverhältnissen aber gewinnt der Ehevertrag als Regelungs- und Ordnungsinstrument des Familienlebens zunehmend an Kontur als eine die Geschlechterverhältnisse regulierende Institution, die ein ganz anderes Verständnis von Gleichheit etablierte: Zugrundegelegt wurde nicht mehr die Gleichheit aller Individuen von Natur aus, sondern die „natürliche" Ungleichheit der Individuen qua Geschlecht:

„In allem, was nicht mit dem Geschlecht zusammenhängt, ist die Frau Mann (...) In allem was mit dem Geschlecht zusammenhängt, gibt es bei der Frau und dem Mann aber gleich viele Ähnlichkeiten wie Verschiedenheiten (...) Das einzige, was wir sicher wissen, ist, daß alles, was sie gemeinsam haben, zur Art, alles was sie unterscheidet, zum Geschlecht gehört." (Rousseau 1971, 383f.)

Für die Rechtswissenschaftlerin und Historikerin Ute Gerhard etwa gilt es deshalb als gesichert, daß sich die bürgerliche Gesellschaft

„unterhalb der sich neu konstituierenden Öffentlichkeit (...) einen privaten Bereich verwahrt und bewahrt, in dem die Geschlechterverhältnisse geregelt werden, die Familie. Ihre Ordnung wird auch im Übergang zu einer kapitalistischen Gesellschaft offensichtlich nach anderen Maßstäben als denen der Rationalität beurteilt und von den allgemeinen marktwirtschaftlichen Gesetzen und der Gleichheit ausgenommen." (Gerhard 1990, 37)

Die Folge davon ist im Grunde genommen die Entwicklung zweier unterschiedlicher Konzeptionen von Gleichheit:

„Einerseits die Vorstellung von einer ‚ursprünglichen' naturgegebenen Gleichheit der Menschen, die unter zivilen, staatlichen Bedingungen nicht notwendig ihre Gleichberechtigung beinhaltet, (...) und andererseits das Rechtsgebot sozialer Gleichheit, das sich mit der Bezugnahme auf eine natürliche, ursprüngliche Gleichheit der Menschen gerade gegen die soziale Unterschiede wendet." (ebd., 29)

Doch das Geschlecht als politische Strukturkategorie manifestiert sich im modernen Rechtsdenken nicht nur über die Trennung rechtlicher und natürlicher Gemeinschaften, sondern insbesondere deshalb „weil sie in einem noch viel engeren Sinn das Sexualverhalten der Frau zur Grundlage rechtlicher Normierung und damit einer neuen Theorie der Ungleichheit machte" (ebd.). Dabei kommt die ‚Natur' in dem Vertrag, der die Ehe und das Familienleben regelt, in dem Maße zur Sprache, wie sie aus dem Gesellschaftsvertrag ausgespart bleibt. Die anhaltende Legitimierung der Ungleichheit von Frauen durch ein Rechtsverständnis, das auf die Naturalisierung des Geschlechts zielt, ist vor allem Rousseau und seiner ausführlichen Begründung der Geschlechtsunterschiede zu verdanken.

Rousseau definiert den Naturzustand und die Entwicklung des bürgerlichen Subjekts unter etwas anderen Vorzeichen als Locke und Hobbes. Führt Locke die Beziehungen der Geschlechter auf ein natürliches Verhalten zurück, wie es auch die Tierwelt kennzeichnet (vgl. Locke 1977, 248f.), sieht Rousseau die Tatsache, daß „die Frau eigens geschaffen ist, um dem Manne zu gefallen" auf das „Gesetz der Natur zurück, das älter ist, als die Liebe selbst" (Rousseau 1971, 386). Zwar wird auch in seinen Entwürfen der Naturzustand mit der Vernunft überwunden, bleibt aber dennoch als Utopie und Metapher für Freiheit, Souveränität und Authentizität bestehen. Für Benhabib und Nicholson bildet „dieser Dualismus im Naturbegriff (...) den Rahmen für Rousseaus Bestimmung des Weiblichen" (Benhabib/Nicholson 1987, 535). So versucht Rousseau in „Emile", einem Bildungs- und Erziehungsroman, die Utopie, die er mit dem Naturzustand verbindet, mit der Vernunft, die im gesellschaftlichen Vertrag zum Ausdruck kommt, zu versöhnen (vgl. Rousseau 1971). Wie können Bürgerinnen und Bürger einerseits authentisch, souverän und frei, andererseits tugendhaft und damit unterordnungsfähig sein? – ist die Frage, die dem Rousseauschen Erziehungsprogramm zugrunde liegt. In der Auseinandersetzung mit den Fähigkeiten und Eigenschaften der Geschlechter glaubt er, das als Geschlechtsunterschiede zu beschreiben, „was in Wirklichkeit sorgfältig kultivierte, geformte, beigebrachte Unterschiede des Verhaltens, Denkens, Fühlens und Wahrnehmens bei Männern und Frauen sind" (Benhabib/Nicholson 1987, 537). Tatsächlich beschreibt Rousseau „Geschlechtsrollen"[82], deren Handlungs- und Verhaltensmerkmale weit über die rein physische Merkmale von Frauen hinausgehen: Die Projektionen und Bilder, die Rousseau entwirft, gehen von der Körperpflege, die die Frau zur „Entwicklung ihrer Anmut", der Mann zur „Entwicklung seiner Kräfte" vornimmt, über die Fähigkeiten von Mädchen, die lieber „das Nähen lernen" als „Lesen und Schreiben" bis hin zu den generellen intellektuellen Fähigkeiten der Frauen, deren Sache es nicht ist, „abstrakte und spekulative Wahrheiten und Prinzipien zu erforschen", sondern die eher für „das Praktische" prädestiniert sind, das sich „in der Aufzucht

---

82 Benhabib und Nicholson meinen mit Geschlechtsrollen „die psychosexuelle und symbolische Strukturierung der anatomischen Unterschiede zwischen den Geschlechtern. Jede Gesellschaft und Kultur entwickelt ein psychisches, symbolisches und kognitives Netz, durch das die Individuen sozialisiert werden, ihre körperliche Identität auf bestimmte Weise zu erleben, bestimmte Arten des kognitiven und moralischen Urteils zu entwickeln, Arten des Gefühls, der Wertschätzung und der Selbstdarstellung" (Benhabib/Nicholson 1987, 536).

von Kindern", in der Gestalt einer „lieben und weisen Mutter" und damit in der „mütterlichen Fürsorge" zum Ausdruck bringt.[83]

In dem Bemühen der Vertragstheoretiker, sowohl den öffentlichen als auch den privaten gesellschaftlichen Bereich über einen, wenn auch unterschiedlichen Vertrag zu regeln, sieht Pateman den Versuch, das ungelöste Spannungsverhältnis zwischen Naturzustand und der vertraglich geregelten politischen Gemeinschaft zu überwinden:

„The state of nature stands in contrast to civil society, but the family is common to both forms of existence (...) the status of the family as the foundation of civil society means that the contrast between the different forms of social life in the 'state of nature'and 'civil society' is carried over into civil life itself. The distinction between and separation of the private and public, or particularistic and universal, spheres of association is a fundamental structural principle of the modern, liberal conception of social life." (Pateman 1989, 20)

Doch galten Familie und Staat im Verständnis der Vertragstheoretiker zunächst noch als komplementär im Sinne von gleichwertig und demnach zuständig für „unterschiedliche, aber gleichermaßen notwendige Arten sozialer Bedürfnisse" (ebd., 529), verweisen Seyla Benhabib und Linda Nicholson auf „einen anders gearteten Ideenstrang, der im Gegensatz stand zu der von der Idee der Komplementarität nahegelegten Idee der Gleichheit" (ebd., 529): Die Idee von Staat und Familie als zwei verschiedene, sich ergänzende Institutionen, die sich auch auf die „Komplementarität von Frau und Mann" (ebd., 529) bezog, wurde über die unterschiedliche Wertigkeit, die beiden „Gemeinschaften" tatsächlich zugeordnet war, relativiert: Die Sphäre der Vernunft zählt „mehr" als die Sphäre der Emotionalität. Dieses gesellschaftlich-ideologisierende Phänomen, das in Form von Ehe und Familie die staatsbürgerlichen Rechte von Frauen einschränkt, hat erst kürzlich die österreichische Politikwissenschaftlerin Erna Appelt mit dem treffenden Begriff des „Familialismus" umschrieben, dem sie unterstellt, daß es zwar „auf ‚Gemeinwohl' abzuzielen vorgibt, tatsächlich aber Geschlechterhierarchien im Sinn hat" (Appelt 1997, 117).

Es ist vor allem Rousseau zuzuschreiben, daß eines der wesentlichen Merkmale bürgerlicher Gesellschaftsentwicklung, also die Entbindung politischer Rechte aus familialen Strukturen, gleichzeitig den Frauen ihren gesellschaftlichen und politischen Platz zuwies. Appelt sieht deshalb im bedeut-

83 Es wäre zu umfangreich, an dieser Stelle detailliert auf die zahlreichen Äußerungen von Rousseau in „Emile" einzugehen: Die Liste vermeintlich weiblicher Charakteristiken und Fähigkeiten ist lang. Verweisen möchte ich aber auf Benhabib und Nicholson (1987, 536ff.), die eine übersichtliche und prägnante Zusammenfassung der Rousseauschen Weiblichkeitsbilder zusammengestellt haben.

samsten „neuzeitlichen Theoretiker der Männer-Gleichheit“ gleichzeitig auch den Begründer einer „modernen Theorie der Unterordnung des weiblichen unter das männliche Geschlecht“ (ebd., 1997, 122). Doch nicht nur bei Rousseau, sondern auch bei Locke legitimiert die Familie im Verhältnis zum Gesellschaftsvertrag die männliche Verfügungsgewalt über Frauen. Der Widerspruch zwischen natürlicher Verschiedenheit und einer rational definierten Gleichheit im Sinne gleicher Rechte kommt bei ihm besonders deutlich zum Ausdruck, wenn er einerseits der patriarchalen These widerspricht, daß die Herrschaft des Mannes gleichgesetzt werden kann mit der Herrschaft des Monarchen, andererseits aber die Herrschaft des Mannes in der Ehe dann wieder einführt, wenn es um Dinge des gemeinsamen und öffentlichen Interesses und des Eigentums geht (Locke 1992, 250)[84]. Locke begründet die Vorherrschaft des Mannes zum einen mit seiner Stärke und Fähigkeit, zum anderen mit der Einwilligung der Frauen, die bei Eheschließung und damit per Vertrag „jene Untertänigkeit“ anerkennen, „in der sie gewöhnlich zu ihren Männern stehen sollten“ (ebd., § 47, 102).

Auf diese „gebrochene“ Logik vertragstheoretischer Argumentation und ihrer Konsequenzen hat die feministische Kritik schon seit längerem hingewiesen: Einerseits sind in der öffentlichen Sphäre Stärke und Fähigkeit als natürliche Unterschiede keine Kriterien für die Rechtsgleichheit der (männlichen) Individuen (vgl. Clark 1979, 19); andererseits wird die geschlechtliche Verschiedenheit in der sozialen Institution Familie zum entscheidenden Maßstab für die Ausgrenzung aus dem etablierten Rechtsverständnis: „Women are held to be born to subjection. Locke takes it for granted that a women will, through the marriage contract, always agree to place herself in subordination to her husband. He agrees with the patriarchalists, that wifely subjection has a ‘Foundation in Nature’" (Pateman 1989, 213).

Dennoch stehen die Ausführungen der Vertragstheoretiker bis heute kommentarlos neben dem Selbstverständnis demokratischer Verfassungsstaaten, die mit der Geschichte der Staatsbürgerschaft die Geschichte der Selbstbestimmung, Rechtsgleichheit und Gerechtigkeit erzählen. Daß der Mythos über die politische Freiheit im Grunde genommen die Unterwerfung männlicher Subjekte unter eine souveräne staatliche Macht beschreibt, bleibt

84 „Obwohl aber Ehegatten nur ein gemeinsames Interesse haben, so werden sie doch zuweilen unvermeidlich durch ihren unterschiedlichen Verstand nicht denselben Willen haben. Deshalb ist es notwendig, daß irgendwo eine letzte Entscheidung gefällt wird, d.h. daß es irgendwo eine Herrschaft gibt. Diese fällt naturgemäß dem Manne als dem fähigeren und stärkeren Teil zu. Diese Herrschaft aber erstreckt sich aber nur auf die Dinge des gemeinsamen Interesses und Eigentums.“ (Locke 1992, § 82, 250).

dabei ebenso schamhaft verborgen, wie die Absicherung männlicher Souveränität in der häuslichen Sphäre. Klassisch liberale Begründungsmuster machen Individuen zu Rechtssubjekten; aber es waren nur die Männer, die Individuen und damit Staatsbürger sein konnten. Während Männer im öffentlich-politischen Bereich nach dieser modernen Vergesellschaftslogik agierten, blieb für Frauen allenfalls die familiale Privatheit als Ort der Unfreiheit.

Daß es sich hierbei um (Alt)Männerphantasien handeln könnte, geprägt und ermöglicht durch die Umstände ihrer Zeit, ist jedenfalls kaum zu hoffen. Es würde auch den Erkenntnissen feministischer Untersuchungen, die Fundamente der Staatsentwicklung freilegen, kaum gerecht werden. Inwieweit die Etablierung einer Privatheit – speziell in der institutionellen Form von Ehe und Familie – die zwangsläufige Folge einer vertraglichen Vorstellung von Staat, Gesellschaft und Recht ist und welche Funktion die Machtbeziehungen zwischen den Geschlechtern für den Stellenwert staatsbürgerlicher Rechte hat, liefert die inzwischen zum Klassiker avancierte Studie „The Sexual Contract" (1988) von Carole Pateman. In akribischer Forschungsarbeit sind hier die Argumente zusammengetragen, die ein Verständnis für die Funktionalität des Geschlechts für das System gleicher Rechte ermöglicht. Sie sollen in ihren wesentlichen Zügen dargestellt werden.

Die politische Konstruktion von Geschlecht

Die Eliminierung der Frauen aus dem Gleichheitsverständnis der Vertragstheoretiker und ihre politische Unterwerfung wie auch ihre Vernutzung sieht Pateman in dem Autonomieverständnis begründet, von dem die Vertragslogik letztendlich ihren Ausgang nimmt. Die Sicherung subjektiver Freiheitsrechte begründet sich in diesem Verständnis auf die Annahme, daß nur dann, wenn das Vermögen des Menschen gesichert ist, rationale Entscheidungen zu treffen, auch die Einwilligung und Akzeptanz einschränkender Regeln vorausgesetzt werden. Die Gültigkeit gleicher staatsbürgerliche Rechte, explizit die Grund- und Menschenrechte, aber auch die sozialen Bürgerrechte (Fraser/Gordon 1994, 191), setzen voraus, daß Willensentscheidungen unabhängig von gesellschaftlichen Kontexten und Abhängigkeiten zustandekommen.[85] Die Begrenzung des demokratischen Souveräns und die Bindung der

85 Nancy Fraser und Linda Gordon (1994) beschäftigten sich in ihrem Aufsatz mit dem Verhältnis zwischen freiheitlichem und sozialem Bürgerstatus und den jeweiligen Rechten. Aus dieser Sicht kritisieren sie die kontraktualistische Dominanz im gegenwärtigen

Politik durch das Recht finden in diesem Freiheits- und Autonomieverständnis ihre Legitimation. Der menschlichen Existenz eine übergreifende Autonomie zu garantieren, ist das Ziel aller Gleichheits- und Gerechtigkeitsvorstellungen: des Rechts. Unabhängig vom Geschlecht, von der Kultur, von der nationalen Zugehörigkeit, sprich: von sozialen Beziehungen, macht es das Individuum zum Mitglied einer Gemeinschaft freier und gleicher Rechtssubjekte. Erst auf der Grundlage dieses vermeintlich gleichen Status ist das Individuum in der Lage, gemeinschaftliche Güter wie Arbeitskraft, Eigentum, Besitz und Rechte ‚gerecht' zu verhandeln.
Den Ausführungen der Kontraktualisten folgend geht Pateman nun davon aus, daß die Vertraglogik den Geschlechterstatus nicht transzendiert, sondern in einem grundsätzlichen Gegensatz zu ihr steht:

„Andererseits heißt es das Unmögliche zu fordern, wenn einige zeitgenössische Feministinnen darauf bestehen, daß bestimmte Eigenschaften, Fähigkeiten und Tätigkeiten von Frauen wieder anerkannt und als Beitrag zur Staatsbürgerschaft behandelt werden sollen; solche Differenz ist genau das, was patriarchalische Staatsbürgerschaft ausschließt." (Pateman 1992, 58)

Im Individuumsbegriff sieht Pateman den Schlüssel für den Ausschluß von Frauen aus dem System rechtlicher Gleichheit und ihre Vernutzung in der familialen Privatheit. Indem der Individuumsbegriff und damit die Auffassung von Selbstbestimmung und Autonomie im Vertragsdenken generell von der geschlechtlichen Differenz abstrahiere, werden männliche Vorstellungen als Maßstab definiert. In diesem Sinne ist demnach auch die Aussage von Pateman zu verstehen, wenn sie sagt:

„Wenn der Vertrag und das Individuum unter der Flagge der bürgerlichen Freiheit Einzug halten, bleibt den Frauen nur die Alternative, getreue Abbilder von Männern zu werden" (1996, 215).

Denn aus ihrer Sicht kann die natürliche Freiheit des Individuums im Verständnis vom *Eigentum an sich selbst* keinesfalls von der Körperlichkeit der Menschen, von ihrem gesellschaftlichen Umfeld und den Institutionen getrennt werden. Vielmehr gehöre das Geschlecht untrennbar zur menschlichen Identität und beeinflusse als solches in entscheidender Weise moralische Fähigkeiten wie etwa die, soziale Beziehungen einzugehen, selbstbestimmt zu handeln und hinsichtlich eigener Bedürfnisse und Nutzen frei zu entscheiden:

Rechtsdenken. Sie gehen dabei von der Annahme aus, daß kontraktualistische Normen verbunden mit freiheitsverbürgenden Grundrechten einer bestimmten Form von Solidarität abträglich sind (vgl. ebd., 187). Gleichermaßen wird das Verhältnis von freiheitsverbürgenden und sozialen Rechten so interpretiert, daß ein Zusammendenken und die Umsetzung beider Bürgerrechtsformen nicht möglich erscheint.

„Autonomy is merely ‚persons' self-critical capacities to assess their present wants and lives (…) autonomy occurs in a certain body, occasioning a person self-critically to take into account that body and its capacities in deciding on the form of his or her life." (Pateman 1988, 205)

Stattdessen jedoch bringt die Verteilung staatsbürgerlicher Rechte auf der Basis völliger Ungebundenheit auch von emotionalen Bedürfnissen (vgl. Okin 1993a, 310) „die Leibeigenschaft zum Verschwinden" (Marshall 1992, 54). Auch wenn sich Marshall hier vorrangig auf die Leibeigenschaft als soziale Beziehung bezogen hat, gilt dieser Begriff für den feministischen Ansatz im „wahrsten Sinne des Wortes". Denn aus der Sicht von Pateman etwa führt die Leugnung der Körperlichkeit aus dem Rechts- und Freiheitsverständnis nicht nur zur Ausgrenzung aus diesem, sondern gleichsam zur politischen Unterwerfung und Vernutzung von Frauen:

„Civil subordination is a political problem not a matter of morality, although moral issues are involved (…). Subordinates of all kinds exercise their capacity for critical self-reflection every day (…). But (…) no amounts of critical reflection will end their subjection and bring them freedom." (Pateman 1988, 205)

Weil die Geschlechterdifferenz in einem unüberbrückbaren Widerspruch zum Gleichheitsanspruch steht, kann auch die – vor allem von Locke und Kant gemachten Entwürfe zum Ehevertrag[86] – nicht zur Überwindung natürlicher Geschlechterungleichheit durch gleiche politische und individuelle Rechte führen, sondern schreibt vielmehr die geschlechtlichen Unterschiede in der bürgerlichen Gesellschaft als Geschlechterrollen fest:

„Der endgültige Sieg des Vertrags über den Status bedeutet nicht das Ende des Patriarchats, sondern die Konsolidierung seiner modernen Gestalt. Die Geschichte des Geschlechtervertrags erzählt, inwiefern der Vertrag ein Medium ist, mittels dessen das patriarchale Recht geschaffen und aufrechterhalten wird (…) Im Sieg des Vertrages bleibt die patriarchale Konstruktion der Geschlechterdifferenz intakt, aber verborgen. Nur wenn die Konstruktion intakt ist, kann das ‚Individuum' als sinnvoll erscheinen und Frauen ebenso wie Männern die Freiheit verheißen, so daß sie wissen, wonach sie streben müssen." (Pateman 1996, 215)

Aus Patemans Sicht konstituieren Verträge dann eine Beziehung der Unterordnung (vgl. ebd., 59), wenn die daran Beteiligten einen unterschiedlichen Status innerhalb der Gemeinschaft hätten, damit unterschiedliche Positionen einnähmen und über unterschiedliche Ressourcen verfügten. Als eine Gemeinschaft, die nicht auf den individuellen Nutzen und die Eigenständigkeit der Mitglieder ziele, sondern persönliche Abhängigkeiten herstelle, begründe sich die Ehe gerade nicht auf Gegenseitigkeit, sondern baut auf

86 Eine aktuelle und realpolitische Analyse zur staatlichen Konstruktion von Geschlecht am Beispiel des Ehegesetzes im französischen Code Civil von 1804 präsentiert Vogel (1998, 29ff.), allerdings mit ähnlichen Ergebnissen.

dem Schutz des Ehemannes gegenüber seiner Frau und dem Gehorsam der Ehefrau gegenüber ihrem Mann auf (Pateman 1996, 187). Aus diesem Grund deklarierten die bestehenden rechtlichen und gesetzlichen Koordinaten herrschaftslegitimierender und sozialrechtlicher Verträge die Ehe weniger als Vertrag, sondern vielmehr als eine „Beziehung persönlicher Abhängigkeit" und als eine „Angelegenheit des Status" (ebd.). Auch Eheverträge „als Übereinkunft zwischen zwei ebenbürtigen Vertragsparteien, die verhandeln bis sie zu Bedingungen gelangen, die zu ihrem beiderseitigen Vorteil sind" (ebd., 174), und damit einen „Feind des Status" (ebd., 191) darstellen, könnten die Festschreibung der natürlichen Geschlechterdifferenz nicht überwinden. Denn es sind Frau und Mann, die zu Ehefrau und Ehemann werden und nicht zwei Individuen als „zwei Eigentümer eines Vermögens in ihren Personen, die zu einer Übereinstimmung über ihr Vermögen zu ihrem wechselseitigen Vorteil gekommen sind" (ebd., 190).

Pateman macht deutlich, daß diese Vertragsbedingungen im Grunde genommen alle Sozialverträge betreffen. Zu den „Eigentümlichkeiten" und „Unzulänglichkeiten" des Ehevertrages selbst zählen überdies Tatsachen wie, daß die Vertragsparteien weder über die Bedingungen des Vertrages verhandeln, noch über deren Reichweite und Dauer bestimmen können (vgl. ebd., 175)[87]. Zu den Abweichungen von anderen rechtsgültigen Verträgen gehöre weiterhin, „daß eine Vertragspartei das Recht auf Selbstschutz und körperliche Integrität aufgibt" (ebd., 185) und daß kein schriftliches Dokument existiere, in dem die vertraglichen Bedingungen ausgehandelt, gelesen und nach Zustimmung unterzeichnet werden: „Es ist nicht einmal eine Auswahl zwischen einigen unterschiedlichen Verträgen verfügbar" (ebd., 187).

Ein Blick auf den Begriff der Statusverpflichtungen kann die Besonderheit der geschlechtlichen Verschiedenheit für das Handeln der Menschen im Kontext sozialer Beziehungen verdeutlichen. Demnach erwachsen sogenannte Statusverpflichtungen, die das ‚vertragliche' Handeln mitbestimmen, aus einem bestimmten Status oder einer bestimmten Rolle, für die sich der Mensch entschieden hat oder aber die ihm zugewiesen wurde. Im Rahmen der normativen Vertragsdimension, welche die individuelle Selbstverpflichtung des Individuums umfaßt, wird zwischen unfreiwilligen und freiwilligen Verpflichtungen unterschieden. Als unfreiwillige Verpflichtungen gelten solche, die auf Status oder Haftung zurückzuführen sind, also auf das was man ist oder getan hat. Doch ist auch hier wieder zu differenzieren zwischen nicht-kontingenten, also notwendigen Statusverpflichtungen, wie sie etwa der Mensch aufgrund seiner menschenrechtlichen Position hat, und den kon-

87 Pateman bezieht sich hier u.a. auf Thesen von Marjorie M. Shultz (1982, 226).

tingenten Statusverpflichtungen, wie man sie „als Vater, Ehemann, Geschäftspartner und Vereinspräsident [sic!] hat“ (Kersting 1994, 21). Der (Geschlechter-)Status fällt par excellence in die Kategorie der unfreiwillig eingegangenen Selbstverpflichtungen. Das Ich geht zwar nicht vollständig in seiner sexuellen Bestimmung auf, aber die Identität ist nicht zu trennen von der geschlechtlichen Konstruktion des Selbst; das ist wohl die zentrale Aussage Patemans: „Masculinity and femininity are sexual identities; the self is not completely subsumed in its sexuality, but identity is inseparable from the sexual construction of the self“ (1988, 207).[88]

Am Beispiel der Mutterschaftspolitik macht Pateman (1992) die Konstruktion von Geschlecht im Zusammenhang mit der öffentlich gesellschaftlichen Regulierung von Körper und Leben deutlich. Während der Bürger sich historisch über die Verfügung von Macht und Eigentum konstituierte, erfolgte die Einbindung von Frauen in den staatsbürgerlichen Verband über die Vernutzung der Mutterschaft. Die Grundlage für den gleichzeitigen Einschluß und Ausschluß der Frauen besteht in dem nicht verhandelbaren Status von Mutterschaft, deren explizites Merkmal das der sexuellen Differenz ist:

> „Die Tatsache, daß nur Frauen die Fähigkeit haben, schwanger zu werden, zu gebären und ihre Kinder zu stillen, ist das Merkmal von ‚Differenz‘ schlechthin. Geburt und Mutterschaft symbolisieren schon immer die natürlichen Fähigkeiten, durch die Frauen von der Politik und dem Recht auf Staatsbürgerschaft ausgeklammert wurden. Mutterschaft und Staatsbürgerrecht schließen sich bei dieser Betrachtungsweise gegenseitig aus (wie Differenz und Gleichheit).“ (ebd., 55f.)

Aus ihrer Sicht profitieren Frauen einerseits deshalb nicht als Staatsbürgerinnen vom Staat, weil die Aufgaben einer Ehefrau und Mutter nicht die ‚Arbeit‘ ist, „die mit Gleichheit und Staatsbürgerrecht assoziiert“ (Pateman 1992, 60) wird. Dieses Vermögen basiert jedoch nicht auf der Verfügung von Eigentum an sich selbst und Macht, sondern auf der Grundlage von Abhängigkeit und Unterwerfung. Ein Beleg für diese These findet sich etwa in der Lehre des 18. Jahrhunderts von der republikanischen Mutterschaft. Bereits in der Theorie der republikanischen Staatsform wurden staatsbürgerliche Tugenden assoziiert mit Männern und Soldaten. Der politische Status der Frau dagegen verband sich mit der Funktion als Mutter und Frau, die in der Familie und Ehe der männlichen Verfügungsgewalt untergeordnet war. Denn Mutterschaft ist „nicht die Arbeit des Staatsbürgers, Teil seiner politischen

---

88 In ähnlicher Weise argumentiert Luce Irigaray, indem sie den Bürgerinnenstatus und das dort eingelassene Recht auf Freiheit und Gleichheit nicht mit dem Vermögen, sondern mit dem Menschsein verbindet. Bürgerrechte sind Rechte „sexualisierter Wesen“ (Sommer 1998, 164).

Pflicht, sondern die Arbeit, die Frauen dem Staat schulden aufgrund ihres Geschlechts, und die deshalb nicht in die Sphäre des Staatsbürgerrechts fällt" (ebd., 62). Überdauert für Appelt (1994, 104) mit dieser Tatsache eine naturrechtliche Eheauffassung und „republikanische Mutterschaftspolitik", löst für Pateman (1992, 55) die Mutterschaft als politischer Status der Frauen die androzentrische Vertragslogik konsequent ein.

Das Paradox einer privaten Öffentlichkeit

Staatlichkeit und Staatsbürgerschaft legitimieren sich mit einem menschenrechtlichen Begriff von Freiheit, der gleichsam eine zwiespältige Realität hervorgebracht hat. Ausgewiesen mit einem universellen Gleichheitsanspruch, war die Staatsbürgerschaft mühsam dem „hierarchischen Statussystem sozialer Klassen abgerungen" (Marshall 1992, 54), hat diesem damit aber auch eine „lebenswichtige Substanz" (ebd.) genommen[89].

Im konfliktbehafteten Verhältnis von Rechtsstaat und Geschlecht gelang dies kaum. Hilflos der Geschlechterdifferenz ausgeliefert, tragen die Schließungsmechanismen staatsbürgerlicher Konzepte insofern zur Konstitution des Geschlechterstatus bei, als sie diese Seite der menschlichen Existenz in den familialen Raum verweisen (vgl. Wilde 1995). Während sich die Tatsache geschlechtlicher und natürlicher Verschiedenheit dem Postulat eines Gleichheitsverständnisses widersetzt, das alles Unterschiedliche ausgrenzen muß, um Gerechtigkeit herstellen zu können, steht der soziale und politische Status geschlechtlicher Individuen in einem kaum lösbaren Widerspruch zu einem Autonomiebegriff, der die natürliche Freiheit aller Individuen als Menschenrecht postuliert.

Die Kontrolle über die weibliche Sexualität und die Unterwerfung von Frauen ist die wahre Bedeutung des Geschlechtervertrags, der neben dem Gesellschaftsvertrag den modernen Staat konstituiert. Nur über die Unterwerfung von Frauen in der Privatheit gelingt die Einbindung des männlichen Individuums in vertikale Ordnungsprinzipien in Form der Staatsbürgerschaft und die Neuordnung horizontaler gesellschaftlicher Beziehungen auf der Grundlage von Eigentum und sozialer Ungleichheit. Dieser Prozeß fand – wenngleich modifiziert durch die jeweils spezifisch kulturellen Bedingungen – überall dort statt, wo sich staatliche Organisationen und ihr Pendant der

89 „Die implizit im Konzept der Staatsbürgerrechte enthaltene Gleichheit, selbst wenn sie ihrem Inhalt nach begrenzt war, unterminierte die Ungleichheit des Klassensystems, welche im Prinzip eine totale Ungleichheit darstellte" (Marshall 1992, 54).

bürgerlichen Gesellschaft herausgebildet haben. Historisch gesehen geht der Ausschluß von Frauen aus dem Staatsbürgerstatus einher mit der Aufnahme der Ehe und Familie in die Privatrechtskodifikationen des Allgemeinen preußischen Landrechts von 1794, den Code Civil von 1804 und dem Allgemeinen Bürgerlichen Gesetzbuch von 1810. Damit wurde die Ehe „zum neuen Ordnungsfaktor des entstehenden modernen Staates, die zunächst ‚bürgerliche' Institution erhielt einen staatlich-öffentlichen Status, für dessen ‚Ordentlichkeit' sich die weltlichen und geistigen Obrigkeiten zuständig fühlten" (Wunder 1992, 43). Und auch Mechthild Rumpf (1992) rekonstruiert die bürgerliche Ehe und den männlichen Staatsbürgerstatus als konstituierende Faktoren des Staatsbildungsprozesses.

Deutlich wird mit dieser historischen Rekonstruktion unter anderem, daß sich die Trennung von Öffentlichkeit und Privatheit nicht nur auf dem Hintergrund und „im Zuge einer kapitalistischen Produktionsweise" (Meyer 1992, 67) vollzog, sondern auch von einem spezifischen Rechtsverständnis ausging. Mit dem Paradox einer – wie ich es nennen möchte – *privaten Öffentlichkeit* ist die Geschlechterstruktur einer Vergesellschaftungslogik benannt, die grundlegend in die Entwicklung moderner Verfassungsstaaten eingelassen ist. Sie räumt den männlichen Bürgern Freiheit und Gleichheit als handelnde Subjekte ein, gesteht den Bürgerinnen aber diese gleichen Rechte nur als Frauen zu. Während die Systematik eine staatlich-öffentliche ist, die die Zurichtung von Frauen unter der patriarchalen Herrschaft der Familie betreibt, konstituiert sich die staatsbürgerliche Rolle von Frauen als *Geschlechtsbürgerinnen* jenseits einer politischen Öffentlichkeit.

Unter dieser Prämisse wäre es also nicht zutreffend, die Wirksamkeit von Rechten für den Bereich des Öffentlichen zu reservieren und hierin die Differenz zum Privaten zu sehen. Denn während die Konstitution eines politischen Status der Frauen als Mütter gegen die Öffentlichkeit als einen hermetisch abgeriegelten Raum spricht (vgl. Habermas 1992, 442) [90], läßt der staatliche Zugriff auf die Familie es als unangemessen erscheinen, von einer Privatsphäre zu reden, die vor staatlichen Eingriffen geschützt zu sein glaubt. So weisen zahlreiche Analysen bis heute daraufhin, daß ein staatlicher Regelungsanspruch des privaten Raumes einerseits schon immer existierte (vgl. Berghahn 1997, 189ff.), andererseits aber historisch gesehen wenig Konti-

90 In diesem Zusammenhang entmystifiziert Habermas (1992) die Vorstellung von einer Öffentlichkeit als einen gegenüber der Privatheit abgeschotteten Bereich des politischen Handelns, indem er etwa die bürgerliche Öffentlichkeit als „Sphäre der zum Publikum versammelten Privatleute" (ebd., 443) bezeichnet, die schon immer eingebettet war in ein komplex verzweigtes Netz mehrerer Gegenöffentlichkeiten.

nuität aufweist, mit vielen Brüchen ausgestattet ist und nicht nur einer Logik folgte (vgl. Kerchner 1997, 157ff.). Auf den zweiten Blick wird allerdings ziemlich schnell deutlich, daß Privatheit im Verständnis liberaler individueller Freiräume auf traditionell männliche Lebensentwürfe weist und von der Familie als eher privater Lebensraum von Frauen deutlich zu unterscheiden ist. Zur fundamentalen und gleichsam geschlechtlichen Struktur moderner Staatsentwicklung, auf deren ordnungspolitische Bedeutung die faktische Rechtlosigkeit von Frauen im öffentlich-politischen Bereich letztendlich aufruht, gehört demnach nicht nur der Staat als ein geschlechtlich „halbierter" (vgl. Kulawik/Sauer 1996, 9ff.), sondern auch die Privatheit muß als eine bestimmte Form sozialer Beziehungen von den privatrechtlichen Institutionen der Ehe, Mutterschaft und Familie unterschieden werden. Das würde dann zum Beispiel auch erklären, warum der wirtschaftliche Bereich zu dem Bereich der Privatheit zählt, obwohl dieser doch ganz entschieden von öffentlichem Interesse ist und auch als Öffentlichkeit betrachtet wird.[91]

Zur geschlechtlichen Ambivalenz von Freiheit und Herrschaft

Mit diesem Kapitel sollte das Geschlecht als ein weiteres, fundamentales Strukturprinzip demokratischer und sozialer Rechtsstaatlichkeit begründet werden. Die Frage nach dem Geschlecht des Staates beinhaltet zwangsläufig auch immer die Frage nach der Stellung von Frauen zum Staat. Diese Frage zielt schließlich darauf ab, gerade die Beschränkung der partizipativen, politischen Freiheit von Frauen zu bestimmen, wie sie sich durch deren Eintritt in den Staat als Bürgerinnen und damit im Zuge rechtsstaatlicher Vergesellschaftungslogik ergeben haben.

---

91 Beate Rössler zeigt folgende unterschiedliche Interpretationen auf, die die Differenzierung zwischen privaten und dem öffentlichen Bereich in den einzelnen politischen Theorien erfahren hat: Eine Differenzierung grenzt den häuslichen-privaten Bereich gegenüber dem staatlich-gesellschaftlichen ab, was einer Gegenüberstellung von Familie und Öffentlichkeit entspricht. Eine zweite Interpretation grenzt den Staat gegen den gesellschaftlich-zivilen Bereich als privaten Bereich ab. Zur Privatheit zählen dann alle freien Assoziationen in Kultur, Religion und Ökonomie. Eine dritte Variante schließlich setzt das private Individuum den staatlich-rechtlichen Organisationen gegenüber (vgl. Rössler 1992, 107). Eine allgemeine Definition „Politischer Öffentlichkeit" formuliert Sabine Lang (1997), wenn sie diese als Teil einer politischen Kultur versteht, in der verschiedene Akteure bewußt oder auch unbewußt auf politische, kulturelle und symbolische Prozesse eines Gemeinwesens einwirken.

Nach den bisherigen Ausführungen läßt sich das Geschlecht als eine politische Organisationsform beschreiben, dessen Herrschaftscharakter in einem engen Zusammenhang mit der familialen Privatheit steht. Historisch bewältigt das staatsbürgerliche Primat der Rechtsgleichheit die geschlechtliche Verschiedenheit der Individuen mit dem Konstrukt der Familie und verwehrt auf der Grundlage eines menschenrechtlichen Freiheitsbegriffs, der sich mit der Fähigkeit vernünftiger Willensentscheidung und dem *Eigentum an sich* selbst verbindet, Frauen den Anspruch auf Selbstbestimmung und partizipatives Handeln. Zwar haben Frauen formal einen gleichen Staatsbürgerstatus wie Männer, faktisch ergibt sich jedoch eine Spannung daraus, daß sie dieses Staatsbürgerrecht als *Frauen* und nicht als Individuen haben. In der Folge verbleiben nicht nur die Frauen, sondern auch deren scheinbar natürliche Räume wie die der Ehe und Familie als staatlich nicht-relevante Bereiche unter männlicher Vorherrschaft.

Rechtsstaatliche Konzepte, die mit dem generalisierenden Anspruch der formalen Rechtsgleichheit, der Allgemeingültigkeit, wie sie das Gesetz erhebt, sowie der individuellen Menschenwürde auftreten, verdecken den Zusammenhang zwischen Familienstatus und politischen Rechten. Sie verkürzen das Problem der staatlichen Konstruktion von Geschlechterrollen und verfehlen damit die Analyseebenen, welche die Familienpolitik und die Gleichstellungspolitiken über eine schlichte Abhängigkeit von den ökonomischen Gegebenheiten oder rechtsimmanenten Barrieren hinausführen könnten. Damit wird aber keinesfalls behauptet, daß diese Abhängigkeit nicht existiert. Aber ihre Erklärung reicht nicht aus, um das komplexe System staatlicher Gewährleistung von Grund- und Menschenrechten zu erfassen, das die Abhängigkeit partizipativer Freiheit und politischen Handelns vom körperlichen Status vertuscht.

Mit der historischen Rekonstruktion ergibt sich für die weitere Untersuchung die Notwendigkeit, das Analysekonzept um die Institutionen der Familie und Ehe zu erweitern, will man die gesellschaftlichen Voraussetzungen auch von Frauen erfassen und den Einfluß geschlechtlicher Ungleichheitssysteme auf die staatsbürgerliche Rolle plausibilisieren. Freilich gilt es dabei zu berücksichtigen, daß sich mit der Entwicklung des bürgerlichen Rechtsstaats bis hin zum sozialen Rechtstaat der Gegenwart zahlreiche Verbindungen zwischen privaten und öffentlichen Räumen hergestellt haben, die zur Relativierung ihrer dichotomen Trennung beitrugen.

Doch besteht die geschichtsphilosophische Begründung des Individuums in den rechtsstaatlichen und staatsbürgerlichen Auffassungen von individueller Freiheit, Selbstbestimmung und natürlicher Gleichheit bis heute fort.

Gleichzeitig ist damit die Annahme verknüpft, daß mit diesem spezifischen Verständnis des männlichen, erwerbstätigen und freien Individuums eine Vergesellschaftungslogik in Gang gesetzt wurde, die sich jenseits spezifischer historisch-nationalstaatlicher Entwicklungen in Form geschlechtlicher Dichotomien und Asymmetrien behaupten konnte und gegenwärtige Rechtsstaaten und staatsbürgerliche Konzepte in unterschiedlicher Weise strukturiert. Das belegt nicht zuletzt die zunehmende Spannung zwischen universell gültigen Freiheits- und Gleichheitsrechten und der „staatsbürgerlichen Praxis“ (Wiener 1996b, 500)[92], die seit Ende der 1980er Jahren zu einer neuen Staatsbürgerschaftsdebatte führt. Deren Ansätze distanzieren sich dabei von einem primär juristischen Verständnis von Staatsbürgerschaft. Unter dem Aspekt, daß eine kritische Betrachtung des ungleichen Rechtsstatus zu wenig sinnvollen Erkenntnissen führt, solange nur die politischen Grundrechte wie das Wahlrecht oder die Versammlungsfreiheit in Augenschein genommen werden, erklären diese Ansätze das Rechts- und Verfassungssystem zum dynamischen Prozeß und entlarven über die Konstituenten von Staat, Individuum und politischer Praxis (vgl. Wiener 1996a, 489) die Staatsbürgerschaft als Ausdruck gesellschaftlicher Machtverhältnisse (vgl. Narr/Vack 1991).

Die Mechanismen, die den Einschluß *und* Ausschluß von Frauen aus dem staatlichen Gleichheitssystem regeln, offenbaren sich in diesen Ansätzen als ausgesprochen vielfältig und subtil. Erweisen sich Grundrechts- und Sozialpolitiken als konstitutiv für Rechtsgleichheit, sind die Auswirkungen, die Ehe und Familie auf die Gültigkeit von Rechten haben, bislang keineswegs vollständig erforscht. Jenseits neuerer Entwicklungen in der feministischen Theorie und Staatsforschung fehlen bislang präzise Untersuchungen zu einem Ordnungsmodell, das auf der Verbindung von Rechtsstaat und Demokratie beruht. In Zusammenhang mit der Frage, welche Auswirkungen die im europäischen Kontext jeweils unterschiedliche Verfaßtheit demokratischer Verfassungsstaaten auf das Geschlechterverhältnis und die partizipativen Chancen hat, ist der Einfluß der Grundrechtspolitik auf die Gültigkeit und Wirksamkeit staatsbürgerlicher Rechte ein noch in weiten Teilen unerforschtes Gebiet. Das mag an der bis heute weitverbreiteten Auffassung liegen, daß verfassungsrechtliche Freiheits- und Gleichheitsgarantien nicht gewährt werden, sondern den BürgerInnen natur- und menschenrechtlich zustehen. Die private Autonomie als „Wesenskern der Verfassung“

---

92 „Staatsbürgerschaftspraxis“ ist ein kontextbezogenes Konzept von Staatsbürgerschaft und wird als „Set derjenigen Handlungen verstanden, die zur Verleihung von BürgerInnenrechten, zur Schaffung von Zugang und zur Entwicklung von Zugehörigkeit zu einer Gemeinschaft beitragen“ (Wiener 1996b, 500f.).

ist unter dieser Prämisse dann tatsächlich keine Verteilungsfrage, sondern allenfalls eine Frage der Absicherung und des Schutzes durch entsprechende Gesetze und Institutionen. Ausgehend von der Vorstellung, daß alle Individuen und BürgerInnen gemäß ihrer Würde als Menschen einen natürlichen Freiraum besitzen, kommt der staatlichen Freiheitssicherung dann lediglich die Aufgabe zu, die *Beeinträchtigung* der individuellen Freiheit abzuwehren, sie gemäß formaler Rechtsgleichheit zu regeln und auf der Basis von Gerechtigkeitskriterien auszugleichen.

Die These spiegelt nicht nur in einem hohen Maße die Fragwürdigkeit eines Konzeptes wider, das die natürliche Freiheit der Menschen voraussetzt, statt subjektive Handlungsfreiheit und partizipative Selbstbestimmung als sozial vermittelte Größe zu erfassen, sondern sie verstellt darüber hinaus den Blick auf den materiellen Rechtsstaat, der tatsächlich nicht nur abwehrt, sondern auch Leistungen in Form positivierter Freiheitsrechte gewährt. Gerade aber im Zusammenhang mit der sozialen Vermittlung und staatlichen Gewährleistung von Freiheit kommt der Familie und Ehe für den Rechtsstatus von Frauen eine erhöhte Bedeutung zu. Denn mit diesen Institutionen sind Räume familialer Privatheit benannt, die in einem besonderen Maße über das Verfassungsrecht geschützt werden. Hier muß der Genderaspekt also erst noch gefaßt und die Frage geklärt werden, inwiefern der Staat tatsachlich auch ein Garant antipatriarchaler Vorstellungen von Freiheit und Gleichheit in demokratischer Hinsicht sein kann.

Verbunden mit der Absicht, den Zusammenhang zwischen defizitärer Staatsbürgerschaft von Frauen und ihrer Verortung in der Privatheit von Ehe und Familie aus einer grundrechtlichen Perspektive zu reflektieren, wird der Blick im folgenden auf die Verfassung als Ordnung des politischen Gemeinwesens und die Grundrechte als individuelle Freiheitsrechte gelenkt. Vor dem Hintergrund der Frage, welchen Einfluß die grundrechtliche Normierung der Menschenwürde, der Selbstbestimmung sowie der Ehe und Familie für demokratische Geschlechterverhältnisse hat, gilt es in einem weiteren Schritt zu klären, ob und inwieweit die liberale Konstruktion der individuellen Handlungsfreiheit einem gleichen sozialen und politischen Status von Frauen möglicherweise entgegensteht und in der Folge den Anspruch demokratischer Geschlechterverhältnisse konterkariert.

Teil III: Zum Geschlechterdiskurs rechtsstaatlicher Freiheitssicherung

„Was aber, wenn empirisches Wissen zu einer gegebenen Zeit und innerhalb einer gegebenen Kultur wirklich eine wohldefinierte Regelmäßigkeit besäße? Wenn die bloße Möglichkeit, Fakten zu sammeln, sich zu erlauben, von ihnen überzeugt zu sein, sie in den Traditionen zu entstellen oder rein spekulativen Gebrauch von ihnen zu machen: was, wenn nicht einmal das der Gnade des Zufalls überlassen bliebe? Wenn Irrtümer (und Wahrheiten), die Anwendung alter Überzeugungen, einschließlich nicht nur wirklicher Enthüllungen, sondern auch der simpelsten Begriffe in einem gegebenen Augenblick den Gesetzen eines bestimmten Wissenscode gehorchten? Kurz, wenn die Geschichte des nicht-formalen Wissens selbst ein System hätte?"

(Michel Foucault 1990, 9)

Im Vorwort zur deutschen Ausgabe seines Werkes „Les mots et les choses" (Foucault 1966)[93], das im Vergleich zu seinem Klassiker „Sexualität und Wahrheit" sicherlich weniger spektakulär, mindestens aber ebenso beeindruckend ist, sieht sich Michel Foucault genötigt, den deutschen LeserInnen eine „Gebrauchsanweisung" (ebd., 9) in die Hand zu geben. Offenkundig aber will er nicht nur die an seinen Überlegungen Interessierten vor Enttäuschungen bewahren, sondern auch sein Anliegen vor falschem Zugriff schützen, zumal wenn dabei „Grenzen neu gezogen und Dinge, die gewöhnlich weit auseinanderliegen, (...) näher zusammengebracht worden (sind) und umgekehrt" (ebd., 10). Denn der Diskurs, so Foucault weiter, „ist eine so komplexe Realität, daß wir nicht allein Zugang dazu auf anderen Ebenen und mit verschiedenen Methoden finden können, sondern sollten" (ebd., 15).

Nun berechtigt auch fraglos die Rede vom Geschlechterdiskurs rechtsstaatlicher Freiheitssicherung zu solcherart einführenden Worten. Denn was ist unter Geschlechterdiskurs zu verstehen? Das Denken, die Sprechakte vom

---

93 Titel der deutschen Ausgabe „Die Ordnung der Dinge" (1990), erste Ausgabe 1974.

Geschlecht nicht dem naturgegebenen Zufall, geschweige denn der, wenngleich tradierten, aber deshalb um so bequemeren patriarchalen Überzeugung männlicher Akteure überlassen? Selbstverständliche Begriffe wie Frau und Mann, Körperlichkeit, Sexualität und Fortpflanzung eingebettet in ein regelgeleitetes System der Wissensproduktion?

Für Foucault-Versierte ist dies sicherlich nichts Neues, im Zusammenhang mit dem rechtsstaatlichen System gleicher Freiheitssicherung bislang allerdings ungewöhnlich. Dennoch: Im Bewußtsein dieses Wagnisses soll es im Folgenden um die Frage nach einer regelgeleiteten, systematischen Produktion von Wissen gehen. Eines Wissens, das mit idealisierenden und ideologisierenden Vorstellungen von Freiheit und Gleichheit eine Geschlechterpraxis aufrechterhält und reproduziert, in welche gesellschaftliche Asymmetrien der sozialen Ungleichheit und politischen Unfreiheit als grundlegende Charakteristiken eingeschrieben sind.

Es gilt im folgenden zu überprüfen, ob mit dem spezifischen Verständnis des männlichen, erwerbstätigen und freien Individuums, wie es verfassungsrechtlichen Gleichheits- und Freiheitsvorstellungen zugrundeliegt, eine Vergesellschaftungslogik in Gang gesetzt wurde, die sich jenseits spezifischer historisch-nationalstaatlicher Entwicklungen in Form geschlechtlicher Dichotomien und Asymmetrien behaupten konnte und somit auch der rechtsstaatlichen Praxis individueller Freiheitssicherung diskursiv unterlegt ist. Dazu gehe ich in einem ersten Schritt auf das Primat rechtsstaatlicher Freiheitssicherung im Grundgesetz ein und reflektiere den dort eingelassenen Freiheitsbegriff als individuelle Wertnorm. Im Anschluß daran rekonstruiere ich die Grundrechtspolitik am Beispiel von Art. 3 GG zur Gleichberechtigung, Art. 6 GG zu Ehe und Familie sowie von Art. 1 und 2 GG in Zusammenhang mit den Urteilen zum Schwangerschaftsabbruch. In der Auseinandersetzung mit den Grundrechtsartikeln frage ich danach, welchen Stellenwert das Geschlecht in diesen Artikeln hat und welchen Status Frauen als Frauen, als Individuen und als Bürgerinnen über die Staatsbürgerschaft einnehmen. Dazu betrachte ich zum einen die Beziehungen, die zwischen dem Staat und den verschiedenen RechtsträgerInnen hergestellt werden, welche Leistungen diese Rechtsverhältnisse beinhalten und für welche Bereiche sie Geltung beanspruchen können. Mit der Reflexion des Geschlechterdiskurses rechtsstaatlicher Freiheitssicherung gilt es, die These zu illustrieren, daß mit dem rechtsstaatlichen Eingriff in die ‚Freiheitssphäre des Individuums' und der verfassungsrechtlichen Kontrolle gegenüber dem Gesetzgeber faktisch ein qualitativ anderes StaatsbürgerInnenverhältnis begründet wird, das Frauen, im Gegensatz zum männlichen Erwerbs- und Staatsbürger, den Status von Geschlechtsbürgerinnen zuweist.

Abschließend jedoch sei für die Vorgehensweise noch angemerkt: Theorien der Grundrechte des Grundgesetzes gibt es viele[94], auch solche, die mitunter dogmatisch-juristischen Anforderungen genügen.[95] Wobei es alles andere als klar ist, was eine Theorie zu einer dogmatischen und damit juristischen macht.[96] Ihnen soll keine neue hinzufügt, auch die bestehende Rechtsdogmatik soll weitgehend – soweit es möglich ist – außer acht gelassen werden, zumal die vorliegende Untersuchung eine dezidiert politikwissenschaftliche ist und als solche auch demokratiekritische Fragen an das Grundgesetz und die herrschende Grundrechtspolitik zu stellen beabsichtigt. Doch sie ganz zu umgehen fällt schwer. Allein die dem politischen Blick zur Verfügung stehenden Begrifflichkeiten sind weitgehend juristischer Natur. Eine kritische Arbeit an und mit ihnen scheint deshalb kaum vermeidbar, aber vielleicht auf eine andere Ebene zu bringen. Ein politikwissenschaftlicher Zugang zum Grundgesetz und zu den Grundrechten muß aus meiner Sicht zweierlei leisten, will er sich nicht in den rechtsdogmatischen Fängen verlieren: Er muß den demokratischen Gehalt aller Grundrechte kritisch hinterfragen, und er muß den Zusammenhang herstellen können zwischen einem politischen Verständnis von Freiheit und Gleichheit und den normativrechtlichen Dimensionen der Grundrechtsauslegung.

---

94 Im allgemeinen erfolgt die Ausdeutung und Konkretisierung der Grundrechte auf der Basis einer bestimmten Grundrechtstheorie. Diese spiegeln eine „systematisch orientierte Auffassung über den allgemeinen Charakter, die normative Zielrichtung und die inhaltliche Reichweite der Grundrechte“ (Böckenförde 1992a, 116). Als Bezugspunkt der systematischen Orientierung gilt in der Regel ein bestimmtes Verfassungs- und Staatsverständnis. Eine Betrachtung der verschiedenen Grundrechtstheorien, wie sie etwa Böckenförde in seinem Aufsatz *Grundrechtstheorie und Grundrechtsinterpretation* (Böckenförde 1992a, 115ff.). vornimmt, kann dabei durchaus wesentliche Bedeutungsvariationen veranschaulichen. Im allgemeinen werden a) liberalrechtsstaatliche, b) institutionelle, c) wertgebundene, d) demokratisch-funktionale und e) sozialstaatliche Grundrechtstheorien unterschieden. Sie konstituieren einen jeweils qualitativ anderen Status der BürgerInnen (ebd.)

95 Vgl. dazu etwa Lübbe-Wolff (1988, 13ff.) und Alexy (1996, 28ff), der die von Böckenförde angeführten Theorien etwas geringschätzig als Theorien bezeichnet, bei denen es sich um „Grundansichten allgemeinster Art“ (ebd., 29) handelt, aus deren zwangsläufigen Abstraktheiten bisweilen Probleme erwachsen könnten.

96 Dazu ein Versuch von Alexy (1996, 28): „Das Konzept einer allgemeinen juristischen Theorie der Grundrechte bringt ein theoretisches Ideal zum Ausdruck. Es zielt auf eine integrative Theorie, welche die in den drei Dimensionen formulierbaren wahren oder richtigen allgemeinen Sätze möglichst umfassend enthält und miteinander auf optimale Weise verknüpft.“

Es ergibt sich bei diesem Vorgehen von selbst, daß der Maßstab für das, was unter einem „politischen Gehalt der Grundrechte“ verstanden werden kann, außerhalb des rechtswissenschaftlichen Begriffsinstrumentariums gesucht werden muss. Das allein schon deshalb, weil es generell „mit dem Odium behaftet ist, daß über Politik juristisch nicht gesprochen werden darf“ (Bussjäger 1999, 9). Erschwerend jedoch kommt hinzu, daß sich die materielle Grundrechtssicherung gerade mit einer Erhebung über „das Politische“, das allenfalls mit der Gesetzgebung assoziiert wird, rechtfertigt. Damit aber wird die Frage nach den Auswirkungen grundrechtlicher Wertentscheidungen auf den sozialen und politischen Status der BürgerInnen ausgeblendet und die politische Handlungsfähigkeit als demokratische Dimension der Grundrechtssicherung juristisch geradezu totgeschwiegen.

6. Das Primat gleicher Freiheitssicherung im Grundgesetz

„Freiheit ist eine höchst beanspruchende Beziehung
zwischen objektiver Einsicht in öffentliche Verhältnisse
und subjektivem, aber mehr als privaten Willen
zur Realisierung echter Möglichkeiten"

(Joachim Schumacher 1978, 18)

Mit Art. 1 und 2 hat das Grundgesetz die Freiheit und die Würde aller BürgerInnen zum Ziel und Wert staatlichen Handelns erklärt.[97] Daß der dort angeführte Begriff von Freiheit sich auf den Menschen als Individuum bezieht, wird deutlich, indem Art. 2 Abs. 2 GG die Unverletzlichkeit der Freiheit der Person anführt und damit die „körperliche Freiheit" des einzelnen meint (Correll 1998, 27)[98]. Ergänzend dazu garantiert Art. 2 Abs. 1 GG das allgemeine Recht auf freie Entfaltung der Persönlichkeit. Es gilt in der Rechtsprechung des Bundesverfassungsgerichts allgemein als „Auffangfreiheitsrecht gegen alle rechtswidrigen Beschränkungen der persönlichen Handlungsfreiheit" (Frowein 1987, 317). Unterstützt werden die Gewährleistungen individueller Freiheit schließlich mit Art. 1 Abs. 1 GG, der die Unantastbarkeit der Würde des Menschen als übergreifendes Prinzip dem Grundrechtskatalog voranstellt und sich auf einen Freiheitsbegriff im Sinne von *als Mensch für sich frei zu sein* bezieht (vgl. Baruzzi 1990, 76).

---

97 Weitere Grundrechte gewährleisten die Freiheit des Glaubens und des Gewissens (Art. 4 Abs. 1 GG), die Pressefreiheit (Art. 5 Abs. 1 Satz 2 GG), die Freiheit von Kunst, Wissenschaft und Lehre (Art. 5 Abs. 3 Satz 1 GG).

98 Correll (1998, 28) kam bei ihrer Untersuchung zu der Feststellung, daß das Grundgesetz den Begriff der Freiheit dann erwähnt, wenn es den Menschen isoliert als Individuum im Blick hat, während es den Begriff von „Recht" gebraucht, wenn es um ein individuelles Handeln geht, das in soziales Miteinander eingebunden ist.

Darüber hinaus liegt der Grundrechtskonzeption des Grundgesetzes ein Freiheitsverständnis zugrunde[99], das in der neuzeitlichen Ideengeschichte seine Wurzeln hat. Die Gewährleistung des Erb- und Eigentumsrechtes in Art. 14 Abs. 1 GG wie auch das Bürgerliche Gesetzbuch verweisen demnach auf die prinzipielle Freiheit des besitzenden Bürgers: „Der Eigentümer einer Sache kann, soweit nicht das Gesetz (Grundrechtsschranke in Art. 14 Abs. 1 Satz 2 GG) oder die Rechte Dritter (immanente Grundrechtsschranke Art. 2 Abs. 1 GG) entgegenstehen, mit der Sache nach Belieben verfahren und andere von jeder Einwirkung ausschließen" (§ 903 BGB).

Auf dieser Wertgrundlage individueller Freiheitssicherung, die die Grundrechte nicht mehr nur als „im Verfassungstext positivierte Menschenrechte" (Frowein 1987, 316), sondern als überpositive Rechtsgrundsätze versteht[100], wird das Grundgesetz bis heute als eine enorm erfolgreiche Verfassung gewürdigt, die eine erste stabile rechtsstaatliche Demokratie in Deutschland ermöglicht hätte (vgl. Scholz 1999, 3). Uneingeschränkt steht sie im offiziellen Selbstverständnis für eine „freiheitliche und demokratische Grundordnung", „die unter Ausschluß jeglicher Gewalt-und Willkürherrschaft eine rechtsstaatliche Herrschaftsordnung auf der Grundlage der Selbstbestimmung des Volkes nach dem Willen der jeweiligen Mehrheit und der Freiheit und Gleichheit darstellt" (BVerfGE 2, 1, 12). Die Rede von der „freiheitlich-demokratischen Grundordnung" unterstellt dabei, daß von einem funktionierenden Grundrechtsschutz nur in der freiheitlichen Demokratie ausgegangen werden kann (vgl. Frowein 1987, 318). Doch nicht nur das Grundgesetz steht im grundrechtlichen Bewußtsein vieler für eine gerechte und demokratische Ordnung. Sondern hervorgehoben werden in der Regel auch die vom Grundgesetz geschaffenen Verfassungsinstitutionen, die diesen Erfolg erst möglich gemacht hätten. Gemeint ist damit allen voran das Bundesverfassungsgericht, das als eine über dem politischen Prozeß stehende Institution die individuelle und politische Freiheit der BürgerInnen schützt[101].

Die Betonung der ordnungspolitischen Relevanz des Grundgesetzes bezieht sich dabei auf ein Verfassungsverständnis, das seinesgleichen in Europa sucht. Denn für das deutsche staatsrechtliche, aber auch politikwissenschaftliche Denken stellt das Grundgesetz mehr als nur eine „Zuständig-

---

99 Vgl. dazu auch Manfred Brocker (1992), der den Zusammenhang insbesondere der Lockschen Eigentumsgarantie mit der bundesrepublikanischen Verfassung herausgearbeitet hat.

100 Für den Gleichheitsgrundsatz vgl. BVerfGE 1, 208 , 233, 234 und 6, 84, 91.

101 Das Bundesverfassungsgericht wurde vom Grundgesetz über die Bestimmungen der Art. 93, 94, 99, 100 in Verbindung mit dem BVerfGG geschaffen.

keitsordnung“ (Denninger 1994b, 116) politischer Gewalten dar. Weil es auch bestimmte Wertvorstellungen über das gemeinschaftlich- politische Zusammenleben beinhaltet, handelt es sich beim Grundgesetz um ein normatives Aktionsprogramm, das staatliches Handeln nicht nur an Rechts- und Verfahrensgrundsätze bindet, sondern auch an die Grundsätze der Gerechtigkeit, Sicherheit und Verhältnismäßigkeit. In diesem Fall ist vom grundrechtlichen Schutz von Rechtspositionen die Rede, die durch das Grundgesetz und die dort festgeschriebenen Freiheiten konstituiert werden (vgl. Lübbe-Wolff 1988, 75ff.). Im sogenannten Lüth-Urteil hat das Bundesverfassungsgericht den Grundrechten eine materielle Schutzfunktion unterstellt (BVerfGE 7, 198, 205, 208f.) und begründet die Verpflichtung des Staates zur Gewährleistung von Grundrechten mit der freien menschlichen Persönlichkeit und Würde als „höchstem Rechtswert“. Angesichts ihrer Bedeutung will das Grundgesetz „keine wertneutrale Ordnung“ (BVerfGE 7, 198, 205) sein.

Mit der „justiziellen Manifestation einer ‚objektiven Ordnung‘“ (Lietzmann 1988, 153) jedoch verändern sich sowohl Inhalte als auch die Funktion der Grundrechte.[102] Als Eingriffsabwehrrechte (vgl. Lübbe-Wolff 1988) untersagen Grundrechte dem Staat jegliche Regelung gesellschaftlicher Beziehungsformen und gewährleisten damit die formal-rechtliche Freiheit im Sinne eines Schutzes vor Belastungen und Übergriffen, die nicht an Recht und Gesetz gebunden sind. Als Wertnormen sichern Grundrechte eine materiell-rechtsstaatliche Freiheit, die Schutz vor Gesetzen bietet, die nicht der objektiven Wertordnung entsprechen (vgl. Bähr 1978, 58). In diesem Verständnis müssen Grundrechte auch in den Beziehungen der BürgerInnen untereinander in dem dort zur Anwendung kommenden materiellen Recht (Gesetze) berücksichtigt werden (mittelbare Drittwirkung). Zusätzlich zum Grundsatz der Wechselwirkung band das Bundesverfassungsgericht die materielle Schutzpflicht an das Prinzip der Verhältnismäßigkeit (vgl. BVerfGE 69, 1, 35). Die mit dem Grundrecht konstituierte Freiheit erfährt demzufolge Schutz auch gegenüber der Normanwendung und Normauslegung im

102 Nach Alexy ist ein Grundrecht als Ganzes „ein Bündel von grundrechtlichen Positionen“ (Alexy 1996, 224f.). Rechtspositionen entsprechen Grundrechtsbestimmungen, also Grundnormen, die diesen zugeordnet werden. Im Grundrecht als normative Bestimmung sind die einzelnen Positionen zu einem Bündel zusammengefaßt. Die einzelnen Positionen können jeweils unterschiedliche Freiheitsrechte formulieren: ein Recht auf Freiheit im Sinne von Selbstbestimmung oder Handlungsfreiheit, ein Recht gegenüber dem Staat, in diesen Freiheitsbereich nicht einzugreifen (Abwehrrecht) oder ein Recht auf positive Handlungen des Staates, mit der die individuelle Freiheit geschützt wird.

Einzelfall.[103] Darüber hinaus werden Gesetze der materiellen Schutzpflicht entsprechend auch inhaltlich dahingehend geprüft, ob sie der wertsetzenden Bedeutung des Grundrechtes gerecht werden und es nicht in unverhältnismäßiger Weise einschränken.

Unter dieser Maßgabe übernimmt der materielle Rechtsstaat die Funktion der Integration gesellschaftlicher Differenzen und ist gleichzeitig Ausdruck der Bemühungen, das Spannungsverhältnis zwischen dem Ideal einer umfassenden Freiheit und Gleichheit der Individuen und der Realität gesellschaftlicher Ungleichheit zu beheben. Das zeigt sich insbesondere auch an dem Gleichheitsgebot des Art. 3 Abs. 1 GG „Alle Menschen sind vor dem Gesetz gleich", das in diesem erweiterten Verständnis nicht mehr nur die formale Rechtsgleichheit umfaßt, sondern sich – via Verhältnismäßigkeit – auch an Vorstellungen von „Gerechtigkeit" orientiert.

Auf dieser Wertgrundlage aufbauend und das Ordnungsgefüge verkörpernd, gilt der soziale und demokratische Rechtsstaat des Grundgesetzes als ein aufgabenbezogener, d.h. auf die Verwirklichung möglichst gerechter Verhältnisse gerichteter Staat, der erst in der Aktualisierung subjektiver Rechte an Wirklichkeit gewinnt (Hesse 1991, 119). Diese sind nicht mehr nur Garantien individueller Freiheit, sondern werden darüber hinaus auch als Ausgestaltung der Menschenwürde betrachtet (vgl. Häberle 1988, 64). Die von staatlicher Gewalt nicht nur gesicherten, sondern auch proklamierten Werte von Freiheit und Gleichheit stehen im Dienste einer freiheitlichen und demokratischen Grundordnung, „die unter Ausschluß jeglicher Gewalt- und Willkürherrschaft eine rechtsstaatliche Herrschaftsordnung auf der Grundlage der Selbestbestimmung des Volkes nach dem Willen der jeweiligen Mehrheit und der Freiheit und Gleichheit darstellt" (BVerfGE 2, 1, 12).

---

103 Auch auf europäischer Ebene setzt sich das Verhältnismäßigkeitsprinzip als Grundsatz der Rechtsanwendung immer stärker durch (Bussjäger 2000, 144). Bussjäger ist dabei nur einer von vielen, die im Verhältnismäßigkeitsprinzip ein probates Mittel sehen, das Verwaltungshandeln ergebnisorientierter zu gestalten und auch „atypischen Grundrechtsverletzungen", wie etwa durch neuere technologische Entwicklung, im Ermessen der Verhältnismäßigkeit gerechter beizukommen: „Ein solcher ‚allgemeiner Rechtsgrundsatz' könnte für die Vollziehung eine unter Rechtssicherheitsaspekten durchaus gangbare Alternative zu einer strengen Gesetzesbindung darstellen. Der Begründungsaufwand für die Behörde könnte dadurch freilich mitunter steiegn, sie müsste ihre Entscheidungen näher darlegen, sich mit Interessenslagen auseinandersetzen, anstatt nur an einem jeglichen Spielraum ausschließenden Gesetzeswortlaut zu kleben" (ebd., 114f.)

Freiheit als Wertnorm

Das neue Grundrechtsverständnis, demzufolge die Grundrechte nicht mehr nur als Freiheitsrechte verstanden werden, die vor staatlichem Eingriff schützen, sondern auch darüber hinaus als Wertnormen zu begreifen sind, ist nicht nur eine politische Frage, sondern auch eine Kompetenzfrage. Zwischen den zur Verfügung stehenden Alternativen, wer letztendlich für die inhaltliche Auslegung der Wertnormen zuständig ist – die Rechtsprechung oder aber der parlamentarische Gesetzgeber – hat sich der deutsche Rechtsstaat mit der Institution des Bundesverfassungsgerichts allerdings schon lange entschieden. Greift eine gesetzliche Maßnahme in den Kernbereich der Grundrechte ein, obliegt es dem Bundesverfassungsgericht, die Grundrechte als unmittelbar geltendes Recht zu schützen.

Darüber hinaus stehen Grundrechte als zu schützende Wertnormen wenn auch nicht in Widerspruch, so doch in fortwährender Spannung zum liberalen Verständnis der Grundrechte als subjektive Abwehrrechte. Im Spannungsverhältnis zwischen dem Schutz des individuellen Rechtsstatus und der Vorgabe, individuelle Interessen mit dem Gemeinwohl kompatibel zu machen (vgl. Hesse 1991, 119), ist für Erich Bähr vor allem die Frage entscheidend, wie sich „die Forderung nach Rechtssicherheit durch formale Garantien zur Abwehr staatlicher Eingriffe einerseits und stets fragwürdige Entwürfe materieller Gerechtigkeit andererseits miteinander vereinbaren" (Bähr 1978, 566) lassen. Denn das Grundgesetz gewährleistet Freiheit nicht mehr per se und auf dem Weg rechtlich formaler Ausgrenzung. Stattdessen spricht die Verfassung von einem Freiheitsbegriff, der mit der Vorstellung vom Menschen als „eine mit der Fähigkeit zu eigenverantwortlicher Lebensgestaltung begabte ‚Persönlichkeit'" (BVerfGE 5, 85, 204) assoziiert wird.

Gleichermaßen problematisch zeigt sich der Umgang mit dem Gleichheitsbegriff. Auch er verkörpert kein „absolutes Prinzip", sondern einen Verhältnisbegriff (Gerhard 1990, 13), der nicht von sich aus existiert. Vielmehr müssen mindestens zwei Faktoren ins Verhältnis gesetzt und unter dem Aspekt einer gemeinsamen dritten Kategorie (tertium comparationis) miteinander verglichen werden. Ebensowenig, wie diese schillernden Begriffe der politischen Ideengeschichte ihre Bedeutung offenbaren, kann aus dem Grundgesetz herausgelesen werden, wann Gesetze die eigenständige Freiheit oder Gleichheit im Sinne von Gerechtigkeit beeinträchtigen. Dabei ist aber nicht nur das Verständnis der Grundrechte in ihrer Funktion als Wertnormen äußerst disparat, sondern gleichwohl die dahinterstehenden Auffassungen von Freiheit. Denn Robert Alexy (vgl. 1996, 40) zufolge müssen Normen weiter gefaßt werden als Grundrechte, wobei Grundrechtsnormen nur solche Normen sind, „die unmittelbar durch Sätze des Grundgesetzes (Grundrechtsbestimmungen) ausgedrückt werden" (ebd., 57), wobei die Sätze „sowohl semantisch als auch strukturell offen" (ebd.) sind. Aus diesem Grund erfordert

> „die Festschreibung übcrindividueller, mithin objektiver Werte eine Instanz, deren Tätigkeit nicht als der verlängerte Arm einer der gesellschaftlichen Konfliktparteien sich darstellt. Sie muß ihrem ganzen Habitus nach als ein über den Auseinandersetzungspolen und über den Interessen stehender, nur der Wahrheitsfindung verpflichteter ‚Dritter' erscheinen; und es ist offenkundig, daß die symbolischen Institutionen richterlicher Unabhängigkeit, ihr Habitus der Unbestechlichkeit sowie ihre gesellschaftliche ‚Selbst'-Unterwerfung allein unter das Gebot von ‚Recht' und ‚Gesetz' ein nahezu ideales Arkanum solcher Imagebildung abgeben" (Lietzmann 1988, 68).

Das Bundesverfassungsgericht freilich sieht das anders: Die Auslegung der Grundrechte als Wertnormen steht in seinem Verständnis keineswegs ihrer Funktion als Eingriffsabwehrrechte – zumindest nicht per definitionem – entgegen. Vielmehr dienen sie als Elemente objektiver Ordnung der „Verstärkung ihrer Geltungskraft" (BVerfGE 7, 198, 205). Ob, wie Gertrude Lübbe-Wolff emphatisch betont, sie dabei wirklich „innerhalb einer Konzeption der Grundrechte als auf Unterlassung gerichteter Grundrechte" (Lübbe-Wolff 1988, 39) wirksam werden, mag aus der Sicht der Grundrechtsdogmatik plausibel gemacht werden können. Die Ableitung von Schutzpflichten aus Grundrechten – die das Bundesverfassungsgericht in üppiger Weise praktiziert – kann zweifellos so gedeutet werden, daß sie keineswegs die staatliche Eingriffssphäre ausbaut, sondern im Gegenteil einem verstärkten Schutz gegenüber staatlichen Eingriffen in die individuelle Freiheitssphäre dient. Folgt man dieser Interpretation, dann würde sich die Schutzfunktion tatsächlich lediglich auf das Gebot der Unterlassung staatlichen Handelns beziehen, auch wenn die inhaltlichen Voraussetzungen einer Grundrechtsverletzung fraglich oder unbestimmt sind (vgl. ebd., 40).

Doch was in der juristischen Disziplin offenkundig zum rechtsakrobatischen Alltagsdenken zählt, mutet aus demokratiekritischer Sicht ausgesprochen haarspalterisch an und ist deshalb mehr als fragwürdig. Denn ausgeblendet oder gar verharmlost bleibt der bundesverfassungsgerichtliche Eingriff in den demokratischen Prozeß ebenso wie die Tatsache, daß es das Bundesverfassungsgericht ist, das die Freiheiten der Individuen durch eigenmächtiges Auslegen der Grundrechte ‚deutet' und damit ihre politische Handlungs- und Entscheidungsfreiheit unter gemeinwohlorientierten Umständen empfindlich einschränken kann:

„Das Bundesverfassungsgericht als hegemoniegeübtes Institut stiftet in seinen Urteilsparadigmen die fraglose Engführung von Utopie und Realität, in der es die schnöde bundesdeutsche Nachkriegswelt mit den Begriffen des autonomen Charakters, der Toleranz und der prinzipiellen Offenheit eines je eigenen Lebensweges zu affizieren sucht." (Lietzmann 1988, 265)

Nicht nur, daß das Bundesverfassungsgericht dadurch an Einfluß, Macht und Kompetenz gewinnt, wird es aus der Sicht von Hans J. Lietzmann (1998a, 237) als „Bürgschaft des Rechtsstaates" nahezu unentbehrlich. Denn es avanciert zum Vermittler und Produzent gesellschaftlicher Freiheit, wobei die

„Argumentationsschablonen des ‚Vorrangs des Menschen vor der Macht des Staates' (BVerfGE 7, 198, 205) und der ‚personellen Eigenständigkeit, (der) Selbstverantwortlichkeit und Würde des Menschen' (BVerfGE 6, 32, 40) zu festen Bestandteilen der rhetorischen Grundausrüstung der Verfassungsrechtsprechung (werden)" (Lietzmann 1988, 147).

Ob das Grundgesetz bzw. das Bundesverfassungsgericht jedoch mit dem in Art. 1 Abs. 2 GG niedergelegten Bekenntnis zu unveräußerlichen und unverletztlichen Menschenrechten einen konstituierten Freiheitsbegriff oder ein natürliches und damit vorstaatliches Freiheitsverständnis favorisiert (vgl. Klein 1974, 91), scheint bis heute kaum geklärt.[104] Jenseits dieser Frage aber macht die Position von Lübbe-Wolff ein wertbezogenes Freiheitsverständnis deutlich:

„Daß das Grundgesetz über Art. 1 Abs. 2 ein ganz bestimmtes, enges ‚naturzustandliches' und staatlich konstituierte Rechtspositionen vom Schutz der Grundrechte daher prinzipiell ausschließendes Grundrechtsverständnis verbindlich gemacht habe, kann demnach nicht angenommen werden. Das Bekenntnis des Art. 1 Abs. 2 zu unveräußerlichen und unverletzlichen Menschenrechten ist ein Bekenntnis zu deren überpositiven Dignität und Geltung. Die mit dem Wort ‚darum' hergestellte Verbindung zwischen Menschenwürde (Art. 1 Abs. 1) und nachfolgend gewährleisteten Grundrechten deutet darauf hin, daß die Grundrechte in ihrem Kern als Emanation der Menschenwürde zu betrachten und daher insoweit auch von der in Art. 79 Abs. 3 positivrechtlich statuierten Änderungsimmunität des Art. 1 Abs. 1 mit umfaßt sind." (Lübbe-Wolff 1988, 80)

Die freizügig anmutende Chiffre von der „freiheitlichen Demokratie" verdeckt dabei allzu oft, daß aufgrund der Orientierung des Grundgesetzes an Freiheit und Gleichheit als „oberste" und „dauernde Grundwerte" (ebd.), tatsächlich auch nur das, was sich im Wertnormbereich des Grundgesetzes bewegt, Freiheit in der politischen Gemeinschaft beanspruchen kann. Der

104 Diese Fragen sind fraglos bedeutsam für die Bewertung, ob der staatliche Schutz grundrechtlicher Freiheit als Eingriffsabwehr eine Grundrechtseinschränkung oder aber eine Grundrechtverletzung ist. Doch zeigt sich in der Argumentation Lübbe-Wolffs (1988, 78), der zufolge ein Eingriff in den Anwendungsbereich der Grundrechte als Eingriffsabwehrrechte nicht identisch sei mit einer Verletzung der Grundrechte, auch der altbekannte juristisch-dogmatische Sowohl-als-auch-Brei, der aus einer politischen Sicht nur bedingt weiterführt.

ehemalige Bundeverfassungsrichter Ernst-Wolfgang Böckenförde hat diesen unbedingten Geltungsanspruch verfassungsförmiger Grundrechte mit folgenden Worten auf den Punkt gebracht:

„Die materiell-rechtsstaatlich konzipierte Verfassung erhebt, der Logik des Wert- und Gerechtigkeitsdenkens folgend, einen unbedingten Geltungsanspruch, der in alle Bereiche des gesellschaftlichen Lebens übergreift; sie sanktioniert damit bestimmte politisch-ethische Grundüberzeugungen, denen sie allgemeine Rechtsgeltung verleiht, und diskriminiert andere, die diesen entgegenstehen. Freiheit gewährleistet sie nicht mehr unbedingt, im Wege rechtlich-formaler Ausgrenzung, sondern nur innerhalb der Wertgrundlage der Verfassung: wer sich außerhalb der sogenannten Wertgrundlage stellt, die unter anderem in den Unantastbarkeitsklauseln positiviert wird (z.B. Art. 79 III i.V.m. Art. 20 GG), hat keinen Rechtsanspruch mehr auf politische Freiheit (Art. 21 II, 18 GG).“ (Böckenförde 1992b, 165)

7. Gleichheit als männliche Norm

„Diskriminierung ist nicht, wie es verfassungsrechtlich oft gesehen wird, eine willkürliche Unterscheidung oder Differenzierung. Diskriminierung ist die systematische, kollektive, also auf Angehörige einer Gruppe bezogene Benachteiligung, also ein Verhalten, das Hierarchien herstellt oder perpetuiert"

(Susanne Baer 1995, 20)

Schon in die Verfassungen des 18. und 19. Jahrhunderts war das männliche Geschlecht – wenngleich als unsichtbares – eingelassen. Daß der Differenzgedanke ein grundlegender Bestandteil der Verfassungsentwicklung ist, scheint bereits offenkundig, wenn die Losung der Französischen Revolution betrachtet wird. Denn ‚Brüderlichkeit' steht für die „Halbierung der Menschenrechte zu Lasten der Angehörigen des ‚zweiten Geschlechts'[105] und (...) blieb damit dem Bilde des ökonomisch unabhängigen und deshalb politisch teilhabeberechtigten Mannes verhaftet" (Frankenberg 1997, 151).

Im Vergleich dazu bekennt sich das Grundgesetz freimütiger zum Geschlecht[106]. Dezidiert nimmt es bezug auf geschlechtliche Unterschiede, indem es Frauen *und* Männern die gleichen Freiheitsrechte gewährt. Der grundrechtliche Bezug auf die geschlechtliche Differenz verortet diese auf der Wertgrundlage der Verfassung, was nun – hinsichtlich der Aussage von Böckenförde – zu der Annahme führen könnte, daß das Geschlecht generell eine zu schützende Verfassungsnorm ist, mit der auch ein Rechtsanspruch auf politische Freiheit verbunden ist. Ein näherer Blick auf die Verfassung

---

105 Frankenberg (1997, 151, Fußnote 4) verweist an dieser Stelle auf Pateman (1988) und insbesondere auf Gerhard u.a. (1990), womit sich auch schon seine Reflexion der „aktuellen geschlechtsspezifischen Verkürzung von Freiheit und Gleichheit" (ebd.) mit der angegebenen Fußnote erschöpft.

106 Insgesamt ist das Geschlecht im Grundgesetz im Gleichheitsartikel 3 GG, Artikel 6 zur Ehe und Familie, Artikel 1 GG Menschenwürde und Art. 2 GG Lebensschutz in Zusammenhang mit den Abtreibungsurteilen, sowie im Grundrechtsartikel zum Wehrdienst erwähnt.

jedoch warnt vor überhöhten Erwartungen. Denn das Geschlecht der RechtsträgerInnen ist keinesfalls als Verfassungsnorm explizit ausgewiesen, sondern verbirgt sich entweder hinter dem allgemeinen Gleichheitsgrundsatz, oder wird allenfalls für den Rechtsstatus als Eltern und Mütter thematisiert. Auf diese verfassungsrechtlichen Grundlage gestellt, wird das Geschlecht keineswegs konsequent und global zu einem Problem – auch insbesondere politischer Freiheit – gemacht. Vielmehr erweist sich die geschlechtliche Verschiedenheit der StaatsbürgerInnen als eine Frage formalrechtlicher Gleichheit, aus der allenfalls eine Schutzpflicht insofern abgeleitet werden kann, als der Staat garantieren muß, daß den Geschlechtern aufgrund ihrer *biologischen* Differenz keine Nachteile erwachsen dürfen.

Doch wer die geschlechtliche Differenz nicht nur als biologisches Unterscheidungsmerkmal begreift, sondern in einem umfassenderen Sinne als gesellschaftspolitisches Struktur- und Differenzierungsmerkmal anerkennt, dem das Recht auch unter der Maßgabe gleicher politischer Freiheit Rechnung zu tragen hätte, vermögen diese Errungenschaften nur ansatzweise zufriedenzustellen. Stattdessen drängt sich die Frage auf, inwieweit in das rechtsstaatliche Selbstverständnis die Ambivalenz von Freiheit und Herrschaft für Frauen eingelassen ist, wo die Möglichkeit von Frauen zur Teilnahme am öffentlichen Leben aus den erwähnten Herrschaftsgründen behindert wird und sich wegen spezifischer Lebensumstände nicht entfalten kann.

Um die spezifische Dialektik zwischen grundrechtlicher Freiheitssicherung und Herrschaft für den Status geschlechtlicher Rechtssubjekte erfassen zu können, sollen im folgenden die in Frage kommenden Grundrechte und deren Auslegung im einzelnen auf das mit ihnen zur Entfaltung gebrachte Freiheits- und Gleichheitsverständnis analysiert werden. Der erkenntnistheoretischen Logik vom Allgemeinen zum Besonderen bzw. vom Übergeordneten zum Speziellen folgend, werde ich mit dem Schutz geschlechtlicher Differenz in Zusammenhang mit dem Gleichheitsartikel beginnen, mit der Betrachtung des Freiheits- und Gleichheitsschutzes geschlechtlicher Individuen in der Familie fortfahren, um schließlich beim Schutz der Würde und der Selbstbestimmung von Frauen zu enden, der in Zusammenhang mit den Abtreibungsurteilen offiziell nicht als Gleichheitsfrage gestellt wird. Gegenüber der Analyse des Gleichheits- und Familienartikels beansprucht die Reflexion der strafrechtlichen Verfolgung des Schwangerschaftsabbruchs allein deshalb deutlich mehr Raum, weil sich an den Strafrechtsthemen „die Frage der normativen Ausgestaltung des Geschlechterverhältnisses als

Machtverhältnis immer wieder neu stellte" (Degener 1997, 874)[107]. Dies macht nicht zuletzt eine ausführliche historische Betrachtung erforderlich. Um es mit den Worten von Jutta Limbach zu begründen:

> „Eine historische Rückschau dient nicht allein dem Zweck, unser Wissen über die soziale Lage und Rechte früherer Frauengenerationen zu vervollständigen. Vielmehr gilt es zu bedenken, daß historisch fundiertes Denken und Entscheiden dem kurzatmigen Reagieren auf die Herausforderungen der Gegenwart allemal überlegen ist." (Limbach 1997, 9)

Gleichheit als verfassungsrechtlicher Begriff

Der demokratische Charakter einer Gesellschaft mißt sich an ihrer Konzeptualisierung von Gleichheit[108], konkret also daran, welche Auffassung von Selbstbestimmung und Freiheit, vor allem aber auch welche gesellschaftlichen Bereiche in den Vergleich miteingegangen sind. Obwohl sich das Grundgesetz in den vergangenen Jahren um eine Präzisierung des Gleichheitsbegriffs – auch in bezug auf die Geschlechterdifferenz – bemüht hat, wurde eine grundlegende politisch-demokratische Konzeptualisierung von Gleichheit bislang nicht vorgenommen. In keinem der Ansätze, die sich die Aufgabe stellen, gesellschaftliche und politische Organisationsformen nicht nur zu beschreiben und sich mit dem Status quo zufriedenzugeben, sondern kritisch zu reflektieren, inwiefern der inhaltliche Auftrag, also Volkssouveränität und Gleichheit realisiert werden kann, findet sich eine Definition von Gleichheit als Maßstab, an dem die vorfindbaren Geschlechterverhältnisse gemessen, beurteilt oder aber auch perspektivisch entworfen werden können.

Solch eine grundlegende Konzeptualisierung des Gleichheitsbegriffes aber wäre die Voraussetzung für eine Klärung der nach wie vor „offenen Proble-

---

107 Diese Einschätzung teilen auch Legnaro und Aengenheister (1995, 188ff.) in ihren Ausführungen zu „Geschlecht und Gerechtigkeit – Aspekte der Aburteilung von Tötungskriminalität". Sie gehen von der These aus, daß das soziale Geschlecht „als eine bedeutsame forensische Variable Aburteilung und Strafzumessung beeinflußt" (ebd., 188), indem gleiche Anwendungen auf ungleiche Anwendungsbedingungen treffen und damit „ungleiche Rechtsfolgen ebenso wie ungleiche Rechtswirkungen mit sich bringen" (ebd., 199).

108 „Eine positive Definition der Demokratie wäre ihre begriffliche Auseinandersetzung um sie. Doch lassen sich, sofern der Begriff an der Selbstbestimmung festhält, Kriterien benennen, an denen demokratische und antidemokratische Tendenzen überprüft werden können. Je genauer die wissenschaftliche Reflexion Bedingungen demokratischer Selbstbestimmung angeben kann, desto stärker nähert sie sich einer Definition der Demokratie." (Gerd Schäfer 1969, 108f. zit.n.Narr/Naschold 1971, 31)

matik des bürgerlichen Gleichheitskonzeptes: die Spannung zwischen einem universalistischen Gleichheitspostulat einerseits und der faktischen Verschiedenheit sowie sozialen Ungleichheit gesellschaftlicher Gruppen andererseits" (Wobbe 1989, 7). Insofern Verfassungen als „Daseinsprogramm" (Blumenberg 1983, 159) verstanden werden, „unter das die als Individuen oder Subjekte ausgezeichnete Menschen in ihrer veränderten geschichtlichen Situation nunmehr ihre Existenz stellen" (Frankenberg 1997, 15), muß sich eine verfassungsrechtliche Definition von Gleichheit dieses Widerspruches annehmen und ein Verständnis von Gleichheit entwickeln, das sich nicht an Begriffe wie Chancengleichheit, Mitbestimmung, Partizipation und Mehrheitswille anbindet und damit in der formal-politischen Gleichheit steckenbleibt (vgl. Sokol 1989, 3ff.). Denn ein demokratisches Verständnis, das sich auf die formal-politische Gleichheit beruft, wie sie etwa in den Menschen- und Bürgerrechten zum Ausdruck kommt, oder aber auf das Wahlrecht und den Rechtsstaat reduziert bleibt, steht nicht nur in einem Widerspruch zu der gesellschaftlichen Ungleichheit, vielmehr ist ihm „das Charakteristikum einer dauernd erzeugten, nur eben nicht direkt vererbbaren Ungleichheit der demokratischen Gesellschaft eingeschrieben" (Narr/Naschold 1971, 28).

Art. 3 GG: Gleichheit und Gleichstellung

Seit Bestehen von Art. 3 GG gibt es eine angelegte Spannung zwischen Gleichbehandlung, Gleichwertigkeit und der Handhabe des Artikels gegen geschlechtliche Unterdrückung und Benachteiligung (vgl. Slupik 1988).

Art. 3 Abs. 1 GG: *Alle Menschen sind vor dem Gesetz gleich*, garantiert die Gleichheit aller Menschen vor dem Gesetz. Es ist ein Grundrecht, mit dem ein Willkürverbot ausgesprochen ist. Es beinhaltet die Verpflichtung für alle staatlichen Gewalten, das Recht gleich anzuwenden, zwingt aber auch den Gesetzgeber, die Ausgestaltung des Rechts an ihm zu orientieren, das heißt, das Recht nicht willkürlich auszugestalten. Art. 3 Abs. 2 GG Satz 1: *Alle Männer und Frauen sind gleichberechtigt* garantiert die Gleichberechtigung von Mann und Frau und bedeutet eine Konkretisierung des Gleichheitsgrundsatzes für bestimmte Rechtsgebiete (vgl. Sacksofsky 1991). Er ist für Clarissa Rudolph (1996, 35) der Ausgangs- und Bezugspunkt von Frauenpolitik. Abs. 2 Satz 1 GG hat Grund- rechtscharakter in Form eines Differenzierungsverbots, vorausgesetzt die zu regelnden Lebensumstände sind vergleichbar. Ausnahmen bilden natürlich-biologische Unterschiede. Die staatlichen Gewalten verpflichten sich, Männer und Frauen rechtlich nicht ungleich zu behandeln und nur dem biologischen Geschlecht von Frauen und Männer rechtlich Bedeutung zukommen zu lassen. Dieser Absatz war bereits im parlamentarischen Rat sehr umstritten. So sollte er nach Meinung der männlichen Mehrheit ursprünglich lauten: „Männer und Frauen haben dieselben staatsbürgerlichen Rechte und Pflichten" (vgl. Berghahn 1993a, 80). Dies hätte dann die Familie und das Erwerbsleben ausdrücklich nicht erfaßt. Gerade aber „um die Veränderung des auf dem Entmündigungsprinzip basierenden Ehe- und Familienrechts" (Degener 1997, 871) ging es in den Auseinandersetzungen um die Gleichberechtigung. Letztendlich setzte Elisabeth Selbert (SPD) die Aufnahme des Gleichberechtigungssatzes als eine von vier Frauen im Parlamentarischen Rat in seiner heutigen Fassung durch.[109]

Der zweite Satz von Abs. 2 ist durch die Verfassungsreform von 1994[110] in das Grundgesetz eingefügt worden: Der Staat fördert die tatsächliche Durchsetzung der Gleichberechtigung von Frauen und Männer und wirkt auf die Beseitigung bestehender Nachteile hin. Damit wurde ein Staatsziel formuliert, das der Tatsache Rechnung trägt, daß die rechtliche Gleichheit noch lange keine faktische Gleichheit nach sich ziehen muß (vgl. Hesselberger 1995, 80). In Ergänzung dazu ist Art. 3 Abs. 3 GG ein echtes Grundrecht, das ein Differenzierungsverbot für das Geschlecht, die Abstammung, die Sprache, die Heimat und Herkunft, die religiöse und politische Anschauung ausspricht.

Art. 3 GG vereint verschiedene grundrechtliche Wirkungsgrade und stellt auch auf verschiedenen Ebenen ein staatsbürgerliches Verhältnis mit unter-

---

109 Das in den Jahren 1948/49 tagende Gremium von insgesamt 65 Mitgliedern wehrte sich zunächst gegen eine Aufnahme der Gleichberechtigung in die Verfassung. Stattdessen stieß der Vorschlag des Bonner Rechtsprofessors Richard Thoma vor allem bei den männlichen Mitgliedern auf Zustimmung, den aristotelischen Gleichheitssatz, wonach Gleiches gleich und Ungleiches ungleich behandelt werden sollte, in der Verfassung zu verankern. Doch ging es den Verfechterinnen des Gleichberechtigungssatzes nicht um die Assimilation, sondern das vorrangige Ziel bestand in der rechtlichen Gleichstellung von Frauen, insbesondere im Familien- und Eheleben sowie im Bereich der Erwerbsarbeit. Zu den Auseinandersetzungen um den Art. 3 Abs. 2 GG während der Beratungen des Parlamentarischen Rates vgl. besonders Böttger 1990; Reich-Hilweg 1979, S. 17ff.

110 Das im Zusammenhang damit auch im Jahre 1994 in Kraft getretene, allerdings recht zahm ausgefallene „2. Gleichberechtigungsgesetz" zielte auf die Gleichstellung im Erwerbsleben, allerdings nur für die Bundesbehörden. Für private Arbeitgeber wurde immerhin eine Arbeitgeberpflicht zur Ahndung und Verhinderung von sexueller Belästigung am Arbeitsplatz verbindlich gemacht. Ansonsten ließ der Bundesgesetzgeber seine Kompetenz zur allgemeinen arbeitsrechtlichen Regelung von Frauenförderung ungenutzt bzw. beschnitt sogar die von der Rechtsprechung entwickelten Richtgrößen für den Schadensersatz bei Diskriminierung (vgl. Schiek 1995).

schiedlichen Rechtssubjekten her: Auf der Ebene der Gleichheitsnorm schafft das Verfassungsrecht eine Beziehung zwischen Staat und Individuum, sowie zu den BürgerInnen als Mitglieder politischer Rechtsgemeinschaften. Das Differenzierungsverbot bezieht sich auf das staatliche Verhältnis zu Frauen und Männern in ihrem biologischen und sozialen Geschlecht sowie auf Bürgerinnen und Bürger in ihren sozialen Rollen. Das Gestaltungsgebot in Form der Sozialstaatsbestimmung etabliert ein Rechtsverhältnis zwischen Staat, Frauen und Männern in ihren sozialen Rollen. Bezogen auf die gewährten Leistungen umfaßt der Gleichheitsartikel eine Garantie auf rechtliche Gleichbehandlung (Abs. 1), einen Schutz vor rechtlicher Ungleichbehandlung (Abs. 2 Satz 1 und Abs. 3), die Garantie, dem biologischen Geschlecht rechtlich keine Bedeutung zukommen zu lassen (Abs. 2 Satz 1 und 2), sowie die Verpflichtung, Nachteile zu kompensieren, die sich für Frauen aufgrund gesellschaftlicher Geschlechterasymmetrien ergeben.

Gleichberechtigungsentwicklung im Grundgesetz

Doch so eindeutig wie es hier zunächst erscheinen mag, ist und war die Auslegung des Gleichberechtigungsabsatzes nicht. Denn neben diesen allgemeinen Vorgaben wurden weitere unterschiedliche Auffassungen des Gleichberechtigungssatzes im Parlamentarischen Rat kaum diskutiert (vgl. Sacksofsky 1991, 331), was für die folgenden Jahre nicht ohne Konsequenzen blieb. In der Verfassungsdebatte treten die Problemstellungen und Widersprüche zum Gleichberechtigungsartikel 3 vor allem im Hinblick auf seine Definition als objektive Gleichheitsnorm sowie als individuelles Gleichberechtigungsrecht auf.[111] Hinzu kommt als dritte Konfliktdimension die im Grundgesetz Art. 12 Abs. 1 GG und in Art. 33 Abs. 2 GG (Öffentlicher Dienst) geregelte Freiheit des Zugangs zu einem Beruf. Vor allem aber Art. 3 Abs. 2 GG löste heftige Diskussionen aus, denn diese waren entscheidend für die gesetzlichen und rechtlichen Veränderungen im Bürgerlichen Gesetzbuch (BGB). Laut Bundesverfassungsgericht beinhaltet das Differenzierungsverbot in Abs. 2 Satz 1 GG die Aussage, daß den biologischen Unterschieden keine rechtliche Bedeutung zukommen darf (BVerfGE 3, 225, 241 zit. nach Hesselberger 1995, 79).

Bei dem mit Satz 2 eingefügten Staatsziel gestaltet sich die Interpretation dagegen schwieriger. Denn das Problem ergibt sich hier bereits aus der Frage, was unter dem Begriff Gleichberechtigung überhaupt zu verstehen ist.

111 Zur Verfassungsdebatte vgl. vor allem Rudolph 1996; Limbach/Eckertz-Höfer 1993.

Das Feld für mögliche Interpretationen ist sehr weit gesteckt, zumal die Absätze 1 und 2 im Grunde genommen „eine Dopplung der rechtlichen Gleichheitsbeteuerung darstellen“ (Berghahn 1999a, 316). Entsprechend polysemantisch erweisen sich auch die Auslegungen des Bundesverfassungsgerichts sowie der Literatur in den letzten Jahren. Mehr Verwirrung stiftend als klärend bewegen sie sich zwischen den Polen der formalen Gleichheit, Gleichwertigkeit, Chancengleichheit, Gleichheit im Ergebnis (vgl. Baer/Berghahn 1996, 238) oder gar einer Gleichheit des Rechts, die sich bewährt mit der Überwindung undemokratischer Geschlechterverhältnisse und antidemokratischer Bestrebungen (vgl. Benhabib 1993; Wilde 1995).

Insgesamt betrachtet lassen sich die Diskussionen um den Gleichberechtigungsartikel in drei Phasen unterscheiden, die sich mit den Stichworten Gleichwertigkeit, Gleichbehandlung und Gleichberechtigung als neues Staatsziel charakterisieren lassen (vgl. Berghahn 1999a, 317ff., Sacksofsky 1991, 101ff.). In der ersten Phase lag die Betonung auf den natürlichen, biologischen Unterschieden zwischen Frauen und Männer. Gleichberechtigung wurde im Sinne von *Gleichwertigkeit* unter Beachtung biologischer und funktional-arbeitsteiliger, traditioneller und religiöser Unterschiede definiert. Nur bei gleichen Tatbeständen sollte auch gleiches Recht gelten, wobei die natürliche Verschiedenheit aber ausdrücklich nicht als rechtlich verschiedener Tatbestand gewertet wurde (vgl. Rudolph 1996, 45 ff.). Differenzierungen „im Hinblick auf die biologischen und funktionalen (arbeitsteiligen) Unterschiede nach der Natur des jeweiligen Lebensverhältnisses“ galten demzufolge als rechtmäßig (BVerfGE 3, 225-248, 242).

Das Bundesverfassungsgericht bekräftigte die unmittelbare Grundrechtswirkung des Gleichberechtigungsgrundsatzes für Ehe und Familie (BVerfGE 3, 225-248), was zur Folge hatte, daß die frauenpolitischen Reformen[112] dieser Zeit in einem engen Zusammenhang mit Art. 6 GG erfolgten. Mit Art. 117 Abs. 1 GG wurde die Abänderung des BGB-Rechts, das der Gleichberechtigung entgegenstand, bis zum 31. März 1953 gefordert. Das 1957 verabschiedete Gleichberechtigungsgesetz[113] (vgl. dazu Reich-Hilweg 1979, 30ff.) und die Ehe- und Familienrechtsreform 1976/77 führten zu weiteren zahlreichen Maßnahmen. Für eine der ersten Regelungen, die davon Zeugnis ablegen sollten, daß es mit der „Gleichstellung von Frauen in der Familie“ durchaus ernst gemeint ist, steht die Abschaffung des Stichentscheids durch das Bundesverfassungsgericht, wodurch den Vätern bereits 1959 das Letztentscheidungsrecht in Sachen Kindererziehung entzogen wurde.

---

112 Zu Konzepte und Begriffe der Gleichstellungspolitik vgl. vor allem auch Cordes 1996.

113 BGBl. I, 609.

Aber so löblich diese Maßnahmen für die prinzipielle Gleichberechtigung auf der einen Seite erscheinen mögen, so problematisch gestaltete sich das Prinzip der „Gleichwertigkeit bei Andersartigkeit" für die gesellschaftliche Situation von Frauen (vgl. Sacksofsky 1991, 95). Denn die ungleiche Behandlung von Frauen im BGB, das sich an „biologisch und funktionalen Unterschieden" [114] orientierte, schützte die Rechte von Frauen vor allem in ihrem Status als Ehefrauen und Mütter und transzendierte keineswegs bestehende ungleiche Strukturen im Geschlechterverhältnis. Ganz im Gegenteil wirkte das Differenzierungsgebot in einer für Frauen ausgesprochen diskriminierenden Form, indem es sie – was im nachfolgenden Kapitel ausführlicher zu zeigen sein wird – auf ihre traditionelle Familienrolle festlegte.[115] Einerseits zeigt dabei ein Blick in die Historie, daß diese Auswirkungen eines auf die Familie beschränkten Gleichheitsverständnisses keineswegs überraschend kamen, sondern offenkundig intendiert waren. Denn die Recherchen von Ines Reich-Hilweg zu den Auseinandersetzungen um den Vollzug des Gleichberechtigungsgrundsatzes im Gleichberechtigungsgesetz von 1957 machen nicht nur deutlich, „daß Gleichberechtigung nur im Familienrecht verwirklicht werden sollte, sondern auch, daß innerhalb des Familienrechts Gleichberechtigung nur so verstanden werden sollte, wie die Kirche sie verstand, d.h. innerhalb der gottgewollten ‚Schöpfungsordnung'" (Reich-Hilweg 1979, 34).

Auf der anderen Seite stellt sich das Problem der ‚Vergleichbarkeit' auch als rechtsimmanent heraus und drückt sich aus im Widerspruch zwischen dem aristotelischen Gleichheitsverständnis und der Tatsache unterschiedlich sozialer Geschlechterrollen. Demgemäß kann Gleiches im Recht nur erzielt werden, wenn tatsächlich vergleichbare Sachverhalte vorliegen. Frau und Mann lassen sich allenfalls unter dem Obergriff des Menschen, des Individuums fassen. Das sogenannte „tertium comparationis", also die Bildung einer Oberkategorie, fällt bei dem Vergleich zwischen versorgender, finanziell abhängiger Frau und erwerbstätigem, unabhängigem Mann ungleich schwerer, ja scheint in der Tat unmöglich. So folgerte Ulrich Scheuner ganz im Tenor dieser ersten Phase:

---

114 Was genau unter biologisch-funktionalen Unterschieden zu verstehen ist, konnte das Bundesverfassungsgericht zu keinem Zeitpunkt plausibel machen. Vgl. zur Verwendung der Begriffe vor allem die Urteile BVerfGE 3, 225, 241, BVerfGE 6, 398, 426 sowie BVerfG 10, 59, 75.

115 Aus diesem Grund kann der Einschätzung von Degener, daß die erste Phase der Gleichberechtigungsentwicklung „nicht zu konkreten Benachteiligungen von Frauen" (Degener 1997, 882) führte, auch wenn von ihr „keine Signalwirkung zur gesellschaftlichen Transformierung der Geschlechterrollen ausging" (ebd.), nicht zugestimmt werden.

„Bereits aus einer zunächst auf Art. 3 Abs. 2 GG sich beschränkenden Auslegung ergibt sich also, daß die Gleichberechtigung nicht im Sinne radikaler Gleichstellung, sondern als Gleichbewertung im Rahmen der maßgebenden soziologischen Verhältnisse und zeitgenössischen Wertanschauungen verstanden werden muß" (Scheuner 1955, 49).

Damit ist das Dilemma jedoch noch lange nicht gelöst. Denn werden die sozialen Lebensumstände berücksichtigt, gerät die soziale Geschlechterrolle von Frauen, also ihre Zuständigkeit für Kindererziehung und Haushalt in den Blick und wird über die besondere Rechtsanwendung bestätigt. Bleiben dagegen die sozialen Unterschiede aus dem Vergleich gänzlich ausgeklammert, dann findet zumindest normativ eine Angleichung weiblicher sozialer Lebenslagen an die von Männern statt.

Unter Berücksichtigung dieser Ambivalenz stellte sich in der zweiten Phase verstärkt die Frage nach der *Gleichbehandlung* der Geschlechter. Als etwa am Anfang der 1970er Jahre nicht nur Abs. 3, sondern auch Abs. 2 als Differenzierungsverbot gesehen wurde (Sacksofsky 1991, 127), erging an das einfache Recht der Auftrag, Unterscheidungen im Recht, die Frauen bislang in ihrer Geschlechterrolle ‚privilegierten', zu ändern. Die körperliche Verschiedenheit darf nach dieser Auffassung nicht zum Gegenstand des Rechts werden, sondern erhielt Beachtung nur in seinen sozialen und materiellen Auswirkungen. Allerdings wurden diese nicht mehr als abhängig vom biologischen Geschlecht, sondern vielmehr als Geschlechterrollen gesehen, was zur Folge hatte, daß die sozial-funktionalen Differenzierungen durch rechtliche Maßnahmen erheblich eingeschränkt wurden (vgl. Berghahn 1999a, 318). Auf der Grundlage eines formalen Gleichheits- und Gleichberechtigungsverständnisses, das die ungleichen sozialen Geschlechterverhältnisse weitgehend ignorierte, avancierte der Mann als scheinbar unabhängiges Subjekt, das nicht mit reproduktiven, versorgenden Tätigkeiten belastet ist, zum Bezugspunkt rechtlicher Gleichheitsvorstellungen (vgl. Maihofer 1990; Gerhard 1991). Das Differenzierungsverbot orientierte sich an einer männlichen Erwerbsbiographie und führte so zu einer Gleichheit nach männlichem Maß (Berghahn/Wilde 1996, 174). Für Frauen hat diese Auslegung zur Folge, daß die rechtlichen Maßnahmen zwar zu einer teilweisen Angleichung ihrer Lebenssituation an die der Männer führten[116], sich an dem hierarchischen Geschlechterverhältnis und ihrer Zuständigkeit für Kindererziehung und Familie allerdings wenig änderte. Viel eher bestätigte die angestrebte Gleichstellung der Lebenslagen von Ehefrauen, Müttern und Vätern im BGB

116 So etwa in der Beamtenversorgung (vgl. BVerfGE 21, 329-354).

die weibliche Doppelbelastung als Erwerbstätige und Hausfrauen und führte zur Verschlechterung der sozialen Situation von Frauen.[117]

Jedenfalls fanden mit den 1980er Jahren die sozialen Unterschiede von Frauen und Männern wieder Eingang in den Rechtsvergleich mit der Begründung, daß vor allem sozial ungleiche Ausgangslagen auch ungleiche Regelungen legitimieren (vgl. Rudolph 1996, 49). Auf der Grundlage des neuen Kompensationsgedankens wurde der frühere Zugang von Frauen zur Rente als Ausgleich für ihre zahlreichen Benachteiligungen vor allem im Erwerbsleben gesehen und deshalb vom Bundesverfassungsgericht als verfassungskonform bestätigt (vgl. BVerfGE 74, 163-182). Aber erst die Entscheidung zum Nachtarbeitsbeschluß 1992 (BVerfGE 85, 191-214) [118] stellte die Weiche zwischen der Auslegung des Gleichberechtigungssatzes als Differenzierungs*verbot* und Differenzierungs*gebot* neu. Im Zuge formaler Gleichstellungsbestrebungen beschlossen, wich das Bundesverfassungsgericht von der Deutung des Abs. 2 als Differenzierungsverbot ab und bestätigte die Eigenständigkeit einer positiven Schutz- und Förderfunktion in Abs. 2 (vgl. Berghahn 1996a, 34; Berghahn/Wilde 1996, 165). Für die angestrebte „Angleichung der Lebensverhältnisse" findet sich in den Bundesverfassungsgerichtsurteilen folgende Begründung: „Frauen müssen die gleichen Erwerbschancen haben wie Männer (...) überkommene Rollenerwartungen (...) dürfen nicht verfestigt werden (...). Faktische Nachteile, die typischerweise Frauen betreffen, dürfen (...) durch begünstigende Regelungen ausgeglichen werden" (BVerfGE 85, 191-214, 207).

Die Interpretation von Abs. 2 als Gleichstellungsmandat setzte mit dieser Entscheidung, die insbesondere „die Gleichsetzung der Geschlechter durchsetzen" (BVerfGE 85, 191-214, 207) will, mehr als nur ein Zeichen. Denn zum ersten Mal gab es eine klare Unterscheidung zum Differenzierungs-

---

117 Zur Disposition stand in diesem Zusammenhang auch der bevorzugte Zugang von Frauen zur Witwenrente (vgl. BVerfGE 17, 1-38, 38-62, 62-86-99). 1975 entschied das Bundesverfassungsgericht, daß dieser mit der Gleichberechtigung nicht mehr zu vereinbaren sei und regte eine Reformierung an (BVerfGE 39, 169-196), die zehn Jahre später zu einer Neuregelung führte, die Witwer gleichstellte. Unberücksichtigt blieb, daß die Witwenrente mit der unzureichenden Altersicherung von Frauen zusammenhängt und deshalb viel eher eine Reformierung zugunsten einer eigenständigen Altersversorgung von Familienfrauen hätte erfolgen müssen (vgl. Berghahn 1999a, 319). Dagegen wurde die alleinige finanzielle Unterhaltspflicht des Vaters (§ 1709 BGB a.F.) mit Verweis auf die als gleichwertig zu betrachtenden Fürsorgeleistungen der Mutter als verfassungsgemäß erklärt (vgl. BVerfGE 11, 277).

118 Die Entscheidung des Bundesverfassungsgerichts zum Nachtarbeitsverbot (BVerfGE 85, 191-214) ist praktisch als Vorläufer für die Erweiterung von Art. 3 Abs. 3 GG durch eine Staatszielbestimmung zu sehen.

verbot in Abs. 3 – und das zwei Jahre bevor 1994 mit der Erweiterung des Gleichberechtigungsartikels durch eine Staatszielbestimmung in Abs. 2 dem zähen Ringen um einen gleichen Rechtsstatus von Frauen, der neben der gleichen Rechtsabsicherung und gleichem Rechtsschutz vor allem die gleiche Wirksamkeit von Rechten und Gesetzen in den gesellschaftlichen Bereichen des politischen, familialen und Erwerbsleben meint (vgl. Slupik 1988; Raasch 1991; Sacksofsky 1991), ein vorläufiges Ende gesetzt wurde.

Hiermit beginnt die dritte Phase der gleichberechtigungspolitischen Debatte. Frauen und Männer sind demnach nicht mehr nur gleichberechtigt, sondern die Gleichstellung der Geschlechter wird unterstützt, indem *der Staat die tatsächliche Durchsetzung der Gleichberechtigung von Frauen und Männer fördert und auf die Beseitigung bestehender Nachteile hinwirkt.*[119] Nachdem das Bundesverfassungsgericht bereits 1993 der Kritik des Europäischen Gerichtshofs am § 611a BGB[120] mit einer modifizierten Auslegung entsprochen hatte, folgte auch der Gesetzgeber den neuen Anforderungen mit einem zweiten Gleichberechtigungsgesetz[121], das am 1.9.1994 in Kraft trat.[122]

Dennoch löste dieses ausdrückliche Bekenntnis die Anforderung nicht ein, den Ausgleich so zu gestalten, daß alle verfassungsrechtlich geschützten

---

119 Wie schon 1948/49 bildeten die 65 Männer eine deutliche Mehrheit gegenüber den 14 Frauen in der Gemeinsamen Verfassungskommission. Allerdings wurde über die faktische Benachteiligung von Frauen in allen gesellschaftlichen Bereichen nicht mehr diskutiert. Hilfreich für die Entwicklung der „Kompensationsklausel" waren sicherlich auch die zahlreichen Entwürfe von Frauenverbänden, wie u.a. des Deutschen Juristinnenbundes und des Deutschen Frauenrates. Zur Entstehungsgeschichte vgl. BT-Druckssache 12/6000, 49; Limbach, Jutta/Eckertz-Höfer, Marion (Hg.), 1993; sowie Rudolph, Clarissa, 1996.

120 Im Zuge des Gleichbehandlungsgrundsatzes auch im Erwerbsleben diente das arbeitsrechtliche EG-Anpassungsgesetz von 1980 dazu, entsprechend der EG-Richtlinie Nr. 76/207 EWG aus dem Jahre 1976 (vgl. dazu Langenfeldt 1990, 287ff.) Frauen den gleichen Zugang zur Beschäftigung, in die Berufsbildung und zum beruflichen Aufstieg zu ermöglichen. Die Anpassung des innerstaatlichen Rechts erfolgte mit der Einfügung des § 611a in das BGB, der eine geschlechtsspezifische Benachteiligung im Erwerbsleben verbot. Der Europäische Gerichtshof wies in zwei Entscheidungen aus den Jahren 1984 und 1985 darauf hin, daß das EG-Anpassungsgesetz nicht den EG-Richtlinien entspreche. 1993 erfolgte dann eine Reformierung des § 611a.

121 BGBI. (1994) IS. 1406.

122 Neben der Refom der §§ 611f. wurden im Zuge des zweiten Gleichberechtigungsgesetzes insgesamt drei Gesetze neu verabschiedet: das Frauenfördergesetz (FFG), das Bundesgremienbesetzungsgesetz (BundesGBG) und das Gesetz zum Schutz Beschäftigter vor sexueller Belästigung am Arbeitsplatz. Darüber hinaus wurden zahlreiche Vorgaben im Arbeitsrecht verändert. Vgl. zum zweiten Gleichberechtigungsgesetz insbesondere Pfarr 1995.

Rechtsgüter an Wirklichkeit gewinnen (Hesse 1991, 27). Der staatliche Gleichheitsschutz, obwohl nun als Staatsziel[123] gestrickt, verharrte im alten Muster, weil immer noch die Frage offen war, ob denn die bestätigte Schutz- und Förderfunktion als Gleichstellung oder Gleichwertigkeit betrachtet werden soll.[124] Und auch wenn unter diesem Aspekt die Diskussion von Frauenfördermaßnahmen und Quotierung erst wieder möglich wurde[125], beschwört die Aufnahme des Differenzgedankens immer die Gefahr, daß bestehende Geschlechterverhältnisse naturalisiert und ontologisiert werden (vgl. Gildemeister/Wetterer 1992, 203ff.), statt sie zu dekonstruieren (Maihofer 1994, 345). Aus diesem Grund werden insbesondere die arbeitsrechtlichen Änderungen, die im Zuge des zweiten Gleichberechtigungsgesetzes erfolgt sind, mehr kritisiert als gelobt (vgl. Pfarr 1995, 206). Denn die rechtliche Gleichstellung der Frauen an die Arbeitssituation der Männer führte für die Mehrheit der Frauen tatsächlich zu ungleich härteren Bedingungen im Erwerbsleben. Das gilt insbesondere auch für das 1994 in Kraft getretene Arbeitsschutzgesetz (BGBl.I S. 1406.), welches das Nachtarbeitsverbot für Frauen aufhob und durch geschlechtsneutrale Vorgaben ersetzte. Das Problem geschlechtsneutraler Regelungen besteht allerdings darin, daß Frauen weiter nach stereotypen Geschlechterrollen behandelt werden. Denn das Handicap von Frauen, primär für die Familie zuständig zu sein, wurde nicht gleichverteilt und blieb somit bei ihnen. Zwar erhielten Frauen einen Umsetzungsanspruch in Tagesarbeit, womit ihre familiale Situation vordergründig berücksichtigt wird, doch de facto werden sie erst gar nicht eingestellt, weil sie nicht wie Väter über Betreuungspersonen verfügen. Eine wirkliche Gleichberechtigung hätte also nur erreicht werden können, wenn Arbeitsschutz, Quotierung, Frauenförderung und flankierende Maßnahmen die private Rolle der Frauen in der Familie miteinbezogen hätten.

---

123 Zur Bedeutung der Sozialstaatsklausel und der Definition von Staatszielbestimmungen vgl.. Kap. 2, S. 52f. der vorliegenden Abhandlung.

124 Wie vage der staatliche Gestaltungsauftrag bleibt, vor allem dann, wenn er einhergeht mit dem individuellen Abwehrrecht von Abs. 2 Satz 1 GG, belegen die Äußerungen, die nach der Entscheidung von parteipolitischen VertreterInnen und Mitgliedern der gemeinsamen Verfassungskomission gemacht wurden: Als Signalfunktion mit appellativem Charakter wird der zweite Satz eingeschätzt, und aus den von Rudolph sorgfältig recherchierten Hintergründen läßt sich deutlich eine Erleichterung spüren, daß es wohl nur um Chancengleichheit und nicht um die Gleichheit im Ergebnis geht (vgl. Rudolph 1996, 244).

125 Wobei allerdings bis heute nicht geklärt ist, ob auch „die Quotierung von Frauen, d.h. der Vorrang von Frauen bei Einstellungen und Beförderungen im öffentlichen Dienst, durch das neue Staatsziel für zulässig erklärt wird“ (Berghahn 1999a, 321).

So mag es auch nicht verwundern, daß der eher halbherzige Kompromiß vor allem in feministischen Kreisen keineswegs auf Euphorie gestoßen ist. Zweifel an dem ersten Schritt hin zum „aktiv gleichstellungsorientierte(n) Verfassungsverständnis" (Berghahn 1996a, 35) bleiben, auch wenn das formulierte Staatsziel jetzt explizit „Gesetzgeber, Verwaltung und Rechtsprechung (verpflichtet), Maßnahmen zur faktischen Gleichberechtigung zu ergreifen" (Rudolph 1996, 244). Das eingefügte Staatsziel trifft aus mehreren Gründen auf wenig Gegenliebe, auch wenn in Verbindung mit dem Sozialstaatsgebot kompensatorische Maßnahmen zur Behebung von Nachteilen, die aus einer typischen Frauenbiographie resultieren, damit zulässig sind (vgl. Benda 1986).[126] Erstens ignorierte es die zahlreichen Hinweise von Rechtswissenschaftlerinnen, die entweder in der Auslegung des Gleichberechtigungssatzes als Dominierungsverbot (Raasch 1991; Sacksofsky 1991, 315) oder als transistorisches Recht eine reale Politisierung der Geschlechterungleichheit sahen.[127] Denn nur dann – so die Argumentation –, wenn nicht die formale Gleichheit, sondern die Realität geschlechtsspezifischer Ungleichheit und Dominanzverhältnisse (vgl. MacKinnon 1994, 37f.) zum Ausgangspunkt für Reformen im Gesetz gemacht wird, ist der Gesetzgeber gezwungen, den Blick auf strukturelle Ungleichheiten, auch im privatwirtschaftlichen Bereich, zu richten. Erschwerend für die Wirksamkeit des Staatsziels ist darüber hinaus dessen Einkästelung einmal durch das Willkürverbot in Abs. 1 und durch das individuelle Differenzierungsverbot in Abs. 3, das einer umfassenden Kompensation von Benachteiligungen, die Frauen aufgrund ungleicher Lebensumstände erleiden, zusätzlich Grenzen setzt[128].

126 Im Zusammenhang mit der Rentenalterentscheidung hat das Bundesverfassungsgericht bereits in den 1980er Jahren auf die Zulässigkeit der Kompensation erlittener sozialer Nachteile aufgrund des biologischen Geschlechts und seiner Funktionen hingewiesen (BVerfGE 74, 163, 180). Ebenso wie bei der Entscheidung zum Hausarbeitstag liege hier eindeutig keine Ungleichbehandlungen wegen des Geschlechts vor (BVerfGE 52, 369).

127 Nach ihrer Auffassung müssen Rechtsnormen so verändert werden, daß sie männliche Dominanz in den einzelnen Bereichen abbauen (Sacksofsky 1991, 312ff.). Sacksofsky fordert den Gleichberechtigungsgrundsatz des Abs. 2 als gruppenbezogenes Grundrecht, hinter das Abs. 3 als allgemeinere Norm zurücktreten muß, solange ein Rechtsbereich von Männern dominiert wird. Sie nimmt mit diesem Vorschlag ähnlich wie auch Catharine A. MacKinnon (vgl. 1994) mit dem Dominanzansatz Bezug auf die sozialen Geschlechterverhältnisse als Macht- und Unterdrückungsverhältnisse. Nicht die sozial konstruierten Rollen von Frauen als Ehefrauen und Mütter müssen im Rechtsvergleich politisiert werden, sondern die Ungleichgewichtigkeiten und Behinderungen dieser Geschlechterrollen.

128 Wie vor allem das EuGH-Urteil vom 17.10.1995 belegt, ist eine bevorzugte Förderung von Frauen angesichts des formalen Gleichheitsanspruches nach wie vor strittig. Grund-

Die Kollision zwischen dem schützenswerten Freiraum des geschlechtsneutralen Individuums, das sowohl Frauen als auch Männer als Rechtssubjekte anspricht, und der Beachtung von Frauen in ihren sozialen Geschlechtsrollen bewältigte Benda in einem Gutachten[129] damit, daß er den Frauen ein subjektives Recht auf Quotierung verwehrt und dem Staat lediglich die Möglichkeit einräumt, Maßnahmen zum bevorzugenden Ausgleich zu erlassen (Benda 1986, 104 ff.). Dabei kam er unter anderem zu dem Ergebnis, daß Abs. 2 zwar „keine Verpflichtung des Staates zur aktiven Verwirklichung faktischer Gleichberechtigung" (Benda 1986, 104ff.) beinhalte und damit kein direkter Gesetzgebungsauftrag wie mit Art. 6 Abs. 5 GG oder Art. 98 Abs. 1 GG formuliert wurde, aber Art. 3 Abs. 2 eine unmittelbar zu vollziehende Rechtsnorm sei, aus der sich das „Verbot gegenüber Gesetzgeber, Exekutive und Rechtsprechung ergibt, Männer und Frauen rechtlich ungleich zu behandeln" (ebd., 110). Benda differenziert Rudolph (1996, 50) zufolge zwischen dem Gleichberechtigungsartikel als individuelles Grundrecht (was heißt, Individuen können es in Anspruch nehmen und einklagen) und dem Gleichberechtigungsgebot als objektivem Wertmaßstab (Herstellung von faktischer Gleichheit) und Teilhaberecht (Benda 1986, 123). Nur aus letzterem ließe sich die Aufgabe des Staates ableiten, Gleichberechtigung herzustellen. Doch dürfe die Anerkennung als objektiver Wertmaßstab trotzdem nicht das individuelle Grundrecht aushebeln (vgl. ebd., 128), das den BürgerInnen einen Anspruch auf rechtliche Gleichbehandlung unabhängig vom Geschlecht gewährt. Damit stellte er das individuelle Grundrecht forma-

---

lage der sogenannten „Kalanke-Entscheidung" war die Vorlage des Bremer Gleichstellungsgesetzes durch das Bundesarbeitsgericht (BAG) im Sommer 1993 an den Europäischen Gerichtshof (EuGH) in Luxemburg mit der Frage, ob die Bremer Quotierungsregelung mit der Europäischen Gleichbehandlungsrichtlinie 76/207/EWG vom 9.12.1976 vereinbar sei. Der EuGH entschied daraufhin gegen die Vereinbarkeit der Bremer Quotierungsregelung mit der europäischen Gleichbehandlungsrichtlinie und verwies in seiner Begründung vor allem auf den in Absatz 1 formulierten Grundsatz der Gleichbehandlung von Männern und Frauen, der auch die Grundlage der 1980 in das BGB aufgenommenen Diskriminierungsverbote im Erwerbsleben ist (§§ 611a, 611b, 612 Abs, 3 BGB). Hinsichtlich dieses Grundsatzes sahen die RichterInnen des Europäischen Gerichtshofes nun u.a. eine mögliche Diskriminierung von Männern aufgrund des Geschlechts, wenn Frauen bei gleicher Qualifikation ein Vorrang eingeräumt wird. Vgl. zum EuGH- Urteil besonders Berghahn 1996d, 229ff.; Raasch 1995; Rust 1996.

129 Es handelt sich dabei um das Gutachten über die „Notwendigkeit und Möglichkeit positiver Aktionen zugunsten von Frauen im Öffentlichen Dienst" (1986), das Benda für die damalige Hamburger Leitstelle Gleichstellung der Frau erstellte. U.a. kam er zu dem Schluß, daß der (Rechts-)Staat die Aufgabe habe, eine praktische Konkordanz zwischen dem individuellen Gleichheitsrecht und der Herstellung faktischer Gleichheit herzustellen.

ler Gleichbehandlung auch für Männer über die Anerkennung des Gleichberechtigungssatzes als objektive Wertnorm.

Daß die Ergebnisse von Benda seiner Zeit aus dem Dilemma nicht herausführten[130], lag wohl auch daran, daß dem Abs. 2 bereits vor der Hinzufügung des Satzes 2 ein Widerspruch immanent war: Einerseits negiert das formale Gleichheitsgebot in Art. 3 den Geschlechterstatus der Individuen für die Gültigkeit von Rechtsbeziehungen, um ihn andererseits gleich wieder als sozialen Geschlechterstatus einzuführen. Ob der Gleichberechtigungssatz freilich als Diskriminierungsverbot, als Dominierungsverbot, wie Ute Sacksofsky (1991, 315) vorschlägt, oder als eine für den demokratischen Gesetzgeber gültige Rechtsnorm gesehen wird, hat zwar für die Gleichstellung der Geschlechter graduell unterschiedliche Auswirkungen, schafft aber keine wirklichen Lösungen. Stattdessen hätte eine Präzisierung des Begriffes Gleichberechtigung bereits in der Verfassung not getan, um wirkliche Veränderungen in der Privatheit der Familie und des Erwerbslebens zu bewirken.

In Ergänzung dazu macht die nach wie vor bestehende Dominanz der formalen Rechtsgleichheit in Art. 3 Abs. 3 GG, das sich zudem um die männliche Gleichstellung sorgt, die Schwierigkeiten des herrschenden Rechtsverständnis mit der Geschlechterdifferenz offenkundig. Das Verfassungsrecht hat sich hier mit einer Spitzfindigkeit gerettet, indem es aus dem Verbot, Männer und Frauen rechtlich ungleich zu behandeln, noch lange kein inhaltlich präzisiertes Gebot für die gesellschaftlichen Bereiche ableitet, Frauen und Männer gleichwertig zu behandeln. Im Zweifelsfalle räumt das Verfassungsrecht dem Anspruch auf Gleichbehandlung durch das Recht gegenüber dem relativ schwachen Anspruch nach Aufhebung geschlechtlich bedingter sozialer und gesellschaftlicher Benachteiligungen einen Vorrang ein. Deshalb dient nach Einschätzung vieler feministischer Rechtswissenschaftlerinnen der Kompromiß kaum dazu, die bestehenden Ungleichheiten zwischen Frauen und Männer zu kompensieren (vgl. Rudolph 1996, 243). Vielmehr ist zu erwarten,

> „daß sich das Bundesverfassungsgericht irgendwann einmal definitiv zu der Frage äußern muß, wieviel Ungleichbehandlung zur Herstellung von realer Gleichheit erlaubt sein soll und inwieweit das Ziel, eine Gleichheit der sozialen Ergebnisse zu fordern, Grund und Maßstab für Durchbrechungen der Gleichbehandlung sein darf" (Berghahn 1999a, 323).

---

130 Bis heute gilt das eingefügte Staatsziel als eine „dunkle Sentenz" (Isensee 1993, 2585), die kaum zur Legitimation von Frauenförderung und Quotierung herangezogen werden kann. Die Frage nach der Verfassungsmäßigkeit der Quote ist dem zufolge nach wie vor offen und ungeklärt. Vgl. dazu Fisahn 1995; Kokott 1995; König 1995; Osterloh 1996; Pfarr 1995; Plett 1995/96; Raasch 1995.

Normativ gesehen ist die Geltungskraft des Gleichberechtigungsgrundsatzes in der Verfassung nicht limitiert. Gerade mit dem nachträglich eingefügten Staatsziel wurde der ursprünglichen Absicht emphatisch Nachdruck verliehen, die Gleichberechtigung für den gesamten gesellschaftlichen und sozialen Bereich durchzusetzen. Die Möglichkeit zum großen Wurf war damit gegeben, in der Praxis jedoch, so darf konstatiert werden, flog der Ball bei weitem nicht so weit. Der grundrechtliche Schutz geschlechtlicher Differenz verfing sich – wie mit diesem Kapitel deutlich geworden ist – allzu oft in den jeweils unterschiedlichen verfassungspolitischen Interpretationen von Gleichheit und Gleichberechtigung. Die Unbestimmtheit des verfassungsrechtlichen Gleichheitsverständnis korrespondiert dabei einer bemerkenswerten Hilflosigkeit gegenüber der Geschlechterdifferenz: Einmal als biologische Verschiedenheit begriffen, dann wieder an funktional-familialen Geschlechterrollen festgemacht, um sich schließlich doch noch der sozialen Ungleichheit zu öffnen, präsentiert sich das Geschlecht des Grundgesetzes ohne Kontur und bleibt damit dem richterlichen und gesetzgeberischen Belieben ausgesetzt. Insofern kann der Schlußfolgerung, die Reich-Hilweg in ihrem historischen Rekurs zum Gleichberechtigungsgrundsatz gezogen hat, nur bedingt zugestimmt werden. Dessen nachweisliche „Atrophie" im Gesetz zur Gleichberechtigung 1957 mag einerseits tatsächlich daran gelegen haben, daß der Gesetzgeber „die Gleichberechtigung aller ökonomischen Bezüge entkleidet" (Reich-Hilweg 1979, 36) hat, obwohl der Verfassungsgeber das Lohngleichheitsgebot als wesentlich für die Gleichberechtigung der Frau sah.

Welche Folgen mit einem Geschlechts- und Differenzbegriff ad libitum für den sozialen und politischen Rechtsstatus von Frauen und das gesellschaftliche Geschlechterverhältnis verbunden sind, läßt sich demzufolge lediglich in der Gegenüberstellung und Zusammenschau verfassungsrechtlicher Normen, die das Geschlecht betreffen, untersuchen. Sind im Gleichberechtigungsartikel Gleichheitsvorstellungen und eine wie auch immer verstandene Geschlechterdifferenz normative Bezugspunkte grundrechtlicher Politiken, verknüpft der Familienrechtsartikels das Problem der Gleichbehandlung geschlechtlicher Differenz mit dem Strukturelement der familialen Privatheit. So zeigt das folgende Kapitel zum Grundrechtsartikel 6 zu Ehe und Familie, daß der verfassungsrechtliche Schutz geschlechtlicher Differenz ambivalenter ausfällt, wenn die Privatheit der Familie als eine weitere Erklärungsvariable für die Paralyse des rechtsstaatlichen Systems gleicher Freiheitssicherung herangezogen wird.

8. Verfassungsschutz der Familie

„Familienpolitische Forschungsfragestellungen (scheinen sich)
– auf den ersten Blick – nicht um die im Zentrum politikwissenschaftlichen
Erkenntnisinteresses stehenden Begriffe im Spannungsfeld
zwischen Macht und Herrschaft zu gruppieren."

(Irene Gerlach 1996, 13)

Daß die politische Regulierung der Familie auf die konkrete Lebenssituation von BürgerInnen Auswirkungen hat, die durchaus mit den Begriffen von Macht und Herrschaft beschrieben werden können, ist eine kaum zu leugnende Tatsache. Warum die Familie und die Familienpolitik dennoch nicht zu den „Paradethemen" der Politikwissenschaft zählen, kann freilich mit methodischen Gesichtspunkten plausibel gerechtfertigt werden:

„(...) denn kaum ein anderer Politikbereich ist ein so differenziertes und scheinbar unüberschaubares Geflecht von Verursachung und Wirkung unterschiedlichster Einflüsse auf die Lebenssituationen derjenigen sozialen Gruppen gestellt, die wir in einer jeweiligen historischen Epoche als Familie bezeichnen" (Gerlach 1996, 13).

Erstaunen mag jedoch, warum trotz der hohen politischen und ordnungspolitischen Bedeutung der Familie ihre verfassungsrechtliche Verankerung im Grundgesetz keineswegs beschlossene Sache war (vgl. Gerlach 1996, 95). Wollte die CDU-Fraktion in Anlehnung an den Art. 14 der UN-Menschenrechtsdeklaration die „Ehe als die rechtmäßige Form der dauernden Lebensgemeinschaft von Mann und Frau und die aus ihr wachsende Familie sowie die aus der Ehe und der Zugehörigkeit zur Familie fließenden Rechte und Pflichten" unter den besonderen Schutz der Verfassung stellen (vgl. Schmid 1989, 265), lehnten SPD- und FDP-Mitglieder im Parlamentarischen Rat eine verfassungsmäßige Regelung eines „traditionell-biologischen oder moralischen Sachkomplexes" (ebd., 266) ab. Schließlich aber setzte sich die konservative Seite mit einem Entwurf durch, der nach wie vor der Ehe für das familiale Zusammenleben eine besondere Stellung einräumt, auch wenn der Beisatz „Sie bildet die Grundlage der Familie" im

Rahmen der zweiten Lesung durch den Redaktionsausschuß gestrichen wurde (Gerlach 1996, 97). Von noch größerem Interesse allerdings ist eine weitere Veränderung, die den „Schutz der Verfassung“[131] durch den „Schutz der staatlichen Ordnung“ ersetzte. Dadurch zog sich aus der Sicht von Irene Gerlach, die sich an dieser Stelle auf Aussagen von Viola Schmid (1989, 277) bezieht, der Staat in bezug auf die Bestimmung der Familie „von einer Position der rechtlichen Definition auf eine Position zurück, die von größere Neutralität gekennzeichnet ist und der ‚Definitionsmacht‘ gesellschaftlicher Determinanten ein deutliches Existenzrecht zuspricht“ (Gerlach 1996, 97). Es wird zu prüfen sein, ob diese These hinsichtlich einer Öffnung gegenüber gesellschaftlichen Veränderungen und Normen tatsächlich auch dann zutrifft, wenn nicht nur die Auswirkungen des grundrechtlichen Schutzes auf die Inhalte des einfachen Rechts berücksichtigt werden, sondern auch der damit verbundene Einfluß auf den sozialen und politischen Status von Frauen.

Ehe und Familie in der Verfassung

Mit der verfassungsrechtlichen Verankerung des Art. 6 GG zur Ehe und Familie wurde die zentrale Bedeutung der Familie für die gesellschaftliche Ordnung bestätigt, auch wenn zu diesem Zeitpunkt weder durch das Grundgesetz noch durch das einfache Recht verbindlich definiert wurde, was überhaupt unter Familie und Ehe zu verstehen sei (vgl. Lecheler 1989, 218).

Allgemein gesehen hat das Grundgesetz hier nach Auffassung von Dieter Suhr (1976) „die Entfaltung des Menschen durch die Menschen“ vor Augen. Im Hinblick auf die Freiheit, die mit diesem Grundrecht gesichert wird, unterscheidet sich dieses Grundrecht insofern von anderen, als hier die Grenze zwischen Individuum und Gemeinschaft aufgehoben ist (vgl. Luhmann 1974, 104). Demnach besteht die persönliche Freiheit, die das Grundrecht der Ehe und Familie gewährt, mit einem Partner die Ehe einzugehen (vgl. BVerfGE 36, 146, 162) und schützt damit eine unantastbare Privatsphäre in Form der familialen und ehelichen Gemeinschaft.

Im Vergleich zu dieser Auffassung, die auf das natürliche Bedürfnis der Menschen nach Vertrautheit und Leben in der sozialen Gemeinschaft abstellt, muß nach Peter Häberle (1984, 1) Familie als Bestandteil von Ver-

131 Diese Formulierung stand in Anlehnung an die Weimarer Reichsverfassung ursprünglich im Entwurf, der an den Hauptausschuß weitergeleitet wurde (vgl. dazu Schmid 1989, 270).

fassung und Verfassungsstaatlichkeit „kulturanthropologisch“[132] erklärt und demnach als eine „kulturelle Strukturnorm“ (ebd., 6) begriffen werden. Im Gegensatz zur naturrechtlichen Begründung stellt im kulturellen Begriff die Familie einen gesellschaftspolitischen Wert dar. In diesem Sinne gilt die Familie „als eine mögliche Form Mensch zu sein, Menschenwürde zu leben und Persönlichkeit zu entfalten – insofern besteht ein innerer Bezug zu Art. 1 Abs. 1 und Art. 2 Abs. 1 GG“ (ebd.) und, so Häberle weiter:

„Wenn Freiheit irgendwo *nicht* ‚natürliche‘ Handlungsfreiheit, sondern *kulturell erfüllte* Freiheit ist, so im familiären Bereich. Denn Familie ist Kultur, weil die vielberufene ‚Natur‘ des Menschen immer Ausdruck von – wandelbarer – Kultur ist. Auch Familie als vielzitierte ‚*natürliche* Grundlage‘ von Staat und Gesellschaft ist eher als ‚*kulturelle* Grundlage‘ zu lesen“ (ebd., 31, Hervorhebung im Orginal).

Familie leistet aus seiner Sicht „pädagogische Verfassungsinterpretation, die eine freiheitliche Demokratie für ihre Bürger braucht und die sie ihren Bürgern anvertrauen kann“ (ebd., 15). Indem der Verfassungsschutz der Familie auf die demokratische Erziehung zum Bürger zielt (vgl. ebd., 17), erwächst aus der verfassungsrechtlichen Regulierung der Familie eine enorme Bedeutung für den selbstbestimmten, menschenwürdigen Status des Individuums in der Gesellschaft. Dies und „die prinzipiell grundrechtliche Strukturierung der Familie i.S. der Verfassung‘ sind die beiden heutigen verfassungsstaatlichen Entsprechungen zwischen demokratischer Staatsform und Familie“ (ebd., 16). Die Verwirklichung individueller Freiheit liegt ebenso in ihren Händen wie die Freiheit, aktive und selbstbestimmte BürgerInnen einer sozialen und politischen Gemeinschaft zu sein.

Dem Verfassungsschutz der Familie lassen sich dieser Ausführungen zufolge also insgesamt zwei Motive unterstellen: Einmal der Schutz einer familialen Privatheit, in der sich Menschen durch Menschen entfalten können, und zum anderen die Entlastung staatlicher Institutionen, indem die Familie eine bedeutende Sozialisationsfunktion übernimmt. Mit der ihr sozial und kulturell unterstellten Bedeutung für die Verwirklichung persönlicher und politischer Freiheit, für die Befähigung zum sozialen Handeln und politischen Handeln legitimiert sich für Häberle Familienpolitik als Grundrechtspolitik (ebd., 32) und stellt die Grundrechte in ihrer Gesamtheit und die gesellschaftliche Steuerung durch sie in den Mittelpunkt der Betrachtung. Allerdings steht, wie Häberle einräumt, eine systematische Betrachtung der Verflechtung der Familie mit den Grundrechten vor allem der Menschenwürde und Freiheit, mit individueller Freiheitssicherung und politischer

132 Häberle nimmt mit dieser Auslegung eine Abgrenzung zu einer naturrechtlichen oder soziologischen Definition von Familie vor.

Partizipation, Schutz der Privatheit und Öffentlichkeitsprinzip im Sinne einer Verfassungstheorie der Familie noch aus (vgl. ebd., 4). Erste Ansätze zur theoretischen Einordnungen des Ehe- und Familienartikels 6 GG als „Feld der sozialen Ordnung" (Ridder 1975, 51) des Grundgesetzes, als „natürliche, rechtlich abgesicherte Lebensgemeinschaften" (Denninger 1979, 168), als „Legitimität eines Kultursystems" (Smend 1968, 266) liegen zwar vor, doch können sie allenfalls als Grundlage einer noch zu leistenden systematischen verfassungsstaatlichen Betrachtung der Familie herangezogen werden.[133]

Dieser noch ausstehenden Systematik ungeachtet, bestätigt das herrschenden Verfassungsverständnis mit dem Verfassungsschutz der Familie nachdrücklich die Familie als konstitutiven Bestandteil verfassungsstaatlicher und rechtsstaatlicher Entwicklung. Wenn das Bundesverfassungsgericht die in Art. 6 GG angelegten Schutzdimensionen als „verfassungsimmanent" und damit als „untrennbaren Bestandteil der Verfassung" bzw. als eigentlichen „Kern der freiheitlich-demokratischen Ordnung des staatlichen Lebens" (BVerfGE 31, 58, 73) bezeichnet, dann stellt es den verfassungsrechtlichen Schutz der Familie zweifelsohne in das Zentrum des Grundgesetzes (Häberle 1984, 5, Anm. 17) und behauptet ihn als solchen aus dem Grundgesetz erklärbar. Ist damit die grundrechtliche Fundierung und Strukturierung der Familie durch den Verfassungsschutz im herrschenden Verfassungsverständnis unbestritten (vgl. ebd., 25), wird demgegenüber die damit einhergehende grundrechtliche Fundierung und Strukturierung von Geschlechterrollen bislang kaum zur Kenntnis genommen geschweige denn reflektiert. Es wird aber im folgenden zu zeigen sein, daß die „Doppelnatur" (ebd., 16) der Familie, einerseits Verkörperung individueller Privatheit und wesentliches Strukturelement des politisch-öffentlichen Gemeinwesen andererseits, das Verhältnis zwischen Staat und Familie in augenscheinlich ebenso paradoxer Weise prägt wie das zwischen Staat und Frauen.

133 Darüber hinaus gibt es Arbeiten zur verfassungsrechtlichen Bedeutung der Familie von Heinsohn/Knieper (1976); Stein (1982); Stein (1975); Ridder (1975); Denninger (1979); Böckenförde (1980); Smend (1968).

Auf der grundgesetzlichen Ebene stellt Art. 6[134] zu Ehe und Familie in Abs. 1 die Ehe und Familie unter den besonderen Schutz des Staates, Abs. 2 und 3 erklärt die Pflege und Erziehung der Kinder zum individuellen Recht der Eltern, schreibt diese Aufgaben jedoch auch als Pflichten fest, wobei der Staat ein Wächteramt übernimmt; Abs. 4 gesteht der Mutter einen Anspruch auf den Schutz und die Fürsorge seitens der Gemeinschaft zu und Abs. 5 formuliert einen Gesetzgebungsauftrag zum Schutz gleicher Entwicklungsmöglichkeiten unehelicher Kinder.

Gemäß diesen Absätzen vereint Art. 6 GG nach herrschender Meinung von Verfassungsinterpreten zum einen individuelles Abwehrrecht, soziales Teilhaberecht sowie Institutionengarantie (vgl. Schwab 1989, 6ff.). Konkret gesteht das mit Abs. 1 formulierte Abwehrrecht den BürgerInnen die Freiheit zu, „ihren religiösen und weltanschaulichen Verpflichtungen mit allen Konsequenzen nachzuleben" (BVerfGE 10, 59, 83). Offiziell fällt darunter auch die eheliche Arbeitsteilung zwischen Beruf und Familie.[135] Als individuelle Freiheitsrechte gelten darüber hinaus vor allem diejenigen Absätze, die Elternrecht regeln (Abs. 2 und 3). Als freiheitliche Grundrechte beinhalten sie einen Anspruch auf eine *selbstbestimmte rechtsfreie Gestaltung des Privatsphäre* (BVerfGE 6, 55, 71) und dienen in diesem klassischen Sinne auch als Absicherung gegen Eingriffe in die freie Lebensgestaltung. Allerdings verbindet das Gericht in seiner Auslegung von Art. 6 Abs. 2 GG das Elternrecht als „natürliches Recht" (Correll 1998, 116)[136] zugleich mit einer Pflicht, die das Gericht mit dem Begriff der „Elternverantwortung" (BVerf-

---

134 Der Wortlaut von Artikel 6 GG lautet: (1) Ehe und Familie stehen unter dem besonderen Schutz der staatlichen Gemeinschaft. (2) Pflege und Erziehung der Kinder sind das natürliche Recht der Eltern und die zuvörderst ihnen obliegende Pflicht. Über ihre Betätigung wacht die staatliche Gemeinschaft. (3) Gegen den Willen der Erziehungsberechtigten dürfen Kinder nur auf Grund eines Gesetzes von der Familie getrennt werden, wenn die Erziehungsberechtigten versagen oder wenn die Kinder aus anderen Gründen zu verwahrlosen drohen. (4) Jede Mutter hat Anspruch auf den Schutz und die Fürsorge der Gemeinschaft). (5) Den unehelichen Kindern sind durch die Gesetzgebung die gleichen Bedingungen für ihre leibliche und seelische Entwicklung und ihre Stellung in der Gesellschaft zu schaffen wie den ehelichen Kindern.

135 Das Abwehrrecht, das im klassichen Sinne die familiale Privatheit gegen staatliche Eingriffe schützt, spricht im Umkehrschluß ein Schädigungsverbot der privaten Sphäre des Individuums aus. In dieser Auslegung verstärkt es das allgemeine Freiheitsgrundrecht in Art. 2 GG (vgl. Schwab 1989, 6).

136 Correll verweist hier auf den Kommentar von Hans Zacher in: Isensee/Kirchoff (Hg.) 1989.

GE 24, 119, 143) umschreibt. Den Ausnahmecharakter des Grundrechts, wie er mit der Sicherung einer ‚Freiheit zur Pflicht' deutlich wird[137], begründet das Gericht mit dem Hinweis auf das Elternrecht als „dienendes Grundrecht", worunter es „eine anvertraute treuhänderische Freiheit" (BVerfGE 59, 360, 376 f.) versteht, die den Eltern zugunsten des Kindes eingeräumt wird.

Neben der individuellen Freiheitssicherung, die persönliche Entfaltung und Verantwortungsübernahme ermöglichen soll, gilt Abs. 1 (Schutz der Familie) darüber hinaus auch als „wertentscheidende Grundsatznorm", ebenso wie Abs. 4 (Schutz der Mutter) und Abs. 5 (Schutz unehelicher Kinder) (vgl. Maunz/Düring/Herzog 1980, Anm. I 5.a zu Art. 6). Die Aufforderung an das einfache Recht und damit an den Gesetzgeber lautet, Maßnahmen zum Schutz der familialen Privatheit zu ergreifen und das Ehe- und Familienrecht so zu gestalten, daß es die Selbstbestimmung und die Würde der Familienmitglieder garantiert und ermöglicht.[138] Staatliche Eingriffe legitimieren sich aber immer nur dann, sofern sie „zum Schutze öffentlicher Interessen" (BVerfGE 76, 1, 45) unerläßlich sind. Aus diesem Schutzauftrag leitete das Bundesverfassungsgericht in seiner Entscheidung vom 17.1.1957 (BVerfGE 6, 55, 76) auch einen Förderauftrag ab, indem es die parlamentarische Gesetzgebung verpflichtet, Ehe und Familie nicht nur vor Beeinträchtigungen seitens anderer gesellschaftlicher Kräfte zu schützen, sondern sie darüber hinaus auch mit geeigneten Maßnahmen zu fördern. Allerdings bleibt das Bundesverfassungsgericht bis heute ausgesprochen zurückhaltend, wenn es darum geht, das Fördergebot zu präzisieren. Im Gegensatz zum Schädigungsverbot, welches das Bundesverfassungsgericht mehrfach mit seinen Entscheidungen konkretisierte[139], entband das Gericht den Staat von der Verpflichtung, jegliche Belastung für die Familie auszugleichen und machte in einer Vielzahl seiner Entscheidungen klar, daß sich aus dem Schutzauftrag keine staatlichen Ansprüche ableiten lassen[140].

---

137 Der Familienrechtsartikel ist das einzige Grundrecht, das ein individuelles Freiheitsrecht mit einer Pflicht verbindet. Ansonsten gilt der Grundrechtsteil als Freiheits- oder Wertordnung, aber nicht als Pflichtenordnung (vgl. dazu auch Hellermann 1993, 35)

138 Das Bundesverfassungsgericht rechtfertigt in diesem Zusammenhang den staatlichen Schutz „nicht nur im individuellen Interesse der Freiheit der Ehepartner und Familienangehörigen", sondern mit der „Freiheit des einzelnen in der gelebten Gemeinschaft und um des Erhalts dieser Gemeinschaft willen" (BVerfGE 76, 1, 45).

139 Gemeint sind Vorgaben, die es etwa dem Staat untersagen, Familie und Ehepaare im Steuer- oder Versorgungsrecht zu benachteiligen. Eine umfassende Dokumentation zu diesbezüglichen verfassungsgerichtlichen Entscheidungen findet sich etwa bei Schwab 1989, 7.

140 Vgl. hierzu BVerfGE 32, 260, 273; BVerfGE 43, 108, 121; BVerfGE 28, 104, 113; BVerfGE 39, 316, 326; BVerfGE 45, 104, 125; BVerfGE 75, 348, 360.

Institutsgarantie oder verfassungsrechtlicher Schutz der ehelichen Familie

Das Nebeneinander von Förderfunktion, Schutz- und Freiheitsgarantie im Grundrecht zur Ehe und Familie wird darüber hinaus durch die institutionelle Absicherung der Ehe ergänzt. Die Institutsgarantie erfolgt über einen nicht abwehrrechtlichen, sondern objektivrechtlich, also inhaltlich festgelegten grundrechtlichen Schutz, der gleichzeitig ein Verbot für den Staat ausspricht (BVerfGE 6, 55, 76), Ehe und Familie zu benachteiligen.[141]

Mit dem Prinzip der Einehe, dem Gebot der Zurückhaltung des Staates bei der Formulierung von Ehehindernissen, der grundsätzlich verankerten Freiheit zur Eheschließung oder dem Hinweis auf die grundsätzliche Unauflösbarkeit der Ehe (vgl. Schwab 1989, 6) sind in die Institutsgarantie des Art. 6 GG Vorstellungen zu Familie und Ehe eingelassen, die zwar ein bestimmtes Verständnis dieser Lebensgemeinschaft transportieren, mit welchen sich aber nicht auf den ersten Blick die Verfassungsbegriffe von Ehe und Familie erschließen lassen. Die eindeutige Verbindung zwischen Ehe und Familie zur Institution der ehelichen Familie im Wortlaut des Grundgesetzes bestätigt das Bundesverfassungsgericht folgendermaßen:

> „Ehe ist auch für das Grundgesetz die Vereinigung eines Mannes und einer Frau zu einer grundsätzlich unauflösbaren Lebensgemeinschaft, und Familie ist die umfassende Gemeinschaft von Eltern und Kindern, in der den Eltern vor allem Recht und Pflicht zur Pflege und Erziehung der Kinder erwachsen. Dieser Ordnungskern der Institute ist für das allgemeine Rechtsgefühl und Rechtsbewußtsein unantastbar." (BVerfGE 10, 59, 66)

Die Ehe als verfassungsrechtlicher Begriff, wie sie in der Auslegung des Bundesverfassungsgerichts aufscheint, bestätigt demnach die Ehe als Ordnungsinstrument, schreibt sie als lebenslange Gemeinschaft fest[142], die nur in Form rechtlich festgelegter Modi wieder geschieden werden kann[143] und schließt darüber hinaus Ehen zwischen gleichgeschlechtlichen Paaren definitiv aus. Die ordnungspolitische Funktion der grundrechtlichen Institution Ehe ergibt sich für Barbara Stiegler dabei aus insgesamt vier Merkmalen, die ihre Wurzeln in der christlich-abendländischen Tradition haben (vgl. Stiegler

---

141 Für einen aktuellen Überblick der familienpolitischen Leistungen vgl. insbesondere die Publikationen von Gerlach 1996, Lampert 1996 und Wingen 1997.

142 Das Bundesverfassungsgericht befindet sich hier in Übereinstimmung mit § 1353 BGB (vgl. Lecheler 1989, 219)

143 Die Festlegung der Ehe als grundsätzlich unauflösliche Gemeinschaft bedeutet in diesem Verständnis allerdings nur, daß eine Auflösung der Ehe nicht in das Belieben einzelner gestellt ist, sondern an rechtliche Regeln und Verfahrensweisen gebunden ist (vgl. Gerlach 1996, 101).

1992, 9): Die Ehe ist (1) eine Gemeinschaft der Geschlechter, die lebenslang gültig ist, sie ist (2) monogam strukturiert, sie ist (3) eine öffentlich-deklarierte Beziehung und (4) auf Nachkommen gerichtet.

Doch auch wenn das Bundesverfassungsgericht mit dieser Definition sittliche Zielnormen formuliert (vgl. Lecheler 1989, 223ff.), hat es sich in den vergangenen Jahren ohne Frage um eine Konkretisierung der Eheschließungsfreiheit und eine Anpassung des verfassungsrechtlichen Ehebegriffs an den real-gesellschaftspolitischen Bedeutungswandel der Familie bemüht. Als Beispiel kann etwa die Entscheidung gelten, wonach „der Verfassung des Grundgesetz das Bild der ‚verweltlichten' bürgerlich-rechtlichen Ehe (zugrundeliegt), zu dem es auch gehört, daß die Ehegatten unter dem vom Gesetz normierten Voraussetzungen geschieden werden können und damit ihre Eheschließungsfreiheit wiedererlangen" (BVerfGE 31, 58 , 82f.). Für die richterliche Berücksichtigung zeitgenössischer Auffassungen zu Ehe und Familie, wie sie in weiten Teilen der Bevölkerung inzwischen prominent sind, spricht darüber hinaus auch die weltliche Erweiterung des Familienbegriffs (vgl. Lecheler 1989, 226). Definitionsmerkmale, wie etwa die Familiengründung aus der Blutsverwandschaft und die staatliche Eheschließung als Geltungsgrundlage für Familie verlieren zugunsten der Integration nichtehelicher Lebensgemeinschaften in den Familienbegriff aufgrund eines ansteigenden Regelungsbedarfs zunehmend an Bedeutung. Deutlich wird dies an den Bestimmungen des Familienartikels, die im Verlauf der vergangenen 50 Jahre – im Hinblick auf den Schutz nichtehelicher Kindern bzw. dem Sorgerecht für nichteheliche Eltern (vgl. Frommel 1991a, 181) – sowohl durch die Rechtsprechung des Bundesverfassungsgerichts präzisiert als auch mit dem Gesetzesrecht konkretisiert wurden.

Reformierung von Ehe und Familie im Bürgerlichen Gesetzbuch

Die mit dem ersten Gesetz zur Reform des Ehe- und Familienrechts am 14. Juni 1976 (1. EheRG.) erfolgten Änderungen im BGB[144] bezogen sich in der Hauptsache auf das Namens- und auf das Scheidungsrecht[145]. Nunmehr kann nicht mehr nur der Name des Mannes zum Ehenamen gewählt werden, sondern auch der der Frau. Der Zwang zum gemeinsamen Namen wurde inzwi-

144 Zur historischen Entwicklung des Ehe- und Familienleitbildes im bürgerlichen Gesetzbuch seit 1896 vgl. Schwab 1997.

145 BGBl. I 1976, 1421

schen auch aufgehoben.[146] Doch als wesentlicher für die Bewertung der gesetzlichen Regelung von Ehe und Familie ist, daß mit dieser Reform das Leitbild der Hausfrauenehe aufgegeben wird, indem nach § 1356 BGB nun beide Ehegatten erwerbstätig sein dürfen. Ein neues Eheleitbild wird jedoch in der Auffassung von Ingrid Langer El-Sayed (1980, 214) nicht formuliert. Das Leitbild einer „Erwerbstätigen-Ehe" beispielsweise hätte über die „eigene Erwerbsbiographie" oder „sozialen Biographie" von Frauen, „auch den Mann stärker verpflichten können, seine Aufgaben in Haushalt und Familie zu übernehmen" (ebd., 214). Stattdessen erfolgte die Gleichstellung von Erwerbstätigkeit und Haushaltsführung, wobei der damit betonte Rollenpluralismus bzw. die freie Aufgabenverteilung in der Ehe nur scheinbar ist, insofern es in der Begründung zum 1. EheRG und in den Gesetzeskommentaren zum BGB eindeutig heißt, daß die traditionelle Hausfrauenehe in manchen Phasen der Ehe durchaus erforderlich sei und die Frau in verstärktem Maße auf die Belange der Familie Rücksicht zu nehmen habe, wenn Kinder zu pflegen oder zu erziehen sind (vgl. Berghahn 1993a, 110).[147]

Im Rahmen der Reformierung des Scheidungsrecht wurde desweiteren das Schuldprinzip abgeschafft und durch das Zerrüttungsprinzip ersetzt. Damit wurden Scheidung und Scheidungsfolgen von der Schuldfeststellung und damit von einer „verkrampfte(n) Überwertung des Sexuellen" (Langer-El Sayed 1980, 216) abgetrennt. Langer-El-Sayed sah im Schuldprinzip vor allem auch deshalb „ein Instrument zur sexuellen Disziplinierung von Frauen" (ebd., 217), weil Unterhaltszahlungen von der festgestellten Schuld abhängig gemacht wurden, was besonders für nichterwerbstätige Ehefrauen weitreichende Konsequenzen hatte. Darüber hinaus ist auch das Sorgerecht nicht mehr von der Schuld abhängig, sondern – nach dem Gesetz zur Neuregelung der elterlichen Sorge vom 10. Mai 1979 – vom Wohl des Kindes (§ 1671 BGB). Dennoch stellt sich auch für eine deutlich ‚liberalisierte' Scheidungsregelung nach wie vor die Gleichberechtigungsfrage. Denn auch das Zerüttungsprinzip führte – bei aller geschlechtlich indifferenten Behandlung der Scheidungsgründe – zu einer ungleichen Berücksichtigung der Fraueninteressen. Dies wird besonders deutlich, wenn die ökonomischen Folgen einer Scheidung betrachtet werden. Bereits das erste Gleichberechtigungsgesetz

146 Bis 1977 hatte der Name des Mannes Vorrang Ab diesem Zeitpunkt galt bis 1991 bei Uneinigkeit der Stichentscheid des Mannesnamens. Erst 1993/94 wurde mit dem Gesetz zur Neuordnung des Familiennamensrechts (Familiennamensrechtsgesetz) vom 16. Dezember 1994, BGBI. I 1993, 2054 die Namensregelung der freien Entscheidung der Ehepaare überlassen.

147 Nachzulesen im Originalwortlaut in: Bundesdrucksache 7/650, S. 98.

von 1957 nahm auf diese Problematik Bezug, indem es die Zugewinngemeinschaft als gesetzlichen Güterstand einführte und die gleiche Aufteilung der während der Ehe erzielten Zugewinne mit der Gleichwertigkeit von Erwerbstätigkeit und Hausarbeit begründete (vgl. Schwab 1997, 816). Dennoch fand eine angemessene Berücksichtigung der unterschiedlichen Geschlechterrollen erst mit der Neuregelung des Scheidungsrechts 1976 statt, indem zukünftig nicht mehr nur der Maßstab der gleichen Verteilung des Zugewinns angelegt wurde, sondern dem wirtschaftlich schwächeren Teil eine angemessene Sicherung seiner Lebensbedürfnisse zugestanden werden sollte (vgl. ebd., 816).

Zu diesem Zweck wurde in Verbindung mit der Neuregelung des Versorgungsausgleiches[148] der Zugewinnausgleich, wie er vom Gleichberechtigungsgesetz beschlossen wurde, auf die Altersversorgung ausgedehnt, wobei der Versorgungsausgleich durch einen Ehevertrag ausgeschlossen werden kann.[149] Auch die Regelung des Unterhalts (§ 1569ff. BGB), wonach der Stärkere den Schwächeren während der Zeit der Pflege und Erziehung gemeinsamer Kinder, bei Alter oder Krankheit und bei Fortbildung unterstützen muß, hat - zumindest formal gesehen - die Gleichberechtigung zwischen den Geschlechtern im Auge. Während der Kinderbetreuungsunterhalt (§ 1570 BGB) zu den sogenannten „harten“ Unterhaltsgründen zählt (vgl. Berghahn 1996b, 161), gibt es bei anderen Unterhaltsgründen eine Fülle zusätzlicher Vorrausetzungen, die den Unterhaltsanspruch relativieren.[150] Dazu zählen etwa der Aufstockungs- und Arbeitslosenunterhalt (§ 1573 Abs. 1 und 2 BGB), denn hier gilt es, „allerlei Hürden zu überwinden, bevor ein solcher Anspruch gerichtlich akzeptiert wird“ (Berghahn 1996b, 161).

In der (rechts-)wissenschaftlichen, insbesondere feministischen Literatur konnte in der Bewertung der Ehe- und Familienrechtsreform bis heute keine Einigung erzielt werden. Langer El-Sayed (1980, 220) steht hier für die Position der Befürworterinnen, indem sie die 1. Reform des Ehe- und Familienrechts als einen wichtigen Schritt weg von der Ehe als Auffassung einer unaufgebbaren Institution hin zur Betonung des personalen Charakters der Ehe bewertet. Auch wird ihre These, daß die Reformierung des Ehe- und

148 Der Versorgungsausgleich gilt „als das Partizipationsrecht des in der Ehe nicht berufstätigen oder weniger verdienenden Partners an den in den Ehejahren erworbenen Renten- und Versicherungsanwartschaften“ (Lucke 1996, 96) und damit „als Novum und im internationalen Rechtsvergleich ohne Vorbild“ (ebd.).

149 Die Neuregelung der Altersvorsorge Geschiedener wurde durch das 1986 in Kraft getretene Versorgungsausgleichsergänzungsgesetz novelliert (vgl. Lucke 1996, 101).

150 Zu den komplexen Unterhaltsregelungen im BGB vgl. insbesondere Berghahn 1996b, 157ff.

Familienrechts einen Wechsel von der traditionellen Hausfrauenehe hin zu einem Ehe- und Familienverständnis vollzog, das primär das Kindeswohl im Auge hat (vgl. ebd., 221), durch die Reformierung des Scheidungsverfahrens unterstützt, das von neu eingerichteten Familiengerichten im Verbundverfahren, das heißt zusammen mit einigen Scheidungsfolgen, durchgeführt wird (§ 623 ZPO). Ihre weiterführende Auffassung, wonach der Versorgungs ausgleich die Ehe als eine „solidarische Wirtschaftsgemeinschaft" (ebd.) bestätigt, korrespondiert – freilich in der negativen Umkehrung – mit der Einschätzung von konservativer Seite, die in Zusammenhang mit der Reform besonders des neuen Scheidungsrechtes beklagte, die Ehe sei im Zuge dieser Reformen zum „Geschäft" degradiert worden (vgl. ebd., 211).[151]

Und auch die nähere Betrachtung der verschiedenen Unterhaltsansprüche sowie der einzelnen gesetzlichen Regelungen macht die Kluft zwischen Theorie und Praxis offenkundig. So muß aus der Sicht der Juristin und Rechtspolitologin Sabine Berghahn der emanzipatorische Gehalt, wie er der Familien- und Eherechtsreform mitunter zugesprochen wird, relativiert werden. Zwar soll die Pflicht zur wirtschaftlichen Eigenständigkeit geschiedene Frauen und Mütter dazu befähigen, selbst für ihr eigenes Auskommen zu sorgen, doch zusätzliche Regelungen (§ 1570ff. BGB) unterlaufen in der Praxis allzu häufig diesen Selbständigkeitsanspruch und führen zu einer „mittelbaren Diskriminierung" (vgl. Berghahn 1996b, 161ff.), weil Frauen zwar auf die private Versorgung durch den Ex-Ehemann verwiesen werden, diese Sicherung ihnen aber meist faktisch und häufig auch rechtlich dann doch versagt bleibt.[152]

---

151 Trotz massiver männlicher Widerstände ist die Durchsetzung des Versorgungsausgleiches nicht zuletzt der SPD-Abgeordneten im Deutschen Bundestag Renate Lepsius zu verdanken (vgl. Lucke 1996, 98f.).

152 So bestätigt § 1574 BGB einerseits den Unterhaltsanspruch von Frauen, wenn ihnen einräumt wird, lediglich einer angemessenen Erwerbstätigkeit nachgehen zu müssen. Andererseits relativiert die „negative Billigkeitsklausel" des § 1579 BGB den Unterhaltsanspruch von Frauen, wonach der Unterhalt ausgesetzt werden kann, wenn die Ehe nur kurzfristig andauerte, „dem Berechtigten ein offensichtlich schwerwiegendes, eindeutig bei ihm liegendes Fehlverhalten gegen den Verpflichteten zur Last fällt" (§ 1579 Nr. 6 BGB) oder aber „der Berechtigte seine Bedürftigkeit mutwillig herbeigeführt hat" (§ 1579 Nr. 3 BGB). Nicht ohne Grund sprechen Kritikerinnen deshalb von einer „Wiedereinführung des Schuldprinzips durch die Hintertür" (Berghahn 1996b, 159).

In der Auffassung von Berghahn (vgl. 1993a, 109) darf deshalb die vorsichtige und damit in bestimmten Bereichen vorgenommene Entbindung der verfassungsrechtlichen Begriffe von Ehe und Familie von sittlich-moralischen Grundwerten nicht darüber hinwegtäuschen, daß aus der Institutionengarantie von Ehe und Familie faktisch nach wie vor eine Privilegierung der Ehe erfolgt, die keineswegs das Verständnis eines Vertrages im Sinne einer privaten Angelegenheit der Beteiligten beinhaltet. Das Eheprivileg in Art. 6 Abs. 1 GG ergibt sich dabei weniger aus der Tatsache, daß die Ehe als schützenswerte Institution erscheint, sondern daß ausdrücklich nur die Ehe erwähnt wird und damit andere Beziehungskonstellationen von diesem Schutz auf der Ebene der Verfassungsinterpretation und Rechtsauslegung ausgegrenzt bleiben. Das Gebot an den Gesetzgeber, eheerhaltende Maßnahmen zu erlassen, geht dabei einher mit einem Verbot an den Gesetzgeber, nichteheliche Lebensgemeinschaften gleich oder gar besser zu stellen (Maunz/Düring/Herzog 1980, Anm. II 4 b): „Die Benachteiligung anderer Zweierbeziehungen folgt so aus der vorgeschriebenen Privilegierung (Berghahn 1993b, 403).

Ein Blick auf die unterschiedlichen Beziehungsverhältnisse, die Art. 6 GG zwischen den staatlichen Institutionen und den geschlechtlichen Rechtssubjekten hergestellt, kann für die Klärung der Frage, wer tatsächlich unter den grundrechtlichen Schutz fällt, hilfreich sein. Demnach greift das verfassungsgerichtliche Verständnis der Ehe, die ausschließlich als Verbindung zwischen Frau und Mann definiert ist, das Geschlecht der RechtsträgerInnen indirekt über den Status von Ehefrauen und Ehemännern auf. Darüber hinaus thematisiert Art. 6 GG das Geschlecht der RechtsträgerInnen einmal in Verbindung mit Frauen und Männern als Eltern. Schließlich formuliert Abs. 4 ein öffentlich-rechtliches Beziehungsverhältnis zwischen Staat und Müttern.

Werden in einem weiteren Schritt die Leistungen des Art. 6 GG reflektiert, also Freiheitsgarantie, objektive Wertnorm und Institutionengarantie in bezug auf die jeweiligen Rechtsverhältnisse, dann schützen die normativen Vorgaben an den demokratischen Gesetzgeber die individuelle Freiheit von Eltern, Müttern, Ehefrauen, Ehemännern und Kindern, nicht aber die Selbstbestimmung aller geschlechtlichen Individuen. Indem die Ehe als eine historisch notwendige, heute nur noch erwünschte Voraussetzung für Familiengründung erscheint (vgl. Berghahn 1993b, 399), werden nicht nur Ehe *und* Familie unter den besonderen Schutz des Staates gestellt, sondern das

Nebeneinander von Förderfunktion, Schutz- und Freiheitsgarantie sichert über die Ehe und ehelichen Familie eine bestimmte Form des Zusammenlebens.[153] In diese gehen bestimmte konservative und ordnungspolitische Vorstellungen ein (Berghahn 1993b, 402), die in dreifacher Hinsicht die soziale Geschlechterrolle von Frauen konstituieren: (1) Die Hausfrauenehe wird als soziale Lebensform bestätigt, (2) die existentielle Abhängigkeit vom erwerbstätigen Ehemann wird verstärkt und (3) werden Frauen auf die Rolle als reproduktionsfähige Geschlechtswesen festgelegt.

Die Institutsgarantie in Art. 6 GG höhlt das individuelle Recht von Frauen auf eine freie Lebensgestaltung aus, indem die Schutzgarantie in Form einer objektiven Wertnorm sich lediglich auf die Familie in Verbindung mit der Ehe erstreckt. Indem die *Hausfrauenehe* staatlich über familien- und sozialpolitische Maßnahmen gefördert wird, bleibt die Zuständigkeit von Frauen für die Familie unangetastet. Für nichtverheiratete Frauen mit Kindern bedeutet das Eheprivileg verminderten Schutz. Weder ihre spezifische Rechtsposition als Frau wird positiviert noch ihr Zusammenleben mit Kindern vor ungleich höheren Belastungen umfassend geschützt. Das Eheprivileg räumt ihnen zwar einen Gestaltungsspielraum ihrer individuellen Sphäre ein, was aber faktisch bedeutungslos ist, weil sie mit weitaus größeren finanziellen Belastungen und Existenzsorgen leben müssen. Im Vergleich zur staatlichen Schutzdimension übergibt das individuelle Abwehrrecht aus Abs. 1 und Abs. 2 die Kindererziehung nahezu ausschließlich in die Hände der Eltern. Der Abwehrcharakter dieser Absätze von Art. 6 GG geht auf die Erfahrungen im Nationalsozialismus zurück und soll einen Raum privater Lebensgestaltung schaffen, in dem die Eltern nach eigenem Ermessen die Erziehung und Fürsorge ihrer Kinder übernehmen. Allerdings behält sich der Staat eine Kontrolle vor. Die aus diesem Abwehrrecht resultierenden Leistungen gelten aber nicht für das selbstbestimmte, freiheitliche Subjekt und seine körperliche Integrität, sondern können nur beansprucht werden von Individuen, die den Status von Müttern, Vätern, Ehefrauen, Ehemännern innehaben. Aufgrund der geschlechtlichen Arbeitsteilung innerhalb der Familie hat der Abwehrcharakter faktisch die Konsequenz, daß es vor allem Frauen in ihrem Status als Ehefrauen und Mütter sind, die mit dieser gesellschaftlichen Aufgabe alleingelassen werden und in der Folge auch beruflich benachteiligt sind.

---

153 Diese These widerspricht der Einschätzung von Correll (1998), die in der Ehe als Institut lediglich „eine Einschränkung persönlicher Freiheit auf formaler Ebene“ (ebd., 119), ansonsten aber die inhaltliche Ausgestaltung und Organisation des Familienlebens zur freiheitlichen Gestaltung den Ehepartnern überlassen sieht.

Damit verstärkt die Institutsgarantie auf einer weiteren Ebene die Abhängigkeit der *Ehefrauen* vom Ehemann und anderen Familienmitgliedern. Die sozialen Auswirkungen für Frauen zeigen sich besonders deutlich an den gesetzlichen Maßnahmen zum Ehe- und Familienrecht. Denn der mit dem individuellen Abwehrrecht eingeräumte Gestaltungspluralismus entfaltet auf der gesellschaftlichen Ebene kaum Wirkung, weil über das Sozialrecht, Scheidungsrecht und Steuerrecht die traditionelle Arbeitsteilung privilegiert bleibt (vgl. dazu Berghahn 1993b, 401). So wirkt sich die Ehe als Privatrechtsinstitution vor allem im Bereich der Sozial- und Arbeitslosenhilfe im Zusammenhang mit dem Subsidiaritätsprinzip aus. Demnach sind Ehegatten und Verwandte unterstützungspflichtig, stellen also den Staat von der Leistungspflicht frei. Zwar hat das Bundesverfassungsgericht mit seinem Urteil von 1992 (BVerfGE vom 17.11.1992, AZ. I BvL 8/87, Ms. S. 37) hier die Auswirkungen auf das Geschlechterverhältnis erkannt, was jedoch die Verfassungsrichter nicht dazu bewog, vom Prinzip der Subsidiarität ganz abzuweichen, nicht einmal bei eheähnlichen oder unverheirateten Paaren, wo kein gegenseitiger Unterhaltsanspruch besteht. Und auch das Ehegattensplitting verhilft der kinderlosen Hausfrauenehe zu finanziellen Vorteilen, aber nicht unbedingt Familien mit Kindern (ebd.). Der Gesetzgeber hält deshalb immer noch daran fest, weil die indirekte steuerliche Absicherung von Hausfrauen und Müttern für die öffentlichen Kassen immer noch billiger ist als „wirksame arbeitsmarkt- und sozialpolitische Fördermaßnahmen für Frauen und Mütter“ (Berghahn 1993b, 405). Zudem führt das Ehegattensplittung mehr zur rechtlichen Privilegierung des erwerbstätigen Ehemannes statt zur finanziellen Unterstützung von Frauen als versorgende Individuen.

Schließlich erweckt die enge Verbindung von Ehe und Familie auf der verfassungsrechtliche Ebene den Eindruck, daß nur in der Ehe legitim Sexualität und Fortpflanzung gelebt werden dürfen, indem Ehe und Familie unter den besonderen Schutz des Staates gestellt werden. Für die soziale Geschlechterrolle bedeutet die Eheprivilegierung faktisch die Festlegung von Frauen als reproduktionsfähige *Geschlechtswesen*. Denn die Würde von Frauen und Müttern wird lediglich für ihren Status als Ehefrauen positiviert. Am Leistungsprofil des Art. 6 Abs. 4 GG, der den staatlichen Schutz der Mutter in ihrer biologischen Bestimmung festschreibt, wird diese These besonders deutlich. Indem dieser Passus allenfalls einen Anspruch auf Arbeitsschutz, aber kein konkretisierbares Teilhaberecht beinhaltet, das einen Anspruch auf staatliche materielle Unterstützung für die Versorgung von Kindern formuliert, erstreckt sich der staatliche Schutz nicht auf Frauen als versorgende und reproduktive Arbeit leistende Individuen.

9. Die verfassungsrechtliche Regulierung des Schwangerschaftsabbruchs

„Aber bei allem, was die menschliche Fortpflanzung angeht und nur die leiseste gedankliche Verbindung zum Schwangerschaftsabbruch zeigt, sind die Umstände in Karlsruhe eben nicht ‚normal'."

(Sabine Berghahn 1998, 253)

Seit Bestehen des Grundgesetzes zeigt sich die rechtliche Regelung des Schwangerschaftsabbruchs als ein verfassungsrechtliches Problem, das kaum in seinen gesellschaftspolitischen Bezügen reflektiert wird. Vielmehr kreisen die Bemühungen insbesondere des Bundesverfassungsgerichts darum, einen staatlichen Schutzanspruch des Ungeborenen aus den verfassungsrechtlich garantierten Grundrechten in Art. 1 GG (Menschenwürde) und Art. 2 GG (Lebensschutz) zu legitimieren. Die vorrangig grundrechtsdogmatische und -theoretische Debatte erweckt dabei den Eindruck, als handelte es sich allein um eine verfassungsrechtliche Gewährleistung überzeitlich vorgegebener Werte. Demgegenüber steht die Auffassung von der Abtreibung als „Menschheitsproblem" (Jütte 1993, 9), das sich bis zu Beginn des 20. Jahrhunderts insbesondere als politische Streitfrage artikulierte. Ein Interesse, den Schwangerschaftsabbruch öffentlich zu thematisieren, politisch zu regulieren, gar strafrechtlich zu sanktionieren, besteht dieser Einschätzung zufolge seit die Menschen in Gemeinschaften zusammenleben.[154] Historisch gesehen lassen sich die Motive für eine politische Regulierung des Schwangerschaftsabbruchs kaum auf einen von der Verfassung abgeleiteten Schutz zurückführen, wie die jüngsten Debatten glauben machen könnten. Theologische und bevölkerungspolitische Interessen spielten in den verschiedenen historischen Phasen dabei eine ebenso bedeutende Rolle wie machtpolitische und patriarchale Motive. Mit dem folgenden historischen Rekurs des Abtreibungsproblems gilt es zunächst die These zu plausibilisieren, daß die

154 Zur diskursiven Konstruktion von Abtreibung vgl. auch Gilheany (1998, 58ff.).

Behandlung des Schwangerschaftsabbruchs als verfassungsrechtliches Problem keineswegs so selbstverständlich ist, wie es die Auseinandersetzungen um den § 218 StGB seit Bestehen des Grundgesetzes erscheinen lassen und demzufolge die Regelung der Abtreibungsfrage als Problem des verfassungsrechtlich zu schützenden Lebens eine Besonderheit des deutschen und demokratischen Rechtsstaats darstellt.

Historischer Rekurs: Abtreibung als politisches Problem

Bereits Plato (427-347 v. Chr.) und Aristoteles (384-322 v. Chr.) äußerten sich zum Schwangerschaftsabbruch. War bei den antiken Philosophen die Abtreibung aus staatspolitischen Gründen zulässig, erschien sie im vorchristlichen Recht als Gegenstand vaterrechtlicher Interessen. Besonders im römischen Recht beinhaltete die „patria potestas“, also die hausväterliche Zuchtgewalt des Familienoberhaupts, auch die Entscheidungsbefugnis darüber, ob die Ehefrau abtreiben darf oder nicht (Jütte 1993, 19; Jerouschek 1993, 44; Keller, 27). Das zu schützende Rechtsgut war das Recht des Ehemannes auf Nachkommenschaft (vgl. Ellerbrock 1993, 13; Jochimsen 1971, 14), das die männliche Verfügungsgewalt über den weiblichen Körper legitimierte (Jütte 1993, 18). Der Schwangerschaftsabbruch galt demzufolge dann als Delikt, wenn er gegen den Willen des Ehemanns durchgeführt wurde.

Im Mittelalter beschäftigte sich nicht das weltliche, sondern ausschließlich das kirchliche Recht mit dem Schwangerschaftsabbruch. Gegen 1200 n. Chr. wurde zum ersten Mal der Totschlag im Mutterleib in das römische Kirchenrecht aufgenommen. Doch obwohl Schwangerschaftsabbruch als eine Einmischung in die göttliche Ordnung galt (vgl. Jütte 1993, 20), sah das kanonische Recht jahrhundertelang eine eingeschränkte Fristenlösung vor (vgl. ebd., 8; Jerouschek 1993, 47).[155] Dieser zufolge wurde der Schwangerschaftsabbruch erst dann als Tötung eines Menschen definiert, wenn dieser beseelt war.[156]

155 Die christliche Beseelungslehre der Septuaginta stellte eine religiöse Form der Fristenlösung dar, die im kanonischen Recht der katholischen Kirche bis 1917 Bestand hatte (vgl. Jerouschek 1993, 47). Die katholische Kirche kann nach Auffassung von Günter Jerouschek deshalb „als die eigentliche ‚Mutter‘ sämtlicher Fristenlösungen im Bereich des Schwangerschaftsabbruchs gelten" (ebd.).

156 Im Gegensatz zum aristotelisch-naturwissenschaftlichen Begriff von der Belebung begann nach christlicher Auffassung der Fötus ein eigenständiges Leben mit seiner Beseelung. Bereits Aristoteles hatte die naturwissenschaftliche Idee der „Sukzessivbesee-

In der Vorstellung von der Beseelung als Beginn menschlichen Lebens dominiert in Zusammenhang mit der Abtreibungsfrage das vorwiegend religiöse und kirchliche Interesse, die Definitionsmacht über menschliches Leben dem individuellen Entscheidungsspielraum vor allem des Ehemannes zu entziehen (vgl. Jerouschek 1993, 49), weil dies als Eingriff in die göttliche Ordnung betrachtet wurde. Vom weiblichen Recht auf Entscheidung und Selbstbestimmung war dabei ebenso wenig die Rede wie von dem Embryo als eigenständiges Rechtssubjekt. Vielmehr zielte das christliche Motiv darauf, menschlich-gesellschaftliches Zusammenleben fortan nach überweltlichen, moralischen und ethischen Gesichtspunkten zu ordnen und die Schwangerschaft als Entscheidung des „göttlichen Vater" (Jütte 1993, 20) zu betrachten. Allerdings waren die christlichen Positionen zur Abtreibungsfrage beileibe nicht konsistent, sondern durchaus widersprüchlich (vgl. Jerouschek 1993, 48; 1988, 46ff). Die Verdammung von Verhütungsmitteln als Totschlagsdelikt und die sittlich-moralische Empörung über die Abtreibung standen für viele nicht im Widerspruch zu den von ihnen gleichermaßen befürworteten und mitgetragenen Inhalten römisch-katholischer Rechtsvorstellungen. Letztendlich blieb „der Schwangerschaftsabbruch mit der christlichen Vorstellung von der ‚Heiligkeit des Lebens' unvereinbar" (Jerouschek 1993, 49), gerade auch weil das religiös-sittliche Interesse darauf zielte, Unzucht und Fleischeslust einzudämmen. Daß sich das ‚züchtige' Interessen vor allem auf Frauen und ihre Gebärfähigkeit bezog, zeigte sich schon allein an den unterschiedlich hohen Strafen, die im Falle einer unehelichen Schwangerschaft bzw. einer Abtreibung für die Kindsmutter bzw. den Kindsvater vorgesehen waren. Konnte eine schwangere Bedienstete ziemlich sicher mit dem Tod durch Ertränken rechnen, verwies man den Mann allenfalls aus dem Land (vgl. Leibrock-Plehn 1993, 73).

Von der Antike bis zum Christentum war eine „rechtliche-sittliche Beurteilung der Abtreibung" nicht möglich, da es kein Lebensrecht des Ungeborenen gab (vgl. Jütte 1993, 16). Eine strafrechtliche Regelung der Abtreibung fand zum ersten Mal 1532 statt. In der Peinlichen Halsgerichtsordnung Karls V. (vgl. Radbruch/Kaufmann 1991) wurde mit Art. 133 die Abtreibung eines belebten Fötus als Totschlag behandelt (Jütte 1993, 22; Leibrock-Plehn 1993,

---

lung" entwickelt, wonach ein Fötus verschiedene Reifestadien durchläuft, bis er mit einer Vernunftsseele ausgestattet ist (vgl. Jütte 1993, 16). In Anlehnung an Aristoteles galt dies im kanonischen Recht für männliche Föten ab dem 40. Tag und für weibliche Föten ab dem 80. Tag nach der Empfängnis (vgl. Jerouschek 1993a, 63ff; 1993b, 18; 1988; Jütte 1993, 16; Ehmke 1975, 40).

68), wobei die Angabe des Zeitpunkts der Belebung nicht festgelegt war, sondern von einem Gutachter bestimmt wurde.[157]

Im Vergleich zu den eher moralisch-christlich konnotierten Rechtsauffassungen des 16. und 17. Jahrhunderts standen die Reformierungen des Strafrechts am Ende des 18. Jahrhunderts in einem direkten Zusammenhang zur Entstehung neuer Rechtstheorien (vgl. Seidler 1993, 125). Mit dem „Allgemeinen Landrecht für die Preußischen Staaten" (ALR) von 1794 wurde die Regelung des Schwangerschaftsabbruchs zum ersten Mal auf eine vernunftsrechtliche Basis gestellt. In dessen unmittelbarer Folge standen das 1813 in Kraft getretene Bayrische und Sächsische Strafgesetzbuch, das Württembergische von 1839 sowie das Preußische Strafgesetzbuch von 1851 (vgl. Seidler 1993, 126ff.). In diesen Gesetzbüchern wurde der Schwangerschaftsabbruch als Verbrechen wider das Leben, demnach als Totschlag geführt, wenn er nach der Mitte der Schwangerschaft erfolgte (vgl. Leibrock-Plehn 1993, 70).[158] Die deutsche Rechtspraxis begründete die Strafbarkeit der Abtreibung mit dem Anspruch des werdenden Lebens auf einen staatlichrechtlichen Schutz (vgl. Seidler 1993, 127). Der strafrechtliche Schutz des Fötus setzte bereits mit der Empfängnis ein, wobei zwischen biologischem und menschlichem Leben nicht mehr unterschieden wurde. Weil der Fötus nicht als Mensch galt, wurde auch der späte Schwangerschaftsabbruch nicht als Tötungsdelikt gewertet (vgl. Ehmke 1975, 44). Im Vergleich dazu definierte das Bayrische Strafgesetzbuch von 1813 den Fötus als Mensch, stellte ihn aber nur bedingt unter einen strafrechtlichen Schutz (vgl. Jütte 1993, 23), weil das Gesetz zwischen lebensunfähigem und lebensfähigem Leben unterschied (vgl. Seidler 1993, 127).

In der strafrechtlichen Betrachtung des Schwangerschaftsabbruchs gelten §§ 181 und 182 des Strafgesetzbuches für die preußischen Staaten vom 14. April 1851 als die Vorläufer des heutigen § 218 StGB. Die Paragraphen sahen eine acht– bis zehnjährige Zuchthausstrafe für die Abtreibung nach der 30. Woche vor. Als direkter Nachfolger kann der § 218 im Strafgesetzbuch des Norddeutschen Bundes von 1870 betrachtet werden. Dies wurde 1871 als Reichsstrafgesetzbuch (RStGB) vom Deutschen Reich nahezu unverändert

157 Ungeklärt ist, ob man sich in der Bestimmung an die Vorgaben des kanonischen Rechts hielt, da hinsichtlich dieses Beseelungszeitpunktes unter zeitgenössischen Wissenschaftlern, Theologen und Medizinern kaum Einigung herrschte (vgl. Leibrock-Plehn 1993, 70). Allenfalls wird vermutet, daß die dort getroffene Unterscheidung zwischen einem lebenden Fötus und einem Kind, das noch nicht lebendig ist, auf die aristotelische und in der Folge christlich motivierte Stufenlehre zurückging (vgl. Jütte 1993, 16f.).

158 Diese Regelung ging auf die kursächsischen Konstitutionen von 1572 zurück, das als erstes weltliches Recht eine genaue Terminierung vornahm (Jerouschek 1993, 66).

übernommen (Jütte 1993, 23).[159] Der auch heute noch die rechtsstaatlich-bundesdeutsche Demokratie aufrüttelnde §218 bezeichnete den Schwangerschaftsabbruch als „Verbrechen und Vergehen wider das Leben" (Seidler 1993, 132) und definierte ihn damit als Tötungsdelikt.[160] Zum ersten Mal war für den Schwangerschaftsabbruch eine Zuchthausstrafe von bis zu fünf Jahren vorgesehen.

Die Interessen, die hinter einer strafrechtlichen Verfolgung der Abtreibung standen, waren weniger religiöser als vielmehr ordnungs- und bevölkerungspolitischer Natur (vgl. Jütte 1993, 23). Strafdelikte wurden nicht mehr als ein Vergehen gegen eine göttliche Ordnung gesehen, sondern primär als eine gegen den Staat und die Gesellschaft gerichtete Handlung (vgl. Stukenbrock 1993, 91). Durch Kindsmord bzw. Abtreibung wurde dem Staat ein zukünftiger Bürger, eine zukünftige BürgerIn vorenthalten. Angesichts einer durch Kriege und Epidemien stark reduzierten Bevölkerungszahl in Verbindung mit der Auffassung, daß eine hohe Bevölkerungszahl nationalen Reichtum brachte, bedeutete dies einen durchaus nachvollziehbaren Schaden:

„In diesem Sinne also erscheint die Bevölkerung, ihre zahlenmäßige Stärke, ihre vitale Konstitution und Gelehrigkeit als Garant staatlicher Reichtumsgewinnung, als Ressource, in deren Bestand und Vermehrung notwendig investiert werden muß. Die Regulierung des Bevölke-

159 Der ‚originale' § 218 des Reichsstrafgesetzbuches wies einige Besonderheiten gegenüber den partikularstaatlichen Bestimmungen auf, beinhaltete gleichzeitig einige Ungeklärtheiten: Neu waren etwa die mildernden Umstände und das Wegfallen „innerer und äußerer" Abtreibungsmittel. Darüber hinaus stand offen, wie der Nachweis erbracht werden kann, daß der Fötus tatsächlich lebte und nicht vielleicht schon vor der Abtreibung tot war, so daß das Tötungsdelikt gar nicht erst gegeben wäre. Ferner sah der Paragraph keine Regelung der medizinischen Indikation vor, was zu einer erheblichen Unsicherheit in der Frage führte, ob ein Eingriff aus medizinischen Gründen strafrechtlich von Bedeutung sei oder nicht (vgl. Seidler 1993, 133). Die Beantwortung dieser Frage war unter anderem auch deshalb schwierig, weil der Strafrechtsparagraph sowohl den (Rechts-)Status des Embryos als auch die in diesem Zusammenhang wichtige Frage nach dem Lebensbeginn offenließ. Die Gleichsetzung von Embryo und Mensch schaffte schon damals grundlegende rechtsdogmatische Probleme. Denn nach enger juristischer Auffassung beginnt Leben erst mit der Geburt und endet mit dem Tod. Der Schwangerschaftsabbruch konnte also bereits zu dieser Zeit von einem juristischen Verständnis her nicht mit der Tötung eines bereits geborenen Menschen gleichgesetzt werden, sondern allenfalls als „Zerstörung der Bedingungen, die ein späteres Leben möglich und wahrscheinlich machten" (ebd, 134).

160 Wortlaut des ursprünglichen § 218 StGB war folgender: „Eine Schwangere, welche ihre Frucht vorsätzlich abtreibt oder im Mutterleib tötet, wird mit Zuchthaus bis zu 5 Jahren bestraft. Sind mildernde Umstände vorhanden, so tritt Gefängnisstrafe nicht unter 6 Monate ein. Die selben Strafvorschriften finden auf denjenigen Anwendung, welcher mit Einwilligung der Schwangeren die Mittel zu der Abtreibung oder Tötung bei ihr angewendet oder ihr beigebracht hat." (zit. n. Seidler 1993, 132)

rungswachstums, die Forcierung der Menschenproduktion wird damit zum Insignum des neuzeitlichen Staates" (Barthel, 20).

Trotz Strafrechtsparagraphen stieg die Zahl der vorgenommenen Abtreibungen besonders mit Beginn des 20. Jahrhunderts bis zur Weimarer Zeit enorm an.[161] Im Gegensatz zu dieser alltäglichen Praxis wurde der Schwangerschaftsabbruch in der öffentlichen Diskussion und Politik skandalisiert und scharf verurteilt. Dahinter standen, vor allem ausgelöst durch den ersten Weltkrieg, primär bevölkerungspolitische Interessen. Auf ministeriale Anordnung wurden Denkschriften zum Geburtenrückgang verfaßt, Kommissionen eingerichtet und Gesetzesvorlagen erarbeitet, die über verbesserte sozialhygienische Maßnahmen, über ein Verbot für die Werbung für Verhütungsmitteln und durch die Verhinderung von Abtreibungen dem Bevölkerungsrückgang entgegenwirken sollten (Dienel 1993, 154ff.).[162] Gepaart mit der Furcht vor drohendem Geburtenrückgang befürchteten viele eine Erodierung der weiblichen Geschlechterrolle. Diese favorisierte im Kern das Ideal der Ehefrau und Mutter, die Sexualität lediglich zum Zwecke der Nachkommenschaft im Rahmen der Familie lebte. VertreterInnen vor allem aus dem linken und sozialistischen Lager dementierten dieses Schreckensbild einer sich hemmungslos der Sexualität hingebenden Frau und forderten die Liberalisierung der Abtreibung. Mit dem Hinweis auf ungleiche Klassenlagen gerieten in dieser Argumentation vor allem die wirtschaftlichen und sozialen Notlagen der Frauen in den Blick.

Doch fand während der Weimarer Zeit keine umfassende Reform des § 218 StGB statt. Eine Ausnahme bildete allerdings das Urteil des Reichsgerichts vom 11. März 1927 zur medizinischen Indikation, das bis in die 1970er Jahre für dic Bundesrepublik Bedeutung hatte (vgl. Gante 1993, 169). Das Gericht erkannte eine Rechtsgüterkollision zwischen dem Leben der

---

161 Auf der Basis von Angaben über Selbstabtreibungen, inoffizielle Abtreibungen durch ‚Engelmacherinnen' und ‚Kurpfuscher' sowie über sowohl legal als auch illegal durchgeführte ärztliche Abtreibungen wird geschätzt, daß die Zahlen vor dem ersten Weltkrieg zwischen 100.000 und 300.000 Abtreibungen liegen, sich während des Krieges verdoppelten und bis Ende der 20er Jahre auf zwischen 800.000 bis 1 Million anstiegen. Die Zahlen wurden teilweise über ärztliche Berichte, Klinikstatistiken, aus Anzeigen und tatsächlichen Verurteilungen, aus dokumentarischer Literatur und auf der Basis von Schätzungen gewonnen. Zu den Zahlenangaben vgl. Dienel 1993, 143.

162 Die bevölkerungspolitischen Aktivitäten gingen sowohl von Regierung und Verwaltung, aber auch von kirchlichen und den unterschiedlichsten gesellschaftlichen Verbänden aus. Dazu gehörten zum Beispiel die Denkschrift des Medizinalrat Krohne 1915, der im selben Jahr in Halle gegründete Bund zur Erhaltung und Mehrung der deutschen Volkskraft sowie die 1915 von dem Nationalökonom Julius Wolf initiierte „Deutsche Gesellschaft für Bevölkerungspolitik" (vgl. Dienel 1993, 157).

Frau und dem Embryo als selbständigem Rechtsgut. Unter dem Grundsatz der Güterabwägung des im Recht enthaltenen Werteverhältnisses begründete das Gericht aus dem rechtsimmanenten Vergleich zwischen §§ 211ff. StGB (Tötungsdelikte) und §§ 224f. StGB (Körperverletzungsdelikte) und § 218 StGB die Höherwertigkeit des „fertigen" Lebens. Die Bearbeitung aller weiteren Anträge für eine Reform wie auch auch der „Entwurf eines Allgemeinen Deutschen Strafgesetzbuches" wurde 1932 abgebrochen (vgl. hierzu Schultze-Caspar 1981) und aufgrund der nationalsozialistischen Entwicklung auch nicht weiter verfolgt.

Der Nationalsozialismus brachte einen Bruch mit der bis zu diesem Zeitpunkt vorherrschenden Rechtstradition, indem das am 26. Juni 1935 beschlossene „Gesetz zur Änderung des Gesetzes zur Verhütung erbkranken Nachwuchses" die medizinische Indikation auf eine gesetzliche Grundlage stellte. Ergänzt wurde das Gesetz am 18. Juli 1935 durch die „Vierte Verordnung zur Ausführung des Gesetzes zur Verhütung erbkranken Nachwuchses", das den Eingriff erst auf der Basis eines Gutachten erlaubte. Art. 2 und 3 der am 9. März 1943 erlassenen „Verordnung zum Schutz von Ehe, Familie und Mutterschaft" verschärften das Strafmaß für Abtreibungen. Für Selbst- und Drittabtreibungen war eine Gefängnisstrafe, in schweren Fällen sogar Zuchthaus vorgesehen. Für gewerbliche Abtreibungen galt u.U. sogar die Todesstrafe. Die nationalsozialistischen Akteure verfolgten mit der strafrechtlichen Verfolgung des Schwangerschaftsabbruchs vorwiegend eugenische, rassistische und bevölkerungspolitische Ziele, was auch dadurch deutlich wird, daß als zu schützende Rechtsgut nicht mehr das werdende Leben, sondern die deutsche Volkskraft angesehen wurde (vgl. Gante 1993, 171).

Eckdaten politischer Auseinandersetzung um den Abtreibungsparagraphen im bundesdeutschen Rechtsstaat nach 1945[163]

1945 erfolgten erste Reformarbeiten am Strafgesetzbuch, die 1960 in Form eines Strafgesetzbuchentwurfs vorgelegt wurden.[164] Hierin blieb mit §§ 140, 141 die Abtreibung grundsätzlich strafbar, allerdings wurde für den Fall der medizinischen Indikation Straffreiheit vorgesehen (§ 157).[165] Dieser Entwurf wurde jedoch, ebenso wie der zwei Jahre später, vom Bundestag nicht verabschiedet.

Bundestagsabgeordnete stellten dann 1965 den Entwurf von 1962 erneut zur Diskussion, der 1969 schließlich zur Verabschiedung des ersten und zweiten Gesetzes zur Reform des Strafrechts führte. Mit dem Ersten Gesetz zur Strafrechtsreform (1. StrRG) vom 25. Juni 1969 (BGB1.I. S. 645) sah § 218 StGB den Wegfall des besonders schweren Falles bei Selbstabtreibung vor und deklarierte die Fremdabtreibung als Vergehen. Der 1970 veröffentlichte besondere Teil des Entwurfs zur Strafrechtsreform sprach angesichts der milden Strafandrohung von der ethischen Verwerflichkeit der Vernichtung werdenden Lebens, das gleichzeitig die Vernichtung eines Rechtsgutes darstelle (vgl. BVerfGE 39, 10). Die Verfasser dieses Entwurfs forderten deshalb wirksamere Maßnahmen zum Schutz des ungeborenen Lebens und hielten an der Strafbarkeit des Schwangerschaftsabbruchs fest. Die Mehrheit entschloß sich daraufhin für eine straffreie Regelung innerhalb von drei Monaten, wobei der Abbruch innerhalb von vier Wochen nach der Nidation generell straffrei sein sollte und im zweiten und dritten Monat unter der Voraussetzung, daß die schwangere Frau eine Beratung aufsucht und der Abbruch von einem Arzt vorgenommen wird. Eine Minderheit der Verfasser des Alternativentwurfs dagegen plädierte für ein Indikationsmodell, sah die Straffreiheit also nur im Falle eines ärztlichen Gutachtens vor.

Anfang 1972 dann legte die Bundesregierung erneut den Entwurf eines Fünften Gesetzes zur Reform des Strafrechts (5. Str.RG) vor (BRDrucksache

163 Vgl. zur rechtspolitischen Regulierung des Schwangerschaftabbruchs im internationalen Vergleich insbesondere Eser/Koch (1988/1989).

164 Vgl. zum Gesamtverlauf der Reform des Schwangerschaftsabbruchs bis einschließlich des 15. Strafrechtsänderungsgesetzes vom 18.5.1976 u.a. Muth (1994).

165 Geplant war zusätzlich die ethische Indikation (§ 160), die jedoch nicht in dem von der Bundesregierung vorgelegten Entwurf erschien (vgl. BRDrucks. 270/60, 38 und 278).

58/72). Der Entwurf stellte den Schwangerschaftsabbruch grundsätzlich unter Strafe unter Ausnahme von der medizinischen, eugenischen, ethischen bzw. kriminologischen und sozialen (Notlagen-) Indikation. Nahezu zeitgleich legten Abgeordnete unter der Führung von de With einen Alternativentwurf vor (BTDrucksache VI/3137), der die Fristenlösung befürwortete. Beide Gesetzentwürfe wurden im Sonderausschuß für die Strafrechtsreform diskutiert, doch fanden die Beratungen mit dem vorzeitigen Abbruch der 6. Wahlperiode ein Ende. Die in der 7. Wahlperiode von Bundestagsabgeordneten eingebrachten vier Gesetzesentwürfe belegen einerseits den dringenden politischen Klärungsbedarf, andererseits zeugen die konfligierenden Interessen von einem vorherrschenden Wertepluralismus angesichts dieser häufig als Frauenfrage abgewerteten Thematik. So sprach sich eine Gruppe um den Abgeordneten Müller-Ehmert für ein Indikationsmodell bei genereller Straflosigkeit aus, wogegen die SPD/FDP-Fraktion eine Fristenregelung entwickelten; die CDU/CSU-Fraktion wiederum forderte eine enge Indikationenregelung unter Berücksichtigung der Unzumutbarkeit, was hieß, daß ein straffreien Abbruch nur für die medizinische, eugenische und ethische Indikation möglich war; und schließlich wollte eine Gruppe um den Abgeordneten Heck den straffreien Schwangerschaftsabbruch lediglich auf die medizinische Indikation beschränken.[166]

In der dritten namentlichen Schlußabstimmung wurde die Entscheidung für den SPD/FDP-Antrag und damit das fünfte Strafrechtsreformgesetz[167] bestätigt. Doch mit diesem Ergebnis sollte das politisches Tauziehen um die strafrechtliche Regelung des Schwangerschaftsabbruchs noch nicht zu Ende sein. Bevor es auf die verfassungsrechtliche Agenda gesetzt wurde, zogen die GegnerInnen dieses demokratisch zustandegekommenen Ergebnisses das letzte politisches Register, indem der Bundesrat dem Gesetzesentwurf (ebenso wie dem am 12. Juli 1974 vorgelegten Gesetz über ergänzende Maßnahmen zum Fünften Strafrechtsreformgesetz) seine Zustimmung verweigerte und Einspruch gemäß Art. 77 Abs. 3 GG einlegte. Dieser wurde vom Bundestag am 5. Juni 1974 mit 260 gegen 218 Stimmen zurückgewiesen mit der Begründung, die Gesetzesvorgabe sei nicht zustimmungsbedürftig (vgl. Deutscher Bundestag, 7. Wahlperiode, 104. Sitzung, S. 6947). 193 Mitglie-

166 Keiner der Entwürfe fand indes bei der Abstimmung im Bundestag eine Mehrheit. Daraufhin wurden die beiden Fraktionsvorschläge erneut zur Abstimmung eingebracht, weil sie im ersten Durchlauf die meisten Stimmen erhielten. Für den Vorschlag der SPD/FDP-Fraktion stimmten insgesamt 247 Abgeordnete, für den der CDU/CSU-Fraktion 219 Abgeordnete.

167 5. Gesetz zur Reform des Strafrechts (5.StrRG) vom 18.6.1974 (BGBl. I 1219).

der des Deutschen Bundestages sowie die Landesregierungen von Baden-Württemberg, Bayern, Rheinland-Pfalz, des Saarlandes und von Schleswig-Holstein machten daraufhin von der im bundesdeutschen Rechtsstaat vorgesehenen Möglichkeit Gebrauch, gemäß Art. 93 Abs. 1 Nr. 22 GG und § 13 Nr. 6 BverfGG politische Regelungen, die im Zuge demokratischer Auseinandersetzung verabschiedet wurden, in Form einer abstrakten Normenkontrollklage auf ihre Verfassungskonformität hin überprüfen zu lassen. Aufgrund des Antrags des Landes Baden-Württemberg erließ das Bundesverfassungsgericht am 21. Juni 1974 eine einstweilige Anordnung, die das Fünfte Gesetz zur Strafrechtsreform außer Kraft setzte. Es entschied in der Folge am 25.2.1975 mit einer Mehrheit von fünf zu drei Stimmen, daß die Fristenlösung mit dem Grundgesetz nicht vereinbar sei. Die politischen Parteien formulierten den verfassungsrechtlichen Vorgaben entsprechend eine Indikationsregelung[168], die bis zur erneuten Reformnotwendigkeit angesichts der Wiedervereinigung[169] rechtsgültig war.

Aber auch der zweite Reformierungsschub[170] verlief nicht anders als der in den 1970er Jahren, obwohl die Fristenlösung der ehemaligen DDR durchaus als eine brauchbare „Argumentationshilfe" im politischen Prozeß hätte genützt werden können (vgl. Säcker 1989, 81). So lag auch hier wieder der mit Mehrheit vor allem von SPD/FDP-PolitikerInnen, aber auch von Abgeordneten der CDU und der Gruppe Bündnis 90/Grünen verabschiedete Gruppenantrag, formuliert im Schwangeren- und Familienhilfegesetz von 1992[171], dem Zweiten Senat des Bundesverfassungsgerichts[172] vor. Eine abstrakte Normenkontrollklage auf Antrag von 249 Bundestagsabgeordneten und der

---

168 Die Änderungen wurden mit dem 15. Strafrechtsänderungsgesetz vom 18.5.1976 verabschiedet.

169 Aufgrund von Art. 31 Abs. 4 GG des Einigungsvertrages war der Gesetzgeber verpflichtet, bis zum 31.12.1992 eine Regelung des Schwangerschaftsabbruchs zu formulieren, „die den Schutz vorgeburtlichen Lebens und die verfassungskonforme Bewältigung von Konfliktsituationen schwangerer Frauen vor allem durch rechtlich gesicherte Ansprüche für Frauen, insbesondere auf Beratung und soziale Hilfen, besser gewährleistet, als dies in beiden Teilen Deutschlands derzeit der Fall ist."

170 Zu den verschiedenen Anträgen der politischen Parteien vgl. insbesondere Eser 1994, 40ff.

171 „Gesetz zum Schutz des vorgeburtlichen/werdenden Lebens, zur Förderung einer kinderfreundlichen Gesellschaft, für Hilfen im Schwangerschaftskonflikt und zur Regelung des Schwangerschaftsabbruchs" (Schwangeren- und Familienhilfegesetz, nach Unterzeichnung durch den Bundespräsidenten am 27.7.1992 veröffentlicht am 4. 8. 1992 in BGBI. I 1992, S. 1398).

172 Der Zweite Senat ist der Staatsrechtssenat, der gemeinhin als wesentlicher konservativer gilt als der Erste Senat, der sog. Grundrechtssenat.

Bayerischen Staatsregierung sowie eine weitere abstrakte Normenkontrollklage der Bayrischen Staatsregierung, bezogen auf die Krankenkassenfinanzierung bei sozialer Notlagenindikation, zwangen die Bundesverfassungsrichter zu einer Entscheidung dahingehend, ob das Schwangeren- und Familienhilfegesetz bzw. sein strafrechtlicher Teil verfassungsmäßig ist. Der zweite Senat erklärte am 28. Mai 1993 mit einer Mehrheit von sechs zu zwei Stimmen erneut die dort formulierte Fristenlösung als mit dem Grundgesetz für nicht vereinbar.[173]

Inhalte der Urteile

In seiner ersten Entscheidung vom 25. Februar 1975 (vgl. BVerfGE 39, 1-95) erklärt das Bundesverfassungsgericht die Fristenlösung als verfassungswidrig, weil das Fünfte Gesetz zur Reform des Strafrechts vom 18.6.1974 der verfassungsrechtlichen Verpflichtung, das ungeborene Leben zu schützen, nicht in dem gebotenen Umfange gerecht geworden sei. Der erste Senat des Bundesverfassungsgerichts sah das Ungeborene als „selbständiges Rechtsgut" an und stellte es unter den besonderen Schutz der Verfassung. Im weiteren räumt das Urteil einen vorrangigen Lebensschutz des Ungeborenen gegenüber der Schwangeren ein, der mittels des Strafrechts geschützt werden soll.

Das Bundesverfassungsgericht legitimierte den staatlichen Schutzanspruch des Embryo bzw. Fötus zum einen aus Art. 2 Abs. 2 Satz 1 GG (*„Jeder hat das Recht auf Leben und körperliche Unversehrtheit"*) und argumentierte ihn zum anderen mit Art. 1 Abs. 1 GG (*„Die Würde des Menschen ist unantastbar. Sie zu achten und zu schützen ist Verpflichtung aller staatlicher Gewalt"*). Für das Gericht resultiert aus den beiden Grundrechtsartikeln für den Staat eine sowohl passive als auch aktive Schutzpflicht: Gemäß der klassischen Abwehrfunktion der Grundrechte sind staatliche Eingriffe in das werdende Leben zu verbieten, doch muß sich auch der Staat, so der Wortlaut des Urteils, schützend und fördernd vor das Leben stellen (vgl. BverfGE 39, 1). Allerdings sieht das Urteil Ausnahmen vor und betrachtet nicht jede Abtreibung als Tötungsdelikt.[174] Für Frauen, bei denen das Lebensrecht des Ungeborenen zu einer Belastung führt, „die wesentlich über das normalerweise mit einer Schwangerschaft verbundene Maß hinausgeht" (BVerfGE 39, 1, 48), kommt das sogenannte Unzumutbarkeitskriterium zur Geltung.

173 Das abweichende Votum von Richter Böckenförde betraf nur den Aspekt der Krankenkassenfinanzierung.

174 „Der Schwangerschaftsabbruch ist eine Tötungshandlung" (vgl. BVerfGE 39, 46).

Doch werden nur solche Umstände akzeptiert, denen „ein erhebliches Gewicht“ (BVerfGE 39, 1, 49) gegeben ist und „dem Betroffenen (sic) die Erfüllung seiner Pflicht außergewöhnlich erschweren“ (ebd.). Demzufolge werden die medizinische, die eugenische, die kriminologische und die allgemeine Notlagenindikation (auch: soziale Indikation) von einer strafrechtlichen Verfolgung ausgeschlossen.[175]

Die strafrechtliche Sanktionierung des Schwangerschaftsabbruchs seitens des Staates rechtfertigt das Gericht als „ultima ratio“ im Kampf gegen Schwangerschaftsabbrüche und für den Schutz des werdenden Lebens (vgl. BVerfGE 39, 1, 47). Einher geht damit die Einstellung, allein mit diesem legitimen Instrumentarium[176] des Gesetzgebers effektiv Abbrüche verhindern zu können[177].

Gegen das Urteil formulierten die Richterin Wiltraut Rupp-von Brünneck und der Richter Helmut Simon ein Minderheitsvotum.[178] Ihnen ging es vor allem um die Differenzierung zwischen einem Tötungsdelikt und einem Schwangerschaftsabbruch. Ihre Monita lassen sich in folgenden drei Punkten zusammenfassen: Erstens vertraten sie die Ansicht, daß die Pflicht des Staates, den Schwangerschaftsabbruch in jedem Stadium unter Strafe zu stellen, aus der Verfassung nicht abgeleitet werden kann. Zweitens waren sie der Meinung, das Gericht habe den Grundsatz der richterlichen Selbstbeschränkung nicht ausreichend beachtet und sich stattdessen an die Stelle des Gesetzgebers gesetzt und drittens hielten sie eine Verpflichtung des Gesetzgebers zu Strafmaßnahmen mit Hinweis auf den Charakter der Grundrechte als objektive Wertordnung[179] für ausgesprochen bedenklich.

---

175 Die Schwierigkeiten bei einer sowohl ärztlichen als auch richterlichen Feststellung einer Indikation wurden am Beispiel der „Memminger Urteile“ offenkundig. Vgl. dazu insbesondere Eser (1992a, 13-47).

176 „... der Einsatz des Strafrechts zur Ahndung von Abtreibungshandlungen (ist) ohne Zweifel legitim" (BVerfGE 39, 46).

177 Vgl. BVerfGE 39, 65: „Jedoch vermögen weder die gegenwärtig angebotenen und gewährten Hilfen dieser Art noch die im Fünften Strafrechtsreformgesetz vorgesehene Beratung den individuellen Lebenschutz zu ersetzen, den eine Strafnorm grundsätzlich auch heute noch in den Fällen gewährt, in denen für den Abbruch einer Schwangerschaft kein nach der Wertordnung des Grundgesetzes achtenswerter Grund besteht".

178 Vgl. dazu BVerfGE 39, 68ff. und Wesel 1984, 123-144, 130.

179 Explizit angeführt im BVerfGE 39, 41. Darüber hinaus legitimierte das Bundesverfassungsgericht die staatliche Pflicht, nicht-indizierte Schwangerschaftsabbrüche strafrechtlich zu sanktionieren, unter anderem mit folgender Begründung: „Dem Grundgesetz liegen Prinzipien der Staatsgestaltung zugrunde, die sich nur aus der geschichtlichen Erfahrung und der geistig sittlichen Auseinandersetzung mit dem vorangegangenen System des Nationalsozialismus erklären lassen. Gegenüber der Allmacht des totalitären Staates, der schrankenlose Herrschaft über alle Bereiche des sozialen Lebens für sich beanspruchte und dem bei der Verfolgung seiner Staatsziele grundsätzlich nichts

Mit dem zweiten Urteil vom 28. Mai 1993 stärkte der Zweite Senat[180] des Bundesverfassungsgerichts den Grundrechtsstatus des Ungeborenen, indem es den Embryo nicht mehr, wie im Urteil von 1975 nur als Schutzgut betrachtet, sondern ihm definitiv Menschenwürde im Sinne eines Lebensrechtes anerkennt. Die Ableitung der staatlichen Schutzpflicht für das Ungeborene erfolgt damit aus Art. 2 Abs. 2 Satz 1 GG und zusätzlich aus Art. 1 Abs. 1 GG.[181] Die Reichweite der Schutzpflicht geht aus vom zum schützenden Rechtsgut und erstreckt sich auch auf bzw. richtet sich gegen die eigene Mutter. Dennoch erklärt das Urteil beratene, aber nicht indizierte Abbrüche als straffrei, wenn auch als rechtswidrig. Schwangerschaftsabbrüche, die von der Schwangeren nach einer Beratung und drei Tagen Bedenkzeit von einer ärztlichen Person innerhalb von zwölf Wochen vorgenommen werden, erfüllen nicht den Tatbestand einer strafbaren Abtreibung. Allerdings werden die Kosten des Abbruchs nicht von der Krankenkasse übernommen, um die Rechtswidrigkeit dieser Handlungen deutlich zu machen. Dessen ungeachtet sollen die Kosten bei Frauen mit einem niedrigen bzw. keinem Einkommen von der staatlichen Sozialhilfe getragen werden und die Lohnfortzahlung im Krankheitsfall bestehen bleiben.

Das BVerfG-Urteil schreibt darüber hinaus eine Verschärfung der Beratungsverfahren sowie die staatliche Kontrolle der Beratungsstellen vor. Nicht nur die beratenden Personen sondern auch die zum Abbruch bereiten ÄrztInnen müssen grundsätzlich versuchen, die Schwangere zum Austragen des Kindes zu motivieren. Gleichzeitig spricht das Bundesverfassungsgericht die Erwartung an den Gesetzgeber aus, die Einhaltung der Pflichten für die Umfeldpersonen mittels Strafandrohung zu garantieren. Die staatliche Schutzpflicht erstreckt sich also auch auf Personen aus dem familialem (Gatte, FreundInnen und Verwandte) und sozialem Umfeld (ArbeitgeberInnen, VermieterInnen). Das Urteil rechtfertigt damit in einem deutlich erweiterten Rahmen grundsätzlich alle gesetzgeberischen Maßnahmen, die dazu dienen, die mit dem Urteil behauptete staatliche Schutzpflicht im allgemeinen Rechtsbewußtsein zu erhalten und zu fördern.

---

anspruchte und dem bei der Verfolgung seiner Staatsziele grundsätzlich nichts bedeutete, hat das Grundgesetz eine wertgebundene Ordnung aufgerichtet, die den einzelnen Menschen und seine Würde in den Mittelpunkt aller Regelungen stellt." (BVerfGE 39, 67)

180 Siehe dazu BVerfGE 88, 203-366. Besprechungen zum Inhalt finden sich vor allem bei Berghahn 1994; Geiger /von Lampe 1994; Freudiger 1995.

181 Vgl. auch insbesondere Eser (1992b) zur „Neuregelung des Schwangerschaftsabbruchs vor dem Hintergrund des Embryonenschutzgesetzes – Gedanken zur Vermeidung von Wertungswidersprüchen“ (ebd., 147-162).

Mit der Definition des Embryos als Rechtssubjekt bekräftigt das Bundesverfassungsgericht in einem weitaus stärkeren Maße als noch 1975 die Vorrangigkeit des Grundrechtsschutzes für das Ungeborene gegenüber den Grundrechten von Frauen. Aus der Sicht des Gerichts tragen diese grundsätzlich nicht soweit, daß die Rechtspflicht zum Austragen eines Kindes aufgehoben werden könnte. Allerdings billigte das Gericht den Frauen die Letztverantwortung für den Abbruch zu und sah auch das mit dem Urteil formulierte Beratungskonzept mit der staatlichen Schutzpflicht vereinbar (BVerfGE 88, 203, 264 ff.). Gleichwohl werden im Urteil Ausnahmesituationen eingeräumt, die es dem Gesetzgeber ermöglichen, von der Rechtspflicht abzusehen. Demnach kann der Gesetzgeber die Fälle, bei denen der Abbruch nach dem Beratungskonzept erfolgt, durch die Herausnahme aus dem Tatbestand straffrei stellen, wobei dadurch allerdings die Rechtswidrigkeit des Abbruchs nicht aufgehoben wird (BVerfGE 88, 203, 273 f.). Eine soziale Notlagenindikation war demnach im jüngsten Urteil nicht mehr vorgesehen; geblieben sind dagegen die psycho-medizinische, die embryopathische (früher: eugenische) und die kriminologische (auch: ethische) Indikation. Letztere war im Reformgesetz aufgrund des Letztentscheidungsrechtes der Frauen entfallen, nun aber aus Gründen der Kostenübernahme durch die Krankenkasse wieder aufgenommen worden, wobei das BVerfG-Urteil den Mißbrauchscharakter dieser Indikation insofern zu entschärfen suchte, als sich Amts- bzw. VertrauensärztiInnen der Krankenkasse von dem Wahrheitsgehalt der behaupteten Vergewaltigungsvorwürfe überzeugen müssen.

Mit dem Schwangeren- und Familienhilfeänderungsgesetz (SFHÄndG) paßte der Gesetzgeber das ursprüngliche Schwangeren- und Familienhilfegesetz (SFHG) vom 27.7.1992 entsprechend dem Bundesverfassungsgerichtsurteil an, ohne allerdings alle Anforderungen umzusetzen (vgl. dazu Berghahn 1996c, 14ff.). Die gesetzlichen Ausführungen sind nicht nur sachlich gehalten, sondern sind darüber hinaus „dialektisch formuliert und entsprechen insoweit den Double-Bind-Anforderungen des Bundesverfassungsgerichtes" (Berghahn 1996c, 15). So pendeln die Regelungen zur Beratung ebenso zwischen Repression und Unterstützung wie die Regelungen zur Kostenübernahme, die zumindest den gesetzlich krankenversicherten Frauen den Gang zum Sozialamt ersparen.

Grundrechtlicher Lebensschutz

Beide Urteile formulieren einen Lebensbegriff, der das vorgeburtliche Leben als menschliches Leben im nachgeburtlichen Sinne miteinschließt. Eine weitgehend öffentliche und politische Diskussion, wie etwa in den USA, wurde nicht geführt. Beide Abtreibungsurteile gehen von der Prämisse aus, daß der Embryo genetisch-individuelles menschliches Leben ist.[182] An dieser Setzung ist nicht nur die nahezu freie Interpretation der Grundrechtsinhalte durch die BundesverfassungsrichterInnen problematisch; insbesondere die Umdeutung von Art. 1 GG (Menschenwürde) und Art. 2 GG (Freie Entfaltung der Persönlichkeit, Recht auf Leben und körperliche Unversehrtheit und Freiheit der Person) als klassische Abwehrrechte in objektive Wertnomen und die davon abgeleitete staatliche Schutzpflicht des Staates (vgl. Berghahn 1994, 55f.) wirken sich nachteilig für den sozialen und politischen Status von Frauen aus.

Leben als verfassungsrechtlicher Begriff

Ein verfassungsrechtlicher Lebensbegriff fällt nicht zwangsläufig mit einer biologischen oder ethischen Auffassung von Leben zusammen. Das Grundgesetz spart in seiner Lebensdefinition bewußt eine Definition des ungeborenen Lebens und damit seine Rechtsfähigkeit aus seinem Geltungsbereich aus.[183] Weder aus dem Verfassungswortlaut des Art. 2 Abs. 2 Satz 1 GG *Jeder hat das Recht auf Leben und körperliche Unversehrtheit* noch aus seinem Verhältnis zu den in Art. 2 Abs. 1 GG[184] enthaltenen Möglichkeiten menschlicher Freiheitsentfaltung kann der Grundrechtsschutz für das ungeborene Leben ohne weiteres entnommen und auch nicht mit dem juristischen-verfassungsrechtlichen Personenbegriff gleichgesetzt werden. Vielmehr bezieht sich das Wort *Jeder* im Lebensgrundrecht auf den Schutz des einzelnen Individuums und sein Recht auf körperliche Integrität. Damit

---

182 Vgl. zum zweiten Abtreibungsurteil auch Becker 1993.

183 In allen anderen deutschen Rechtsordnungen beginnt die Rechtsfähigkeit, wie auch in § 1 des BGB festgeschrieben, erst mit der Geburt (vgl. Berghahn 1994, 569).

184 „Jeder hat das Recht auf die freie Entfaltung der Persönlichkeit, soweit er nicht die Rechte anderer verletzt und nicht gegen die verfassungsmäßige Ordnung oder das Sittengesetz verstößt."

aber ist lediglich die Freiheit der bloßen Existenz als grundlegende Voraussetzung für die Inanspruchnahme aller weiteren Freiheitsrechte gewährt (vgl. Correll 1998, 40).[185]

Jenseits des Diskurses, den medizinische Entwicklungen und molekularbiologischen Forschungen zum Beginn des Lebens und seiner künstlichen Reproduzierbarkeit initiiert haben[186], kann insbesondere der Normenkontrollantrag von 1974 als Versuch gewertet werden, das Grundgesetz in dieser Frage „nachzubessern". Die dem Einspruch zugrundegelegte Auffassung, wonach der im Grundrechtsartikel enthaltene Wert des Lebens auch auf das ungeborene Leben ausgedehnt und in der Folge ein staatlicher Schutz aus diesem Grundrecht gegen die Schwangere abgeleitet werden muß, begründeten die AntragstellerInnen zusammengefaßt mit dem Lebensschutz in Art. 2 Abs. 2 Satz 1 GG, mit der Menschenwürde in Art. 1 Abs. 1 GG, mit dem Gleichberechtigungsgrundsatz in Art. 3 GG, dem Schutz der Ehe und Familie in Art. 6 Abs. 1 und Abs. 4 GG sowie mit dem Rechtsstaatsprinzip.

Nach Auffassung der baden-württembergischen Klagevertreter Fritz Ossenbühl und Hans-Joachim Rudolphi ist Art. 2 Abs 2 Satz 1 GG ein „Grundrecht auf Leben" (vgl. Ossenbühl/Rudolphi 1979, 73) und enthalte demzufolge grundrechtsimmanent sowohl ein individuelles Abwehrrecht gegenüber staatlichen Eingriffen als auch eine materiell-inhaltliche Grundwertentscheidung der Verfassung *für* das werdende Leben. Den materiellen Gehalt des Grundrechtsartikels leiten sie historisch ab, indem sie auf die lebensverachtenden Praktiken des nationalsozialistischen Staates verweisen (vgl. Freudiger 1995, 37). Die dort gemachten Erfahrungen verbieten es nach ihrer Auffassung, den Lebensbegriff zu hinterfragen, geschweige denn ihn auf verschiedene Lebensformen zu beziehen. So stelle allein die Unterscheidung zwischen schutzwürdigem und schutzunwürdigem Leben zwangsläufig eine Analogie zur eugenisch-rassischen Trennung zwischen lebenswertem und lebensunwertem Leben her (vgl. Ossenbühl/Rudolphi 1979,75).

Ergänzend zu dieser moralisch konnontierten Argumentation, die zudem völlig unterschiedliche Sachverhalte auf eine unlautere Art und Weise

---

185 Art. 2 Abs. 2 garantiert mit dem Lebensschutz und der körperlichen Unversehrtheit (Satz 1) sowie der Bewegungsfreiheit (Satz 2) die drei „naturalen Werte der Körperlichkeit" (Düring in: Maunz/Düring/Herzog/Scholz 1996, Art. 2 Abs. 2 GG RZ. 1) und sichert damit die objektiven Daseinsvoraussetzungen, die zur Wahrnehmung von Freiheitsrechten unerläßlich sind. Allerdings steht im Vergleich zu Satz 1 in Satz 2, der sich auf die *Freiheit der Person* bezieht, nicht jede Person und damit das Persönlichkeitsrecht im Vordergrund, sondern die Absage an staatliche Willkürherrschaft

186 Vgl. zu Fragen der Genforschung in Zusammenhang mit dem Verfassungsrecht insbesondere Däubler-Gmelin 1986.

vermengt,[187] kann nach Auffassung der von den 193 Abgeordneten des Deutschen Bundestages bevollmächtigten CDU-/CSU-Klagevertreter Peter Lerche und Benno Erhard die rechtliche Auslegung der Verfassungsnorm *Jeder hat ein Recht auf Leben* ... lediglich unter Zuhilfenahme biologischer Erkenntnisse erfolgen. Demnach beginne die individuelle Existenz laut naturwissenschaftlichen Erkenntnissen mit der Verschmelzung männlicher und weiblicher Keimzellen (vgl. Lerche/Erhard 1979, 42f.). Diese biologische Ableitung ist aus der Sicht von Berghahn mehr als zweifelhaft, weil sie als „tragende Begründung eigentlich *keine* ist. Denn das Gericht statuiert nur" (1998, 266; Hervorhebung im Original). Der Definition eines juristischen Lebensbegriffs wird mit dieser „biologistischen Reduktion" (Jerouschek 1989, 280) ebenso ausgewichen, wie einer „argumentativen Auseinandersetzung mit rechtsphilosophischen und verfassungstheoretischen Positionen" (Berghahn 1998, 267). Stattdessen erscheint das Leben als ein der herrschenden Rechtsordnung vorgängiges Menschenrecht, das die Verfassung zwar mit rechtlichen Mittel schützen, aber nicht aus einer rechtlichen Perspektive inhaltlich bestimmen dürfe. In dieser Konsequenz kann es keinen eigenständigen verfassungsrechtlichen Begriff des Lebens geben, sondern müsse sich daran orientieren, was die medizinische Forschung unter menschlichem Leben versteht (Ossenbühl/Rudolphi 1979, 73f.).

Schutz des ungeborenen Lebens

Das Bundesverfassungsgericht schließt sich dieser geforderten Auslegungsmethode an und legitimiert dies auch im Urteil mit Hinweis auf eine frühere Entscheidung[188], „wonach in Zweifelsfällen diejenige Auslegung zu wählen ist, welche die juristische Wirkungskraft der Grundrechtsnormen am stärksten entfaltet" (BVerfGE 39, 1, 38). Mit der Definition des Embryos als genetisch-indviduelles Leben (vgl. dazu auch Becker 1993) wird ungeborenes Leben der grundrechtlichen Lebensdefinition angepaßt, damit die vom Grundrecht vorgegebene Schutzfunktion in der Gleichrangigkeit zu der Rechtsposition geborener GrundrechtsträgerInnen abgeleitet werden kann.

---

187 Das machen die Bundesverfassungsrichter Rupp-von Brünneck und Simon in ihren Sondervoten zum Bundesverfassungsgerichtsurteil nochmals deutlich, indem sie die Massenvernichtung menschlichen Lebens von Staats wegen in Konzentrationslagern, behördlich angeordnete Sterilisierungen und Zwangsabtreibungen klar von einer verfassungsrechtlichen Bewertung der Abtreibung einer Leibesfrucht trennen (vgl. BVerfGE 39, 76).

188 Die VerfassungsrichterInnen verweisen auf das BVerfGE 32, 54, 71.

In seinem Urteil von 1975 begründet das Gericht die Aufnahme des Rechts auf Leben im Grundgesetz (BVerfGE 39, 1, 36 ff.) erstens mit dem Nationalsozialismus (BVerfGE 39, 1, 1 f.), zweitens mit einem von der geschichtlichen Existenz abgeleiteten Lebensbegriff, wonach Leben mit dem 14. Tag nach der Empfängnis (Nidation) beginne (vgl. BVerfGE 39, 1, 37). Drittens macht das Gericht klar, daß sich der Begriff *Jeder* im Grundrechtsartikel 2 nicht auf eine geborene Person, sondern auf die menschliche Existenz beziehe. Das Ungeborene Leben gelte in dieser Auffassung dann als eine Vorstufe dieser menschlichen Existenz (ebd.). Viertens führen die BundesverfassungsrichterInnen die Entstehungsgeschichte des Art. 2 Abs. 2 GG an, wonach bereits im Parlamentarischen Rat mehrheitlicher Konsens geherrscht hätte, in die Formulierung *„Jeder hat das Recht auf Leben*" auch das keimende Leben miteinzuschließen (vgl. BVerfGE 39, 1, 40).[189] In einem fünften Schritt schließlich ergibt sich nach Auffassung des Gerichts die Schutzbedürftigkeit auch aus Art. 1 Abs. 1 Satz 2 GG (Menschenwürde) sowie aus der Auslegung der Grundrechtsnormen als eine objektive Wertordnung:

> „Ob und gegebenenfalls in welchem Umfang der Staat zu rechtlichem Schutz des werdenden Lebens von Verfassungs wegen verpflichtet ist, kann deshalb schon aus dem objektivrechtlichen Gehalt der grundrechtlichen Normen erschlossen werden." (BVerfGE 39, 1, 41 f.)[190]

Mit der Festlegung von Art. 2 Abs. 2 Satz 1 GG als objektive Grundsatznorm hat das Bundesverfassungsgericht eine fundamental normative Grundrechtsentscheidung getroffen[191], die kaum oder nur sehr schwer revidierbar scheint und auch für andere Rechtsbereiche nicht ohne Folgen bleibt. Die damit

---

189 Es gab einen Antrag des Abgeordneten Seebohm von der Deutschen Partei (DV) an Art. 2 Abs. 1 GG die Sätze „Das keimende Leben wird geschützt" und „Die Todesstrafe wird abgeschafft" hinzuzufügen. Die Mehrheit der Abgeordneten im Parlamentarischen Rat war sich jedoch einig, daß das keimende Leben in der aktuellen Formulierung mitgemeint sein. Eine Ausnahme bildete die Meinung des SPD-Abgeordneten Greve, der weder den Standpunkt Seebohms noch den der CDU/CSU und FDP vertrat, sich allerdings nicht durchsetzen konnte (vgl. BVerfGE 39, 1, 38f.)

190 In diesem Zusammenhang erachtet das Gericht in seinem Urteil 1975 die Frage, ob der Fötus Grundrechtsträger sein muß, um ihn staatlich schützen zu können, noch als unwichtig: „Hingegen braucht die im vorliegenden Verfahren wie auch in der Rechtsprechung und im wissenschaftlichen Schriftum umstrittende Frage nicht entschieden zu werden, ob der nacituru s selbst Grundrechtsträger ist oder aber wegen mangelnder Rechts- und Grundrechtsfähigkeit ‚nur' von den objektiven Normen der Verfassung in seinem Recht auf Leben geschützt wird." (BVerfGE 39, 1, 41) Diese Einschätzung änderte sich allerdings im Urteil von 1994.

191 Vgl. zu der aus Art. 2 Abs. 2 Satz 1 GG abgeleitete Schutzpflicht des Staates zugunsten des Lebens vor allem auch Hermes (1987, 190 ff.).

festgestellte Schutzpflicht wurde mit dem Urteil von 1975 erstmalig auch gegenüber Dritten begründet und seitdem in ständiger Rechtsprechung anerkannt, „daß Art. 2 Abs. 2 Satz 1 GG nicht lediglich ein subjektives Abwehrrecht verbürgt, sondern zugleich eine objektiv-rechtliche Wertentscheidung der Verfassung, die für alle Bereiche der Rechtsordnung gilt und verfassungsrechtliche Schutzpflichten begründet" (vgl. BVerfGE 77, 120)[192]. Nach dieser Rechtsprechung steht das Leben als Höchstwert an sich über der Freiheitsverwirklichung des Individuums und gerät mit dieser Auslegung auch nicht in den Widerspruch zum Grundgesetz als eine Ordnung, die „den Schutz von Freiheit und Menschenwürde als obersten Zweck allen Rechts anerkennt" (BVerfGE 39, 1, 42)[193], weil Leben „die vitale Basis der Menschenwürde und die Voraussetzung aller anderen Grundrechte" (ebd.) sei.

Grundrechtlicher Schutz der Menschenwürde

Im Gegensatz zum Urteil von 1975, in welchem das Bundesverfassungsgericht die Schutzpflicht des Staates unmittelbar aus Art. 2 Abs. 2 Satz 1 GG abgeleitet und erst zweitrangig mit Art. 1 Abs. 1 Satz 2 GG „*Sie (die Würde) zu achten und zu schützen ist Verpflichtung aller staatlicher Gewalt*" begründet hat, wird im Urteil von 1994 der Satz 1 und Satz 2 des Art. 1 Abs. 1 GG „*Die Würde des Menschen ist unantastbar. Sie zu achten und zu schützen ist Verpflichtung aller staatlicher Gewalt*" als *das* Grundrecht herangezogen, mit dem die Schutzpflicht des Staates für das ungeborene Leben als „eine Grundbedingung für das geordnete Zusammenleben im Staat" (Geiger/von Lampe 1994, 2) legitimiert wird.

Die eigenmächtige Interpretationsleistung des Bundesverfassungsgerichts wäre indes gar nicht nötig gewesen, ginge es den RicherInnen tatsächlich nur um den Schutz des ungeborenen Lebens. Denn um ein Gut zu schützen, muß es noch lange nicht als Rechtssubjekt deklariert sein, das heißt, es hätte wie schon 1975 die Ableitung der Schutzfunktion aus Art. 2 Abs. 2 Satz 2 GG genügt. Allerdings können die Grundrechte „geborener" Menschen – in diesem Falle also die der Frauen – nur bedingt eingeschränkt werden, wenn das ungeborene Leben lediglich als Schutzgut deklariert wird (vgl. Berghahn 1998, 265). So wurde im Urteil von 1975 die Rechtsposition des Ungebore-

---

192 Diese Entscheidung in Zusammenhang mit der Chemiewaffenlagerung rechtfertigten die RichterInnen konkret mit dem Hinweis auf das erste Schwangerschaftsabbruch-Urteil BVerfGE 39, 1, 41f. Weitere Hinweise finden sich etwa bei dem Schleyer-Urteil BVerfGE 46, 164 oder im BVerfGE-Entscheidung 56, 73, 78, 80 zum Fluglärm.

193 Vgl. dazu (BVerfGE 12, 45, 51) und BVerfGE 28, 175, 189)

nen der der Schwangeren übergeordnet, wenn es den Frauen zumutbar war, die Schwangerschaft auszutragen. Die insgesamt vier Indikationen galten als rechtlich anerkannte unzumutbare Zustände. Die Unlogik aus dem Urteil von 1975 aber blieb bestehen: Das Lebensrecht des Ungeborenen blieb unbegründet und ergab sich immer nur aus der Abwägung zwischen dem Selbstbestimmungsrecht von Frauen – was einer Tötung des Ungeborenen gleichkam – und dem Schutz des Ungeborenen: Das Ungeborene konnte als Rechtsgut nur geschützt werden, wenn die Frauen an einer Abtreibung (straf-)rechtlich gehindert werden.

Im Urteil von 1993 entgingen die RichterInnen einer drohenden Entlarvung dieses tautologischen Widerspruchs, indem sie dem ungeborenen Leben die Grundrechte auf Würde (Art. 1 Abs. 1 GG) und Leben (Art. 2 Abs. 2 Satz 1 GG) zuerkannten. Die Rechtspositionen der Schwangeren und des Ungeborenen sind damit gleichwertig und die Unantastbarkeit der Würde und des Lebens von ungeborenen und geborenen Menschen gleichgesetzt. Die Konsequenz daraus ist, daß der Staat nicht mehr nur dazu verpflichtet ist, das Ungeborene zu schützen, sondern auch aktiv dessen Grundrechte garantieren muß.

Würde als verfassungsrechtlicher Begriff

Das Grundgesetz geht von der gleichen Würde aller Menschen aus[194] und lehnt sich mit dieser Kernformel an die Charta der Vereinten Nationen ebenso an, wie an die Allgemeine Erklärung der Menschenrechte. Doch auch wenn diese Menschenrechtspakte die Sicherung von „Würde und Wert der menschlichen Persönlichkeit“ (Präambel der UN-Charta) sowie die „Anerkennung der allen Mitgliedern der menschlichen Familie innewohnenden Würde“ (Präambel der Allgemeinen Erklärung der Menschenrechte)[195] verbürgen und damit eine wichtige Grundlage für das Menschenbild in der Gemeinschaft darstellen, ist der Begriff der Menschenwürde in der bundesdeutschen Verfassung dennoch ein relativ unbestimmter Begriff. Das mag, wie etwa Robert Spaeman (1987) ausführt, an der Transzendenz des Würdebegriffs selbst liegen, der – ähnlich wie der Freiheitsbegriff – weniger ein Menschenrecht bezeichnet, sondern viel eher „die Begründung für so etwas

194 Zur Auslegung und Rechtsprechung vgl. insbesondere Häberle (1987, § 20 Rn. 6, 21, 58), aber auch Kunig (1992).

195 Bezeichnenderweise heißt es weiter in Artikel 1: „Alle Menschen sind frei und gleich an Würde und Rechten geboren. Sie sind mit Vernunft und Gewissen begabt und sollen einander im *Geist der Brüderlichkeit* begegnen.“ (Herv. G.W.)

wie Menschenrechte überhaupt" (ebd., 296f.) enthält. Der Bedeutungsgehalt der Menschenwürde reicht in diesem Verständnis weit über den der Menschenrechte hinaus und erschwert damit auch seine verfassungsrechtliche Operationalisierbarkeit. Deshalb wird die Bedeutung der Unantastbarkeit der Würde des Menschen, die Art. 1 Abs. 1 GG hervorhebt, durch allgemeine Formeln wie die, daß der Mensch nicht zum bloßen Objekt gemacht werden dürfe[196], sowie durch eine Reihe von Bestimmungen expliziert, die vorliegen müssen, damit die Würde des Menschen gewahrt bleibt[197]. Nach Auffassung des Gerichts ist die Menschenwürde etwa dann nicht gewahrt, wenn Einzelne erniedrigt, gefoltert oder verfolgt werden (BVerfGE 1, 97, 104). Darüber hinaus faßt das Bundesverfassungsgericht seine Auffassungen zum Menschenbild in einer Formel zusammen (vgl. Dreier 1981, 87ff.; Geiger 1981, 9ff.). Demnach liegt dem Grundrecht auf Menschenwürde als eine Norm, „die Vorstellung vom Menschen als einem geistig-sittlichen Wesen zugrunde, das darauf angelegt ist, in Freiheit sich selbst zu bestimmen und sich zu entfalten. Diese Freiheit versteht das Grundgesetz nicht als diejenige eines isolierten und selbstherrlichen, sondern als die eines gemeinschaftsbezogenen und gemeinschaftsgebundenen Individuums" (BVerfGE 45, 187, 227).

In diesem Verständnis ist die Würde des Menschen mit dem Begriff der Freiheit eng verbunden.[198] Nach Auffassung etwa von Alexy ist damit eine Freiheit gemeint, „die darin besteht, daß der einzelne nicht durch äußeren Zwang an der Wahl zwischen bestimmten Entscheidungsalternativen gehindert wird" (Alexy 1996, 323). Das Gericht bestätigt diese Auffassung mit Aussagen von der „Eigenständigkeit der Person" (BVerfG 4, 7, 16) oder mit der Rede von der „selbstverantwortlichen Persönlichkeit" (BVerfGE 45, 187, 228). Menschenwürde so gefaßt setzt notwendigerweise eine negative Freiheit voraus und bestätigt mit dieser Schlußfolgerung den Grundrechtsartikel 1 als individuelles Abwehrrecht. Demnach darf in die Würde des Einzelnen nicht eingegriffen werden. Auf der anderen Seite jedoch betont der Verweis auf das „gemeinschaftsbezogene Individuum", daß der Menschenwürdebegriff in der Verfassung keine Freiheit im Sinne einer unbegrenzten Freiheit

---

196 Siehe etwa BVerfGEntscheidungen 27, 1, 6; 28, 389, 391; 45, 187, 228; 50, 125, 133.

197 Wobei das Bundesverfassungsgericht im Rahmen seiner Ausführungen zum Abhör-Urteil einräumt, daß hinsichtlich dem in Art. 1 GG genannten Grundsatz der Unantastbarkeit der Menschenwürde alles „von der Festlegung ab(hängt), unter welchen Umständen die Menschenwürde verletzt sein kann" (BVerfGE 30, 1, 25). Die Definition der Bedingungen ist demnach mitentscheidend für den semantischen Gehalt des Würdebegriffs und damit auch für dessen grenzziehenden Charakter.

198 Zum Zusammenhang zwischen Würde und Freiheit vgl. etwa auch die Beiträge von Benda 1983, 112 ff. und Düring 1956, 125.

intendiert: „der Einzelne muß sich diejenigen Schranken seiner Handlungsfreiheit gefallen lassen, die der Gesetzgeber zur Förderung und zur Pflege des sozialen Zusammenlebens in den Grenzen des bei dem gegebenen Sachverhalt allgemein Zumutbaren zieht, vorausgesetzt, daß dabei die Eigenständigkeit der Person gewahrt bleibt" (BVerfGE 4, 7, 16). Demzufolge ist die Freiheit der einzelnen, wenn auch nicht aus beliebigen Gründen (vgl. Alexy 1996, 324) so doch grundsätzlich eingeschränkbar, ohne daß damit die Menschenwürde als grundrechtliche Norm im Sinne einer *Regel* und eines *Prinzips* verletzt wird[199]. Denn der Begriff der Norm beinhaltet ja bereits die Differenzierung zum konkreten Realisierungsgrad, indem mit der Rede von der gleichen Würde aller Menschen, die geschützt werden soll, ein Sollen und weniger ein Sein ausgedrückt wird; der Schwerpunkt also mithin auf der Möglichkeit eines jeden Menschen zur faktischen und sittlichen Selbstbestimmung beruht (vgl. Brugger 1997, 32).

Menschenwürde des ungeborenen Lebens

In seiner Entscheidung argumentiert das Gericht, daß sich die zu schützende Menschenwürde notwendigerweise mit dem Dasein verbinde (vgl. BVerfGE 88, 203, 252). Um also die Menschenwürde schützen zu können, so die richterliche Folgerung weiter, müsse dem nasciturus auch ein Lebensrecht zugestanden werden (ebd.).[200] Dagegen stellen Geiger und von Lampe (1994, 4) die These auf, daß sich aus dem Zuerkennen der Menschenwürde noch kein eigenständiges Lebensrecht im Sinne Art. 2 Abs. 2 GG ableiten ließe. Zwar sei es richtig, daß die Menschenwürde sich im Dasein seiner selbst willen

---

199 Zur Unterscheidung zwischen der Menschenwürde als Norm und als Prinzip vgl. insbesondere Alexy 1996, 96 ff. Alexy geht von zwei Menschenwürde-Normen aus. Dabei bezeichnet er die Menschenwürde-Regel als absolute Norm, die keiner Schrankenklausel bedarf. Dagegen wird das Menschenwürde-Prinzip realisiert, auch in seinem Verhältnis zu anderen Verfassungsprinzipien. Es bedeutet aus Sicht Alexys kein absolutes Prinzip, ohne daß dadurch der Vorrang-Charakter dieses Prinzips gegenüber anderen Verfassungsprinzipien verlorenginge (ebd., 97).

200 Im Original lautet die Begründung: „Wo menschliches Leben existiert, kommt ihm Menschenwürde zu (BVerfGE 39, 1, 41). Diese Würde des Menschseins liegt auch für das ungeborene Leben im Dasein um seiner selbst willen. Es zu achten und zu schützen bedingt, daß die Rechtsordnung die rechtlichen Voraussetzungen seiner Entfaltung im Sinne eines eigenen Lebensrechts des Ungeborenen gewährleistet (vgl. auch BVerfGE 39, 1, 37). Dieses Lebensrecht, das nicht erst durch die Annahme seitens der Mutter begründet wird, sondern dem Ungeborenen schon aufgrund seiner Existenz zusteht, ist das elementare und unveräußerliche Recht, das von der Würde des Menschen ausgeht; es gilt unabhängig von bestimmten religiösen oder philosophischen Überzeugungen, über die der Rechtsordnung eines religiös-weltanschaulich neutralen Staates kein Urteil zusteht."

begründe, was aber noch lange nicht bedeute, daß das Leben die Voraussetzung für die Anerkennung der Menschenwürde sei (vgl. ebd.). Tatsächlich seien „Art. 1 Abs. 1 GG und Art. 2 Abs. 22 GG (…) zwei eigenständige Grundrechte mit unterschiedlichen Schutzbereichen“ (ebd.).[201]

Aus der Definition des Ungeborenen als eigenständiges Rechtssubjekt, von dessen Würde in Verbindung mit dem Lebensrecht die Reichweite staatlicher Schutzpflicht ausgeht, ergeben sich im Urteil weitreichende Konsequenzen für die Rechtsgüter von Frauen, insofern ihre Menschenwürde (Art. 1 GG), ihr Recht auf Leben und körperliche Unversehrtheit (Art. 2 Abs. 2) ihr Persönlichkeitsrecht (Art. 2 Abs. 1) sowie ihre Gewissensfreiheit (Art. 4 Abs. 1)[202] mit dem Lebensrecht des Ungeborenen kollidieren. So machte das Gericht im weiteren deutlich, daß das Ungeborene auch vor der eigenen Mutter zu schützen ist. Der staatliche Schutz realisiert sich jedoch nicht nur mit dem Verbot abzutreiben, sondern auch durch die gegenüber den Frauen ausgesprochene Rechtspflicht, das Kind auszutragen (vgl. BVerfGE 88, 203, 258)[203]. Die aus dem Schutz der Menschenwürde des Ungeborenen abgeleiteten Verhaltensanforderungen gegenüber Dritten

> „sollen Schutz in zwei Richtungen bewirken. Zum einen sollen sie präventive und repressive Schutzwirkungen im einzelnen Fall entfalten, wenn die Verletzung des geschützten Rechtsguts droht oder bereits stattgefunden hat. Zum anderen sollen sie im Volke lebendige Wertvorstellungen und Anschauungen über Recht und Unrecht stärken und unterstützen und ihrerseits Rechtsbewußtsein bilden (vgl. BVerfGE 45, 187, 254-256), damit auf der Grundlage einer solchen normativen Orientierung des Verhaltens eine Rechtsgutsverletzung schon von vornherein nicht in Betracht gezogen wird“ (BVerfGE 88, 203, 253).

Allerdings werden Handlungs- und Rechtsgebote nur selten in Verbindung mit dem Strafrecht vorgegeben, weil es sehr schwierig ist, individuelle Sicht- und Lebensweisen in objektive, allgemeingültige Kriterien umzusetzen.

---

201 Aus der Definition des Ungeborenen als Rechtssubjekt ergibt sich überdies ein weiterer Widerspruch in Zusammenhang mit den rechtsgültigen Indikationen: Wieso darf, wenn das Leben und die Würde ungeborener und geborenen Menschen gleichgesetzt ist, in einigen Ausnahmefällen das ungeborene Leben angetastet werden? Diese Einschränkungen gibt es nämlich im Vergleich zu geborenen Menschen nicht, hier überwiegt das Leben immer im Hinblick auf die Lebensgestaltung (vgl. Berghahn 1994, 57). Das heißt, wenn, wie Geiger und von Lampe deutlich machen, das Ungeborene in den Schutzbereich des Art. 2 Abs. 2 Satz 1 GG einbezogen wird, dürften keinerlei Unterschiede zwischen pränatalem und postnatalem Leben gemacht werden.

202 Das Lebensrecht des Ungeborenen berührt zwar die Gewissensfreiheit der Frauen, dennoch können sie sich rechtlich nicht darauf berufen.

203 „Danach ist das Strafrecht regelmäßig der Ort, das grundsätzliche Verbot des Schwangerschaftsabbruchs und die darin enthaltene grundsätzliche Rechtspflicht der Frau zum Austragen des Kindes gesetzlich zu verankern.”

Werden also konkrete Vorgaben mit den gesetzlichen Regelungen und Verordnungen gemacht und weniger Verbote im Konflikt zwischen den Rechtsträgern ausgesprochen, müssen diese stichhaltig begründet werden, damit ihr objektiver Charakter ersichtlich wird. Die gerichtliche Entscheidung läßt es an dieser Objektivität fehlen und beruft sich stattdessen auf die verfassungsrechtlichen Prinzipien des Untermaßverbotes als eine Variante des Verhältnismäßigkeitsprinzips. Weil gemäß dem Untermaßverbot[204] der Gesetzgeber verpflichtet ist, wirksame präventive und repressive Maßnahmen zu realisieren, um seiner Schutzpflicht gerecht zu werden (vgl. BVerfGE 88, 203, 254), könne vom Einsatz des Strafrechtes nicht abgesehen werden, das grundsätzlich als geeignetes Mittel gesehen wird, um die Grundlagen eines geordneten Gemeinschaftsleben zu schützen (BVerfGE 88, 203, 257). Auch wenn seine Verwendung dem Verhältnismäßigkeitsprinzip unterliege, soll es dann als „ultima ratio“ eingesetzt werden, wenn ein Verhalten „(...) besonders sozialschädlich und für das geordnete Zusammenleben unerträglich“ (BVerfGE 88, 203, 258) ist.[205]

Bereits in ihrem Minderheitsvotum zum ersten Bundesverfassungsgerichtsurteil von 1975 stellten die Richterin Rupp-von Brünneck sowie der Richter Simon gerade diese Argumentation entschieden in Frage. Denn eine Verpflichtung zum Erlaß von Strafnormen setze voraus, daß das Strafrecht das geeignetste und mildeste Mittel sei, mit welchem sich das gesetzgeberische Ziel erreichen lasse (BVerfGE 39, 1, 77f.). Gleichwohl erinnerten sie an das Gebot der richterlichen Selbstbeschränkung, das insbesondere dann gelte, wenn die Regelung nicht die Abwehr staatlicher, sondern die Gestaltung der Sozialordnung betreffe (vgl. BVerfGE 39, 1, 50f.). So aber sahen sie in der Strafnorm eine Überschreitung verfassungsgerichtlicher Kompetenzen, die zudem in einem eklatanten Widerspruch zum klassischen Grundrechtsverständnis und dem Sinn der Grundrechte steht, die Staatsgewalt zu begrenzen.

---

204 „Allerdings hat der Gesetzgeber das *Untermaßverbot* zu beachten (...); insofern unterliegt er der verfassungsgerichtlichen Kontrolle. Notwendig ist ein – unter Berücksichtigung entgegenstehender Rechtsgüter – angemessener Schutz; entscheidend ist, daß er als solcher wirksam ist. Die Vorkehrungen, die der Gesetzgeber trifft, müssen für einen angemessenen und wirksamen Schutz ausreichend sein und zudem auf sorgfältigen Tatsachenermittlungen und vertretbaren Einschätzungen beruhen." (BVerfGE 88, 203, 254)

205 „Das Strafrecht ist zwar nicht das primäre Mittel rechtlichen Schutzes, schon wegen seines am stärksten eingreifenden Charakters; seine Verwendung unterliegt daher den Anforderungen der Verhältnismäßigkeit (BVerfGE 6, 389, 433f.; 39, 1, 47; 57, 250, 270; 73, 206, 253). Aber es wird als „ultima ratio“ dieses Schutzes eingesetzt, wenn ein bestimmtes Verhalten über sein Verbotensein hinaus in besonderer Weise sozialschädlich und für das geordnete Zusammenleben der Menschen unerträglich, seine Verhinderung daher besonders dringlich ist." (BVerfGE 88, 203, 258)

Das Ziel, die freiheitssichernde Wirkung der Grundrechte und die soziale Gerechtigkeit zu wahren, nicht aber in den Kompetenzbereich der Legislative einzugreifen (BVerfGE 39, 1, 70f.), gelte auch für die Bedeutung der Grundrechte als objektive Wertentscheidung.

Neben dieser unbequemen Kritik aus den eigenen Reihen an der unzureichenden verfassungsrichterlichen Begründung, die nach wie vor die Frage nach den objektiven Kriterien offenläßt, welche eine konkrete Handlungsvorgabe seitens des Gerichts rechtfertigen könnten, erlaubt darüber hinaus der Schwangerschaftsabbruch nicht, solcherart objektive Vorgaben zu formulieren, wie es mit dem Gebot zum Austragen der Schwangerschaft verbunden ist. Denn tatsächlich geht es nicht um die Konfliktsituatiuon zweier selbständiger autonomer Rechtsträger, sondern es handelt sich um eine singuläre moralische Entscheidung, die in den Bereich der individuellen Würde und autonomen Handlungsfähigkeit von Frauen fällt.[206]

In seiner Entscheidung macht das Gericht jedoch unmißverständlich klar, daß die Grundrechte der Frau nicht so weit trügen, daß die Rechtspflicht zum Austragen eines Kindes aufgehoben werden könnte. Zwar räumen die Verfassungsrichter in ihrer Begründung ein, daß die Grundrechte der Frau auch gegenüber dem ungeborenen Leben Bestand hätten und entsprechend zu schützen seien (BVerfGE 88, 203, 255)[207], allerdings müsse der Gesetzgeber darauf achten, daß er hier die Grundrechte nicht zu einem Ausgleich bringen könne, da das Ungeborene ein Recht auf Leben habe und dieses immer schwerer wiege, als die Grundrechte der Frau. Eine Ausnahmelage, die die Frau von der Rechtspflicht entbindet, ist deshalb nur im Falle einer ernsten Gefahr für das Leben der Frau oder einer schwerwiegenden Beeinträchtigung ihrer Gesundheit gegeben, wobei Ausnahmelagen auch darüber hinaus denkbar sind (BVerfGE 88, 203, 257).[208]

---

206 Nach Brugger (1997) erfordert die Konzeption einer gleichen Würde im Grundgesetz, gerade von der moralischen Beurteilung konkreter autonomer Handlungen abzusehen, weil diese dem jeweils subjektiven Ermessen unterliegen, und damit in aller Regel ungleich sind bzw. ungleich beurteilt werden (ebd., 32, Fußnote 68).

207 Im Original: „Grundrechte der Frau greifen gegenüber dem grundsätzlichen Verbot des Schwangerschaftsabbruchs nicht durch. Zwar haben diese Rechte auch gegenüber dem Lebensrecht des nasciturus Bestand und sind entsprechend zu schützen. Aber sie tragen nicht so weit, daß die Rechtspflicht zum Austragen des Kindes von Grundrechts wegen – auch nur für eine bestimmte Zeit – generell aufgehoben wäre. Die Grundrechtspositionen der Frau führen allerdings dazu, daß es in Ausnahmelagen zulässig, in manchen dieser Fälle womöglich geboten ist, eine solche Rechtspflicht nicht aufzuerlegen." (BVerfGE 88, 203, 255)

208 Im Original: „Das bedeutet indes nicht, daß eine Ausnahmelage, die es von verfassungswegen zuläßt, die Pflicht zum Austragen des Kindes aufzuheben, nur im Falle ei-

Warum die Regelung des Schwangerschaftsabbruchs nicht als rechtspolitisches Problem behandelt wird, das im demokratischen Prozeß gelöst werden könnte, liegt daran, daß der deutsche Rechtsstaat die Abtreibungsfrage mit bestimmten Verfassungsgarantien verknüpft: mit dem Lebensschutz in Art. 2 GG sowie mit dem Schutz der Würde in Art. 1 GG, aus welchen die bundesverfassungsrichterlichen Akteure die Grundrechtsfähigkeit des Ungeborenen deduzierten. Gerade jedoch diese richterliche Eigenmächtigkeit jenseits des politisches Prozesses stößt in der kritischen, insbesondere aber feministischen Wissenschaft bis heute auf empörten Widerstand. Moniert wird vor allem die präjudizierte staatliche Schutzpflicht für das ungeborene Leben, die zum einen aus einem biologistischen Verständnis von Leben sowie zum anderen von einem moralisch-theologischen Würdebegriff abgeleitet werde, ohne daß diese Konnotationen aus der Verfassung selbst herausgelesen werden könnten.[209] Doch ist die Kritik an der richterlichen Eigenmächtigkeit (vgl. Berghahn 1998), wenn auch berechtigt und aus vorwiegend demokratischen Gesichtspunkten wichtig, nicht der eigentliche Punkt, an dem sich die Geister scheiden. Als rechtsphilosophisch und verfassungsrechtlich wesentlich fragwürdiger (vgl. auch Berghahn/Wilde 1996, 178; Dworkin 1994a; Hoester 1991) wird vielmehr der Umstand erachtet, daß der Schutz der Würde des ungeborenen Lebens sowie die Auferlegung einer Gebärpflicht mit den eigentlich nicht einschränkbaren Grundrechten der Menschenwürde von Frauen in Art. 1 Abs. 1 GG (vgl. Gerhard 1991), der Gewissensfreiheit in Art. 4 Abs. 1 GG (vgl. Frommel 1991b) oder der Gleichberechtigung in Art. 3 Abs. 2 und 3 GG (vgl. hierzu besonders MacKinnon 1991; Olsen 1991) so gut wie nicht ins Verhältnis gesetzt wurden.

Selbstbestimmungsrecht der Frauen

Wenn das Selbstbestimmungsrecht (vgl. Freudiger 1995) aus dieser Aufzählung ausgespart bleibt, so liegt das daran, daß in der rechtlichen und politischen Auseinandersetzung sehr wohl der Lebensschutz und die Würde des Ungeborenen mit dem Recht auf Selbstbestimmung der Frauen reflektiert

---

ner ernsten Gefahr für das Leben der Frau oder einer schwerwiegenden Beeinträchtigung ihrer Gesundheit in Betracht kommt. Ausnahmelagen sind auch darüber hinaus denkbar. Das Kriterium für ihre Anerkennung ist, wie das Bundesverfassungsgericht festgestellt hat, das der Unzumutbarkeit (vgl. BVerfGE 39, 1, 48ff.)." (BVerfGE 88, 203, 257).

209 Vgl. zur Kritik am Begriff der Menschenwürde vor allem Freudiger (1995) sowie Gerhard (1991).

wurde, gleichermaßen jedoch die Einsicht dominiert, daß das Schutzrecht nur sehr schwer mit dem Grundrecht in Übereinstimmung zu bringen ist. Das liegt nicht zuletzt daran, daß die Selbstbestimmung als Bestandteil der allgemeinen Handlungsfreiheit (Art. 2 Abs. 1 GG)[210] ein relativ schwaches Grundrecht ist, worauf das Gericht in seinem ersten Urteil auch hinweist:

> „Das Recht der Frau auf freie Entfaltung ihrer Persönlichkeit, welches die Handlungsfreiheit im umfassenden Sinn zum Inhalt hat und damit auch die Selbstverantwortung der Frau umfaßt, sich gegen eine Elternschaft und die daraus folgenden Pflichten zu entscheiden, kann zwar ebenfalls Anerkennung und Schutz beanspruchen. Dieses Recht ist aber nicht uneingeschränkt gewährt – die Rechte anderer, die verfassungsmäßige Ordnung, das Sittengesetz begrenzen es." (BVerfGE 39, 1, 43)

Auch aus der Sicht von Albin Eser (1994, 44f.) kollidiert das Freiheitsrecht mit dem „Lebensrecht des Fötus" und öffnet kaum Räume für andersgeartete Lösungen. Doch im Gegensatz zur primär feministischen Kritik stellt Esser die verfassungsgerichtliche Auslegung von Art. 2 GG als objektive Grundsatznorm, also das Lebensrecht des Ungeborenen, nicht in Frage. Zwar konzediert er, daß das Bundesverfassungsgericht in seinem Urteil von 1975 dem Antagonismus zwischen Lebensschutz und der Selbstbestimmung von Frauen Vorschub leistete, indem es sowohl im Leitsatz als auch in der Begründung den Lebensschutz des Ungeborenen dem Selbstbestimmungsrecht der Frauen gegenübergestellte.[211] Aber auch wenn in der gängigen Argumentation der Anspruch nach Handlungsfreiheit und Selbstverantwortung mit dem Verfügungsrecht über das werdende Leben und damit in Analogie zur Tötung geborenen Lebens gleichgesetzt wird (vgl. Berghahn 1993c, 35), hat sich das Gericht nach Auffassung von Eser dennoch an das Prinzip der „Abwägung" (Eser 1994, 47) gehalten, weil zum einen der von ihm postulierte grundsätzliche Vorrang des Lebenschutzes des Ungeborenen Ausnahmen zuließe und zum anderen aus dem Wortlaut des Urteils geschlossen werden könne, daß der Gesetzgeber unter bestimmten Umständen auch die Autonomie der Schwangeren zur Richtschnur der Entscheidungen wer-

210 Während Art. 2 Abs. 2 GG die Freiheit der Person im Sinne physischer Existenz und körperlicher Bewegungsfreiheit thematisiert, spricht Art. 2 Abs. 1 GG davon, daß „jeder das Recht" auf „freie Entfaltung der Persönlichkeit" hat.

211 Die Gleichsetzung von Selbstbestimmung und Tötungshandlung geht auf die Gleichsetzung von Schwangerschaftsabbruch und Tötung ungeborenen Lebens zurück, die das Bundesverfassungsgericht vor allem im ersten Urteil zum einen mit einem biologischen Lebensbegriff und zum anderen mit Verweis auf die Tötung sog. unwerten Lebens im Nationalsozialismus legitimierte. Eser verweist stattdessen auf einen Begriff von Selbstbestimmung, der „doch zunächst einmal nicht mehr als die Freiheit des autonomen Subjekts zu einer von Legitimierungs- und Rechenschaftspflichten gegenüber Anderen freien Entscheidung zum Ausdruck bringen will" (Eser 1994, 45, Anm. 72).

den lassen könne, indem die Letztverantwortung bei der Schwangeren verbliebe (vgl. ebd., 46f.). Esers Interpretation macht sich dabei an dem Wörtchen ‚und' statt einem ‚oder' im Urteilstext fest, wonach „der Staat sich seiner Verantwortung auch nicht durch Anerkennung eines ‚rechtsfreien Raumes' entziehen (darf), indem er sich der Wertung enthält *und* diese der eigenverantwortlichen Entscheidung des Einzelnen überläßt" (BVerfGE 39, 1, 44). Demgemäß dürfe sich der Gesetzgeber grundsätzlich keiner Wertung enthalten, aber durchaus die Interessen der Schwangeren berücksichtigen (vgl. Eser 1994, 47, Anm. 79). Mit dem Verweis auf das Selbstbestimmungsrecht von Frauen als klassisches Abwehrrecht[212] bleibt das Gericht dann allerdings die Antwort schuldig, auf welches Verständnis von Selbstbestimmung der Gesetzgeber in Abwägung zum unbedingten Lebensschutz noch rekurrieren kann. Denn letztendlich ist es das Freiheitsrecht in Art. 2 Abs. 1 GG, das wie kein anderes das Bedingungsgefüge zwischen passiver Freiheit im Sinne von ‚sich selbst bewußt sein' und der sozialen partizipativen Freiheit thematisiert, wenn es einerseits von *Persönlichkeit*, andererseits von deren *Entfaltung* spricht (vgl. Correll 1998, 120)[213]. Allerdings macht das Bundesverfassungsgericht in der Auslegung dieses Freiheitsrechtes in Zusammenhang mit verschiedenen Entscheidungen[214] deutlich, daß lediglich eine Sphäre absoluter Privatheit jeglicher staatlicher Beeinflussung entzogen sei und dieser unantastbare Bereich bereits dann verlassen werde, „wenn Handlungen in den Bereich eines anderen einwirken" (BVerfGE 6, 389, 433).[215] Mit dieser Definition aber, so Correll, verbleibt im Ergebnis „kein inhaltlich faßbarer Bereich persönlicher Freiheitsentfaltung, der nicht staatlicherseits einschränkbar wäre" (Correll 1998, 122).[216] Alternativ zu einem nicht näher definierten Selbstbestimmungsrecht schlägt Eser (1994, 48) des-

---

212 Hinsichtlich des Abwehrcharakters und mit der Betonung auf Eigenständigkeit, Würde und Selbstverantwortlichkeit geht das Persönlichkeitsrecht in Art. 2 Abs. 1 GG auf einen psychologischen Freiheitsbegriff zurück, demgemäß Freiheit das Fehlen von Zwang und Einflußnahme ist. Vgl. dazu besonders auch Schulz-Schaeffer 1971, 43.

213 Cathrin Correll stellt in ihrer Untersuchung zu „Freiheit und Individuum" diesen Zusammenhang zwischen Individualinteressen und Sozialbezug sehr ausführlich dar (vgl. 1998, 120 ff.)

214 Vgl. etwa BVerfGE 6, 32, 41; 54, 143, 146; 80, 137, 153; 89, 69, 82 f.

215 In seiner Entscheidung zur Homosexualität macht das Bundesverfassungsgericht unmißverständlich klar, daß der Bereich des Geschlechtlichen und damit die Intimsphäre schon nicht mehr zu dem Bereich unantastbarer Privatsphäre gehört (vgl. BVerfGE 6, 389 (432).

216 Zur Entwicklung des Persönlichkeitsrechts in der Rechtsprechung des Bundesverfassungsgerichts vgl. auch Jarass 1996.

halb eine Materialisierung des Grundrechts auf Selbstbestimmung[217] vor, wie es bereits in seiner Auffassung mit der vom Bundesverfassungsgericht postulierten ‚Letztverantwortung' zum Ausdruck kommt: „Ver-Antwortung" (vgl. ebd., 49, Anm. 83) stehe dabei in einem engen Zusammenhang zur Begründungspflicht des Entscheidungssubjekts, das seine substantiellen Interessen offenbaren muß und nicht mit einer „‚selbstfraulichen' Selbstbestimmungsfreiheit um ihrer selbst willen" (ebd., 48) gegen das Lebensrecht des Ungeborenen argumentiert.

Von feministischen WissenschaftlerInnen wurde häufig die Abtreibung vom Selbstbestimmungrecht her analysiert[218], wenngleich – wie schon beim Recht auf Abtreibung als Freiheitsrecht, das der Entwurf des Runden Tisches[219] favorisiert hatte[220] – zahlreiche juristisch-strategische und prinzi-

---

217 Darunter fallen für Eser (1994) „Lebens-, Gesundheits-, Wohlfahrts- oder sonstige Entscheidungsinteressen der Schwangeren". Stelle man diese dem Lebensrecht des Ungeborenen gegenüber und beziehe den Begriff der Letztverantwortung mit ein, erheben sich jenseits eines allzu starren Entweder-Oder Fragen auf mehreren Wertungsebenen: „auf einer materialen (geht es - Ergänzung G.W.) um die Frage nach den miteinander konfligierenden Interessen und auf einer mehr formalen um die Frage nach dem letztverantwortlichen Entscheidungsträger" (ebd., 48).

218 Aus feministischer Sicht ist es vor allem Renate Sadrozinski (1988), die für ein Recht auf Selbstbestimmung von Frauen eingetreten ist. Selbstbestimmungsrecht heißt in diesem Zusammenhang für sie, den Abbruch oder das Austragen ohne Fremdbestimmung entscheiden zu können (vgl. 1988, 33). Gleichzeitig kritisierte sie in der öffentlichen Diskussion um den Schwangerschaftsabbruch den „Persepktivenwechsel (...) von der Frau zum Embryo" (Sadrozinski 1990, 183f.), der von der Forderung nach dem Selbstbestimmungsrecht zugunsten von „Moralvorstellungen und Gesetzen, die lebensfeindlich sind" (ebd.) abgelenkt habe.

219 Nach den Umbrüchen in der DDR 1989 und vor den Volkskammerwahlen im März 1990 institutionalisierten VertreterInnen der etablierten Parteien und der neuen BürgerInnenbewegungen den Zentralen Runden Tisch. Beabsichtigt war, die existierende DDR-Verfassung durch eine zeitgemäße demokratische Verfassung zu ersetzen, die langfristig die Grundlage für die Vereinigung der beiden deutschen Staaten sein sollte. Aufgrund der Entwicklungen, die zunächst zur Wirtschafts-, Währungs- und Sozialunion im Juli 1990, dann zum Beitritt der DDR in den Geltungsbereich des Grundgesetzes führten, wurde der vom Runden Tisch formulierte Verfassungsentwurf in der Volkskammer nicht mehr zur Beratung angenommen und wurde auch nicht – wie geplant – einer breiten Öffentlichkeit zur Diskussion vorgelegt. Dennoch wirkte nach Ansicht von Bernd Hohmann (1991, 102) dieses „verfassungspolitische Erbe" des Runden Tisches zumindest auf die außerparlamentarische Verfassungsdiskussion ein.

220 Der Verfassungsentwurf der Arbeitsgruppe ‚Neue Verfassung für die DDR' des Runden Tisches nahm mit Art. 4 Abs. 3 die Entscheidungsfreiheit der Frauen hinsichtlich einer Schwangerschaft als Grundrecht auf: „Frauen haben das Recht auf selbstbestimmten Schwangerschaftsabbruch. Der Staat schützt das ungeborene Leben durch das Angebot sozialer Hilfen".

pielle Gründe dem Selbstbestimmungsrecht als geschützter Norm auf der Basis einer Begründungspflicht entgegenstehen (vgl. Frommel 1991b, 60). Gegen die Wertnorm sprechen vor allem die Anbindung der Selbstbestimmung an staatlich vorgegebene inhaltliche – insbesondere moralische und ethische – Kriterien, die das ohnehin vage Selbstbestimmungsrecht für Frauen einschränken. Das wird bereits deutlich an dem zweiten Urteil zum Schwangerschaftsabbruch, das die staatliche Schutzpflicht über die Letztverantwortung der Frauen einzulösen versucht. So machte das Gericht in seiner Entscheidung deutlich:

„Es steht mit der einer Frau und werdenden Mutter gebührenden Achtung in Einklang, wenn der Staat Frauen (...) durch inidviduelle Beratung und einem Appell an ihre Verantwortung gegenüber dem ungeborenen Leben (...) dafür zu gewinnen sucht, sich ihrer Aufgabe als Mutter nicht zu entziehen." (BVerfGE 88, 203, 267)

In dem das Gericht dem Gesetzgeber auferlegt, daß die Beratung auf das Austragen des Kindes hinwirken muß, liegt die Entscheidungsbefugnis keinesweges nur im freien Ermessen der Frauen und wird auch nicht, wie Correll schlußfolgert, ins Private verlagert (vgl. Correll 1998, 179). Schließlich läßt sich von einem Verständnis der Selbstbestimmung her, das das Vorhandensein von Wahlmöglichkeiten für eine freie und bewußte Entscheidung als Grundlage anerkennt, nur sehr schwer nachvollziehen, inwiefern die tatsächlich nur formal gewährte Entscheidungsbefugnis das Persönlichkeitsrecht von Frauen achten und stärken soll (vgl. ebd., 180), wenn ihre Entscheidung gegen die Schwangerschaft und ihrem daraus resultierenden Handeln mit einem Rechtswidrigkeitsstigma belegt wird.

Die Gewissensfreiheit der Frauen

Wesentlich mehr versprechen im Vergleich dazu deshalb Argumente, die sich auf Persönlichkeitsrechte und das Recht auf freie Gewissensentscheidungen[221] berufen, da die juristischen Hürden für ihre Einschränkung nahezu unüberwindlich sind. Noch 1991, also vor der zweiten Entscheidung des

221 Die Abtreibung als Grundrecht im Sinne einer Gewissensentscheidungsfreiheit (Art. 4 GG) war der Entwurf der „Frauen für eine neue Verfassung" (vgl. Frommel 1991, 59f.). Unter dem gleichnamigen Titel organisierten das Frauenreferat Frankfurt und der Schwerpunkt Frauenforschung in den Gesellschaftswissenschaften der Universität Frankfurt am 29. September 1990 in der Frankfurter Paulskirche einen Frauenkonkreß, der die Grundlage für einen Entwurf einer neuen Verfassung war. Das Frankfurter Frauenmanifest (vgl. Gerhard 1991) sah mit Art. 4 Abs. 4 folgende Ergänzung vor: *Jede Frau hat das Recht, (nach ihrem Gewissen) zu entscheiden, ob sie eine Schwangerschaft austrägt oder nicht.*

Bundesverfassungsgerichts vertrat Monika Frommel die These, daß die Einschränkung der Gewissensfreiheit von Frauen durch das Unzumutsbarkeitskriterium verfassungswidrig ist. Indem das Gericht im Urteil 1975 darauf hinwies, daß nur eine „achtbare Gewissensentscheidung" beachtet werden muß, sei, so Frommel, der Kern des Art. 4 Abs. 1 GG verletzt, der seinem Wortlaut nach[222] eine inhaltliche Überprüfung der Gewissensentscheidung verbiete (vgl. Frommel 1991b, 64), zumal in verfassungsrechtlicher Sicht auch offen ist, was „Gewissen" [223] ausmacht (Correll 1998, 55). So ergibt sich der Abwehrcharakter des Grundrechts auf Gewissensfreiheit vielmehr dadurch, daß die Freiheit des Gewissens als Bereich, „in dem sich die autonome sittliche Persönlichkeit unmittelbar ausspricht" (BVerfGE 12, 45, 53 f.), unverletzlich gestellt ist. Weil demnach das Grundrecht der Gewissensfreiheit die Freiheit schützt, „sich entsprechend seinem Gewissen verhalten zu dürfen" (Correll 1998, 55), ist eine staatsrechtliche Argumentation im Zusammenhang mit der Abtreibung nur möglich, wenn diese von der Gewissensfreiheit abgekoppelt und nachgewiesen wird, daß die Abtreibung keine Gewissensentscheidung ist.[224]

Mit dem zweiten Urteil hat das Gericht genau dies getan, indem es das Lebensrecht des Ungeborenen und seine Würde als die objektive Norm festschrieb und aus ihr eine Gebärpflicht ableitet, die in § 219 Abs. 1 Satz 3 Schwangeren- und FamiliehilfeG von 1992 über das eigentlich uneinschränkbare Grundrecht der Gewissensfreiheit von Frauen gestellt wurde.

Wie schon beim Selbstbestimmungsrecht plädiert Eser angesichts dieser Einschränkung von Grundrechten von Frauen für eine Materialisierung des Abwehrrechts. Indem er jedoch vorschlägt, die Gewissensfreiheit in Zusammenhang mit dem Schwangerschaftsabbruch „als Instrument zur bestmöglichen Gewährleistung einer verantwortungsbewußten Entscheidung" (vgl.

---

222 Artikel 4 Abs. 1 GG lautet im Original: Die Freiheit des Glaubens, des Gewissens und die Freiheit des religiösen und weltanschaulichen Bekenntnisses sind unverletzlich.

223 Vgl. zur Problematik der Gewissensfreiheit auch Podlech 1969.

224 Wenn das Grundrecht auf Gewissensfreiheit seinem Wortlaut nach „schrankenlos" gewährt wird, so ist damit vor allem der Anspruch des Individuums gemeint, sich nach einem persönlichen „inneren Gesetz" zu verhalten und beinhaltet nicht den Anspruch nach schrankenloser und absoluter Freiheit, wie Böckenförde deutlich macht (vgl. ebd. 1970, 54). So beansprucht das Bundesverfassungsgericht auch in Zusammenhang mit diesem Grundrecht die Ermächtigkeit, bei kollidierenden Grundrechten Dritter das Grundrecht zugunsten einer mit der Verfassung geschützen Wertordnung einzuschränken (vgl. BVerfGE 28, 243, 261; 32, 98, 108 sowie 52, 223, 247). Im Falle der Abtreibungsurteile ist diese Einschränkung allerdings nur dann möglich, wenn das Ungeborene selbst Grundrechtsträger ist, dessen Grundrechte mit denen der schwangeren Frau kollidieren.

Eser 1994, 51) und nicht als Tötungsrecht zu betrachten, stellt er die Analogie zwischen Schwangerschaftsabbruch und Tötungshandlung selbst nicht in Frage. So geraten beide Seiten ins Kreuzfeuer seiner Kritik: sowohl diejenigen, die dafür einstehen, den Schwangerschaftsabbruch mit Art. 4 GG zu legitimieren[225], als auch diejenigen, die die Auslegung der Gewissensentscheidung verfassungsrechtlich normativ als „ethische Erwartung" (vgl. Steiner 1992, 38)[226] verankert wissen wollen, ohne die jeweiligen gesellschaftlichen Kontexte und verschiedenen Normzusammenhänge zu berücksichtigen.[227]

Menschenwürde der Frauen

Im Vergleich zu den mitunter fragwürdigen Vorschlägen einer Materialisierung des Rechts auf Selbstbestimmung bzw. Gewissensfreiheit, die zudem offenkundig weniger darauf abzielen, Frauen in ihrem Rechtsstatus zu schützen, sondern ihnen allenfalls die Verantwortung ihres Handelns aufnötigen, wurde in der aufgeregten Diskussion vor allem um das zweiten Urteil[228], das sich wie kein anderes Rechtsurteil zwischen dem schier unauflösbaren Paradox von „rechtswidrig aber straffrei" verfängt, eine Materialisierung der Menschenwürde von Frauen zumindest im Malestream bislang kaum diskutiert. Thema war allenfalls die Frage, ob die Fristenregelung den grundrechtlichen Schutz der Menschenwürde ausschließt bzw. Fristenregelung und Schutz der Menschenwürde unvereinbar sind. Für den SPD-Rechtsgutachter Henning Zwirner schließen sich Menschenwürde und Fristenregelung dann aus, wenn ungeborenes Leben bzw. werdendes Leben Menschenqualität hätte, sind aber vereinbar, wenn die menschliche Würde an geborenem Leben festgemacht wird (vgl. dazu Freudiger 1995, 46ff.). In der Schlußfolgerung schließen sich Menschenwürde und Fristenregelung dann nicht aus, wenn die Menschenwürde von Frauen als das zu schützende Rechtsgut erachtet wird. Stattdessen betrachtete der Erste Senat des Bundesverfas-

225 Eser (1994, 51) spielt hauptsächlich auf die Ausführungen von Frommel (1990a; 1990b) an. Sie beruft sich in der Forderung nach einer Legalisierung des Schwangerschaftsabbruchs in Ableitung von Art. 4 GG vor allem auf Jerouschek (1989); Ramm (1989); Köhler (1988).

226 Schriftsatz von U. Steiner vom 24.8.1992, Klagevertreter der Bayrischen Staatsregierung.

227 Damit sind vor allem die Klagevertreter Lerche und Ossenbühl (1979) gemeint, aber auch Büchner (1991); Tröndle (1992); Schünemann (1991).

228 Vgl. dazu auch die Dokumentation der Diskussion „Das Urteil zu § 218 StGB in Wortlaut und Kommentar" im Sonderheft 1/1993 der Kritischen Vierteljahresschrift für Gesetzgebung und Rechtswissenschaft.

sungsgericht den Fötus als „selbständiges menschliches Wesen“ (BVerfGE 39, 1, 42), und stellte den Schutz der Würde des Ungeborenen über den Schutz der Menschenwürde von Frauen.

Folgt man Kant in seiner Definition von Würde, die darin besteht

> „in Ansehung des Anspruchs selbst Zweck zu sein, von jedem anderen auch als ein solcher geschätzt und von keinem bloß als Mittel zu anderen Zwecken gebraucht zu werden .... (darin) steckt der Grund der so unbeschränkten Gleichheit der Menschen“,

dann besteht die Würde des Menschen aus rechtsphilosophischer Perspektive in der gegenseitigen Anerkennung als selbständige und selbstbestimmte Person, die nicht verwundet und angetastet werden darf. Indem jedoch mit der Gebärpflicht, abgeleitet vom Schutz des Lebens und Würde des Ungeborenen, die Frau in ihrer Körperlichkeit zum Gefäß degradiert wird, das werdendes Leben gebären muß, wird die Würde von Frauen aus der Sicht von Gerhard „nicht nur ‚angetastet’, sie wird nicht einmal erwogen, sie wird negiert“ (ebd. 1993, 151). Noch vor dem Urteil konstatierte die Rechtswissenschaftlerin an anderer Stelle, daß politisch gesehen damit das Prinzip der Trennung des Lebendigen im Sinne von ‚Herrsche und Teile‘ zur Anwendung komme, das letztendlich Bevormundung und Kontrolle ermöglicht (vgl. Gerhard 1991, 19).

Schutz der Mutterschaft

Dieses Prinzip läßt die mit dem zweiten Urteil auferlegte Gebärpflicht weniger als einen eigenmächtigen Akt der Verfassungsauslegung durch das Bundesverfassungsgericht denn als selbstverständliches Resultat biologischer Gegebenheiten erscheinen. Frauen in ihrer Fähigkeit zur Mutterschaft und damit in ihrer sozialen Rolle als Mütter unterstehen dieser Sichtweise zufolge dem staatlichen Schutz. Freilich geht das Gericht von einem sehr reduzierten Verständnis von Mutterschaft als biologischer Möglichkeit aus, die schwangeren Frauen im Sinne einer Gebärpflicht gar nicht auferlegt werden kann, sondern die die Existenz schwangerer Frauen als Mütter natürlich begründet (vgl. Freudiger 1995, 69). Unter diesem Aspekt aber kann nicht das Recht auf Selbstbestimmung unter den staatlichen Schutz gestellt werden, sondern allein der natürliche Zustand der Mutterschaft, denn wie die VerfassungsrichterInnen argumentieren: „Diese Frauen (gemeint sind schwangere Frauen – Anm. G.W.) befinden sich weder in einer materiellen Notlage noch in einer schwerwiegenden seelischen Konfliktsituation. Sie lehnen die Schwangerschaft ab, weil sie nicht willens sind, den damit verbundenen Verzicht und die natürlichen mütterlichen Pflichten zu übernehmen“ (BVerfGE 39, 1, 56).

Abgesehen davon, daß auch mit dem zweiten Urteil nicht ausreichend zwischen Schwangerschaft als körperlichen Zustand und Mutterschaft als sozialer Rolle differenziert wird, bleiben aus den „natürlichen" Begriffsdefinitionen soziale, politische und rechtsphilosophische Dimensionen ausgespart. Unter diesem ‚mütterlichen' Vorbehalt kann sich die Abtreibungsproblematik deshalb nicht als Gleichberechtigungsfrage stellen, weil Grundrechte für Frauen als Frauen nur in einem eingeschränkten Maße gelten.

Die Abtrennung der Abtreibungsfrage vom Gleichheitsanspruch, wie er nach Kant auch im Begriff von der Würde enthalten ist und „wonach eine nicht aufgezwungene Mutterschaft mithin nicht die Menschenwürde einer Frau tangieren könne" (Ossenbühl/Rudolphi 1979, 79ff.), darf in ihrer verfassungsrechtlichen Bedeutung nicht unterschätzt werden, denn sie verweist auf einen Legitimationszusammenhang, der bislang in der Verfassungsrechtsprechung selten zu Ende gedacht wird: daß das Geschlecht als biologisches Merkmal rechtliche Differenzierungen erlaubt (vgl. Berghahn/Wilde 1996, 175) und den staatlichen Eingriff in die Freiheitssphäre geschlechtlicher Individuen legitimiert.[229] Auf der anderen Seite bedeutet dies, daß die Grundrechte der Gleichheit, Selbstbestimmung, Würde und Gewissensfreiheit als Abwehrrechte – und damit als klassische Freiheitsrechte – offenkundig nur dann Gültigkeit erlangen, „wenn es sich nicht um spezifische Fragen der Fortpflanzung handelt" (Berghahn 1993c, 36). Hier wird die weibliche Natur zur „immanenten Grundrechtsschranke" (Oberlies 1992, 64) der Persönlichkeitsrechte von Frauen. Die Beleuchtung des Grundrechtsstatus von Frauen als Frauen ist aber auch nicht vorgesehen, weil der Maßstab der Vergleichbarkeit fehlt und das wiederum das Gleichberechtigungs- und Gleichheitsgebot verletzen würde. Feministische Politik- und RechtswissenschaftlerInnen erheben aus diesem Grund zunehmend die Forderung nach einem geschlechtsdifferenten Grundrecht (vgl. Frommel 1990a; 1990b), das nicht die Gleichheit der Geschlechter, sondern ihre Differenz im biologischen, sozialen, moralischen und rechtlichen Sinne betont (vgl. Frommel 1991b, 59f.).

229 Kerstin Freudiger (1995, 68f.) macht in diesem Zusammenhang auf den Unterschied zwischen Verfassungspflicht und Gebärzwang aufmerksam. Demnach ist mit § 218 StGB die Unterlassung einer Tat gekoppelt mit einem konkreten Handlungsauftrag, nämlich die Rolle der Mutterschaft zu übernehmen, und verletzt damit den Gleichheitsanspruch von Art. 3 GG .

10. Der Schutz geschlechtlicher Differenz – ein Resümee

„Weil die Wahrheit dessen, was man redet, das ist,
was man tut, kann man das Reden auch lassen"
(Bernhard Schlink, Der Vorleser)

Die Untersuchung bestätigt weder die Ignoranz der Verfassung gegenüber dem Geschlecht, noch ist das allzu selbstbewußte Bekenntnis zur geschlechtlichen Differenz, diesem rechtlich keine Bedeutung zukommen zu lassen, dem rechtsstaatlichen Anspruch gleicher Freiheitssicherung bislang gerecht geworden. Das Grundgesetz redet zwar vom „Geschlecht", die politischen Taten indes lassen auf sich warten. So bleibt der Zusammenhang zwischen Geschlecht und (Verfassungs-) Recht „mehr schlecht als recht", wie Rüdiger Lautmann (1990, 21) schon vor mehr als zehn Jahren resümierte. Daß die von feministisch-wissenschaftlicher Seite geforderte geschlechtsdifferente Grundrechtspolitik in „familialisierende Politiken" (Neyer 1997, 137) gewendet wird, mag dabei noch das kleinere Problem sein. Was die freiheitliche Grundrechtssicherung dagegen zu einem kaum überwindbaren Hindernis für demokratische und gerechte Geschlechterverhältnisse werden läßt, ist die Tatsache, daß Frauen lediglich in ihrem sozialen Status als Mütter und Ehefrauen von der Verfassung geschützt werden und diese Schutzgarantien in der Folge die Wirksamkeit der Grundrechte als Abwehrrechte für *alle* Frauen auf ein formal-deklarierendes Niveau minimieren.[230]

230 Unter diesem Aspekt ist die Einschätzung von Doris Lucke (1996, 122 f.) zu bezweifeln, daß Angst vor dem Ansehensverlust des deutschen Rechts im In-und Ausland zur Regelung eines einheitlichen Abtreibungsrechts nach der deutschen Einigung führte. Vielmehr teile ich die Meinung von Frances Olsen (1991, 380), wonach macht- und herrschaftspolitische Motive bei Grundrechtsregelungen eine wesentliche Rolle spielen und demzufolge Freiheits- und Gleichheitsrechte immer das Ergebnis politischer und gesellschaftlicher Macht- und Herrschaftsverhältnisse sind.

In der liberalen Lesart setzen subjektive Freiheitsrechte einen natürlichen Freiraum der Menschen voraus. Sie schützen die Menschen davor, daß der Staat in ihre wie auch immer selbstbestimmte, vernunftgeleitete Lebensführung eingreift. Nimmt man das Bundesverfassungsgericht beim Wort, dessen Ausführungen zufolge (vgl. BVerfGE 54, 148, 153) das Persönlichkeitsrecht nicht unbedingt heißt, „tun und lassen zu können, was man will", sondern ein Recht auf Respektierung eines geschützten individuellen Bereiches darstellt, mit welchem sich auch verbindet, „in Ruhe gelassen" zu werden und ein „Recht auf Einsamkeit" zu genießen (BVerfGE 27, 1, 6 f.)[231], dann gelten die mit den Grundrechten formulierten Freiheitsrechte für Frauen in diesem Verständnis bislang nicht. Denn der angenommene Freiraum existiert für Frauen nicht wirklich, sondern ist in Form von Abhängigkeitsverhältnissen durch ihren Geschlechterstatus als Mütter und Ehefrauen vorstrukturiert. Die kritische Reflexion der Verfassungspolitik in Zusammenhang mit denjenigen Grundrechten, die dezidiert bezug nehmen auf das Geschlecht, macht deutlich, daß die Menschenwürde und die damit verbundene Selbstbestimmung der Frauen tatsächlich nur für ihren Status als Ehefrauen und Mütter Geltung beanspruchen können. Rechtsstaatliche Interventionen werden damit zum Gütesiegel einer Politik gemacht, die unter dem „Schutzetikett" die Vernutzung der patriarchalen Kategorien von Gleichheit und Freiheit legitimiert. Diesen verfassungsrechtlichen Schutz, den Frauen in diesem Status erhalten, bezahlen sie mit dem Preis individueller Selbstbestimmung, die im rechtsphilosophischen Sinne auch die Verfügung über die Lebensgestaltung abhängig vom Körper und dem Geschlecht miteinschließt.[232]

So ist es an dieser Stelle gewiß nicht voreilig, als allgemeines Fazit festzuhalten, daß das rechtsstaatliche System gleicher Freiheitssicherung hinsichtlich der Freiheit *vom* Staat die Individuen in ihrer geschlechtlichen Differenz nicht berücksichtigt. Lediglich der Schutz der Freiheit *durch* den Staat läßt die Geschlechtlichkeit der Individuen in den Blick bundesverfassungsrichterlicher Rechtsprechung geraten. In dieser Hinsicht dient der Ausgleich faktisch ungleicher Lebenslagen und Machtpositionen durch den materiellen sozialen Rechtsstaatsgedanken der Verwirklichung rechtlicher Gleichheit. Vieles konnte für die Situation der Frauen erreicht werden, weil der Staat die

---

231 Im Anschluß an Düring in: Maunz/Düring/Herzog/Scholz, 1996, Art. 1 GG, Rn. 37.

232 So auch Dagmar Oberlies (1992b, 63), wenn sie konstatiert, daß die Vorstellung von der gewissenhaften, eigenverantwortlichen Persönlichkeit, die dem Menschenbild des Grundgesetzes (vgl. BVerfGE 32, 98, 197) und den Freiheitsrechten zugrundeliegt, Frauen nicht zugestanden wird und ihnen keinen Schutz vor staatlicher Bevormundung garantiert.

Grundrechte nicht nur schützt und bewahrt, sondern in das soziale und gesellschaftliche Leben aktiv eingreift und mitgestaltet, indem er Richtlinien für die Realisierung des Gleichheitsprinzips vorgibt. Nicht zuletzt wird dies mit den verfassungsrechtlichen Auslegungen des Art. 3 Abs. 2 und 3 GG durch das Bundesverfassungsgericht bestätigt, die eine Begünstigung von Frauen im Sinne von Antidiskriminierung und sogar Frauenförderung inzwischen – jedenfalls theoretisch (vgl. Nachtarbeitsbeschluß BVerfGE 85, 191-214) - zulassen.

Problematisch aber kann es auf der anderen Seite werden, wenn die sozialstaatlichen Regelungen, über die materielle Gleichheit und Gerechtigkeit hergestellt werden, „die sicherungsbedürftigen Spielräume für eine privatautonome Lebensgestaltung" (Habermas 1992, 501) empfindlich einschränken und dadurch der mögliche Gewinn an materieller Handlungskompetenz in eine erneute Abhängigkeit umschlägt. Und aus dieser Sicht von Jüren Habermas betrachtet, werden die ohnehin kümmerlichen Segnungen des demokratischen Rechtsstaats für Frauen tatsächlich verdächtig. Vor allem der grundrechtliche Schutz geschlechtlicher Differenz, der sich auf den Ausgleich der Nachteile konzentriert, die sich für Frauen durch Mutterschaft und Hausfrauentum ergeben, befähigen die „Begünstigten" weniger zu einer selbstbestimmten Lebensführung, sondern machen sie vielmehr von staatlicher Sicherung abhängig. Deutlich werden die mit staatlichem Schutz einhergehenden Einschränkungen des Grundrechtsstatus von Frauen allerdings erst, wenn diejenigen Grundrechtsartikel, die explizit auf das Geschlecht bezug nehmen, unter der Maßgabe betrachtet werden, welche individuellen Interessen und sozialen Voraussetzungen der BürgerInnen in Abhängigkeit vom Geschlecht tatsächlich berücksichtigt werden.

Unter diesem Aspekt ergeben sich die negativen Effekte der verfassungsrechtlichen Ausbalancierung zwischen individuellem Abwehrrecht, Institutionengarantie, objektiver Wertnorm und Gestaltungsauftrag nicht nur durch eine rechtsstaatlich verordnete Freiheit und Gleichheit, in die vorwiegend konservative und ordnungspolitische Vorstellungen eingehen (Berghahn 1993b, 402). Vielmehr gilt auch für die Rechtspolitik das, was in feministischen Analysen zur Sozialpolitik bereits seit längerem erkannt ist, nämlich daß „im Namen von Gleichheit und Differenz (...) post-patriarchale Restrukturierungen des Geschlechterverhältnisses (Neyer 1997, 139) vollzogen werden.

In diesem Verständnis sind die Abtreibungsurteile weniger eine Frage der biologischen Ungleichheit von Frauen, sondern konstituieren den Status von Frauen als sozial und politisch Ungleiche. Daß in beiden Urteilen die mit

Art. 1 GG vorgegebene staatliche Schutzpflicht für das ungeborene Leben und damit gegen die Menschenwürde von Frauen positiviert und zudem ein religiös-moralischer Menschenwürdebegriff gegen eine demokratische Menschenwürde ausgespielt wurde, wirft ein erhellendes Licht auf den beliebigen Umgang des Bundesverfassungsgerichts mit dem staatsbegründenden Menschenrecht, das im Falle von Frauen offenkundig nicht mit den Grundrechten der Entscheidungs- und Gewissensfreiheit, mit individueller Selbstbestimmung und Handlungsfreiheit gemessen wird.

Die öffentliche Instrumentalisierung des weiblichen Körpers unter „Mißbrauch des Begriffs Leben" (Duden 1991) in Zusammenhang mit den Abtreibungsurteilen läßt Theresia Degener (1997, 874) deshalb konstatieren:

> „Wenn Vergewaltigung und andere Formen der sexualisierten Gewalt gegen Frauen nur als Verletzung der männlichen Eigentums- und Sittenordnung sanktioniert werden, der Staat sich andererseits das Gewaltmonopol auch hinsichtlich der Gebärpflicht von Frauen vorbehält, so liegt hierin eine deutliche normative Absage an den Subjektstatus von Frauen." (ebd.)

Die Grundrechtsauslegungen in Zusammenhang mit dem Familienrechtsartikel[233] konturieren dieses Bild, indem dort ein Schutz der Würde nur schwangeren Frauen ausschließlich in Verbindung mit dem Familienstatus zukommt.[234] Und auch das kürzlich eingefügte Staatsziel in den Gleichheitsartikel, das eigentlich dazu dienen sollte, die Nachteile, die sich aufgrund des biologischen Geschlechts im sozialen- gesellschaftlichen Bereich ergeben, auszugleichen, folgt dieser Logik. Denn die blendende Palette an Gleichstellungsmaßnahmen, die über demokratische Prozesse bislang vollzogen wurden, bleibt im großen und ganzen bei der Reformierung des Familien- und

233 „Darin berührt sich die Schutzpflicht mit dem Schutzauftrag aus Art. 6 Abs. 1 GG und 4 GG (zu Art. 6 Abs. 1 GG vgl. BVerfGE 76, 1, 44 f., 49 f.); zu Art. 6 Abs. 4 GG vgl. zuletzt BVerfGE 84, 133, 155 f.). Sie verpflichtet die staatliche Gewalt, Problemen und Schwierigkeiten nachzugehen, die der Mutter während und nach der Schwangerschaft erwachsen können. Art. 6 Abs. 4 GG enthält einen für den gesamten Bereich des privaten und öffentlichen Rechts verbindlichen Schutzauftrag, der sich auch auf die schwangere Frau erstreckt." (BVerfGE 88, 203, 258).

234 Aus grundrechtsdogmatischer Sicht wird allerdings ein Zusammenhang zwischen der Würde von abtreibungswilligen Frauen und schwangeren Ehefrauen, die gebären wollen, kategorisch abgelehnt und ist nicht gegeneinander abwägbar. Juristisch gesehen bezieht sich der Schutz in Art. 6 Abs. 4 GG nicht auf die Würde schwangerer Ehefrauen, sondern zielt laut den Kommentaren zum Grundgesetz auf die ordnungswahrende Funktion der Familie, die aus bevölkerungspolitischen Gründen gesichert werden soll. Aus einer politologischen Sicht, die den Kern materieller Rechtsstaatlichkeit primär im staatlichen Eingriff in gesetzgebende Prozesse sieht, um die Menschenwürde als oberstes Grundrecht zu positivieren, sei dieser Vergleich jedoch erlaubt.

Eherechtes stecken und erreichte bislang nur die Angleichung des sozialen Status als Ehefrauen und Mütter[235].

Der Hinweis von Correll (1998), wonach der in Art. 6 GG verankerte Schutz von Ehe und Familie sich von sonstigen grundrechtlichen Freiheitsgarantien dadurch unterscheide, „daß nicht die freie Entfaltung des isolierten Individuums im Mittelpunkt steht, sondern auf die gesellige und gemeinschaftsbezogene Natur des Individuums abgestellt wird" (ebd., 112) ist diesen Erkenntnissen entsprechend nicht vollständig, sondern muß um den Aspekt „geschlechtlicher Individuen" erweitert werden. Im Verhältnis Staat – BürgerInnen schützt der Familienrechtsartikel nicht nur die Freiheit, soziale Bindungen einzugehen, sondern auch die körperliche Natur der Individuen. In der Konsequenz ermöglicht die spezifische Dogmatik des Art. 6 GG mit der grundrechtlichen Normierung von Ehe und Familie nicht nur den schützend-ordnenden Eingriff des Staates in gesellschaftliche und demokratische Beziehungssysteme, sondern macht in der Folge auch die staatliche Kontrolle über den weiblichen Körper sowie die Steuerung der Gebärfähigkeit (vgl. Heinsohn u.a. 1979; Moore 1990) zumindest für den Status von Ehe- und Familienfrauen wahrscheinlich.

Der Geschlechterstatus jenseits von Fortpflanzung und Sexualität verbleibt dagegen in einer regelungsfreien Privatheit und in der Folge staatlich nicht geschützt. Denn die Regelung der Geschlechterbeziehungen in der Privatheit der Wirtschaft und in der Familie scheitern am individuellen Abwehrrecht und damit an dem Verbot, das dem demokratischen Gesetzgeber auferlegt ist, Recht aufgrund des Geschlechts ungleich anzuwenden, wenn vergleichbare Sachverhalte, wie etwa Leistung, Qualifikation etc., vorliegen. Die Dominanz des individuellen Abwehrrechts ergibt sich insbesondere auch im Zusammenwirken mit der objektiven Wertnorm im Familienartikel. Hier bindet die Institution der Ehe und Familie dem demokratischen GesetzgeberInnen in ähnlicher Form die Hände wie das Differenzierungsverbot und das rechtliche Gleichheitsgebot in Art. 3 GG, wollten sie tatsächlich an den Geschlechterbeziehungen etwas ändern. Wurde mit dem Familienrechtsartikel angestrebt, Lasten die sich aufgrund der Familienarbeit ergeben, über gesetzliche Regelungen (z.B. Steuerrecht) aufzufangen und besonders für Mütter Bedingungen zu schaffen, die ihnen ein selbstbestimmtes Leben nach wie vor ermöglichen, führen die als klassische Freiheitsrechte ausgelegten Grundrechte für Frauen dazu, daß in der Privatheit der Familie alles beim

235 Daß es hierbei nicht um den sozialen Familienstatus von Männern geht, macht Rudolph (1996, 248) in ihrer Untersuchung noch einmal klar.

alten bleibt und sie weiterhin im Berufsleben aufgrund ihres Status als Ehefrauen und Mütter benachteiligt werden.

Die Widerstände, die die Umsetzung des staatlichen Gestaltungsauftrags auf demokratischer Ebene für den privaten Bereich der Ehe und Familie blockieren, finden sich also auch grundrechtsimmanent und exponieren sich letztendlich in dem Gegensatz Gleichberechtigung versus Eheschutz. Die leicht zu erkennende Systematik, wonach immer dann auf die Grundrechte als individuelle Freiheitsrechte verwiesen wird, wenn es um Forderungen geht, die auf eine Veränderung geschlechtlicher Arbeitsteilungen zielen, durchzieht die verfassungsrechtliche Geschlechterpolitik ohne Ausnahme: Das staatsbürgerliche Verhältnis, wie es über die Grundrechte zwischen Staat und Frauen konstituiert wird, entläßt Frauen nicht in die staatsbürgerliche Freiheit, um dort zu partizipieren, sondern in die Privatheit der Familie. Es spricht dann ein Gebot an die demokratischen GesetzgeberInnen aus, wenn es darum geht, sie in dieser Privatheit zu belassen; es mahnt aber dann an das Verbot rechtlicher Regulierung, wenn es gilt, diese Privatheit zu entgrenzen.

Damit verbunden ist die Einschränkung des individuellen Freiheitsbereiches des Individuums, indem der Staat in die Privatsphäre, wenn auch nicht unmittelbar, sondern mittelbar über die inhaltliche Normvorgabe an den demokratischen Gesetzgeber eingreift. Da andere bestehende Freiheitsrechte aber die Privatheit des Individuums und damit seine körperliche Integrität und Würde tatsächlich weiterhin schützen, folgt daraus, daß mit Art. 6 GG ein öffentlich-rechtliches, damit staatsbürgerliches Verhältnis besteht, das eine neue Form von Privatheit hervorbringt. In dieser Privatheit lebt nicht das selbstbestimmte, vernunftbegabte Individuum im Kantschen Sinne, das herausgetreten in die öffentlich gesellschaftliche Sphäre zum Erwerbsbürger oder politischen Bürger avanciert, sondern in dieser Privatheit leben – durchaus von öffentlich-staatlichem Interesse und abhängig vom staatlichem, nicht demokratischem Wohlwollen – sogenannte GeschlechtsbürgerInnen: Sie leben in einer Privatheit, die ihnen keinen Schutz vor staatlichen Eingriffen garantiert, sondern vielmehr von staatlicher Hand geschaffen wurde, es sind BürgerInnen, indem sie gesellschaftliche Leistungen bringen, die von öffentlichem Interesse sind, die aber nicht am politischen Prozeß partizipieren, weil ihr Status ein privater ist, dennoch sind sie im wahrsten Sinne des Wortes Bürgerinnen des Staates und stehen in einem vertikalen Abhängigkeitsverhältnis zu ihm. Die Folgen des staatlich gewährten, aber nur für die Privatheit wirksam werdenden Individualschutzes von Frauen sollen nunmehr für die politische Freiheit von Frauen aufgezeigt werden.

Teil IV: Strukturelle Behinderungen demokratischer Geschlechterverhältnisse

„Der Wert, der gegenüber dem Staat, der alles sein will, hervortritt, ist das Individuum".

(Bobbio, 1999, 41f.)

Zur Jahrtausendwende hält der italienische Philosoph Noberto Bobbio nachdrücklich an einer liberalen Grundeinstellung fest, welche das letzte Jahrhundert entscheidend geprägt hat. Der nunmehr 90jährige und damit das 20. Jahrhundert geradezu verkörpernde Philosoph steht tief in einer Tradition verwurzelt, für die das „unaufgebbare Recht des einzelnen gegenüber jeder Art von Menge, Masse oder Gemeinschaft" (Bobbio 1999, 41) spätestens seit dem Ende des Faschismus zu den „ethischen und politischen Grundkategorien gehört" (ebd.). Mit dieser Aussage steht Bobbio exemplarisch für ein liberales Politikverständnis, dessen Wurzeln zwar über das vergangene Jahrhundert hinaus zurückreichen, das aber aus den Erfahrungen mit dem Nationalsozialismus seine spezifischen Konsequenzen gezogen hat. Demnach gelten die Menschen qua ihres Menschseins grundsätzlich als frei, wobei dieses Recht aber in einem zu verteidigenden Gegensatz zur Gemeinschaft steht, ja durch diese geradezu bedroht ist. Daraus folgt als dritte Konsequenz der Vorrang des Individuums als Grundlage politischer Gemeinschaften.

In der staatsphilosphischen Idee der Freiheit war die Dimension der politischen Handlungsfreiheit immer schon enthalten. Bereits die griechische Antike kannte einen politischen Begriff von Freiheit. Gemeinhin wird bis heute unter Polis eine politische Gemeinschaft von Freien verstanden, die sich gemeinsam Regeln in Form von Gesetzen geben und rotierend politische Ämter ausführen. Mit dem Verfall der Polis jedoch entwickelte sich das Bewußtsein von individueller Freiheit und das Denken über die politische Ordnung zunehmend auseinander. So kann heute, wie der rechtsstaatliche Diskurs deutlich gemacht hat, ein politisches Verständnis von Freiheit dem

Primat individueller Freiheitssicherung nicht ohne weiteres unterstellt werden. Und wie auch der kursorische Gang durch die Historie des Rechtsstaats zeigt, ist die Entwicklung rechtsstaatlicher Freiheitssicherung lange Zeit ohne den demokratischen Anspruch ausgekommen und diente noch im 19. Jahrhundert primär der wirtschaftlichen Freiheitssicherung eines sich entwickelnden Bürgertums. Und das, obwohl Kant schon in der Freiheit der Menschen nicht nur das „einzige, ursprüngliche, jedem Menschen, kraft seiner Menschheit, zustehende Recht" (Kant 1997 (1797), 345) gesehen hat, sondern darüber hinaus die soziale und demokratische Dimension der Freiheit hervorhob, indem er sie definierte als „Unabhängigkeit von eines anderen nötigender Willkür, sofern sie mit jedes anderen Freiheit nach einem allgemeinen Gesetz zusammen bestehen kann" (ebd.).

Favorisiert wird mit dieser Auffassung ein menschenrechtlicher Autonomiebegriff, der – begründet durch die Vertragstheoretiker – im deutschen Staats- und Politikverständnis insbesondere durch Kant mit der Vernunft assoziiert wurde. Die Auffassung unterstellt dem Menschen einerseits qua seiner Vernunft frei zu sein, stellt ihn aber auch – und das wird häufig übersehen – in die politische Gemeinschaft. Sie verpflichtet ihn zum politischen Handeln, um vom Recht auf Freiheit uneingeschränkt Gebrauch machen zu können.

Der deutsche demokratische Rechtsstaat steht zwar bis heute uneingeschränkt in der liberalen Tradition, ist aber dennoch weit entfernt von der Vorstellung, daß die individuelle Freiheit der Rechtssubjekte die ihrer gesellschaftlichen Bedingungen ist. Geradezu misanthropisch hält er an der Einsicht fest, daß erst und ausschließlich die Garantie autonomer Handlungsfreiheit die notwendige Voraussetzung für eine gerechte und stabile Gesellschaftsordnung schafft. Und auch demokratische (Geschlechter-) Verhältnisse entfalten sich in diesem Verständnis erst dann, wenn die Sicherung individueller Freiräume die Möglichkeit zum selbstbestimmten öffentlichen und damit auch politischen Handeln einräumt.

In ähnlicher Weise wie der Rechtsstaat auf dieser Grundlage eine Gesellschaft der Individuen politisch zu integrieren versucht, praktiziert er auch – auf dem Wege der materiellen Grundrechtssicherung – die Geschlechterproblematik. Wird jedoch die Grundrechtssicherung als Voraussetzung für den sozialen und politischen Status betrachtet, wie auch Marshall (1992) dies begründete[236], dann wiegen die verfassungsrechtlichen Entscheidungen für

236 Thomas Marshall trennt in seiner soziologischen Studie zum Zusammenhang von sozialer Ungleichheit und Staatsbürgerstatus zwischen Grund- und Freiheitsrechten, Partizipationsrechten und BürgerInnenrechten. Sein Konzept ermöglicht, die individuellen und

den Staatsbürgerstatus von Frauen schwer, denn sie wenden sich sowohl gegen eine ökonomische als auch politische StaatsbürgerInnenschaft von Frauen. Mißt man nämlich die politische Freiheit nicht am Maß erreichter und geschützter individueller Freiheitssicherung, sondern am Grad der Befugnis und Ermöglichung partizipativen Handelns und politischer Willensbildung, wie etwa Iring Fetscher (1987, 252) postuliert[237], dann erweist sich der verfassungsrechtliche Schutz geschlechtlicher Differenz[238] gegenüber sozialen und politischen Mehrheits- und Machtverhältnissen für Frauen aus genau zwei Gründen als problematisch: Erstens bleibt der Anspruch gleicher Freiheitssicherung an die Vorstellung vom abstrakten Rechtssubjekt gebunden; und zweitens erfolgte der Minderheitenschutz bislang für die Privatheit der Familie und sichert dort den Frauen zunächst keinen gleichen Anspruch auf Partizipation.

In beiden Hinsichten kommt dem Bundesverfassungsgericht eine zentrale Rolle zu, denn es ist, um es mit den Worten von Lietzmann auszudrücken, „das autoritative Nadelöhr, durch das der demokratische Entscheidungsprozeß der Bundesrepublik sich zwängen muß“ (Lietzmann 1998, 245). In seiner Funktion als Schiedsrichter, der im politischen Prozeß vermittelt, und als „Hüter der Verfassung“ – so das verfassungsrichterliche Selbstverständnis (vgl. BVerfGE 6, 300, 304)[239] – spielt es im Gefüge der demokratischen Gewaltenteilung eine bedeutende Rolle und symbolisiert wie keine andere Institution die Dialektik von Recht und Macht[240], indem es den Gesetzgeber in seine Schranken weist.

---

sozialen Voraussetzungen für die Wahrnehmung ihrer staatsbürgerlichen Rechte miteinzubeziehen. Vgl. auch die Ausführungen in Teil II, besonders Kap. 5 dieser Arbeit.

237 „Demokratische Freiheit besteht in dem Recht jedes Staatsbürgers (gleich welchen Geschlechts), am Zustandekommen der Gesetze und der Einsetzung und Kontrolle der Regierung durch geeignete Mittel zu partizipieren.“ (Fetscher 1987, 252)

238 Der grundrechtliche Schutz geschlechtlicher Differenz bezieht sich sowohl auf den Individualschutz, als auch auf den Schutz von Frauen als Kollektivsubjekt. Wenn im Folgenden auch von Minderheitenschutz der Frauen die Rede ist, dann ist damit weniger gemeint, daß Frauen im Gemeinwesen eine Minderheit sind, die rechtsstaatlich über Grundrechte geschützt werden müssen, vielmehr ist damit das Phänomen strukturell diskriminierter Gruppen aufgrund des Geschlechts gemeint.

239 Hans Kelsen hat diese Bezeichnung bereits 1931 für die Verfassungsgerichtsbarkeit verwendet (vgl. Kelsen 1931, 576ff.).

240 Wenn ich hier von der „Macht“ der Karlsruher Institution spreche, so darf dieser Begriff im klassischen Weberschen Sinne verstanden werden, nämlich als Durchsetzung des eigenen (institutionellen) Willens gegen den Widerstand anderer (in diesem Fall: Gewalten). Dort wo es um die freiwillige Anpassung an die Richtersprüche geht, auch wenn sie nicht überzeugen, geht es um Herrschaft, also freiwilligen Gehorsam.

Doch nicht nur das Bundesverfassungsgericht, sondern auch das allgemeine Gesetz gilt als wesentliches Strukturelement demokratischer Gewaltenteilung. Auf der Grundlage eines Freiheitsverständnisses, das vor der objektiven Wertordnung endet und damit das Selbstbestimmungsrecht von Frauen einschränkt, sowie eines Rechts- und damit eines Gleichheitsbegriffs, der sich in der Orientierung dessen, wer wem gleichgemacht werden soll, an den männlichen Standards ausrichtet, steht sein Allgemeingültigkeitsanspruch unter geschlechtlicher Perspektive ebenso in Frage wie seine politische Integrationsfunktion. Beide rechtsstaatlichen Institutionen sollen im Folgenden daraufhin überprüft werden, inwiefern sie demokratischen Geschlechterverhältnissen entgegenstehen oder auf der Basis eines ‚männlichen' Freiheits- und Gleichheitsverständnisses faktisch diskriminierend wirken. Die vorzunehmende Rückführung auf ihren politik- und verfassungstheoretischen Hintergrund sowie deren kritische Reflexion soll nicht zuletzt dazu dienen, die Auswirkungen rechtsstaatlicher Freiheitssicherung auch auf den *politischen Status* von Frauen zu plausibilisieren.

11. Das Bundesverfassungsgericht als männlicher Akteur

„Wenn das Verfassungsgericht nun die Existenz einer solchen übergeordneten Wertigkeit anerkennt und sich selbst gleichzeitig für souverän erklärt, als ‚Mund der Verfassung' diese erläuternd zu bestimmen, so liegt hierin nichts anderes als der nur notdürftig beschürzte Akt einer Eigeninthronisation zum höchsten und einzigen Staatszielbestimmungsorgan, – eine Machtergreifung"

(Hans J. Lietzmann 1988, 144).

Viele sehen die verfassungsrechtliche Institution als unerläßlich für die politische Stabilität. Erst kürzlich „dankte" Rupert Scholz (1999, 3) in seiner Laudatio zum 50. Geburtstag des Grundgesetzes dem Bundesverfassungsgericht, das aus seiner Sicht maßgeblich zur Stabilität der „rechtsstaatlichen Demokratie" in Deutschland beigetragen habe.

Ausgestattet mit Entscheidungskompetenzen, die sowohl uneingeschränkte Verbindlichkeit (BVerfGG § 31) beanspruchen als auch Vollstreckungsbefugnis (BVerfGG § 35) beinhalten, verkörpert das Gericht eine Autorität[242] sui generis. Insofern das Grundgesetz als dessen Autoritätsgrundlage gesehen wird, das mit Art. 92 GG die rechtsprechende Gewalt an das Bundesverfassungsgericht überträgt und diesem in Art. 93 GG bestimmte Entscheidungsverfahren zubilligt, kann darüber hinaus auch von einer legitimen Autorität im Weberschen Sinne gesprochen werden. Diesem zufolge begründet sich die Legitimität bundesverfassungsgerichtlicher Autorität mit dem Glauben „an die Legalität gesatzter Ordnungen und des Anweisungsrechts der durch sie zur Ausübung von Herrschaft Berufenen" (Weber 1980, 124). Zu einer der wesentlichen Kompetenzen, die letztendlich in einem entscheidenden Maß die Autorität des Bundesverfassungsgerichts mitbegründet, gehört die Verfassungsbeschwerde, welche gemäß Art. 93 I Abs. 1 Nr. 4a, 4b GG das

242 Zum Begriff der Autorität vgl. etwa Hannah Arendt (1968), Max Weber (1980), Richard Senett (1985) und Vertreter der Kritischen Theorie wie etwa Theodor W. Adorno (1980), Herbert Marcuse (1969), insbesondere aber Max Horkheimer (1936; 1985).

Gericht zu Entscheidungen über Grundrechtsbeschwerden ermächtigt. Ob das Bundesverfassungsgericht aber deshalb als eine „der glücklichsten und erfolgreichen Schöpfungen der grundgesetzlichen Verfassungsordnung insgesamt" (Scholz 1999, 3) bezeichnet werden kann, muß je nach Perspektive bezweifelt werden.[243] Denn auch wenn damit dem Gericht der Schlüssel für die Wahrung und Durchsetzung der Grundfreiheiten übergeben wurde, haben insbesondere die vorangegangenen Ergebnisse gezeigt, daß das verfassungsrichterliche Handeln sich mitunter nicht nur gegen den politischen Prozeß, sondern vor allem gegen die partizipative Selbstbestimmung von Frauen richtet. Daß es neben den unumstößlichen Verfechtern des Bundesverfassungsgerichts auch zunehmend Stimmen aus den eigenen Reihen gibt, die den Spannungsbogen zwischen Recht und Politik, zwischen Staat und Demokratie zum Zerreißen gespannt sehen, spricht nicht unbedingt für ein „außerordentliches hohes Maß an Vertrauen und Akzeptanz", das Rupert Scholz (1999, 3) dem Bundesverfassungsgericht bescheinigt sehen möchte. So befürchtet etwa der frühere Verfassungsrichter Konrad Hesse (1995, 265 ff.) eine verfassungsrichterliche „Supergesetzgebung" und wird in dieser Auffassung von dem früheren Verfassungsrichter Ernst-Wolfgang Böckenförde unterstützt, der in seinem Minderheitsvotum nachdrücklich dementiert, daß dem Gericht ein Initiativrecht, geschweige denn eine „Befugnis begleitender Verfassungskontrolle gesetzgeberischen Handelns" (vgl. BVerfGE 93, 149 ff.) zukomme. Und auch der Bundesverfassungsrichter Paul Kirchhof befürchtet eine Übermacht des Karlsruher Gerichts, wenn er allein dem Gesetzgeber das Recht einer erneuernden Erstinterpretation der Verfassung zuspricht (FAZ, 13.9.1995).

Darüber hinaus aber gibt es im rechtsstaatlichen Diskurs durchaus Zweifel, ob es denn tatsächlich nur die normativen Prinzipien der Verfassung und nicht etwa auch die richterlichen AkteurInnen sind, die letztendlich nahezu unüberwindbare Schranken für den politischen Prozeß darstellen. So moniert etwa Rüdiger Zuck die Entscheidungsfindung innerhalb des Gerichts, das aus seiner Sicht weitgehend im „rechtsstaatlichen Dunkel" (Zuck 1996, 3) verläuft. Jedenfalls führt der erweiterte und vom Parlament relativ unabhängige

---

243 Das Ansehen des Bundesverfassungsgerichts hat ohne Frage bei vielen ehemals wohlwollenden Fürsprechern in den letzten Jahren – insbesondere nach dem Kruzifix-Urteil – gelitten. Ein Beispiel hierfür ist etwa der ehemalige Verfassungsrichter Ernst Benda, der die Autorität des Bundesverfassungsgerichts zunehmend geschädigt sieht (vgl. Focus 1995, 36). Einen guten Überblick über die Zweifel an der Karlsruher Institution gibt der Artikel von Scholz (1997); ebenso Schmitt-Glaeser (1997). Aus einer völlig anderen Perspektive vgl. die Kritik zum Bundesverfassungsgericht als Wohlfahrtsausschuß von Isensee (1995, 48).

Handlungsspielraum des Bundesverfassungsgerichts zu einer erhöhten Rechtsunsicherheit, weil die Interpretation der Grundrechte gerade im Wertnormbereich nicht – wie behauptet – objektivrechtlich erfolgt, sondern höchst subjektiv ist. Wann ungleiche Geschlechterverhältnisse die am abstrakten Rechtssubjekt angebundene Menschenwürde beeinträchtigen bzw. den damit individuellen Freiraum gefährden, entscheiden die RichterInnen des Bundesverfassungsgericht relativ unbehelligt von den demokratischen Institutionen und AkteurInnen.[244] Auch mit welchen Mitteln sie die gleiche Wirksamkeit des Rechts herstellen wollen, liegt in ihrer Entscheidung. Damit sind Frauen, was die gleiche Regelung ihrer individuellen und kollektiven Autonomie in Abhängigkeit von ihrem Geschlechterstatus angeht, jenseits des demokratischen Prozesses abhängig von den RichterInnen und natürlich den verfassungsrechtlichen Inhalten. Allerdings drängt sich die Frage nach den Ursachen und Gründen der Machtverschiebung zwischen den Gewalten an dieser Stelle nicht nur für Frauen und damit für feministische Perspektiven auf, sondern zielt in einem umfassenderen Sinne auf zukünftige Perspektiven des deutschen Rechtsstaats und seiner Organe.

Das Bundesverfassungsgericht in seiner Funktion als Schiedsrichter oder: Die verrutschte Balance zwischen den Gewalten

Seinem Verständnis nach ist der Rechtsstaat ein Staat, der die individuellen Rechte der BürgerInnen schützt und sich im Verhältnis zu den BürgerInnen dem Recht und der Rechtskontrolle unterwirft. Zu den maßgeblichen Strukturelementen gehört neben dem staatlichen Gewaltmonopol, die Trennung der Gewalten von Exekutive, Legislative und Judikative (Art. 20 Abs. 2 GG)[245], die Bindung der Exekutive an die Legislative in Form des Gesetzesvorranges und des Gesetzesvorbehalts (vgl. Hufen 1990), sowie die Unabhängigkeit der Gerichte und der Gerichtsschutz der BürgerInnen gegen den Staat. Insofern der Rechtsstaat über eine umfassende Verwaltungsgerichtsbarkeit verfügt, die seinen normativen Anspruch gerecht zu werden vermag, gilt das Bundesverfassungsgericht in der gängigen Literatur nicht nur als *Wesens*merkmal des Rechtsstaats (vgl. Clemens 1995, 13); vielmehr wird es als *Krönung* des Rechtsstaats gesehen, wobei – historisch betrachtet – die

244 Zur richterlichen Unabhängigkeit vgl. etwa Simon (1975) und Limbach (1995).

245 Im Original: „Alle Staatsgewalt geht vom Volke aus. Sie wird vom Volke in Wahlen und Abstimmungen und durch besondere Organe der Gesetzgebung, der vollziehenden Gewalt und der Rechtsprechung ausgeübt.“

Ursprünge des Bundesverfassungsgerichts auf den in der Weimarer Republik institutionalisierten Staatsgerichthof zurückgehen.[246]

Unter dem Aspekt der Rechtssicherheit und des Rechtsschutzes ist – normativ gesehen – die gewaltenteilige Konstruktion im demokratischen und sozialen Rechtsstaat durchaus einsichtig: So dient das Zusammenspiel von Exekutive, Legislative und Judikative einerseits der Begrenzung staatlicher Macht und ist andererseits der Kontrollierbarkeit öffentlicher Gewalt als Grundlage des Rechtsstaats geschuldet (vgl. Badura zit. n. Degenhart 1993, 85). In diesem Verständnis ist die Gewaltenteilung sowohl Bestandteil des Rechtsstaatsprinzips als auch des Demokratieprinzips: Recht – und insbesondere Verfassungsrecht – soll politische Machtausübung begrenzen, weil diese allzu leicht in illegitimer Weise aus dem Ruder zu laufen droht. Gleichzeitig aber ist es der Legislative als Repräsentation des Souveräns überlassen, demokratisches Recht auf dem Wege der Politik hervorzubringen.

Im parlamentarischen System der Bundesrepublik ist diese vom Ideal der Gewaltenteilung unterstellte Machtbalance jedoch kaum mehr vorhanden. Nicht nur, daß die drei Gewalten organisatorisch eng miteinander verbunden sind, wie etwa zwischen Legislative und Exekutive in Form des Bundesrates oder im Verfahren der Kanzlerwahl und der Regierungsbildung; vielmehr steht dem Machtzuwachs von Exekutive und Bundesverfassungsgericht ein Machtverlust der Legislative gegenüber. Formuliert und bestimmt die Exekutive auf der Basis von Regierungs- und Ministrialentwürfen zunehmend Gesetzesentwürfe, entwickelt sich das Bundesverfassungsgericht verstärkt vom juristischen Kontrollorgan hin zum Ersatzgesetzgeber.

Auch unter dem Begriff der „Verrechtlichung“ bekannt, schränkt die Definition politischer Inhalte als Rechtsprobleme den Spielraum der Gesetzgebung empfindlich ein. Gerade im Bereich des Verfassungsrechts führt diese Entwicklung zu mitunter weitreichenden Konsequenzen. Denn immer häufiger werden Gesetze nicht mehr nur im Nachhinein auf ihre Verfassungskonformität hin überprüft (konkrete Normenkontrolle), sondern das Gericht formuliert auch zunehmend eigene Reformvorschläge, die nach der Auffassung der RichterInnen mit den grundrechtlichen Normen in Übereinstimmung stehen.

Diese Verschiebung zwischen den Gewalten im demokratischen Rechtsstaat ist jedoch nicht nur durch kompetenzausweitende Übergriffe des Bundesverfassungsgerichts bedingt, sondern auch durch einen mehr oder weniger

246 Zur geschichtlichen Entwicklung der Verfassungsgerichtsbarkeit vgl. insbesondere Robbers 1992.

freiwilligen Rückzug der Legislative. Die im Normalfall vorhandene Trennung zwischen parlamentarischer Mehrheit und Regierung einerseits und der parlamentarischen Opposition andererseits führt verstärkt dazu, daß Verfassungsgerichtsentscheidungen oft als Ausweichsmöglichkeiten für parlamentarische Konflikte und Auseinandersetzungen benutzt und im Zuge der abstrakten Normenkontrollklage von den Fraktionen des Bundestages funktionalisiert werden. Daß damit auch ein Selbstverständnis der Verfassungsrechtsprechung bestätigt wird, dem zufolge die politische Kontroverse nach dem Maße des Rechts durch den unparteiischen Dritten geschlichtet werden soll (vgl. Geiger 1979, 9), ist unbestritten. Die Kehrseite dieser verfassungsrichterlichen Vermittlungsfunktion[247] aber ist, daß häufige Anrufungen auf der Basis von politischen Fragen zu unter Umständen kontraproduktiven Verfassungskonkretisierungen und problematischen Festschreibungen führen, die wiederum bereits im Vorfeld parlamentarischer Gesetzesentwürfe großen Einfluß auf den weiteren parlamentarischen Willensbildungsprozeß haben (vgl. Landfried 1984, 51ff.). Im Zuge dieser gewissermaßen erodierenden politischen (Streit-) Kultur verfehlt die Legislative als Ort und Hort der parlamentarischen Demokratie häufig ihren eigenen Anspruch und enttäuscht insbesondere jene Hoffnungen, die darauf bauen, daß demokratische Willensbildungsverfahren durch ihre Partizipations- und Inklusionsmechanismen noch am ehesten die Integration von Fraueninteressen hinsichtlich partizipativer Selbstbestimmung und gesellschaftlicher Gleichstellung garantieren.

Doch wäre es falsch, der Institution des Bundesverfassungsgerichts eine ausschließlich antidemokratische Stoßrichtung zu unterstellen. Im Vergleich zur relativen Reformlethargie der Gesetzgeber nämlich übte das Bundesverfassungsgericht mitunter eine durchaus positive Korrekturfunktion aus und hat, zumindest auf den ersten Blick, im Zuge der Gleichheitsrechtsprechung die Balance zur Legislative gehalten. Angesichts des scheinbar häufigen Versagens der Gesetzgebung sehen deshalb viele das verfassungsrichterliche Handeln weniger als Akt der „Machtversessenheit" (Gerlach 2000, 21), son-

---

247 Zu denjenigen, die das Bundesverfassungsgericht maßgeblich in der Rolle des Schiedsrichters sehen, gehören u.a. auch W. Hill (1975; 1976), Bernd Eisenblätter (1976, 51ff.) und Christine Landfried (1984). Eisenblätter argumentiert in seinen Ausführungen vor allem mit der Unabhängigkeit des Gerichts, die er als wesentliche Vorraussetzung für einen „systembedingten Grundkonsens" ansieht, den es innerhalb pluralistischer Gesellschaften zu formulieren gelte (ebd., 51ff.; 55ff.). Darüber hinaus versucht Landfried (1984, 157ff.), das richterliche Prüfungsrecht demokratietheoretisch zu begründen.

dern deklarieren es vielmehr als „Notwehr" (ebd.)[248]. Aus dieser Sicht bewahrt das Bundesverfassungsgericht eine Steuerungsfähigkeit, die der Politik in Gestalt gesetzgebender Institutionen und Akteure verlorengegangen zu sein scheint (vgl. Scholz 1995, 93). Allerdings kann der damit praktizierte und auch erfolgte Minderheitenschutz gegenüber der parlamentarischen Mehrheitsregel die GegnerInnen des Bundesverfassungsgerichts[249] kaum überzeugen; sie vermuten insbesondere im Recht der Normenkontrolle beharrlich einen „Fremdkörper im demokratischen System" (Frankenberg 1997, 228). Und auch wenn die vorgestellte These von Hans-Peter Schneider (1999, 11), wonach Streitschlichtung nicht notwendig politische Gestaltung bedeute und daher „jede Gleichsetzung des „Richtens" mit Rechtsverwirklichung und des „Schlichtens" mit „Politikdurchsetzung" verfehlt wäre, durchaus einsichtig ist, spricht insbesondere aus feministischer Sicht auch viel für die Auffassung der Rechtsprechung als – wie Christoph Gusy dies bezeichnet – „politisches Staatshandeln" (Gusy 1985, 46). Denn hielt sich das Gericht in der Positivierung des Gleichheitsgrundrechts noch weitgehend zurück und räumte dem demokratischen Gesetzgeber einen ausreichenden Spielraum ein, hat es im Falle der beiden Abtreibungsurteile seine Kompetenzen weit überschritten. So gilt besonders das zweite Urteil als Paradebeispiel für die verrutschte Balance zwischen Rechtsstaat und Demokratie, zumindest bezüglich der staatsbürgerlichen Praxis von Frauen, weil es einen parlamentarischen Mehrheitsentscheid boykottierte, der einen Kompromiß der fünf Bundestagsfraktionen darstellte.[250] Es wäre allerdings verfehlt, die Gründe für die bemerkenswerte Zurückhaltung des Gerichts bei der Positi-

248 Zu dieser Einschätzung gelangt Gerlach (2000) am Beispiel der verfassungsrichterlichen Gesetzesmitgestaltung in Zusammenhang mit dem Familienlastenausgleich. Die Tätigkeit des Gerichts sieht sie hier „als notwendiges Korrektiv einer nicht immer am Ziel der Gerechtigkeit orientierten Demokratie" (ebd., 31). Zur Bedeutung des Bundesverfassungsgerichts als Akteur des politischen Systems vgl. auch Gerlach 1999, 215ff.

249 Vgl. dazu insbesondere Maus (1992, 298ff.), die das Bundesverfassungsgericht als ein Element von „Justizstaatlichkeit" kritisiert.

250 Angesichts dieser geradezu mustergültigen demokratischen Entscheidung stellt sich berechtigterweise die Frage, wie sich diese bundesverfassungsgerichtliche Ad hoc-Entscheidung, die lediglich von einer konservativen Minderheit eingefordert wurde, demokratisch und aus grundrechtlicher Sicht legitimiert, zumal in dem zweiten Abtreibungsurteil die im ersten Urteil dargelegten Aspekte bereits mit in den parlamentarischen Kompromiß eingeflossen waren. Bekanntermaßen zählte weder diese Tatsache noch andere Einwände für die Mehrheit der BundesverfassungsrichterInnen des Zweiten Senats. Vielmehr nahmen sie in ihre Entscheidung die Minderheitenposition des Klagevertreter auf und deklarierten nicht mehr nur den Lebensschutz des Embryos als den Rechten der Schwangeren vorrangig, sondern statteten ihn überdies als Grundrechtsträger aus.

vierung des Gleichheitsgrundsatzes im Vergleich zu der Vehemenz staatlichen Eingriffs bei der politischen Regulierung des Schwangerschaftsabbruchs allein in einer schwachen Legislative zu vermuten. Warum es dem Gericht so leicht möglich war, demokratische und verfassungsrechtliche Grenzen zu überschreiten, begründet sich nicht zuletzt auch mit der starken oder aber – etwa aus Sicht von Günter Frankenberg (1997, 228) – nicht eindeutigen Ausgestaltung dieser Institution im Grundgesetz.[251]

Das Bundesverfassungsgericht als Hüter der Verfassung

Das Bundesverfassungsgericht gilt als „Hüter der Grundrechte" und damit als Schutzinstanz des Individuums gegenüber politischen und gesellschaftlichen Machtverhältnissen; dies kommt vor allem auch mit dem Instrument der Verfassungsbeschwerde zum Ausdruck. Doch auch diese Funktion bestätigt den Charakter des Bundesverfassungsgerichts als ein genuin „politisches Organ" (Lietzmann 1998, 240). Dessen vornehmliche Aufgabenstellung, „definitorisch und symbolisch den Spannungsbogen politischer Normalität durch vorpolitische Interventionen aufrechtzuerhalten" (ebd.), bietet insbesondere für Frauen noch weniger Anlaß zu euphorisch überhöhten Erwartungen. Zwar muß sich das Gericht bei der Überprüfung von staatlichen Akten an das Prinzip der Gewaltenteilung halten und damit den Unterschied zwischen Verfassungsnormen und den einfachen Gesetzen beachten. Aber dennoch hängt die Einhaltung des Gebots der „richterlichen Selbstbeschränkung"[252] allein vom Bundesverfassungsgericht selbst ab. In dem Bemühen, sich als eine vornehmlich moralische und gerechte Instanz dem demokratischen Prozeß an die Seite, mitunter auch ihm gegenüberzustellen, können

---

251 Gemäß Art. 93 I Nr. 1-4 und 100 I GG lediglich als eine *verfassungsähnliche* Institution interpretiert, soll es einerseits die gesetzlichen Beschlüße relativ unabängig kontrollieren, ist andererseits jedoch verfahrensrechtlich dem Regelungswillen des Gesetzgebers unterworfen (vgl. hierzu auch Frankenberg 1997, 228).

252 Der Grundsatz der richterlichen Selbstbeschränkung entspringt dem Selbstverständnis des Bundesverfassungsgerichts, stammt aber in Anlehnung an den Grundsatz der „Judicial Self-Restraint" aus der US-amerikanischen Tradition des Supreme Court. Im Unterschied zum Supreme Court, der die Entscheidung einer von ihm befundenen politischen Frage ablehnen kann, muß das Bundesverfassungsgericht über alle ihm vorgelegten Fragen entscheiden und sei es nur darüber, daß die Klage oder die Verfassungsbeschwerde unzulässig ist. Allerdings hat das Gericht auch die Möglichkeit, einen Sachverhalt als „politisches Spielraum-Problem" (Landfried 1984, 151) anzusehen und damit die Entscheidung dem Gesetzgeber zu überlassen.

Kompetenzüberschreitungen von keiner formal dazu berufenen Instanz festgestellt, geschweige denn geahndet werden. Denn die Anwendung des Gebots der richterlichen Selbstbeschränkung hängt maßgeblich davon ab, wie weit oder wie eng die verfassungsrechtliche Prüfungs- und Verwerfungsbefugnis verstanden wird (vgl. dazu Seifert 1976). Zudem eröffnet der eingeschlagene Interpretationsweg, die Grundrechte als objektive Werte zu deuten, im Einzelfall auch die Möglichkeit, die Inhalte der Verfassung eigenwillig und eigenmächtig einzuschränken oder auszudehnen.[253] Damit aber liegt – entgegen der gängigen Interpretation, die die Bezeichnung der Karlsruher Institution als „oberstes Verfassungsorgan" strikt verneint[254] – nicht nur die Definitions- und Verwaltungsmacht über die Verfassung uneingeschränkt beim Bundesverfassungsgericht, sondern eröffnet den VerfassungsrichterInnen auch einen größeren Interpretationsspielraum und eine geringere Gebundenheit an die geschriebene Verfassung, die im Grundrechtsteil ohnehin sehr offen und „lapidar" formuliert ist.[255] So kann die „Krönung des Gerechtigkeitsstaates" (Lietzmann 1998, 241)[256] die Grundrechte im Konfliktfall inhaltlich nach ihren Vorstellungen von Gleichheit und Gerechtigkeit sowie auf der Grundlage relevanter Gemeinschaftswerte auslegen. Ausgestattet mit diesen Kompetenzen aber ergibt sich ein geradezu paradoxes Verhältnis (Frankenberg 1997, 228) zwischen Gericht und Verfassung: Einerseits trifft

253 Zur Kritik an der Auslegung des Grundrechtsteil als objektive Wertordnung, die vor allem eine „Kopfgeburt" konservativer Theoretiker und Staatsrechtler ist, siehe insbesondere Denninger (1976b; 1977), Lietzmann (1998) und Preuß (1973, 1977).

254 Vgl. zur Einordung des BVerfG als Organ der Judikative etwa Stern (1980, 345) bzw. Ipsen (1994, Rn. 845ff.) oder auch Art. 94 II GG iVm §§ 1 ff. BVerfGG.

255 Ein Gang durch den verfassungsrechtlichen Diskurs zeigt, daß die Entwicklung des Bundesverfassungsgerichts zum Ersatzgesetzgeber häufig auch von Befürwortern des Gerichts kritisch eingeschätzt wird (vgl. etwa Scholz 1999, 7ff.). In seiner Funktion als Hüter der Verfassung dagegen werden die gerichtlichen Kompetenzen weniger kritisch gesehen. So erscheint die offene Formulierung besonders im Grundrechtsteil der Verfassung mitunter keineswegs als befürchtete Ursache für den Machtmißbrauch, sondern wird zum einen als Verdienst bundesverfassungsrichterlicher Aktivität oder aber als deren Legitimation gesehen (vgl. ebd., 4ff.). Im Vergleich dazu sieht Schneider (1974) in der „Offenheit der Verfassung" ein entscheidenes Element im schwierigen Verhältnis zwischen Streitschlichtung und Streitentscheidung (vgl. Schneider 1999, 11).

256 Vgl. zu dieser Formulierung von A. Arndt besonders Lietzmann (1988, 49ff.). Im Vergleich zur gängigen Rede vom Bundesverfassungsgericht als Krönung des Rechtsstaats, womit gemeint ist, daß die Willensentscheidungen des demokratischen Souveräns in vorab formaljuristischen Bahnen gelenkt sind, verweist die von Arndt verwendete Formulierung in kritischer Absicht auf das Bundesverfassungsgericht als eine Art „Superrevisionsinstanz in Fragen gesellschaftlicher und politischer correctness" (Lietzmann 1998, 241).

das Gericht *Rechtsentscheidungen*, die dem Gesetzgeber als konkrete Richtlinien vorgeben werden, auf der anderen Seite sind „sowohl seine institutionelle Basis und Rolle als auch sein Prüfungsmaßstab und seine Prüfungspraxis eminent *politisch*" (ebd., 228 f.). In dieser Hinsicht scheint es deshalb mitunter berechtigt, bundesverfassungsrichterliches Handeln als „Politik im Robengewand" (Schneider 1999, 9) zu beargwöhnen.[256]

Es bedarf darüber hinaus sicherlich keiner großen Phantasie, die „Gedankenfigur einer wertsetzenden und werterhaltenden Aktivität der institutionalisierten politischen Gewalten" (Rödel u.a. 1989), wie sie etwa in der objektiven Wertordnung und dem Bundesverfassungsgericht symbolisiert ist, nicht nur im Spannungsverhältnis, sondern zunehmend auch im Widerspruch zu einem partizipativen Demokratieverständnis zu sehen. Denn letztendlich führen Wertordnungslehre und die Mißachtung der richterlichen Selbstbeschränkung dazu, daß die Trennung zwischen Verfassungsrecht und dem Spielraum der Politik immer schwieriger wird. Die primäre Zuständigkeit der Legislative für die Rechtsetzung wird somit in Frage gestellt und damit letztlich auch die demokratische Legitimation der Rechtsetzung.[257] Die Folge davon ist die Ausdehnung staatlicher und damit autoritärer Macht statt mehr Demokratisierung und mehr Partizipation. Doch diese Gedankenfigur stellt nicht nur deshalb eine Gefahr für die demokratische Verfaßtheit der Bundesrepublik Deutschland dar, weil sie die Entscheidungsbefugnis der Legislative als Vertreterin des Souveräns schwächt und den Staat und die Institution des Bundesverfassungsgerichts gegenüber demokratischen Prinzipien wie das der Partizipation und Selbstbestimmung stärkt.[258] Sondern aus der Perspektive eines partizipativen Demokratieverständnisses fällt das Zurückdrängen demokratischer Elemente durch das Bundesverfassungs- gericht vor allem auch im veränderten Bedeutungsgehalt und der Funktion von Grundrechten auf, wodurch das Verhältnis von Verfassungsrecht und politischen Willensbildungsprozessen verschoben wird. Daß sich die inhaltlichen Kriterien und Maximen der Begründung und Interpretation von Normen von der Bürgerperspektive entfernen und sich zum Spielball staatlicher Eigeninteressen entwickeln, wird dabei mitunter als schwerwiegender demokratischer Qualitätsverlust wahrgenommen. Als bedenklich eingestuft wird vor allem das

---

256 Zu dem Verhältnis zwischen Recht und Politik im Verfassungsverständnis des Bundesverfassungsgerichts vgl. vor allem Geiger (1979, 5ff.), Massing (1972, 30ff.), Hase/ K-H. Ladeur (1980), Ebsen (1985), Häberle (1976, 1980) und Isensee (1995).

257 Zum Verhältnis von Bundesverfassungsgericht und Legislative vgl. auch Säcker (1995).

258 Preuß (1973, 31) sieht hier vor allem eine Aufspaltung des juristischen Normensystems in eine Wert- und Legalordnung, deren Funktion darin besteht, die staatliche Bürokratie von ihrer Bindung an die Freiheitsrechte der StaatsbürgerInnen zu entbinden.

unterstellte Allgemeinwohl im Sinne eines Wertekatalogs, der den Entscheidungen und Regelungsinhalten vorgeschaltet ist und die Wertordnung gewissermaßen zu einer Pflichtordnung für den Gesetzgeber macht. In der konservativen Argumentation stehen diese normativen Vorgaben deshalb nicht im Widerspruch zur Demokratie, weil sie den Begriff der Demokratie inhaltlich ausfüllen:

„Letztlich ist parlamentarische Demokratie aber eine Auseinandersetzung - wenn Sie wollen: Streit - um die bessere Lösung, was dem Harmoniebedürfnis der Bevölkerung nicht immer gefällt."(Berghofer-Weichner 1993, 9)

In diesem Verständnis macht nicht Partizipation und Mitbestimmung den demokratischen Charakter einer Gesellschaft aus, sondern „demokratisch wird und bleibt politisches Handeln für sie nur im Maße der Orientierung an gemeinwohlbezogenen Zwecken und Normen. Verbürgt sind diese vornehmlich in den verfassungsmäßig garantierten Grundrechten und Grundwerten" (Rödel u.a. 1989, 13). Die staatlichen Institutionen haben von diesem Verständnis her die Aufgabe, diese Werte und Prinzipien zu verkörpern und zu garantieren, weil sie in der Bevölkerung bzw. in deren Bewußtsein nicht hinreichend verankert seien. Der Streit um die bessere Lösung soll weniger in Öffentlichkeit und im Parlament als vielmehr unter Experten ausgetragen werden. Und so kann und muß der Staat in Gestalt des Bundesverfassungsgerichts als „Hüter der Verfassung" in bezug auf so elementare Sachverhalte wie Leben, Tod und Fortpflanzung notfalls autoritär entscheiden, weil sie die Grundbedingungen der Gesellschaft darstellen und die darauf aufbauende Ordnung nicht gefährdet werden darf. Doch nicht nur diese Tatsache allein ist demokratisch gesehen fragwürdig. Problematisch ist diese objektive Wertordnung aus demokratischer Perspektive darüber hinaus auch deshalb, weil sie dem demokratischen Prozeß entzogen ist, gleichzeitig aber die demokratische Qualität der Gesellschaft garantieren soll:

„Diese Auszeichnung einer Wertordnung, welche dem demokratischen Prozeß seine demokratische Qualität verbürgen soll, mündet schließlich in die spezifisch konservative Neigung, die Eigenschaften der Unbedingtheit und Unverfügbarkeit auf eben die Instanzen zu übertragen, die über sie befinden. Den staatlichen Organen kommt nun die transzendente Aura der Letztverbindlichkeit zu (...). Die Frage demokratischer Legitimität wird so auf den staatlichen Kopf gestellt." (Rödel u.a. 1989, 13 f.)

Demokratieprinzip und Verfassungsrecht bzw. Rechtsstaat geraten bereits in ein prekäres Spannungsverhältnis, wenn ein Verfassungsgericht gegenüber der Legislative darauf besteht, die Gerechtigkeit materiell und die Verfassung inhaltlich anders als die Gesetzgebung zu definieren. Dasselbe gilt für den Prozeß der Justizialisierung, welcher dann eröffnet wird, wenn ein

Verfassungsgericht nicht nur demokratisches Verhalten und Verfahren überwacht, sondern auch über politisch kontingente Wertsetzungen urteilt. Diese Entwicklung aber führt das Demokratieprinzip zunehmend ad absurdum (vgl. Landfried 1984, 147ff.). Denn der Autoritarismus einer häufig grenzüberschreitenden Verfassungsgerichtsbarkeit erodiert zunehmend die Handlungsgrundlagen einer nicht nur formal, sondern auch deliberativ verstandenen prozeduralen Demokratie (vgl. Habermas 1992, 349ff.; Forst 1994, 143ff.).[260] Wird nämlich die Verfassungsrechtsprechung als vorrangig bewertet, hat die Gesetzgebung in grundsätzlichen Fragen kaum noch Spielraum, was in der Folge die öffentliche Diskussion sowie Partizipationsforderungen mehr oder weniger überflüssig und dysfunktional erscheinen läßt.

Darüber hinaus belastet die Kritik an der mangelnden demokratischen Legitimation des Bundesverfassungsgerichts das ohnehin stark strapazierte Verhältnis zwischen Rechtsstaat und Demokratie. Die Wahl der RichterInnen durch den Wahlausschuß des Bundestags und des Bundesrats entzieht dem Volk als Souverän zwar nicht vollständig die Entscheidungsgewalt, aber es mag wohl niemand bestreiten, daß dieses Verfahren nicht gerade der direkte und unmittelbarste Weg ist, das höchste Organ zu bestellen.[261] So können auch die Befristung der Amtszeit und der Ausschluß der Wiederwahl den Eindruck konspirativer Männerseilschaften, die dem „parlamentarischen Hinterzimmerdeal" (Frankenberg 1997, 229) anhaftet, nicht gänzlich wegwischen.

Die zahlreichen Versuche einer Rechtfertigung dieser mithin kaum demokratisch legitimierten Institution, wonach „Verfassungen die Aufgabe haben, der Politik normative Fesseln anzulegen" (Grimm 1994, 338) leugnen ebenso wie die gängigen Reden vom Recht als unumgängliche Handlungskoordinaten der Politik die zwingende Frage nach den Ursprüngen, auch des Verfassungsrechts. Es mag offen bleiben, ob die hartnäckige Verweigerung einer Antwort mit der zunehmenden Scheu im verfassungs- und staatsrechtlichen Diskurs erklärt werden kann, den Begriff der Vernunft zielsicher in die Waagschaale zu werfen. Zeitgemäßer wirkt im Vergleich dazu ohne Frage die Performanz von den Menschenrechten. Doch auch wenn deren Begriffssemantik noch so sehr eine objektivrechtliche Begründung suggeriert, die –

260 Auch Frankenberg (1996) bezweifelt, daß legal-rational begründete Autorität als hinreichende moderne Legitimationsquelle genügen kann. Stattdessen plädiert er – ähnlich wie Habermas – für eine Legitimationsgrundlage, die im politischen Konflikt selbst verankert ist.

261 Die Wahl der RichterInnen nach Maßgabe des Parteienproporzes ist in Art. 94 I GG iVm §§ 6 und 7 BVerfGG festgelegt.

weil an der menschlichen Existenz festgemacht – die Gültigkeit des Rechts durch nichts in Frage gestellt sehen will, bleibt die Tatsache bestehen, daß das Individuum - zumal als *geschlechtliches* – in soziale und gesellschaftspolitische Bezüge eingebettet ist und dem zufolge auch die Inhalte des (Menschen-)Rechts in den politischen Realitäten ihre Ursprünge finden müßten.

Das Geschlecht im Spannungsverhältnis von Bundesverfassungsgericht und Demokratie

Die Positivierung der Grundrechte durch das Bundesverfassungsgericht unter Berücksichtigung geschlechtlicher Differenz, sei es in Form einer objektivrechtlichen Auslegung der Grundrechte oder als Staatszielbestimmung, erfolgt weniger, um einen freiheitlichen Raum der Selbstentfaltung zu schützen, sondern vielmehr, um die gleiche Wirksamkeit des Rechts angesichts sozialer Ungleichheiten zwischen Männern und Frauen zu sichern und damit Gerechtigkeit herzustellen.

Daß der bundesverfassungsgerichtliche Schutz der Menschenwürde einzelner BürgerInnen wie auch von im politischen Prozessen unterlegenen Gruppen positiv zu bewerten ist, mag niemand bestreiten. Aber auch wenn das Bundesverfassungsgericht einen positiven Beitrag zur Gleichstellungspolitik geleistet hat, so bedeutet dies gleichzeitig, daß damit seine Macht ausgebaut wird. Selbst wenn diese Entscheidungen positiv für Frauen aus- gehen, sind sie autoritär gesetzt. [262] Was auf der einen Seite bleibt, ist die Macht und Mächtigkeit dieser tatsächlich „männlichen" Institution, Frauen das gleiche Recht zu geben oder es ihnen, wie im Fall der Urteile zum Schwangerschaftsabbruch, zu verweigern. Auf der anderen Seite scheint die offizielle Funktionsbestimmung des Bundesverfassungsgerichts allein deshalb grundsätzlich problematisch, weil in ihr ein hoheitliches, also objektivrechtliches Verfassungsverständnis eingelassen ist, demzufolge das Recht der Politik gegenübersteht und sich gegen einen demokratischen Zugriff sperrt.

So hat die Auslegung des Grundrechtsteils als objektive Wertordnung und damit verbunden die Machtstellung des Bundesverfassungsgerichts besonders für Frauen zwei Seiten: Gefördert wurde ein materiell definiertes Freiheitsverständnis, das über den „freiheitsverbürgenden Grundsinn"

---

262 Die in der feministischen Rechtsliteratur vielerorts hervorgehobene Rolle des Bundesverfassungsgerichts als Wächter (vgl. Gerlach 2000, 31) oder notwendiges Korrektiv der Legislative (vgl. Degener 1997, 880) muß aus diesem Grund zumindest in Ansätzen relativiert werden.

(Böckenförde 1976, 82) des formellen Rechtsstaats hinausgeht. Eine Freiheit, die der gesellschaftlichen Ungleichheit in der Orientierung an den Postulaten der Gerechtigkeit Rechnung trägt, wurde dadurch erst verfassungsrechtlich möglich gemacht. Mit diesem Verständnis konnte die Gleichstellung von Frauen forciert werden, mitunter sogar auf Kosten männlicher Freiräume. Auf der anderen Seite aber ist es Frauen im Vergleich zu Männern nach wie vor stärker verwehrt, die Inhalte und Räume ihrer Freiheits- und Gleichheitsvorstellungen selbst und aktiv auszufüllen. Zudem ist die Machtverschiebung zugunsten des Bundesverfassungsgerichts auf Kosten parlamentarischer Willensbildungsprozesse für Frauen insofern besonders problematisch, als diese bereits in der Legislative nur geringen Einfluß und bei Verfassungsgerichtsentscheiden erst seit kurzem eine angemessenere Teilhabe haben[262]. In der Folge werden die Interessen von Frauen nicht adäquat vertreten und ihren anderen Lebenssituationen oftmals lediglich aus männlicher Perspektive Rechnung getragen. Denn der Maßstab der Bewertung ist bei Männern in der Regel weniger sensibel: Menschen sind, wenn sie selbst betroffen sind, sehr viel differenzierter in ihrem Urteil (vgl. Döbert/Nunner-Winkler 1986).

Ungeachtet der zahlreichen Erkenntnisse allerdings ist es bei dieser theoretischen Beschwörung bislang geblieben. Die meisten der bislang entworfenen Konzepte zur Begrenzung der Macht des Bundesverfassungsgerichts (vgl. z.B. Landfried 1984, 151; Holtfort 1979; Geis 2000) führen in die bereits bekannte Diskussion zu formeller oder materieller Ausgestaltung des Rechtsstaats und bringen wenig Neues: entweder betonen die Entwürfe das rechtsstaatliche oder das demokratische Element, reflektieren jedoch kaum deren Verhältnismäßigkeit und das Bedingungsgefüge.[263] Solange dies in der

262 Daß das Bundesverfassungsgericht bis 1993 lediglich mit einer und seit diesem Zeitpunkt mit deutlich minoritärer Stimme der Frauen über Recht und Unrecht befindet, verweist nur auf einen – wenngleich aussagekräftigen – Nebenaspekt meiner Argumentation. Denn insofern das Männliche als Allgemeines gilt, stellt sich die Geschlechterfrage erst gar nicht. Fraueninteressen werden also – unabhängig von der Frauenanzahl – nicht ausreichend vertreten.

263 Einige der KritikerInnen teilen die These von der politischen Ohnmacht gegenüber dem Bundesverfassungsgericht nicht unbedingt: „Das Verfassungsgericht hat (...) zweifellos eine große Macht in unserem politischen System. Es hat allerdings nicht die Macht, seine Entscheidungen durchzusetzen. Gegen die Parteien eines Zivilprozesses oder die Beteiligung an einem Verwaltungsprozeß oder einem Arbeitsgerichtsprozeß kannn die gerichtliche Entscheidung notfalls auch mit Zwang durchgesetzt werden. Gegen die Weigerung der Regierung oder des Parlamentes, eine Entscheidung des Bundesverfassungsgerichtes zu befolgen, gibt es ein solches Mittel nicht. Es gibt nur den moralischen Druck, der natürlich zwingend sein kann. Das Gericht hat aber keinen Gerichtsvollzieher, hat keine Polizeigewalt und auch keine militärische Macht“ (Geis 2000, 139).

politischen Theorie zum demokratischen Rechtsstaat aber nicht vorgenommen wird, ergeben sich auch keine positiven Konsequenzen für Frauen, weil Begriffe wie Freiheit, Gleichheit, Selbstbestimmung und Partizipation und deren Institutionalisierung unangetastet bleiben, sich also weiterhin an männlichen Vorstellungen und Lebensmustern orientieren.

Um die Frage beantworten zu können, welche Auswirkungen die bundesverfassungsgerichtliche Rechtsprechung auf den demokratischen Status von Frauen hat, und welche Einschränkungen ihrer politischen Freiheiten sie hinnehmen müssen, ist in diesen Hinsichten allenfalls mit einem Blick auf das allgemeine Gesetz zu beantworten. Denn allein mit ihm wird im rechtsstaatlichen Selbstverständnis das „Politische“ monopolisiert (Geis 2000, 10): „Demokratie erfüllt sich wesentlich in Gestalt der Gesetzgebung, und müssen Rechtsstaatlichkeit und Demokratieprinzip zueinandergebracht werden, so ist das Gesetz die Klammer, die Gesetzgebung als Prozeß die zusammenführende Garantien“ (Eichenberger 1982, 10 zit. n. Schuppert 1998, 108).

12. Das männliche Gesetz

„Aber solange es keine Gesetze und Regeln gibt, die alle befragen und für ihre Entscheidungen heranziehen können, kann von Demokratie nicht die Rede sein."

(Luce Irigaray 1992, zit.n. Sommer 1998, 165f.)

Als ein wesentliches Merkmal des „gewaltenteilenden Rechtsstaats" (Karpen 1992, 44) steht der rechtsstaatliche Gesetzesbegriff normativ für den staatlich legitimierten Eingriff in die unbedingt vorausgesetzte Freiheitssphäre des Individuums zum Schutz einer gleichen politischen Freiheitsermöglichung aller BürgerInnen. In dieser Hinsicht kommt dem Gesetz eine zentrale Schlüsselrolle als Instrument der Sozialgestaltung zu (Schuppert 1998, 108): Mit ihm materialisiert sich das behauptete rechtsstaatliche Freiheitsversprechen ebenso wie er den demokratischen Grad konkreter Einbindung einzelner in die politische Gemeinschaft ausweist.[265] Seine Reflektion als zentrales Steuerungsinstrument des demokratischen Rechtsstaats ist deshalb im Kontext rechtsstaatlicher und verfassungsrechtlicher Strukturmerkmale und Akteure für die Einschätzung des politischen Status von Frauen unbedingt geboten. Dafür wird zunächst auf das Prinzip der Allgemeingültigkeit eingegangen und daran anschließend die Auswirkungen derjenigen Gesetze, die auf der Grundlage bundesverfassungsrichterlicher Rechtsprechung zustandegekommen sind, für den politischen Status von Frauen aufgezeigt.

265 Auf die Funktion des Gesetzes in seiner Bedeutung einer „hohen substanziellen Gleichartigkeit des Volkes" hat insbesondere Carl Schmitt (1928) für die Stabilität der Demokratie hingewiesen (vgl. Denninger 1995, 429, Anm. 18).

Verstanden als „eine Norm mit bestimmten formalen Qualitäten, also eine rechtliche (richtige und vernünftige) Regelung generellen Charakters" (Karpen 1992, 45), bewährt sich das Gesetz seit der Aufklärung als Triumph moderner Verfassungsstaatlichkeit. So läßt sich bereits bei Locke eine Regierung nicht „ohne *feste, stehende Gesetze* (Hervorhebung im Original)" (Locke 1992, § 137, 286) mit den Zielen einer Gesellschaft vereinbaren. Gilt das allgemeine Gesetz bis heute unangefochten als Wesenszug der liberalen Rechtstheorie des bürgerlichen Rechtsstaats, divergieren die Vorstellungen darüber, was unter einem allgemeingültigen Gesetz verstanden werden kann. Max Weber (1985, 504f.) etwa verband mit diesem Attribut die Gewährleistung formaler Rationalität, die er mit einer legalen Herrschaftsform gleichsetzte, wohingegen aus einer juristischen Sicht ein Gesetz dann als allgemein gilt „wenn es abstrakt (auf unbestimmt viele Fälle bezogen) und generell (an unbestimmt viele Adressaten gerichtet) ist" (Kriele 1994, 277). Dem Anspruch nach Allgemeingültigkeit ist in diesem Verständnis Genüge getan, wenn sich die Regelungen aus sachlich-generalisierenden Gründen rechtfertigen lassen (BVerfG 28, 361). Erst dann verbürgt die Allgemeinheit der Norm in seiner formalen Dimension „die Konstanz und Rechtmäßigkeit der Anordnung" (Karpen 1992, 45).

Für die mit der vorliegenden Untersuchung intendierte Fragestellung wesentlich bedeutsamer ist jedoch die wertbezogene Dimension des Postulats der Allgemeingültigkeit. Sie nämlich verbindet die Legitimität von Gesetzen mit einem allgemeinen Freiheitsversprechen. Unter dieser Maßgabe bezeichnet Martin Kriele das allgemeine Gesetz als „demokratische(s) Instrument zur Herstellung gleicher Freiheit" (Kriele 1994, 227). Während Freiheit und Gleichheit die mit dieser Norm angestrebten Werte zum Ausdruck bringen, – also im Sinne von *das Gesetz zur Realisierung von Gleichheit und Freiheit* –, steht die allgemeingültige Norm selbst für das demokratische Mittel, diese Werte zu realisieren. Nur ein allgemeines Gesetz kann Freiheit und Gleichheit realisieren, wobei ein allgemeines Gesetz nur dann das Postulat der Allgemeingültigkeit erfüllt, wenn es ein demokratisches ist.

Nun könnte man – der Wortspielerei müde geworden – es auch bei der Definition von Denninger belassen. So führt er zunächst den Begriff des allgemeinen Gesetzes als ein „allgemein *akzeptiertes* Gesetz" (Denninger 1995, 429) ein, womit auf der Geltungsgrundlage einer mehrheitlichen Zustimmung dem demokratischen Anspruch Genüge getan ist. Doch ein näherer Blick auf das demokratische Attribut lohnt sich allein im Hinblick auf den Wert der unterstellten Freiheit, die auch in dem Akzeptanzbegriff enthalten ist. Demnach kann unter einem demokratischen Gesetz zum einen verstanden werden, daß es demokratisch zustandekommt. Zum anderen kann es aber auch bedeuten, daß sein Gebrauch und seine Umsetzung sich eindeutig an demokratischen Maßgaben orientieren muß, was nach den bisherigen Ausführungen heißen würde, daß die mit dem allgemeinen Gesetz angestrebten Werte der Freiheit und Gleichheit demokratischen Grundsätzen zu entsprechen haben. Hinsichtlich des ersten Punktes hat Rousseau mit dem volonté générale als einer der ersten die These verfochten, daß ein Gesetz nur dann den Sieg der Freiheit bedeutet, wenn alle davon Betroffenen zugestimmt haben:

> „Aber wenn das ganze Volk über das ganze Volk bestimmt, betrachtet es nur sich selbst, und wenn sich dann eine Beziehung bildet, bildet sie sich zwischen dem ganzen Gegenstand unter einem Gesichtspunkt und dem ganzen Gegenstand unter einem anderen Gesichtspunkt ohne irgendeine Teilung des Ganzen. Dann ist die Sache, über die man bestimmt, so allgemein wie der Wille, der bestimmt. Diesen Akt nenne ich ein Gesetz. Unter der Behauptung, daß der Gegenstand der Gesetze immer allgemein ist, verstehe ich, daß das Gesetz die Untertanen als Gesamtheit und die Handlungen als abstrakte betrachtet, nie jedoch den Menschen als Individuum oder eine Einzelhandlung." (Rousseau, 1977, Buch II, Kap.6, 40)

Die konsequente Verknüpfung individueller Freiheitssicherung durch und mit der Teilhabe am Prozeß demokratischer Willensbildung darf allerdings nicht so verstanden werden, daß individuelle Freiheit erst mit dem politischen Handeln realisiert und damit zur Geltung kommen kann. Denn eine derartige Interpretation würde der Prämisse einer prinzipiell vorausgesetzten Freiheit des Individuums, wie sie auch Rousseau – trotz seiner emphatischen Rhetorik für die staatsbürgerliche Freiheit – vertreten hat, nicht gerecht werden. Vielmehr geht es ihm um den staatlichen Eingriff in die vorhandene Freiheitssphäre des Individuums, der erst und nur dann keine Willkür ist, wenn alle BürgerInnen über das Ausmaß der Begrenzung befinden können. Gleichwohl ist mit diesem Aspekt eine weitere These berührt: Die Auffassung, wonach sich die Legitimität von Gesetzen daran mißt, inwieweit sie zur Freiheit und Gleichheit, gemessen an demokratischen Maßstäben, beitragen können, ist dabei wesentlich umstrittener und lange nicht so eindeutig. Denn wer oder was bestimmt, was unter politischer Freiheit und Gleichheit zu verstehen ist, geschweige denn, ob mit dem Gesetz auch wirklich für alle StaatsbürgerInnen die Bedingungen staatsbürgerlicher Freiheit und Gleichheit erfüllt sind? Wie also kann nicht nur die *Reichweite*, sondern auch die demokratische *Qualität* von Gesetzen gemessen werden?

Im demokratischen Rechtsstaat vermischen sich beide Bedeutungsstränge. Wenn auch in der Frage nach der Reichweite des Gesetzes der Anspruch umfassender Volkssouveränität dem Konstrukt des parlamentarischen Mehrheitswillens weichen mußte, beruht seine Allgemeingültigkeit zumindest auf der parteipolitisch abgespeckten Mitsprache der betroffenen BürgerInnen. Die demokratische Qualität hingegen bringt sich aus der Sicht von Kriele mit dem „Gedanken der Gleichheit am unmittelbarsten zum Ausdruck" (Kriele 1994, 227). Und sie wiederum ist gewährleistet „wenn sie eingebunden ist in die Rechtstradition, die die Freiheitsbeschränkung von allgemeinen Gesetzen abhängig macht" (ebd., 228). An den Maßstäben einer demokratischen Verfassungsordnung gemessen, also an staatsbürgerlichen Partizipationsrechten, Parlamentarismus und dem Gewaltenteilungsprinzip ergibt sich die demokratische Qualität von Gesetzen mit einem Gleichheitsverständnis im Sinne von Gleich*gültigkeit.* Das Verständnis von Allgemeinheit im Sinne von gleicher Geltung und Bindung rückt – ohne das Rousseausche Quantitätsmerkmal umfassender Teilhabe – dabei in eine vernunftsorientierte Nähe zu Kant.[266] Zwar war für ihn die Allgemeinheit des Gesetzes auch das zentrale Kriterium für Gerechtigkeit und Legitimität[267], doch genügte ihm das Gesetz als Ausdruck einer allgemeinen sittlich-rechtlichen Vernunft, das er im „Recht des Menschen unter öffentlichen Zwangsgesetzen (Hervorhebung im Original)" (Kant, zit. n. Dietze 1982, 37) verwirklicht sah.

Aus dieser Definition, wonach Gesetze, die gleich bindend und gleich freiheitseinschränkend sind, dem demokratischen und damit allgemeingültigen Anspruch entsprechen, resultiert dann zwangsläufig die Bedeutung des politischen Werts der Freiheit[268] im Sinne freier Entfaltung der Persönlichkeit (vgl. Kriele 1994, 228): „Weil der Mensch Vernunft hat, ist er zur Konzeption der Gesetze der Freiheit fähig und jedenfalls theoretisch in der Lage, die Risiken des Standes der Freiheit zu beherrschen." (Kersting 1993, 120)

Dieser Tradition bis heute offenkundig verpflichtet, kann deshalb aus der Sicht von Franz Neumann (1978) der behaupteten Allgemeingültigkeit von Gesetzen kein ausgewiesener Anspruch politischer Freiheit unterstellt werden. Vielmehr sieht er bis heute den demokratischen Gehalt des Gesetzes

---

266 Entscheidend am Menschenrecht in der vernunftrechtlichen Konzeption Kants ist nicht, „ob Herrschaft das Wohl der ihnen Unterworfenen verfolgt oder nur als Mittel zur Realisierung der Privatzwecke der Regierenden dient, sondern allein ihre Vereinbarkeit mit dem formalen Freiheitsrecht" (Kersting 1993, 366).

267 Gesetze sind nach Kant „dann allgemeinverbindlich, wenn sie uneingeschränkt zustimmungsfähig sind" (Kersting 1993, 367).

268 Menschenrechtliche Freiheit bei Kant ist politische Freiheit und die Gesetze haben dann die Rechtmäßigkeitsbedingungen erfüllt, wenn die Einzelnen ihre Zustimmung geben *könnten* (vgl. Kersting 1993, 367).

primär in einer gleichermaßen für alle gültigen und gerechten negativ belassenen Abwehr:

„Der Rechtsstaat steht nur und ausschließlich im Dienste der Sicherung von Freiheit und Eigentum, die als unverletztliche und vorstaatliche Freiheiten vorgestellt werden, prinzipiell unbegrenzt und nur in Ausnahmefällen dem Eingriff des Staates unterworfen. In diesem System besteht eine grundsätzliche Vermutung für die Freiheit des Bürgers und gegen den Zwangseingriff des Staates." (ebd., 121)

Daß mit allgemeinen Gesetzen „in der Tat noch keine gleiche Freiheit hergestellt" (Kriele 1994, 229) und die formale Freiheit des Gesetzes zwar eine notwendige, aber keine hinreichende Bedingung der Freiheit" (ebd.) ist, räumt auch Kriele ein. Dennoch darf nicht übersehen werden, daß im demokratischen Rechtsstaat die mit dem allgemeinen Gesetz realisierte Freiheit mehr bedeuten kann als nur die Abwehr staatlicher Eingriffe, nämlich dann, wenn Gesetze auf der Grundlage grundrechtlicher Normen zustandekommen.

Das allgemeine Gesetz auf der Grundlage von Wertnormen

Gesetze, die auf der Grundlage von Wertnormen zustandekommen, nehmen in diesen Ausführungen eine besondere Stellung ein und verdienen deshalb auch besondere Aufmerksamkeit. Denn vom Bundesverfassungsgericht als Hüter der Verfassung erlassen, erfüllen sie das Postulat der Allgemeingültigkeit in den oben ausgeführten Hinsichten kaum. Bezogen auf das Zustandekommen der Gesetze verletzen sie in entscheidender Weise das Gebot politischer Selbstorganisation und in der Folge auch das demokratische Prinzip der Legitimität, welches darauf beruht, daß eine Mehrheit partizipierender BürgerInnen die mit dem Gesetz verbundenen Entscheidungen tragen können. Doch im Hinblick auf das mitunter schwer zu durchschauende Verhältnis von Rechtsstaat und Demokratie und dem dort verteidigten Primat individueller Freiheitssicherung gilt es zu beachten, daß der Grundrechtsschutz definitiv keine Frage der Quantität ist (vgl. Denninger 1995, 428) und deshalb auch nicht mit der Seite des allgemeingültigen Gesetzesbegriffs, der aus der Reichweite seine demokratische Legitimität bezieht, kollidieren kann.[269]

Bleibt nur der Blick auf die demokratische Qualität der Gesetze, also auf die Freiheit und Gleichheit, die vom allgemeingültigen Gesetz zu realisieren wäre und sich an einem wie auch immer demokratischen Anspruch messen

269 Das Bundesverfassungsgericht hat auf diesen Aspekt der Nichtquantifizierbarkeit in seinen Schwangerschaftsurteilen nachdrücklich hingewiesen (vgl. BVerfGE 39, 1, 58ff. und BVerfGE 88, 203, 252).

lassen müßte. Insofern sich solche Gesetze im Kontext freiheitlicher Grundrechtssicherung verpflichten, die Freiheit einzelner, auch die einer unter Umständen im politischen Prozeß unterlegenen Gruppe zu schützen, stehen Gesetze auf der Basis von Wertnormen prima facie nicht dem demokratischen Anspruch entgegen. Denn normativ bedeuten sie „die Herstellung von sozialen Bedingungen der Entfaltung der Persönlichkeit für jedermann (sic!)" (Kriele 1994, 229f.) und lassen, weil sie sich um die Bedingungen von Freiheit sorgen, mitunter die antidemokratische Stoßrichtung vergessen, die eben auch durch die Bindung des Gesetzgebers durch den materiellen Rechtsstaatsgedanken gegeben ist und der in den Worten Denningers verfügt: „Greift eine staatliche Maßnahme, und sei es aufgrund eines Gesetzes, in den absolut geschützten Kernbereich der Rechte auch nur eines einzigen Bürgers ein, so muß es insoweit weichen" (Denninger 1995, 428). Insoweit es also um die Verpflichtung geht, auch die Interessen von gesellschaftlichen Minderheiten, vor allem auch die der Frauen zu gewährleisten, scheinen die Gefahren einer Gesetzgebung unter grundgesetzlicher Aufsicht marginal. Denn damit verbindet sich, so ist zu vermuten, auch die Chance, gesellschaftliche und geschlechtliche Differenz nicht mehr nur mit einem scheinheiligen, wenngleich vernunftsorientierten Allgemeingültigkeitsdiktat abzubügeln, sondern auch Bedingungen für die Freiheit aller in der politischen Gemeinschaft mitzuformulieren.

Doch so groß die Versuchung auch sein mag, dieser Logik nachzugeben, verweisen die bisherigen Erkenntnisse derartige Überlegungen in das Reich der noch einzulösenden Phantasie. Mit dem zwingenden Blick auf die rechtsstaatliche Realität nämlich muß solch ein Unterfangen mißlingen. Ein gewichtiger Grund für diese Annahme, so banal er auch zunächst klingen mag, besteht darin, daß Gesetze auf der Grundlage von Wertnormen erlassen, dem rechtsstaatlichen und nicht dem demokratischen Primat folgen. So gelten im verfassungsrechtlichen Verständnis die dort formulierten und zu schützenden Freiheitsrechte als grundrechtliche Maßstäbe, die nicht für sich selbst sprechen, sondern erst mit dem gesellschaftspolitischen Leben ihren Sinn und ihre Bedeutung entfalten (vgl. Habermas 1997, 245).[270] Und aus diesem Grund formuliert das Grundgesetz über die demokratischen Prinzipien der Verfassungsordnung hinaus keine inhaltlichen Bestimmungen politischer Freiheit, sondern deklariert die zu schützenden Freiheitswerte, wie die der freien Entfaltung der Persönlichkeit, der Glaubensfreiheit oder Versamm-

---

270 „Die private Autonomie gleichberechtigter Bürger kann nur im Gleichschritt mit der Aktivierung ihrer staatsbürgerlichen Autonomie gesichert werden." (Habermas 1997, 245)

lungsfreiheit, bewußt als universale Prinzipien und objektivrechtliche Werte. Denn was Freiheit und Gleichheit ist und wann eine Verletzung dieser Werte vorliegt, stellt sich und bewährt sich erst angesichts der auf die politische Agenda gesetzten Interessen und Bedürfnisse und in dem von ihm initiierten Aushandlungsprozeß. Wird dieser verdrängt bzw. ausgeschaltet, bleiben nur noch Deutungsmöglichkeiten, die sich primär an rechtsstaat- lichen denn an demokratischen Wertmaßstäben orientieren.

Insgesamt gesehen entsprechen Gesetze auf dieser Wertgrundlage dem Allgemeingültigkeitsanspruch in keiner Hinsicht: Weder lösen sie das Freiheitsversprechen ein, das individuellen Schutz vor staatlichem Eingriff bietet, noch erfüllen sie das Gebot der gleichen Bindungswirkung. Vielmehr sind sie für den Teil der Bevölkerung, die sich dem Minderheitenschutz fügen müssen, wesentlich freiheitseinschränkender. Dafür aber die freiheitssichernde Wirkung für die Minderheiten in Rede zu stellen, wäre ebenso falsch wie blauäugig. Denn geschützt werden allenfalls freiheitliche Grundwerte, nicht aber die Freiheit der Minderheiten, ihre Interessen zu formulieren. Verletzen sie ohnehin schon das Rechtsgebot der gleichen Gültigkeit und Bindung des Gesetzes, weil sie die Freiheit einer Minderheit schützen – ganz zu schweigen von ihrem demokratischen Zustandekommen – schützen sie noch nicht einmal die Freiheit der BürgerInnen, die Grenze zwischen eigenem Interesse und denen der Anderen zu ziehen.[271] Stattdessen berauben sie die BürgerInnen um ihr ohnehin schon dürftiges Recht, wenigstens mitzuentscheiden, wie weit die Gesetze in ihren angenommenen individuellen Schutzraum eindringen dürfen.[272] Unbeirrt von derartigen Monita, verfolgen die per rechtsstaatlichem Dekret erlassenen Normen die Ideen eines wie auch immer beschaffenen Gemeinwohls und der politischen Integration, nicht aber die Ermöglichung und Ermächtigung politischer und damit differenter BürgerInnen. Vielmehr wird die Konstituierung der Gesellschaft „obrigkeitsstaatlich

271 „Niemand kann mich zwingen auf seine Art (wie er sich das Wohlsein anderer Menschen denkt) glücklich zu sein, sondern ein jeder darf seine Glückseligkeit auf dem Wege suchen, welcher im selbst gut dünkt, wenn er nur der Freiheit Anderer, einem ähnlichen Zwecke nachzustreben, die mit der Freiheit von jedermann nach einem möglichen allgemeinen Gesetze zusammen bestehen kann (d.i. diesem Rechte des Andern) nicht Abbruch thut“ (Kant, zit. n. Kersting 1993, 364).

272 Dazu Kant: „Also ist das allgemeine Rechtsgesetz: handle äußerlich so, daß der freie Gebrauch Deiner Willkür mit der Freiheit von jedermann nach einem allgemeinen Gesetze zusammen bestehen könne, zwar ein Gesetz, welches mir eine Verbindlichkeit auferlegt, aber ganz und gar nicht erwartet, noch weniger fordert, daß ich ganz um dieser Verbindlichkeit willen, meine Freiheit auf jene Bedingungen selbst einschränken solle, sondern die Vernunft sagt nur, daß sie in ihrer Idee darauf eingeschränkt sei und von anderen auch tätlich eingeschränkt sein dürfe.“ (Kant 1997, 338).

exekutiert“ (Lietzmann 1998, 244), indem die Ad hoc-Korrekturfunktion des Bundesverfassungsgerichts Gesetze ermöglicht, die als Schnittstelle zwischen Staat und gesellschaftlichen Funktionsbereichen, zwischen Grundrechten und Gemeinwohlorientierung (vgl. Grimm 1996, 620) der Gesellschaft eine bestimmte Wertauffassung (vgl. Denninger 1995, 423) überstülpen:

> „Die Gesetze (…) sind ‚universell‘, weder hinsichtlich der Willen, von denen sie ausgehen, noch hinsichtlich des geregelten Gegenstandes. Sie sind Ausdruck einer ‚überwältigenden Mehrheit‘, nicht einer sinnvermittelten Allgemeinheit und nicht einmal der Beginn eines Dialogs.“ (Denninger 1995, 434)

Die „wohlgeordnete Freiheit“ (Kersting 1993) findet so jenseits des wahren Anliegens einer politischen und differenten Gemeinschaft statt. Zugleich aber konstituieren Gesetze auf der Grundlage objektiver Wertnormen gesellschaftliche Identitäten, indem sie den BürgerInnen Interessen und Vorstellungen obrigkeitsstaatlich verordnen. Damit verpflichten sie die im demokratischen Prozeß unterlegene Minderheiten auf eine bestimmte Identität und sprechen ihnen ihre demokratische Eigenständigkeit und Freiheit ab. Doch wird gerade aus demokratiekritischer Sicht häufig übersehen, daß Gesetze als „Wille des Staates in rechtlicher Form“ (Neumann 1980, 69) nicht nur gegen gesellschaftliche Interessenspluralität, sondern vor allem gegen geschlechtliche Differenz ausgespielt wird.[273]

Auswirkungen auf den politischen Status von Frauen

In der Leerstelle des Politischen materieller Grundrechtssicherung wird die doppelte politische Ausgrenzung von Frauen aus dem Postulat der Allgemeingültigkeit ebenso offenbar wie sich darin ihr Herrschaftscharakter andeutet.[274] Daß der Minderheitenschutz und der Schutz des geschlechtlichen

273 In den Urteilen zum Schwangerschaftsabruch bestätigt das Bundesverfassungsgericht mit dem Verweis auf den Wesensgehalt der Grundrechte gegen die Nichtquantifizierbarkeit von Grundrechten (BVerfGE 39, 58 ff. und BVerfGE 88, 203). Zudem verstoßen die Urteile gegen den Grundsatz der praktischen Konkordanz (vgl. Hesse 1991, 317 ff.), das besagt, daß bei Konflikten zwischen den verschiedenen Grundrechten und den Grundrechtsträgern, oder zwischen Grundrechten und verfassungsrechtlich geschützten Gemeinwohlgütern der Gesetzgeber entscheiden muß.

274 Nach Neumann lassen sich aus einer rechtssoziologischen Sicht insgesamt drei Funktionen von Gesetzen unterscheiden: a) eine schützende und damit egalisierende Funktion, b) eine verhüllende Funktion, indem Gesetze bestehende Machtverhältnisse zudecken und c) eine rationale Funktion, die die Beziehungen berechenbar und kalkulierbar machen (vgl. Neumann 1980, 246).

Individuums[275] auf der Basis von verfassungs- und damit objektivrechtlichen Freiheits- und Gleichheitsauffassungen erfolgt und in der Folge dessen dem ordnungspolitischen Deutungspotential richterlich-männlicher Akteure anheimgestellt wird, ist dabei die eine Seite. Daß diese Entscheidungen aber kaum als demokratisches Problem reflektiert, stellenweise sogar gegen den demokratischen Prozeß getroffen werden, überläßt Frauen nicht nur der bundesverfassungsrichterlichen Obhut, sondern entzieht sie und ihre Interessen in Abhängigkeit vom Geschlechterstatus dem politischen Prozeß.

Das Problem, das sich hier zeigt, ist keines mehr der Frage nach gleichen oder geschlechtsdifferenten Rechten, aber auch keine Frage nach der Vereinbarkeit eines universellen Rechtssystems einerseits und gesellschaftlichen Pluralitäten andererseits, wie es in der Diskussion um liberale oder kommunitarische Werte angedeutet wird. Die Abtreibungsurteile des Bundesverfassungsgerichts spiegeln insofern einen eklatanten Widerspruch zwischen Rechtsstaat, Freiheitssicherung und Demokratie wider, als diese weder einen demokratischen Mehrheitswillen von Frauen reflektieren, noch die Minderheit schwangerer Frauen in ihrer individuellen Autonomie schützen. Der Minderheitenschutz von Frauen schützt eine geschlechtsdifferente Identität, die sich die Frauen nicht selbst gegeben haben, sondern die aus der Verfassung bezogen wird. Dabei aber suggeriert – bei aller Varianz bestehender Auffassungen – die objektivrechtliche Reduktion der Abtreibungsfrage, der Gleichheits- und Freiheitsfrage im Kontext von Wertordnungslehre und materieller Rechtsstaatlichkeit einen „politischen Grundkonsens" (Freudiger 1995, 12), der die Motive der Freiheitssicherung als „logische" Resultate eines vernunftrechtlichen Verfassungs- und Grundrechtsverständnisses aufzeigen will. Erschwerend kommt hinzu, daß der Schutz geschlechtlicher Identität sich nur auf die Regulierung derjenigen Interessen bezieht, die Sexualität und Fortpflanzung umfassen. Andere Interessen, die Frauen in den politischen Prozeß einbringen, dort aber aus Gründen mangelnder Partizipa-

275 Denninger hat seine Ausführungen zur Problematik bundesverfassungsrichterlicher Entscheidungen, die zum Schutz von Individualrechten getroffen werden, dezidiert auf kulturelle Minderheiten bezogen, die einem politischen Mehrheitswillen unterlegen sind. Selbstverständlich läßt sich die Rede vom Minderheitenschutz nicht ohne weiteres auf die geschlechtliche Differenz übertragen. Dies allein schon deshalb nicht, weil Frauen qualitativ nicht als Minderheit betrachtet werden können. Werden Frauen jedoch unter dem Aspekt einer diskriminierten Gruppe betrachtet, die nicht nur in einem weit geringen Maße am politischen Prozeß partizipiert, sondern darüber hinaus dort einem politischen, männlichen Mehrheitswillen unterlegen ist, läßt sich der Begriff vom Minderheitenschutz auf das hier zu reflektierende Problem des grundrechtlichen Schutzes geschlechtlicher Differenz vergleichend verwenden.

tion unterliegen, fallen dagegen nicht unter den Minderheitenschutz, sondern bleiben, auch wenn es Interessen in Abhängigkeit geschlechtlich definierter Lebenssituationen sind, dem demokratischen Mehrheits- und Männerwillen überlassen.

So geht es bei*leibe* nicht nur um die Verletzung von Rechtsgleichheit, sondern es geht um Herrschaft im Sinne von Spaltung. Diese These in Anlehnung von MacKinnon (1989, 1990) stellt den Allgemeingültigkeitsanspruch von Gesetzen kategorisch in Frage. In ihrem Verständnis räumen Gesetze den Männern die gesellschaftliche Macht über Frauen ein (MacKinnon 1989, 241), solange die geschlechtliche Ungleichheit als gesellschaftliche Bedingung von Frauen nicht geändert wird (vgl. 1990, 207). Argumentiert MacKinnon in diesem Zusammenhang mit einem formalrechtlichen Gleichheitsverständnis, gewinnt ihre Argumentation bezogen auf die bundesverfassungsgerichtlichen Entscheidungen an zusätzlicher Schärfe. Denn Gesetze auf der Grundlage von Wertnormen zustandegekommen, verletzen nicht nur den ohnehin fragwürdigen Allgemeingültigkeitsanspruch; vielmehr unterstellen sie der politischen Gesellschaft eine bestimmte Wertmeinung, die weder politische Minderheits- noch Mehrheitsauffassungen repräsentieren, sondern eine allein von der richterlichen Minderheit getragene Auslegung der Grundrechte. Selbst das Neutralitätsgebot, das eine Einmischung in Glaubens- und Weltanschauungsfragen verbietet, fällt der Regelung weiblicher Sexualität zum Opfer. Unter diesem Aspekt muß die Aussage Denningers um ein weniges korrigiert werden:

> „Charakteristisch und folgenreich ist die Behandlung des abweichenden Minderheitenverhaltens als Ausnahmeerscheinung, mit der Rechtsordnung ‚irgendwie' fertigwerden muß. Dadurch wird es von vorneherein als das ‚Abnorme' als von der Norm Abweichende, ja die Norm negierende stigmatisiert und, wo nicht gleich ins Unrecht gesetzt (wie den nach ordnungsgemäßer Beratung den Schwangerschaftabbruch verlangenden Frauen) so doch in die Grau- und Randzone rechtlicher Minderwertigkeit gedrängt." (Denninger 1995, 429).

Nicht das verordnete Gemeinwohl macht Frauen zu rechtlich Minderwertigen, zu einer Gruppe, die von der Norm abweicht, sondern das Geschlecht der BürgerInnen selbst weicht von der herrschenden, weil männlichen Rechtsnorm ab. Das Gesetz, auf der Basis von objektiven Wertnormen zustandekommen, verkörpert demnach immer eine männliche Mehrheit. Diese Flucht, nicht nur vor einer differenten Gesellschaft, sondern insbesondere vor der gesellschaftlichen Gruppe von Frauen, entfaltet schließlich ein Demokratieverständnis, das sich nicht mit mehr mit den Attributen kommunitaristisch oder liberal einfangen läßt.

13. Bedingungen politischer Freiheit von Frauen oder: „Die Kunst des Verbindens“[276]

„...wer jemals die Freiheit um ihrer selbst willen schätzte,
(erkannte) einen unveräußerlichen Wesenszug des Menschen darin (...),
frei entscheiden zu können, statt bevormundet zu werden.“

(Isaiah Berlin 1995, 62)

Gesetze repräsentieren, ob nun im Zuge eines parlamentarischen Mehrheitsentscheids beschlossen, oder aber vom Bundesverfassungsgericht formuliert, aus der Sicht von differenten BürgerInnen, die jeweils eigene kulturelle, ethische oder politische Vorstellungen haben, weder einen allgemeinen Volkswillen, noch weisen sie einen allgemein-öffentlichen Sinn aus. Diese Einschätzung trifft insbesondere für Gesetze zu, welche die Interessen geschlechtlicher Bürgerinnen berücksichtigen. Denn die Interessen in Abhängigkeit von geschlechtlichen Maßstäben und Bedingungen werden, wenn überhaupt, dann nur im Zusammenhang mit Sexualität und Fortpflanzung von einer kleinen Richtergruppe oktroyiert. In ihrer Wirksamkeit allenfalls für den gesellschaftlichen Bereich der Privatheit, spiegeln sie deshalb allerhöchstens ordnungspolitisch-patriarchale Auffassungen wieder.

Das liberale Dilemma, wie Susan Moller Okin (1989) dies bezeichnet, betrifft demnach Frauen in doppelter Hinsicht: der verfassungsrechtliche Schutz einer unabhängig von Geschlecht und sozialem Kontext vorausgesetzten, natürlichen Freiheit und Gleichheit wendet sich nicht nur gegen eine demokratische Selbstorganisation von Frauen, sondern verhindert zudem die Regulierung tradierter, hierarchischer Geschlechterbeziehungen in der familialen Privatheit. Die Auswirkungen im öffentlichen Raum des Politischen gelten für alle Frauen: sie erscheinen insgesamt nicht als Subjekte der Politik. Denn die verfassungsrechtliche Konstituierung der sozialen Geschlechterrolle und deren staatliche Regulierung verhindert, daß Handlungen in

276 Walzer 1995, 55

Abhängigkeit vom Geschlecht – reproduktive Tätigkeiten, Beziehungsverhältnisse und Fürsorgeleistungen des privaten Bereiches – auf die politische Agenda gelangen und als Themen im politisch-demokratischen Prozeß reflektiert werden.

Wenn es zutrifft, daß politische Mitgestaltung den Status einer vollwertigen Mitgliedschaft im rechtsstaatlichen Gefüge voraussetzt, dann müssen neue und andere Formen der politischen Integration gesucht werden, um auch die politische Freiheit von Frauen sicherzustellen und demokratische Geschlechterverhältnisse zu realisieren. Abschließend sollen hierfür in Auseinandersetzung mit Ansätzen, die sich aus unterschiedlichen Perspektiven, aber motiviert durch eine grundsätzliche Kritik am rechtsstaatlich verordneten Freiheits- und Gleichheitsverständnis, einige Problemstellungen skizziert werden.

Brauchen wir ein geschlechtsdifferentes Recht?

Die Auseinandersetzung mit dem allgemeinen Gesetz hat gezeigt, daß sich der politische Wert des Gesetzes für die Sicherung partizipatorischer Freiheit weitgehend in der Gleichgültigkeit, oder um es weniger polemisch zu formulieren, in der Rechtsanwendungsgleichheit erschöpft. Unter dieser Maßgabe sperrt sich der Gleichheitsdiskurs gegen die Bedingungen politischer Partizipation ebenso wie gegen die Erkenntnis, daß sein zweifelhafter Erfolg auf der Beschränkung individueller Handlungsfreiheit von Frauen beruht, indem er zur Konstitution geschlechtlicher Identität beiträgt, sie in Abhängigkeit vom privaten Bereich der Familie hält und für den öffentlich-politischen Prozeß unmündig macht.

Daß die im Rechtsverständnis eingelassenen Machtverhältnisse mit einem formalen, allgemeingültigen Rechts- und Gesetzesbegriff verschleiert werden, ist eine Tatsache, auf die in den letzten Jahren bereits viele feministische Wissenschaftlerinnen mit der Forderung nach geschlechtsdifferenten Rechten reagiert haben. Auch wenn die einzelnen Ansätze teilweise erheblich divergieren, besteht ihre Gemeinsamkeit darin, daß sie sich auf die Gleichheit als Maßstab konzentrieren, der immer wieder neu gesucht werden muß.

Ein herausragendes Beispiel für die zeitgemäße Kritik am formalen Gleichheitsverständnis stellt fraglos Iris Marion Youngs Abhandlung „Justice and the Politics of Difference“ (1990) dar. In dieser stellt sie insbesondere den Verteilungsansatz im herrschenden Rechtsverständnis in Frage:

„Was bedeutet die Verteilung eines Rechtes? Man kann sagen, man hat ein Recht auf einen Anteil an Gegenständen, Vermögen oder Einkommen. Aber in diesem Fall sind es Güter, die verteilt werden, nicht das Recht. Rechte sind nicht in fruchtbarer Weise als Besitztümer denkbar. Rechte sind Beziehungen, keine Gegenstände; Rechte sind institutionell definierte Regelungen, die bestimmen, was Menschen in bezug auf andere tun können. Rechte verweisen eher auf Handeln denn auf Haben, auf soziale Beziehungen, die Handeln befähigen oder erzwingen." (Young 1990, 25).

In Übereinstimmung mit Habermas machen auch aus ihrer Sicht das sowohl sozialstaatliche als auch liberale Rechtsparadigma den Fehler, „die rechtliche Konstituierung von Freiheit als ‚Distribution' mißzuverstehen und an das Modell der Gleichverteilung von erworbenen und zugeteilten Gütern anzugleichen" (Habermas 1992, 505).

Darüber hinaus ist Youngs Perspektive eine deutlich feministische. Sie wehrt sich gegen einen Gerechtigkeitsansatz, der Personen lediglich als EigentümerInnen und KonsumentInnen betrachtet, weil aus dieser Sichtweise sowohl soziale Strukturen als auch institutionelle Kontexte, die für die Verteilung von Rechten erhebliche Bedeutung hätten, ausgespart werden:

„The general criticism I am making of the predominant focus on the distribution of wealth, income, and positions is that such a focus ignores and tends to obscure the institutional context within which those distributions take place, and which is often a least party the cause of patterns of distribution of jobs or wealth" (Young 1990, 21f.)

Zeitgenössische Theorien ignorieren nach Young diesen institutionellen Kontext, zu dem Entscheidungsstrukturen und -verfahren ebenso gehören wie Verfahren der Arbeitsteilung, die Bewertung von Arbeit sowie kulturelle Bedingungen (vgl. ebd., 22f). Deren Ausschluß aus dem herrschenden Rechtsverständnis ist für Young deshalb problematisch, weil damit der Einfluß dieser Institutionen auf die Partizipationsmöglichkeiten und Selbstbestimmung der Menschen ausgespart bleibt. Damit aber nehme das Recht die individuelle soziale Atomisierung der Menschen an (ebd., 27).

In Übereinstimmung mit der marxistischen Kritik plädiert Young für ein Rechtsverständnis, das nicht als etwas Statisches und Vorhandenes, sondern als Funktion und Resultat sozialer Beziehungen betrachtet wird (ebd., 21). Dieses andere Konzept von Gerechtigkeit müsse alle Aspekte institutionalisierter Regeln und Beziehungen umfassen, soweit sie Gegenstand allgemeiner öffentlicher Entscheidungen sind. Mit dieser Ausrichtung ist das Recht dann nicht mehr danach zu bewerten, ob alle gleichermaßen im Besitz von Rechten sind, sondern, welche Möglichkeiten die Menschen hinsichtlich der sozialen und politischen Beziehungen haben, in die sie eingebunden sind.

Eine weitere feministische Kritik, so etwa von Ute Gerhard (1990a, 1990b), wendet sich gegen das Gleichheitspostulat des Rechts als „absolutes

Prinzip". Im Gegensatz dazu versteht sie den Gleichheitsbegriff der Neuzeit als einen *sozialer Rechtsbegriff*, der eine soziale Beziehung „zwischen zwei Gegenständen, Personen oder Sachverhalten aus(drückt) und bestimmt, in welcher Hinsicht sie als gleiches zu betrachten sind" (ebd., 192).

Auf der Grundlage ihrer vorwiegend historischen Perspektive (1997) identifiziert Gerhard das Recht nicht nur als Handlanger zum Schutz des Privat- eigentums, sondern auch als Handlanger männlicher Interessen. Sie stellt das tradierte Konzept der Gleichheit grundlegend in Frage, indem sie bezweifelt, das es noch zur Formulierung von Ansprüchen taugt, die Frauen an die gegenwärtige Gesellschaft stellen (vgl. 1990b, 19). Für sie liegt damit die „Unangemessenheit des geltenden positiven Rechts" (1990b, 205) in der konkreten Lebenssituation von Frauen begründet, „die sich gegen die Verwirklichung der Gleichberechtigung sperrt. (...) Es ist nicht ‚gerecht', weil seine Tatbestände und Maßstäbe, sein ‚Inhalt' nicht der Produktionsweise von Frauen entspricht, ‚ihr nicht adäquat ist'" (ebd.). Doch obwohl Gerhard die Ignoranz des Rechts gegenüber ungleichen und verschiedenen sozialen Bedingungen kritisiert, hält sie an einer gängigen Rechtsvorstellung fest: „Aber welches andere Mittel als Recht, wenn wir nicht Gewalt anwenden wollen, haben wir denn?" (ebd., 202):

> „Gleichheit als Inbegriff des Rechts verspricht eine Beziehung zwischen Menschen, die statt auf Unterordnung und Unterwerfung auf gleicher Freiheit zum Handeln, auf einer ‚Dynamik der Wechselseitigkeit' (Gilligan) und der Anerkennung von Verschiedenem beruht. Das meint ‚Gleichheit ohne Angleichung' oder ‚Gleichheit auch in der Differenz'." (ebd., 209)[277]

Auch Andrea Maihofer (1990, 1994) legt den Schwerpunkt ihrer Kritik auf die Setzung des „Männlichen" als Maßstab im herrschenden Gleichheits- und Rechtsverständnis, denn „auch der gegenwärtige allgemeine Maßstab der Gleichheit, die menschliche Würde, ist keineswegs, wie suggeriert wird, universal und geschlechtsneutral", sondern eine „bestimmte Vorstellung von Würdigkeit, Ergebnis bestimmter Macht- und Kräfteverhältnisse" (Maihofer 1990, 359). Dies führe zu einer Hierarchisierung menschlicher Verschiedenheit, da die Logik des Gleichheitsverständnisses nur die Logik des Einen kenne, nämlich entweder nur eine Menschenwürde, eine Rationalität, eine Moralität oder keine (ebd., 359). Dem herkömmlichen Recht bescheinigt sie die „prinzipielle Unfähigkeit", eine „mögliche Differenz (nicht nur als gleichwertig, sondern) als gleichberechtigt anzuerkennen (ebd, 364f.).

Das Bedeutsame am Ansatz von Maihofer besteht darin, daß sie für diese Unzulänglichkeit des Rechts, die aus ihrer Sicht die fortgesetzte Diskriminie-

277 Gerhard bezieht sich in diesem Zitat auf eine Formulierung von Carol Gilligan (1984).

rung und Unterdrückung von Frauen begründet (vgl. Maihofer 1994, 347), nicht etwa eine unzureichende Verwirklichung des Rechts als mögliche Ursache sieht[278], sondern die Gleichheitsnorm selbst in Frage stellt:

„Daß *diese* gesellschaftliche Realität mit *dieser* Norm, die Diskriminierung der Frau also mit dem herrschenden Verständnis von Gleichheit zu tun haben könnte, kommt nicht in den Blick. Die Norm der Gleichheit wird so – ganz im Sinne des Anspruchs auf ihre universale Gültigkeit – einer möglichen grundsätzlicheren Kritik unterzogen" (ebd., 347 – Herv. i.O.).

Im Gegensatz dazu plädiert sie für eine kritische Überprüfung der „Idee der Gleichheit selbst" und in der Folge für ein „gleichsam nachmetaphysisches, idealistisches Normenverständnis" (ebd.). Die Lösung sieht sie in einem geschlechtsdifferenzierenden Recht (vgl. ebd., 365), das „menschliche Andersartigkeiten in ihrer jeweiligen Wahrheit nebeneinander bestehen lassen" (ebd., 359) kann. Dazu seien jedoch zwei Schritte nötig: Zum einen müßten Frauen an der Bestimmung des Maßstabes teilzuhaben und mitwirken. Zum anderen müsse die Logik des Einen überwunden werden, ihr muß eine plurale Logik entgegengesetzt werden (ebd.). Mit diesem Resultat gibt Maihofer jedoch die Gleichheit nicht vollständig auf, sondern die Anerkennung der Geschlechterdifferenz stellt

„vielmehr deren *Weiter*entwicklung dar. Sowohl die Anerkennung als gleichberechtigte Menschen an sich im Sinne der herkömmlichen Menschenrechte als auch die Anerkennung als gleichberechtigte Staatsbürgerinnen und -bürger im Sinne der herkömmlichen Staatsbürgerrechte bleiben notwendige Voraussetzungen" (ebd., 362 – Hervorhebung im Original).

Bezogen auf die Verfassung führt dieser Ansatz zu einem Rechtsverständnis, das die Vorstellungen von Frauen über Recht und Politik, sowie über das Zusammenleben in der Gemeinschaft mitformuliert. Wie in den feministischen Ansätzen generell, die sich für geschlechtsdifferente Rechte einsetzen, bleiben demnach auch in dem Ansatz von Maihofer die Bedingungen für die politische Freiheit von Frauen in einem Rechtsverständnis formuliert. Zwar hat dann dieses moderne Recht die Aufgabe, „eine positive nicht-hierarchische Anerkennung der Geschlechterdifferenz zu sichern" (ebd., 363), doch bleibt im Dunkeln, wie diese normativen Kriterien in der politischen Praxis zur Anwendung gebracht werden und jenseits einer übergeord-

278 So etwa Habermas (1992), wenn er anführt, daß eine noch so der Situation von Frauen angemessene Konkretisierung des Rechts kaum was bewirkt, „wenn sie nicht zugleich die Stellung der Frauen in der politischen Öffentlichkeit stärkt und damit die Teilnahme an den politischen Kommunikationen fördert, worin die relevanten Hinsichten für eine Gleichstellung allein geklärt werden können" (ebd., 514f.). Nach Maihofer liegt diesem Ansatz ein Normenverständnis zugrunde, das eine „Trennung zwischen Sein und Sollen, zwischen Ideal und Wirklichkeit unterstellt, in der die gesellschaftliche Entwicklung der normativen stets weit hinterherhinkt." (Maihofer 1994, 347).

neten Verfassungsinstanz ihre Wirksamkeit entfalten können, ohne daß die Definition von Maßstäben, unter denen sich alle geschlechtlichen Individuen wiederfinden könnten, diesen aus der Hand genommen wären.

Auch die zentrale Kritik von Catharine MacKinnon (1989, 1990, 1994) am herrschenden Rechtsverständnis wendet sich gegen einen Gleichheitsbegriff, dem männliche Konzepte von Identität und Unterschiedlichkeit zugrundeliegen (vgl. MacKinnon 1990, 209). Doch im Vergleich zu den Ansätzen von Young, Gerhard und Maihofer argumentiert MacKinnon in einem weitaus stärkeren Maße auf der Grundlage eines machttheoretischen Ansatzes. Gesetz und Recht sind aus ihrer Sicht in liberalen Gesellschaften einerseits Quelle von Legitimität und Rechtfertigung, andererseits aber auch der Sitz und Deckmantel von Gewalt (MacKinnon 1989, 237). Der Staat vereinigt in dieser Auffassung Kriterien gesellschaftlicher Macht im und durch das Recht, mit dessen Hilfe die männliche Vormachtsstellung in der Gesellschaft durchgesetzt werden konnte (ebd.). Die Diskriminierung aufgrund des Geschlechts sieht sie vor allem dann festgeschrieben, wenn Gleichheit im geschlechtlichen Kontext als Frage von Vergleichbarkeit betrachtet werde (vgl. MacKinnon 1994, 38): „Die Bedingungen, die auf Männer zutreffen, werden vom Recht so formuliert, als würden sie auch auf Frauen zutreffen" (MacKinnon 1990, 207). In der formalen Rechtsgleichheit, die auf dem Prinzip der Vergleichbarkeit basiert, sieht sie demnach keine Chance für gleichberechtigte Lebensbedingungen, sondern vielmehr Festschreibung von Benachteiligung und Diskriminierung, weil das Recht und die formale Rechtsgleichheit unterstellten, daß die Bedingungen, die auf Männer zuträfen, auch für Frauen gelten würden: „Das Recht tut (...) so, als ob die Gleichheit der Geschlechter in der Gesellschaft real sei" (MacKinnon 1990, 207). Gegen das Verteilungsprinzip im Rechtsverständnis setzt sie das Prinzip der Macht. Letztendlich gehe es darum, „ein alternatives Konzept von Gleichheit zu entwickeln, das auf den alltäglichen Lebenserfahrungen von Frauen beruht" (ebd., 209) Und zwar Erfahrungen, die nichts mit Gleichheit und Verschiedenheit zu tun haben, sondern mit Unterordnung und männlicher Dominanz. Ausgangspunkt dieses anderen Rechtsverständnisses ist es, die Realität von Frauen zur Grundlage des Rechtsverständnisses und rechtlicher Gegenstrategien gegen Unterdrückung zu machen.

So wichtig diese Entwürfe zum geschlechtsdifferenten Recht sind, um die Situation von Frauen zu verbessern, verbinden sich mit ihnen mindestens zwei Einwände: Zum einen halten alle Ansätze am Recht als Möglichkeit fest, demokratische Geschlechterverhältnisse zu realisieren. Gleichzeitig besteht damit aber auch die Gefahr, daß Geschlechterrollen zementiert werden. Das betrifft auch den Vorschlag von MacKinnon, Recht nicht als Möglichkeit zur Gleichstellung, sondern als Mittel der Sanktion zu sehen:

„Alles, was zur Unterordnung von Frauen beiträgt, (trägt) zur Ungleichheit bei und (ist) rechtlich zu sanktionieren. Sinn des Rechts auf Gleichheit ist es nicht, irgendeine Gleichheit oder Identität anzustreben, sondern die Unterordnung von Frauen zu beenden." (ebd. 1990, 209)

Auch wenn MacKinnon nicht das Recht als Mittel zur Herstellung von Gleichheit betrachtet, sondern als Möglichkeit verstanden wissen will, mit dem sich Unrecht sanktionieren läßt, geht auch sie von feststehenden Identitäten und aktuellen Lebenssituationen von Frauen aus und läuft damit Gefahr, bestehende Geschlechteridentitäten zu perpetuieren. Aus diesem Grund weist etwa Gerhard (1990b) auf die notwendige Unterscheidung zwischen ‚weiblichem Recht' und ‚Frauenrechten' hin:

„Von ‚weiblichem Recht' statt von Frauenrechten zu reden, also ‚die Perspektive der sexuellen Differenz ... zum Maßstab' des Rechts zu machen, halte ich solange für problematisch, wie diese Differenz durch die Unterwerfung der Frauen in patriarchalische Verhältnisse gezeichnet ist" (ebd., 206).[279]

Dieser berechtigte Hinweis gewinnt vor allem im Kontext deutscher materieller Rechtsstaatlichkeit und in bezug auf die Kompetenz des Bundesverfassungsgerichts an entscheidender Bedeutung. Denn in seinem Bemühen, die gleiche Anwendung von Recht auch im Hinblick auf die geschlechtliche Verschiedenheit zu garantieren, bezieht es zwar die spezifischen, primär familialen Lebensbedingungen von Frauen mit ein, wobei es aber keinesfalls hierarchische Geschlechterverhältnisse sanktioniert, sondern viel eher von tradierten Rollenverständnissen ausgeht. Darüber hinaus erweisen sich die hier vorgestellten Alternativentwürfe deshalb als problematisch bzw. unzureichend, weil sie primär Bedingungen für Gleichheit formulieren und dabei offenlassen, wie Bedingungen entworfen werden können, die Frauen prinzipiell die Möglichkeit einräumen, ihre Interessen in Abhängigkeit geschlechtlicher Identität auf die politische Agenda zu setzen. So läßt sich zusammenfassend festhalten, daß die Gedanken zu geschlechtsdifferenten Rechten die Problematik ungleicher gesellschaftlicher Geschlechterverhältnisse grundlegend aufgreifen, doch hinsichtlich der Frage, wie und in welcher Weise das Recht different formuliert werden könnte, damit es die politischen Freiheiten von Frauen sicherstellt, leider bislang noch keine hinreichende Kriterien entwickelt werden konnten.

---

279 Gerhard bezieht sich mit dieser Äußerung auf den Ansatz der Mailänderinnen. Vgl. Libreria delle donne die Milano (1988).

Braucht politische Freiheit Rechte oder Tugenden?

Die Frage nach dem Recht als universeller Norm und der politischen Mitsprache differenter BürgerInnen mündet dabei zwangsläufig auch in die Auseinandersetzungen um Tugenden und Rechten, wie sie im Kontext der Liberalismus-Kommunitarismus-Debatte geführt werden.[280] Auf sie soll hier keineswegs in aller Ausführlichkeit eingegangen werden. Doch scheint es geboten, deren grundsätzliche Prämissen in Anbetracht der Erkenntnisse dieser Arbeit zu reflektieren, welche Bedingungen gegeben sein müssen, um eine politische Integration geschlechterdifferenter BürgerInnen realisieren zu können.

Im Gegensatz zur liberalen Idee, wonach der politische Status auf einen Rechtsstatus reduziert ist, mit welchem sich ein Freiheitsversprechen in Form universeller Rechtsgleichheit begründet, gelten politische Teilnahme- und Kommunikationsrechte in kommunitaristischen Ansätzen nicht als negative, sondern positive Freiheiten.[281] Das Recht auf ‚Anderssein' garantiert in diesen Auffassungen nicht nur die Beteiligung an der politischen Praxis, sondern verpflichtet die BürgerInnen darüber hinaus zum politischen Handeln. Auch im Hinblick auf die Vorstellungen zur Rechtsordnung greifen die kommunitaristischen Ansätze insbesondere von Michael Walzer (1992; 1993; 1995), Charles Taylor (1988; 1993) und Michael J. Sandel (1993) die hier angeführte Kritik am demokratischen Rechtsstaat auf. Indem nach republikanischem Duktus die Rechtsordnung ein gleichberechtigtes, autonomes und auf gegenseitiger Achtung beruhendes Zusammenleben ermöglichen soll (vgl. Habermas 1997, 280), wird hier ein objektivrechtlicher Gehalt von Verfassungsordnungen präferiert. Der Wert politischer Tugenden und Aktivbürgerschaft steht in diesen Ansätzen nunmehr unversöhnlich der Dominanz subjektiver Freiheitsrechte in der Verfassungsordnung entgegen, und macht damit die Kritik an einer individualistischen Auffassung vom Staatsbürger deutlich.

Für Überlegungen, die auf neue Formen politischer Integration zielen, erweist sich die Brauchbarkeit kommunitärer Ansätze für die vorliegende Fragestellung allein schon deshalb als problematisch, weil sie in ihren Ar-

---

280 Vgl. zur Einführung in den Kommunitarismus Reese-Schäfer (1995). Für eine Übersicht der kommunitarischen Ansätze Honneth (1995). Zur Debatte zwischen Liberalen und Kommunitaristen insbesondere Wellmer (1993).

281 Zur Kritik am „ungebundenen" und atomistischen Individuum vgl. insbesondere Sandel (1993) und Taylor (1988). Mit Sandels Buch „Liberalism and the Limits of Justice" (1982) entfaltete sich zum ersten Mal eine systematische Kritik am Liberalismus, die mit dem „kommunitaristischen" Begriff belegt wurde.

gumentationen von eher idealtypischen Auffassungen ausgehen. So schließen sich die Prämissen liberaler und kommunitaristischer Ansätze nicht nur aus, sondern gewinnen erst in der unbedingten Entgegensetzung an Plausibilität. Wenn die Ansätze dabei von liberalen Demokratien ausgehen, so stellt sich für den hier untersuchten demokratischen Rechtsstaat das Problem der Einordnung. Insofern nämlich unter liberalen Gemeinschaften verstanden werden kann, daß politische Gemeinschaften auf der Annahme gleicher und freier Individuen beruhen und damit die Freiheitssicherung in den Mittelpunkt ihrer politischen Doktrin stellen, ist das richtig. Wird unter dem liberalen Prinzip hingegen verstanden, daß Rechte grundsätzlich Vorrang vor Werten und Tugenden haben, dann trifft das für den demokratischen Rechtsstaat nur bedingt zu. Denn dort koexistieren subjektive Freiheitsrechte und Wertnormen; sie konstituieren gleichermaßen die politische Gemeinschaft, wenn auch in unterschiedlicher Form. Aus der Sicht von John Rawls (1977, 1979) wäre damit das liberale Prinzip im deutschen Verfassungsstaat nicht vollständig eingelöst, weil für ihn Gerechtigkeit in einer pluralen Gesellschaft nur dann möglich ist, wenn keine Werte und Tugenden vorgegeben sind.

So ist nach den bisherigen Erkenntnissen dem demokratischen Rechtsstaat weder das liberale Prinzip noch das kommunitaristische Modell zuzuschreiben. Viel eher sind beide Prinzipien eine Verbindung eingegangen. Denn in einem kommunitaristischen Sinn stellen sie die Werte über die Rechte, und entsprechen damit der Auffassung etwa von Sandel (1993). Die Verbindung beider Ideenstränge im demokratischen Rechtsstaat wird aber offenkundig, wenn auch für Ronald Dworkin (1994) der Minderheitenschutz eine ideale Form gemeinschaftlicher Demokratie darstellt, in der die demokratiebeschränkenden Individualrechte in demokratieermöglichende Rechte umgewandelt werden. Doch gilt es für die vorliegende Frage nach den Bedingungen politischer Freiheiten zu bedenken, daß es sich hinsichtlich grundrechtlicher Normen nicht um politische Bürgertugenden handelt, sondern um Werte, die den BürgerInnen einerseits individuelle Freiheiten sichern, andererseits jedoch auch ein bestimmtes Gemeinwohl transportieren.[282] Die von den Kommunitaristen kritisierte Trennung von Politik und Moral bleibt in dieser Struktur demnach ebenso erhalten wie die Auffassung vom Bürgerstatus als Rechtsstatus und weniger als Status einer politischen Identität.

Diese, wenn auch kursorische Skizze macht schließlich deutlich, daß die kommunitaristische Kritik nur bedingt auf die Spezifik demokratischer

282 Aus diesem Grund stehen die kommunitären Auffassungen für Isaiah Berlin (1995) konträr zur modernen Freiheitsidee.

Rechtsstaatlichkeit angewendet werden kann. Seine ‚Doppelbödigkeit', die in zahlreichen Ergebnissen festgestellt werden konnte, läßt vielmehr vermuten, daß sowohl das Konstrukt vom Individuum als auch das von liberalen Demokratien aufgegeben werden muß, um zu erkennen, daß liberale Gemeinschaften realiter noch gar nicht bestehen.

Die radikale Demokratie als Lösung?

Bestätigt wird diese Vermutung von Habermas, aber insbesondere von Chantal Mouffe (1992), deren Ansatz einer „radikalen Demokratie" für die hier gestellte Frage nach den Bedingungen politischer Freiheit wertvolle Anknüpfungspunkte bietet.

Für Habermas ist die übliche Auslegung liberaler Rechtstheorie, wonach den BürgerInnen gleiche subjektive Handlungsfreiheiten in Form von Grundrechten garantiert werden und damit die Anerkennung aller BürgerInnen mit der rechtlich geschützten Autonomie zum Ausdruck kommt, nur bedingt richtig (Habermas 1997, 242). Denn diese Interpretation, so Habermas weiter, setze eine Autonomie voraus, die rechtlich geschützt werden kann. Grundsätzlich richtig dabei ist, daß es die Freiheit als Menschenrecht gibt; fragwürdig dagegen ist, ob diese rechtlich geschützt werden kann. So geht Habermas davon aus, daß Personen, auch Rechtspersonen, immer nur durch Vergesellschaftung zu Individuen werden und nicht umgekehrt (vgl. Habermas 1988). Weil aber Identitäten nur „intersubjektivistisch" zu begreifen sind (vgl. Habermas 1997, 243), kann in der Folge auch nur die Freiheit als Menschenrecht in Form politischer Autonomie geschützt werden. Zwangsläufig ergibt sich aus dieser Prämisse, die in Absehung der Habermaschen Schlußfolgerungen unbedingt geteilt werden kann, die Frage, wie die Beziehungen zwischen BürgerInnen und politischer Gemeinschaft aussehen müssen, damit politische Autonomie als nicht verfassungsrechtlich vorausgesetztes oder verordnetes, sondern als unteilbares Menschenrecht zur Entfaltung kommen kann.

Anregungen dazu gibt Mouffes Konzeption einer radikalen Demokratie. Es sollen insgesamt drei Punkte herausgestellt werden, die vor allem im Hinblick auf die Ergebnisse dieser Untersuchung interessant sind. Beachtenswert an Mouffes Konzept ist (1) die Verbindung des liberalen mit dem kommunitären Ideenstrang. Demzufolge ist für sie der Liberalismus ein instrumentelles Konzept, mit dem sich ein Kompromiß zwischen entgegengesetzten individuellen Interessen erreichen läßt (Mouffe 1992, 230ff.). (2) Weiterhin verdient ihr Vorschlag einer radikal-demokratischen Neuformulierung von Gleichheit und Freiheit ein besonderes Augenmerk, der sich – und das ist besonders im Hinblick auf die Ergebnisse dieser Arbeit von Interesse – mit (3) einer Neuordnung privater und öffentlicher Bereiche verbindet.

Um differente Subjekte zu einer politischen Gemeinschaft integrieren zu können, müssen aus der Sicht von Mouffe Möglichkeiten politischer Vergemeinschaftung jenseits liberaler und kommunitaristischer Ansätze gesucht werden.

„To be associated in terms of the recognition of the liberal democratic principles, this is the meaning of citizenship that I want to put forward." (Mouffe 1992, 231).

Sie sucht nach einer Form politischer Vergemeinschaftung, die die BürgerInnen nicht auf ein grundsätzliches Gemeinwohl verpflichtet, dennoch aber eine Idee von Vergemeinschaftung beinhaltet, die zumindest eine Verbindung zwischen den Individuen ermöglicht. Aus der Sicht von Mouffe geht das jedoch nur, wenn die BürgerInnen nicht auf einen vorgegebenen staatlichen Zweck und Werte verpflichtet werden, sondern lediglich auf ein Set an Regeln. Diese Regeln müßten dann so beschaffen sein, daß sie keine Vorgaben zum politischen Handeln formulieren, sondern die BürgerInnen zum politischen Handeln unterstützen. Dazu müßten für die Regelformulierung Bedingungen formuliert sein, die moralische und private Überlegungen mit einbezöge, die eine Voraussetzung für gemeinschaftliches Handeln beinhalten (ebd., 232).

Die Integration zur politischen Gemeinschaft ist nicht an einem bestimmten Zweck gebunden, wie es die Kommunitaristen etwa mit dem „guten Leben" vorschlagen. Aber auch nicht an einen Zweck, wie es der Liberalismus mit dem Schutz des individuellen Interesses verfolgt. Vielmehr gehe es um die Institutionalisierung des gemeinschaftlichen Interesses, damit alle Zwecke verfolgt werden, alle Interessen eingebracht und alle Bedürfnisse befriedigt werden könnten. Allein diese Möglichkeiten müßten als moralische Bedingungen für die Regeln demokratischer Aushandlungsprozesse formuliert sein (vgl. ebd., 234).

Einer neuen Konzeption zufolge ist Bürgerschaft nicht als ein Rechtsstatus, sondern als eine Institution politischer Identität (vgl. ebd., 235) zu verstehen. Gleichzeitig ist damit eine andere Auffassung von Staatsbürgerschaft verbunden: Es bezeichnet nicht mehr nur eine Identität unter vielen – wie im Liberalismus – , oder eine dominante Identität – wie etwa im Kommunitarismus – , sondern steht für ein vereinbartes Prinzip, welches das subjektive Handeln und die individuellen Positionen beeinflußt, während es aber dennoch eine Vielzahl verschiedener Loyalitäten zuläßt und die individuelle

Freiheit der BürgerInnen respektiert (ebd.). Für dieses Anliegen müssen aus der Sicht von Mouffe demokratische Prinzipien radikalisiert werden (ebd., 236). Dabei gelte es allerdings zu beachten, daß bestehende Rechte ihre Legitimität und Gültigkeit auf der Ausgrenzung bestimmter Gruppen errichtet haben (ebd.). Diejenigen Institutionen, deren Legitimität die der politischen Vereinheitlichung sei, gelte es deshalb erst zu dekonstruieren, bevor neue Rechte anerkannt werden könnten (ebd.).

Der Ansatz von Mouffe überzeugt im Kontext dieser Arbeit vor allem deshalb, weil er die Problemstellungen des Rechtsstaats, die mit dieser Untersuchung herausgearbeitet werden konnten, aufgreift und Perspektiven jenseits der Diskussion um gleiche individuelle Freiheiten oder geschlechtsdifferenten Rechten aufzeigt. Gleichermaßen entgeht Mouffe auch den immer wiederkehrenden Gegenargumenten – entweder aus liberaler oder kommunitaristischer Ecke –, wenn sie Freiheit und Gleichheit als Prinzipien denkt, die für unterschiedliche soziale Beziehungen und subjektive Positionen offen sein müssen (vgl. ebd.). Denn einher geht damit ein neues Verständnis von politischer Einheit, das nicht mehr als eine empirisch nachweisbare Größe, sondern eher als eine diskursive Oberfläche gedacht werden kann, die nach einer Veränderung der Dichotomie von Privatheit – Öffentlichkeit verlangt (ebd., 237). Indem Mouffe die Forderung nach einer radikal-demokratischen Interpretation von Freiheit und Gleichheit mit der Notwendigkeit einer Neustrukturierung privater und öffentlicher Bereiche verbindet, greift sie schließlich ein Hauptanliegen der politikwissenschaftlichen Genderforschung auf, das sich auch im Kontext dieser Arbeit als eine grundlegende Behinderung demokratischer Geschlechterverhältnisse erwiesen hat. Wenn sie dabei eine Vorstellung jenseits von Familie und Privatheit entwickelt, indem jede Situation als eine Begegnung zwischen Öffentlichkeit und Privatheit gedacht werden könnte, formuliert sie letztendlich ein Politikverständnis, das die starre Grenze zwischen individueller Freiheit und politisch-gemeinschaftlichem Handeln, wie sie von Kommunitaristen und Liberalen in der Regel gezogen wird, aufweicht. In diesem Verständnis mögen dann Interessen, Bedürfnisse und Entscheidungen privat sein, nicht aber deren Umsetzung: diese wäre dann – folgt man dem Ansatz von Mouffe – ein individuelles Handeln von entschieden öffentlichem Interesse.

14. Fazit

„Politik ist das, was wir jeden Tag tun"
(Anne Phillips 1995, 181)

Mit der vorliegenden Arbeit habe ich das Ziel verbunden, das Geschlecht des demokratischen Rechtsstaats in seiner Dialektik von individueller Freiheitssicherung und staatlicher Herrschaft strukturell zu erfassen. Mein Erkenntnisinteresse war vor allem darauf gerichtet, wie das Geschlecht als politische Herrschaftsstruktur in rechtsstaatlichen Institutionen und Prozessen eingelassen ist. Damit verbunden war die Intention zu untersuchen, welchen Einfluß die Grundrechtspolitik auf demokratische Geschlechterverhältnisse respektive auf das politische Handeln für Frauen hat. Im Laufe der Untersuchung hat sich dieses Vorhaben schließlich in der Frage nach den *Bedingungen politischer Freiheit von geschlechtlichen Individuen* zugespitzt. Abschließend werde ich die zentralen Erkenntnisse zusammenfassen und die sich daraus ergebenden Schlußfolgerungen für einen demokratischen Bürgerstatus aufzeigen.

Die Besonderheit des demokratischen Rechtsstaats ist fraglos das Primat gleicher Freiheitssicherung. Der demokratische Ruf, der seinen maßgeblichen Institutionen – gemeint ist vor allem das Grundgesetz und das Bundesverfassungsgericht – vorauseilt, begründet sich vor allem mit der sozialen und politischen Freiheit, die der demokratische Rechtsstaat seinen BürgerInnen sichert. Das Primat des Rechts über die Politik rechtfertigt sich dabei nicht nur mit der verfassungsrechtlichen Bindung des demokratischen Souveräns an die Postulate der individuellen Freiheit, Rechtsgleichheit und Gerechtigkeit, sondern auch mit derem aktiven Schutz. Nicht nur, daß er auf diese Weise eine wichtige Voraussetzung für politische Partizipation schafft, bindet er die Gesetzgebung an die Grundrechte und begrenzt damit einen unter Umständen machtpolitischen Mehrheitswillen.

Unter dem Aspekt geschlechtlicher Differenz jedoch geht dem demokratischen Rechtsstaat sein Anspruch nach einer gleichen Freiheitssicherung verloren. Kann von einem demokratischen Bürgerrecht erst dann gesprochen werden, „wenn Frauen in allen ihren Lebensbezügen (Sowohl als Mütter wie auch als Erwerbstätige und als StaatsbürgerInnen) tatsächlich integriert sind“ (Kreisky 1994a, 27), dann gilt die damit verbundene Ermöglichung zum politischen Handeln für Frauen bislang nicht. Heißt Freiheit „von seiner Vernunft in allen Stücken *öffentlichen Gebrauch* zu machen“, wie Kant (1983, 55 (A485)) formulierte, dann gewährt der demokratische Rechtsstaat den Frauen allenfalls die Freiheit, ein „paar Stücke“ ihrer Vernunft zu gebrauchen. Und gehen wir mit Habermas (1997, 242) davon aus, daß die rechtlich geschützte Autonomie zwangsläufig eine der privaten *und* öffentlichen Autonomie ist, dann kommt diese Vermitteltheit zumindest für Frauen nicht zur Entfaltung. Stattdessen bewältigt das System verfassungsrechtlicher Freiheitssicherung bis heute die geschlechtliche Differenz mit der Konstitution der Privatheit der Familie und übergeht die spezifischen Vergesellschaftungsmuster geschlechtsdifferenter, abhängiger Individuen. In der Konsequenz sehen sich Frauen einer „doppelten Staatsbürgerschaft“ ausgeliefert, deren jeweilige Berechtigungen sich gegenseitig ausschließen: Als Mitglieder der politischen Gemeinschaft bleiben sie Fremde. Als politisch denkende und handelnde Wesen werden sie aus dem herrschenden staatsbürgerlichen Gleichheitsverständnis in das Paradox einer privaten Öffentlichkeit ausgeschieden und sind dort als Geschlechtsbürgerinnen in die politische Gemeinschaft integriert. Im Spannungsfeld von demokratischem Mehrheitsentscheid und bundesverfassungsrichterlichem Schutz verlieren sie sich im politischen Nirgendwo. Der männlich-demokratischen Mehrheitsregel unterlegen und dem männlich-richterlichem Individualschutz anheimgestellt, werden sie schließlich als geschlechtliche Individuen politisch unsichtbar gemacht.

Bereits in der begrifflichen und historischen Untersuchung der Strukturprinzipien demokratischer Rechtsstaatlichkeit wurden die Brüche im rechtsstaatlichen Freiheitsbegriff unübersehbar. Während die individuelle Freiheit als negatives Recht gegen staatliche Übergriffe das eigentliche Primat des Rechtsstaats darstellt und normativ nahezu unbegrenzt eingeräumt wird, existiert politische Freiheit im Rechtsstaat nur in dem Maße, wie es die Gesetze gestatten. Zwar gibt es im zeitgenössischen theoretischen Diskurs einen wichtigen Gegensatz zwischen denen, die für die öffentliche Geltung universalistischer (Rechts-)Normen entweder *staatliche*, *verfassungsrechtliche* oder *politische* Akteure und Institutionen als vorrangig betrachten. Gemeinsam ist diesen Paradigmen jedoch, daß sie das Identitätskonzept liberaler Theorien stützen und an den Vorstellungen autonomer Individuen festhalten, die sich auf vernünftige Prinzipien der Gerechtigkeit einigen können und zu einem öffentlichen, die gesellschaftliche Differenz übergreifenden Konsens fähig sind. So bleibt in diesen Auffassungen die scharfe Trennunglinie zwischen der Sphäre des Öffentlichen und der Privatsphäre ebenso bestehen wie der Konnex zwischen Bürger und Staat als ein paradoxes Konstrukt: Der Staatsbürger ist männlich, aber geschlechtslos, ist selbstbestimmt und verfügt über Besitz und Eigentum, gehört aber keiner sozialen Klasse an, er ist verheiratet und hat Familie, existiert aber nur außerhalb der Privatheit.

Angesichts dieser geschlechtlichen Leerstellen hat sich die Begründung des Geschlechts als eine politische Organisationsform als grundsätzlich notwendig und sinnvoll erwiesen. Erst mit der Erweiterung des staatsbürgerlichen Analysekonzepts um die Kategorie des Geschlechts konnte die spezifische Dialektik zwischen Freiheitssicherung und staatlicher Herrschaft der Frauen im demokratischen Rechtsstaat erfaßt werden. Denn die Beschränkung der Freiheit und Gleichheit erfolgt, das hat der Geschlechterdiskurs rechtsstaatlicher Freiheitssicherung gezeigt, ausschließlich im Zusammenhang mit der familialen Privatheit und hätte bei einer alleinigen Betrachtung formaler staatsbürgerlicher Rechte nicht erfaßt werden können.

In diesem zweiten Teil der Untersuchung habe ich mich vor allem mit der These beschäftigt, daß die spezifische Dialektik zwischen Freiheitssicherung und staatlicher Herrschaft von Frauen im demokratischen Rechtsstaat in einem engen Zusammenhang mit der familialen Privatheit steht. Ich teile hier die Ansicht Patemans, daß die liberale Begründung politischer Gemeinschaften auf der Grundlage vertraglicher Beziehungen den komplexen und differenten Realitäten, wie sie sich insbesondere mit der Geschlechterdifferenz zum Ausdruck bringen, nicht gerecht werden kann und notwendigerweise die Andersartigkeit von Frauen in die Privatheit ausgrenzen muß, um ihrem Anspruch gleicher individueller Freiheitssicherung und Gerechtigkeit einlösen zu können. Daß in die daraus erfolgte Trennung zwischen der Sphäre des Öffentlichen als einen Bereich öffentlicher Normen und der individuellen und familialen Privatsphäre ein geschlechtlicher Herrschaftscharakter eingelassen ist, hat der Geschlechterdiskurs rechtsstaatlicher Freiheitssicherung im dritten Teil der Untersuchung gezeigt. Weil die Verfassungsgrundsätze universeller Freiheit und Gleichheit der Verschiedenheit geschlecht- licher Individuen widersprechen und die herrschenden Normen und Praktiken des Privatlebens den öffentlich aufgestellten Anspruch einer Autonomie der Person gefährden können, muß der Rechtsstaat mitunter in Privatangelegenheiten eingreifen.

In der Analyse der Grundrechtspolitik hat sich vor allem der Doppelcharakter der Grundrechte – in ihrer Funktion als subjektive Abwehrrechte und als Schutznormen – als ausgesprochen problematisch für die Freiheitssicherung von Frauen gezeigt. Die Kollision zwischen dem Schutz geschlechtlicher Differenz und den subjektiven Abwehrrechten der Männer sichert die Freiheit geschlechtlicher Individuen ausschließlich für den privaten Bereich der Familie und dort auch nur im Hinblick auf die Bereiche der Sexualität und Fortpflanzung. Der Schutz geschlechtlicher Identitäten für andere Bereiche würde einen Eingriff in die individuellen Freiheitsrechte der Männer erforderlich machen und damit eine wesentliche Legitimitätsgrundlage demokratischer Rechtsstaatlichkeit berühren. So erweist sich das Postulat formaler Rechtsgleichheit, das nur dann Unterschiede zuläßt, wenn es sich nicht um vergleichbare Sachverhalte handelt – und was wäre hier fundamentaler als die geschlechtliche Differenz –, als eine kaum zu überwindende Freiheitsschranke. Und es hat sich gezeigt, daß trotz mancher Einsichten und Fortschritte, sich an der Systematik grundrechtlicher Freiheitssicherung für Frauen nichts geändert hat. Zwar konnten ungleiche Lebenslagen und Machtpositionen durch den materiellen Rechtsstaatsgedanken ausgeglichen werden, indem der Staat in das soziale und gesellschaftliche Leben eingegriffen und es mitgestaltet hat. Das betrifft die Entwicklung des Gleichheitsrechts ebenso wie die Auslegungen des Familienrechtsartikels. Aber so positiv der grundrechtliche Schutz für gerechte Geschlechterverhältnisse auch zu bewerten ist, schränkt er den individuellen Handlungsspielraum von Frauen ein und konstituiert die Geschlechterrollen von Frauen in dreifacher Hinsicht als Hausfrauen, Ehefrauen und Geschlechtswesen.

Die Umdeutung geschlechtsdifferenter Grundrechtspolitik in familialisierende Politiken hat sich hier vor allem an der vergleichenden Betrachtung und Untersuchung der einzelnen Absätze der Grundrechtsartikel und am Zusammenspiel von subjektivem Abwehrrecht und Wertnorm deutlich gezeigt. So erfolgte eine Auslegung der Grundrechte als Wertnormen immer in Zusammenhang mit Regelungen, die den Familienstatus von Frauen betreffen und Auswirkungen auf die Selbstbestimmung und Freiheit haben. Andererseits hält die Verfassungsrechtsprechung an den Grundrechten als individuelle Abwehrrechte fest, wenn es um die Gleichstellung von Frauen im öffentlichen Raum geht, wie etwa im Zusammenhang mit dem Gleichheitsgrundsatz.

Daß der grundrechtliche Schutz geschlechtlicher Differenz in einem engen Zusammenhang mit der ordnungspolitischen Relevanz der Familie zu sehen ist und nicht auf die Regulierung ungleicher Geschlechterverhältnisse in allen gesellschaftlichen Bereichen abzielt, konnte insbesondere an den Schwangerschaftsurteilen belegt werden. Explizit nicht als Gleichheitsfrage ausgewiesen, löste das Bundesverfassungsgericht das Problem zwischen Lebensschutz und Selbstbestimmung, indem es alle Frauen verpflichtet, den Fötus auszutragen und die Verletzung ihrer Selbstbestimmung und Gewissensfreiheit hinzunehmen. Die Grundrechtsauslegungen in Zusammenhang mit dem Familienartikel konturieren dieses Bild. Daß die Freiheitsforderungen von Frauen jenseits von Sexualität und Fortpflanzung nicht unter den verfassungsrechtlichen Schutz fallen, belegen dort diejenigen Absätze, die – wie etwa das Elternrecht – ausdrücklich als Abwehrrechte formuliert sind und damit ein Verbot an den Gesetzgeber aussprechen, in diese Bereiche einzugreifen. In der Folge wird die Zuständigkeit der Frauen für den Familienbereich bestätigt, ebenso wie die geschlechtsspezifische Arbeitsteilung innerhalb der Familie ungeregelt bleibt. Daß der grundrechtliche Schutz in einem engen Zusammenhang mit der ordnungspolitischen Relevanz der Familie zu sehen ist, und nicht auf die Regulierung ungleicher Geschlechterverhältnisse in allen gesellschaftlichen Bereichen abzielt, zeigt auch das zähneknirschend eingefügte Staatsziel. Doch auch wenn es nunmehr Gesetzgeber, Verwaltung und Rechtsprechung verpflichtet, Maßnahmen zur faktischen Gleichberechtigung zu ergreifen, scheitert es im Grunde genommen am staatlichen Schutz der Familie und reicht kaum bis in die familiale Privatheit hinein.

Im weiteren Verlauf der Untersuchung habe ich gegen den normativen und identitären Anspruch des deutschen Rechtsstaats argumentiert und mit dem vierten Teil seinen demokratischen Wert in Frage gestellt. Denn wird die Grundrechtssicherung als Voraussetzung für den sozialen und politischen Status gesehen, wie mit der Untersuchung angenommen wurde, dann sind die Konsequenzen des verfassungsrechtlichen Schutzes geschlechtlicher Differenz für Frauen höchst problematisch. Daß es sich bei der geschlechtlichen Differenz um ein grundsätzliches Antonym handelt und daher auch nicht mit anderen kollidierenden Schutzgütern gleichgesetzt werden kann, ist nicht nur zu vermuten, sondern hat sich bestätigt. Die Systematik der Grundrechtsauslegungen sind dafür zu stringent und folgen immer dem gleichen Muster. Das zeigen insbesondere die Auswirkungen auf den politischen Status von Frauen. Sie wurden anhand derjenigen Strukturelemente untersucht, die für die Inanspruchnahme staatsbürgerlicher Freiheit von entscheidender Bedeutung sind.

Die Ausführungen haben gezeigt, daß diejenigen politischen Institutionen, die maßgeblichen Einfluß auf die politische Rolle von Frauen und demokratische Geschlechterverhältnisse haben – in diesem Fall das Bundesverfassungsgericht sowie das allgemeine Gesetz als wesentliche Elemente demokratischer Gewaltenteilung – Frauen anders behandeln als Männer. Die Positivierung der Grundrechte durch das Bundesverfassungsgericht erfolgt dabei in erster Linie unter der Maßgabe, die gleiche Wirksamkeit des Rechts angesichts sozialer Ungleichheiten zwischen Männer und Frauen zu sichern und damit Gerechtigkeit herzustellen. Der positive Beitrag, den hier der Minderheitenschutz zur Gleichstellungspolitik geleistet hat, kann dabei nicht bestritten werden. Auf der anderen Seite ist der damit verbundene Machtzuwachs dieser Institution nicht zu unterschätzen. Denn die Entscheidungen sind und bleiben autoritär gesetzt. In der Konsequenz sind Frauen abhängig von dem Wohlwollen des Bundesverfassungsgerichts, ihnen einerseits das Recht auf Gleichstellung zu geben oder es, wie im Falle der Abtreibungsurteile zu verweigern.

Daß der grundrechtliche Schutz geschlechtlicher Differenz Frauen in das nationalstaatliche Gefüge inkludiert, ihnen aber kaum eine gleiche politische Partizipation ermöglicht, wird offenkundig, wenn ein näherer Blick auf das Gesetz geworfen wird. Unter der Maßgabe, daß die Legitimität von Gesetzen darauf beruht, daß sie das demokratische Postulat der Allgemeingültigkeit erfüllen, nehmen Gesetze, die auf der Basis von Wertnormen zustandekommen, eine besondere Stellung ein. Denn vom Bundesverfassungsgericht als Hüter der Verfassung erlassen – das konnte aufgezeigt werden –, erfüllen sie kaum das Postulat der Allgemeingültigkeit. Vielmehr ermöglicht die Ad-Korrekturfunktion dieser Institution im Gefüge demokratischer Rechtsstaatlichkeit Gesetze, die nicht im demokratischen Prozeß zustandekommen. Ist aus der Sicht vieler diese Dimension des Allgemeingültigkeitspostulates angesichts des Wertes, den die Sicherung von Individualinteressen gegenüber politischen Mehrheiten hat, legitimiert und vernachlässigbar, erweist sich die offizielle Funktionsbestimmung des Hüters der Verfassung dagegen offenkundig als problematischer. Denn die RichterInnen beziehen letztendlich ihre Auffassungen von Freiheit und Gleichheit, die sich sehr wohl am Postulat der Allgemeingültigkeit messen lassen müßten, aus einem hoheitlichen, also objektivrechtlichen Verfassungsverständnis, das den BürgerInnen allenfalls Deutungen über grundrechtliche Freiheitsnormen verordnet, anstatt deren Interessen zu schützen. Abgesehen davon, daß dafür das Bundesverfassungsgericht gar nicht zuständig sein könnte, werden politische Identitäten auf diese Weise konstituiert und auch festgeschrieben.

Unter diesem Aspekt den grundrechtlichen Schutz geschlechtlicher Differenz gewogen, werden die Folgen eindeutig. Denn indem die Freiheit geschlechtlicher Identitäten nur in bundesverfassungsrichterliche Hände gegeben werden kann, um deren Freiheit – wenn auch bedingt – zu schützen, müssen Geschlechteridentitäten als bundesverfassungsrichterliche Zurichtung verstanden werden.

Das Prinzip, mit dem der deutsche Rechtsstaat die Privatheit der Familie am demokratischen Prozeß vorbei konstituiert, ist dabei denkbar einfach: In der Betrachtung der individuellen Freiheitssicherung auf die politische Handlungsfreiheit hat sich gezeigt, daß gegenüber dem Schutz der Freiheiten anderer politischer Minderheiten, die Geschlechterdifferenz eine grundlegende Herausforderung des Systems gleicher Freiheitssicherung ist. Während die Interessen politisch-männlicher Mehrheiten durch parlamentarische Verfahren am politischen Prozeß beteiligt werden, schützt der materielle Rechtsstaat die Interessen politischer Minderheiten durch den Schutz freiheitlicher Grundrechte. Die Interessen in Abhängigkeit von ihrem Geschlecht kommen im parlamentarischen Prozeß nicht zur Sprache, einmal weil Frauen nicht im selben Maße partizipieren wie Männer und dann, weil die Interessen in Abhängigkeit vom Geschlecht jenseits von Fortpflanzung und Sexualität dem Diktat formaler Rechtsgleichheit bzw. den männlichen Mehrheiten zum Opfer fallen. Darüber hinaus stellt der Minderheitenschutz den Legitimitätsanspruch des demokratischen Rechtsstaats ohnehin in Frage, weil die Allgemeingültigkeit des Gesetzes nicht zuletzt darauf beruht, daß alle, wenn sie auch nicht gleichermaßen am politischen Prozeß partizipieren, so zumindest von seiner gleichen Bindungswirkung betroffen sind. Das ist, wenn es um den Schutz geschlechlicher Differenz geht, keinesfalls gegeben, wie die Auseinandersetzung mit dem allgemeinen Gesetz gezeigt hat.

Die Annahme, daß die Geschlechterdifferenz in einem fundamentalen Gegensatz zum herrschenden Rechtsverständnis und seinen Institutionen steht, gleichwohl das Geschlecht in diese als Herrschaftsstruktur eingelassen ist, hat demnach die Untersuchung bestätigt. Die Eingeschlechtlichkeit des Rechtsstaats in Form von Männlichkeit ist zum einen mit der spezifischen Gewordenheit des deutschen Rechtsstaats respektive seiner idealitischen Tradition zu begründen, muß zum anderen aber auch als Resultat eines spezifischen Rechtsverständnisses gesehen werden.

Ein Mißtrauen gegenüber dem Schutz geschlechtlicher Differenz ist aus einer demokratiekritischen Sicht ebenso angebracht wie gegenüber dem Bundesverfassungsgericht. Ist dieser Institution für den Ausgleich grundlegender Ungleichheitssysteme das eine oder andere Verdienst zuzubilligen, erweist es sich im Hinblick auf die politische Handlungsfreiheit von Frauen als Zerberus, der sich argwöhnisch vor seine angestaubten Errungenschaften stellt, die ihm eine vorwiegend männlich geprägte Verfassungsgeschichte einbrachte. Sein patriarchales und antidemokratisches Tun muß also in einem engen Zusammenhang mit einem Verfassungsverständnis gesehen werden, das in erster Linie darauf zielt, unter einem fragwürdigen Freiheitsversprechen die BürgerInnen in eine rechtsstaatlich beherrschte Gemeinschaft zu zwingen. Ist diese vollbracht, erweist sich die Transformation individueller Freiheit in staatsbürgerliche Freiheit nachgerade als Mogelpackung. Denn wie und unter welchen Bedingungen es sich frei *in der Gemeinschaft* leben läßt, ohne sich für diese menschlichste aller menschlichen Bedürfnisse in eine vermeintlich gesicherte Privatsphäre verschämt zurückziehen zu müssen, ist zwar aus der Sicht einer wirklich demokratischen Gesellschaft die wichtigste, gleichwohl bis heute noch offene Frage. Daß sich diejenigen, „die an die Freiheit als rationale Selbstbestimmung glaubten, (...) sich früher oder später fragen (mußten), ob und wie sich dieses Konzept, statt bloß auf das Innenleben des einzelnen auch auf dessen Beziehungen zu anderen Angehörigen seiner Gesellschaft anwenden ließe" (Berlin 1995, 226), führte jedenfalls bislang zu keinen befriedigenden Lösungen. Denn allenfalls wurden im Ordnungsmodell demokratischer Rechtsstaatlichkeit die Bedingungen für Freiheit mit einem Verständnis von Rechtsgleichheit verhüllt, das das freie *Hineingeborensein* der Menschen in soziale Beziehungen nicht wahrhaben will. Wie sich die Bedingungen von Freiheit als politisches Recht in Abhängigkeit sozial, geschlechtlich und politisch geprägter Identitäten formulieren lassen können, diese Frage gilt es also noch zu beantworten.

Dabei können die Leerstellen des Politischen weder mit einem geschlechtsdifferenten Gleichheitsbegriff notdürftig ausgefugt werden, noch sind sie mit einer Diskussion, die sich im Wettstreit um Rechte oder Bürgertugenden die liberalen oder kommunitaristischen Bälle zuwirft, zu treffen. Gleichstellungspolitiken können allenfalls die Ränder glätten, die der patriarchale Riß durch die politische Gemeinschaft hinterläßt. Aber sie beinhalten keine grundlegenden Chancen, geschlechtliche Asymmetrien aufzuheben, weil sie auf der Grundlage rechtsstaatlich verordneter Freiheits- und Gleichheitssicherung beruhen. Gerade an diesem Primat aber haben sich, das zeigt die Analyse, die Abgründe aufgetan, in welche die geschlechtlichen Individuen und mit ihnen ihr Traum von politischer Selbstorganisation abgestürzt sind. Historisch gesehen erfolgte dieses Sterben zeitgleich mit der Kopfgeburt des männlichen Individuums, das, kaum abgenabelt in die Welt gekommen, sich anmaßte, der Nabel politischer Gemeinschaften zu sein. Feministische Wissenschaftlerinnen haben sich deshalb zu recht, aber auch zu lange mit der Frage beschäftigt, wie sich Gleichheit im Recht unter geschlechtsspezifischen Gesichtspunkten realisieren ließe. Die Frage nach gleichwertigen Rechten aber übersieht die Funktion, welche die Rechtsgleichheit für die

Konstitution der Geschlechterrollen übernimmt. So besteht das Dilemma der rechtsstaatlich geschützten individuellen Freiheit ja gerade darin, daß sie in der politischen Gemeinschaft nur als staatsbürgerliche Freiheit zu fassen ist, die wiederum nur in Bedingungen des gleichen Rechts und als Distribution von Freiheit mißverstanden werden kann.

Wenn dagegen das Ziel wirklich demokratische Geschlechterverhältnisse sein soll, dann verweisen die Erkenntnisse vielmehr auf die Notwendigkeit eines neuen Konzeptes von Bürgerschaft, das die Bemühungen demokratischer Freiheit nicht mehr nur mit der Verteilung gleicher Rechte befriedigt, sondern die Suche nach den Bedingungen politischer Freiheit zur wesentlichen Aufgabe demokratischer Politik und Theorie erklärt, um die Frage nach der Vereinbarkeit von universellen Rechten und gesellschaftlichen Pluralitäten früher oder später beantworten zu können. Zu dieser Frage beanspruchen die Kommunitaristen und Liberalisten zwar schon seit langem die Definitionsmacht, aber gefangen zwischen den Träumen vom grundsätzlich freien oder grundsätzlich guten Leben, steckt die Debatte ein Spannungsfeld ab, in dessen eng bemessenen Spielräumen es gar kein Sieger geben kann. Übersehen wird dabei allzu oft, daß sowohl das autonome Individuum als auch die Rede von der liberalen Demokratie an den Wirklichkeiten vorbeigehen. Dementsprechend müssen sich der Bürger von seinem eher passiven Status des Rechts aus gesehen und der aktive, den politischen Raum durchlaufende Bürger zwangsläufig verfehlen. Jeweils verortet entweder in der liberalen oder tugendhaften Mannschaft, ist jedoch weder der eine noch der andere dem demokratischen Rechtsstaat zuordenbar. Vielmehr sind dort beide Prinzipien eine Verbindung eingegangen, wenn auch auf eine sehr eigentümliche Weise.

Aus dem Dilemma kommt offenkundig nur heraus, wer mit Habermas (1997, 243) ins Feld führt, daß es das Individuum per se gar nicht gibt, sondern dies ein Konstrukt der Gesellschaft selbst ist. Unter dieser Prämisse aber wäre der Liberalismus erst noch zu verwirklichen und die Bedingungen für demokratische Freiheit erst noch zu formulieren. Einen wichtigen Schritt in die richtige Richtung gehen zweifellos die Überlegungen politikzentrierter Ansätze, indem sie das Konstrukt des Individuums in den politischen Blick nehmen. Damit beschreiben sie ein Problemprogramm, das für eine Entkopplung bürgerlicher Rechte vom Staat eintritt und die Inhalte der Freiheitsrechte verstärkt im demokratischen Prozeß selbst verhandelt sehen möchte. Allerdings übersehen diese Ansätze sowohl die Körperlichkeit der BürgerInnen als auch die Privatheit der Familie als konstitutive Strukturphänomene demokratischer Rechtsstaatlichkeit. Als Pendant zu den staats-, verfassungs-

oder politikzentrierten Paradigmen, die heute die zeitgenössische theoretische Debatte um den Rechtsstaat umzäunen, plädiere ich deshalb für ein *gesellschaftszentriertes* Paradigma. In dem Bemühen, das Recht auf politische Freiheit mit dem Recht auf Verschiedenheit zu verbinden, hätte sich dessen Fokus auf die durch gesellschaftliche Prozesse hervorgebrachten kollektiven Identitäten und deren jeweils spezifischen Lebensbedingungen zu konzentrieren. Die Konsequenzen, die sich daraus für den demokratischen Rechtsstaat ergeben, treffen ihn dort, wo seine Institutionen und Akteure das schwierige Projekt politischer Selbstorganisation haben fallen lassen, indem sie die Bedingungen politischer Freiheit einem staatlich-zwingenden Handlungsprogramm übergeben haben. Die inhaltliche Verständigung über grundrechtliche Normen der Freiheit und Gleichheit müßten demnach dem Verfassungsrecht, vor allem aber dem Bundesverfassungsgericht stellenweise entzogen und einer demokratischen BürgerInnengesellschaft zurückgeführt werden. Damit stellt sich berechtigterweise die Frage nach der demokratischen Funktion von Verfassungen. Aus heutiger Sicht könnte sie allenfalls in der Institutionalisierung einer öffentlichen Praxis bestehen (vgl. Frankenberg 1997, 148), in der die Interessen der GeschlechtsbürgerInnen politisch nicht in der Privatheit der Familie marginalisiert bleiben. Möglich wäre damit auch die dringend notwendige Repolitisierung der familialen Privatheit, aus der, nach langer Zeit befreit, die geschlechtlichen Individuen ins Licht politischer Öffentlichkeit treten können.

Alles in allem: Der liberale Gedanke ist noch nicht zu Ende gedacht. Den Schutz der politischen Freiheit geschlechtlicher Individuen gilt es erst noch zu verwirklichen. Aber die Potentiale des Rechts sind dafür ausgeschöpft. Nicht, daß wir sie nicht mehr brauchen könnten. Aber wenn überhaupt, dann sind die Bedingungen für demokratische Geschlechterverhältnisse nur im Politischen zu suchen; denn, um mit leicht abgewandelten Worten Karl Jaspers (1957, 534) zu reden: Das Wesen einer Philosophie, deren erste und letzte Frage die nach der *Freiheit des Menschen* ist, muß eine politische sein.

Literatur

Abels, Gabriele/Sifft, Stefanie (Hg.) 1999: Demokratie als Projekt. Feministische Kritik an der Universalisierung einer Herrschaftsform. Frankfurt/M., New York.

Abendroth, Wolfgang 1968: Zum Begriff des demokratischen und sozialen Rechtsstaates im Grundgesetz der Bundesrepublik Deutschland. In: Forsthoff (Hg.), 114-144.

Adorno, Theodor W. 1980: Studien zum autoritären Charakter. Frankfurt/M.

Albrecht, Peter-Alexis 1986: Prävention als problematische Zielbestimmung im Kriminaljustizsystem. *Kritische Vierteljahresschrift für Gesetzgebung und Rechtswissenschaft* 1, 55-82.

Albrecht-Heide, Astrid, 1990: Patriarchat, Militär und der moderne Nationalstaat. *Antimilitarismus Information* 6, 21-26.

Alexy, Robert 1996: Theorie der Grundrechte. Frankfurt/M.

Anschütz, Gerhard 1919: Lehrbuch des deutschen Staatsrechts. 7. Auflage. Tübingen.

Appelt, Erna 1994: Bürgerrechte - Feministische Revisionen eines politischen Projektes. In: Appelt/Neyer (Hg.), 97-118.

Appelt, Erna 1995: Staatsbürgerin und Gesellschaftsvertrag. *Das Argument. Zeitschrift für Philosophie und Sozialwissenschaft* 210 (4), 539-554.

Appelt, Erna 1997: Familialismus. Eine verdeckte Struktur im Gesellschaftsvertrag. In: Kreisky/Sauer (Hg), 114-136.

Appelt, Erna 1999: Geschlecht, Staatsbürgerschaft, Nation. Politische Konstruktionen des Geschlechterverhältnisses in Europa. Frankfurt/M.

Appelt, Erna/Neyer, Gerda (Hg.) 1994: Feministische Politikwissenschaft. Wien.

Arendt, Hannah 1968: Between past and future: Eight exercises in political thought. New York.

Arendt, Hannah 1968: What is Authority. In: Arendt, 91-141.

Arendt, Hannah 1981: Vita activa oder Vom tätigen Leben. München, Zürich.

Aretin, Johannes/Freiherr v., Christoph 1824: Staatsrecht der konstitutionellen Monarchie Bd. 1. Altenburg.

Arndt, Claus/Erhard, Benno/Funke, Lieselotte (Hg.) 1979: Der § 218 vor dem Bundesverfassungsgericht. Dokumentation zum Normenkontrollverfahren wegen verfassungsrechtlicher Prüfung des Fünften Strafrechtsreformgesetzes (Fristenregelung). Heidelberg, Karlsruhe.

Aruna, Rao (Hg.) 1991: Women's Studies International. Nairobi,Beyond, New York.

Baer, Susanne 1995: Würde oder Gleichheit? Zur angemessenen grundrechtlichen Konzeption von Recht gegen Diskriminierung am Beispiel sexueller Belästigung am Arbeitsplatz in der Bundesrepublik Deutschland und den USA. Baden-Baden.

Baer, Susanne/Berghahn, Sabine 1996: Auf dem Weg zu einer feministischen Rechtskultur? Deutsche und US-amerikanische Ansätze. In: Kulawik/Sauer (Hg.), 223-280.

Bähr, Erich-G. 1978: Rechtsstaat und Strafgerichtsbarkeit. In: Tohidipur (Hg.) Bd. 2, 565-591.

Bähr, Otto 1963: Der Rechtsstaat. Eine publizistische Studie 1. Auflage (1864). Kassel.

Badura, Peter 1996: Staatsrecht. Systematische Erläuterung des Grundgesetzes. München.

Baretta, Alessandro 1985: Philosophie und Strafrecht. Ausgewählte Aufsätze 1959-1974, Annales Universitatis Saraviensis. Bd. 94. Köln, Berlin, Bonn, München.

Barion, Hans/Böckenförde, Ernst-Wolfgang/Forsthoff, Ernst/Weber, Werner (Hg.) 1968: Epirrhosis. Festgabe für Carl Schmitt Bd. I. Berlin.

Barrett, Michèle 1980: Women's Oppression Today. London.

Barthel, Christian 1989: Medizinische Polizey und medizinische Aufklärung. Aspekte des öffentlichen Gesundheitsdiskurses im 18. Jahrhundert. Frankfurt/M., New York.

Baruzzi, Arno 1990: Freiheit, Recht und Gemeinwohl. Darmstadt.

Basta, Danilo N. (Hg.) 1993: Rechtsstaat – Zukunft und Ursprung einer Idee. Berlin.

Battis, Ulrich/Schultz, Ulrike (Hg.) 1990: Frauen im Recht. Heidelberg.

Becker, Andrea Martha u.a. (Hg.) 1993: Mutterpflichten-Vaterrechte?! Vom Abtreibungsparagraphen bis zur Retorte. Eine aktuelle Diskussion zur Bevölkerungspolitik. Frankfurt/M.

Becker, Maria 1993: Deregulierung oder Regulierung der Abtreibung? Das Urteil des Bundesverfassungsgerichtes zur Verfassungswidrigkeit der Fristenlösung im neuen gesellschaftspolitischen Kontext. Urteil des BverfG vom 25. Februar 1975. *Gegenwartskunde* (1), 57-68.

Becker-Schmidt, Regina/Knapp, Gudrun-Axeli (Hg.) 1995: Das Geschlechterverhältnis als Gegenstand der Sozialwissenschaften. Frankfurt/M., New York.

Becker-Schmidt, Regina/Knapp, Gudrun-Axeli, 1989: Geschlechtertrennung - Geschlechterdifferenz. Suchbewegungen sozialen Lernens. Bonn.

Beer, Ursula (Hg.) 1989: Klasse Geschlecht. Feministische Gesellschaftsanalyse und Wissenschaftskritik 2. Aufl. Bielefeld.

Beer, Ursula 1991: Geschlecht, Struktur, Geschichte. Soziale Konstituierung des Geschlechterverhältnisses 2. Aufl. Frankfurt/M., New York.

Benda, Ernst 1983: Die Menschenwürde. In: Benda/Maihofer/Vogel (Hg.), 107-128

Benda, Ernst 1986: Notwendigkeit und Möglichkeit positiver Aktionen zugunsten von Frauen im Öffentlichen Dienst. Gutachten im Auftrag der Leitstelle Gleichstellung der Frau. Hamburg, Freiburg.

Benda, Ernst/Maihofer, Werner/Vogel, Hans-Jochen (Hg.) 1983: Handbuch des Verfassungsrechts. Berlin, New York

Benda, Ernst/ Maihofer, Werner/Vogel, Hans-Jochen (Hg.) 1994: Handbuch des Verfassungsrechts der Bundesrepublik Deutschland 2. Aufl. Berlin, New York.

Bendix, Reinhard 1964: Nation-Building und Citizenship. New York.

Benhabib, Seyla 1991: Modelle des öffentlichen Raumes: Hannah Arendt, die liberale Tradition und Jürgen Habermas. *Soziale Welt. Zeitschrift für sozialwissenschaftliche Forschung und Praxis* 42 (2), 147-165.

Benhabib, Seyla 1993: Demokratie und Differenz. In: Brumlik/Brunkhorst (Hg.), 97-116.

Benhabib, Seyla/Cornell, Drucilla (Hg.) 1987: Feminism as Critique. Minneapolis.

Benhabib, Seyla/Nicholson, Linda 1987: Politische Philosophie und die Frauenfrage. In: Fetscher/Münkler (Hg.), 513-562.

Benn, Stanley I./Gaus, Gerald F. 1983: The public and the private: Concepts and action. In: Benn/Gaus (Hg.), 3-27.

Benn, Stanley I./Gaus, Gerald F. (Hg.) 1983: Public and private in Social Life. London u.a.

Bennent, Heidemarie 1985: Galanterie und Verachtung. Frankfurt, New York.

Berghahn, Sabine 1993a: Frauen, Recht und langer Atem - Bilanz nach 40 Jahren Gleichstellungsgebot in Deutschland. In: Helwig/Nickel (Hg.), 71-138.

Berghahn, Sabine 1993b: Ehe und Familie in der Verfassungsdiskussion - vom institutionellen Grundrecht zum sozialen Grundrecht. *Kritische Justiz* (4), 397-418.

Berghahn, Sabine, 1993c: Demokratie und Geschlechterverhältnis nach dem zweiten Karlsruher Abtreibungsurteil. *Die Mitbestimmung* (7/8), 34-37.

Berghahn, Sabine 1996a: Juristen denken allmählich um – Bundesverfassungsgericht ändert seine Meinung zu Artikel 3 Grundgesetz. In: Ministerium für Arbeit, Soziales, Gesundheit und Frauen des Landes Brandenburg (Hg.), 28-38.

Berghahn, Sabine 1996b: Die wirtschaftliche Absicherung von Frauen bei Trennung und Scheidung. In: Ministerium für Arbeit, Soziales, Gesundheit und Frauen des Landes Brandenburg (Hg.), 157-166.

Berghahn, Sabine 1996c: Nicht gerade kreuzbrav, aber doch sehr fügsam. Die neuen Regelungen zum Schwangerschaftsabbruch. *Ansprüche – Forum demokratischer Juristinnen und Juristen* (2), 14-17.

Berghahn, Sabine 1996d: Die Frauenquote vor dem Europäischen Gerichtshof und dem Bundesarbeitsgericht. *Gegenwartskunde* (2), 229-238.

Berghahn, Sabine 1997: Die Verrechtlichung des Privaten - allgemeines Verhängnis oder Chance für bessere Geschlechterverhältnisse? In: Kerchner/Wilde (Hg.), 189-222.

Berghahn, Sabine 1998: Der Geist des Absoluten in Karlsruhe und die Chancen der Demokratie in der Abtreibungsfrage Teil I. *Leviathan. Zeitschrift für Sozialwissenschaft* 26 (2), 253-269.

Berghahn, Sabine 1999a: 50 Jahre Gleichberechtigungsgebot. Erfolge und Enttäuschungen bei der Gleichstellung der Geschlechter. In: Kaase/Schmid (Hg.), 315-356.

Berghahn, Sabine 1999b: Soll der Gesetzgeber in die familiäre Arbeitsteilung eingreifen? In: Stolz-Willig/Veil (Hg.), 113-137.

Berghahn, Sabine/Wilde, Gabriele 1996: Die Karlsruher Macht über das Geschlechterverhältnis. Oder: Wer hat das Sagen im demokratischen Rechtsstaat? In: Penrose/Rudolph (Hg.), 161-198.

Berghofer-Weichner, Mathilde 1993: Einheit von Demokratie und Rechtsstaat – Eine ständige Herausforderung. *Politische Studien* 44 (Sonderheft 5), 5-12.

Berlin, Isaiah 1995: Freiheit. Vier Versuche. Frankfurt/M.

Bertram, Hans (Hg.) 1986: Gesellschaftlicher Zwang und moralische Autonomie. Frankfurt/M.

Beyme, Klaus v. 1990: Politikfeldanalyse in der Bundesrepublik Deutschland. Opladen.

Beyme, Klaus von (Hg.) 1971: Theorie und Politik. Festschrift für Carl Joachim Friedrich. Den Haag.

Beyme, Klaus v./Schmidt, Manfred G. (Hg.) 1990: Politik in der Bundesrepublik Deutschland. Opladen.

Biester, Elke/Sauer, Birgit/Young, Brigitte 1992b: „...das Büro, das Kontor, die Kanzlei, das Atelier - lauter Särge der Männlichkeit". Staat aus feministischer Sicht. Bericht vom Workshop 'Staat aus feministischer Sicht', DVPW-Jahrestagung in Hannover im Oktober 1991. *Rundbrief* (1), 31-34.

Biester, Elke/Geißel, Brigitte/Lang, Sabine/Sauer, Birgit/Schäfter, Petra/ Young, Brigitte (Hg.) 1992a: Staat aus feministischer Sicht. Berlin.

Blanke, Bernhard 1986: Staat und Gesellschaft. In: Mickel (Hg.), 498-504.

Blattmann, Lynn u.a. (Hg.) 1993: Feministische Perspektiven in der Wissenschaft. Zürich.

Blumenberg, Hans 1983: Säkularisierung und Selbstbehauptung, 2. Aufl. Frankfurt/M.

Bobbio, Noberto 1999: „Wir wissen immer weniger". Gespräch in der Zeit vom 29. Dezember 1999, 41-42.

Böckenförde, Ernst-Wolfgang 1976: Staat, Gesellschaft und Freiheit. Studien zur Staatstheorie und zum Verfassungsrecht. Frankfurt/M.

Böckenförde, Ernst-Wolfgang 1981: Gesetz und gesetzgebende Gewalt, 2. Aufl. Berlin.

Böckenförde, Ernst-Wolfgang 1995: Offene Staatlichkeit. Hrsg. von Rolf Grawert. Festschrift für Ernst-Wolfgang Böckenförde. Berlin.

Böckenförde, Ernst-Wolfgang (Hg.) 1987: Menschenrechte und Menschenwürde. Stuttgart.

Böckenförde, Ernst-Wolfgang 1989: Staat und Gesellschaft. In: Staatslexikon, Band 5. Freiburg, 228-235.

Böckenförde, Ernst-Wolfgang 1992a: Staat, Verfassung und Demokratie. Studien zur Verfassungstheorie und zum Verfassungsrecht. Frankfurt/M.

Böckenförde, Ernst-Wolfgang 1992b: Recht, Staat, Freiheit. Studien zur Rechtsphilosophie, Staatstheorie und Verfassungsgeschichte. 2. Aufl. Frankfurt/M.

Böckenförde, Ernst-Wolfgang 1994: Die verfassungsgebende Gewalt des Volkes - Ein Grenzbegriff des Verfassungsrechts. In: Preuß (Hg.), 58-82.

Böhme, Wolfgang (Hg.) 1981: Was halten wir für Recht? Herrenalber Texte Bd. 29. Karlsruhe.

Boldt, Hans 1987: Selbstbestimmung. In: Nohlen, Dieter/Schultze, Rainer Olaf (Hg.), 890-891.

Böttger, Barbara 1990: Das Recht auf Gleichheit und Differenz. Elisabeth Selbert und der Kampf der Frauen um Art. 3 II GG. Münster.

Bracher, Karl Dietrich/Dawson Christopher/Geiger, Willi/Smend, Rudolf (Hg.) 1966: Die moderne Demokratie und ihr Recht. Festschrift für Gerhard Leibholz. Tübingen.

Braun, Eberhard/Heine, Felix/Opolka, Uwe 1994: Politische Philosophie. Ein Lesebuch. Texte, Analysen, Kommentare. Reinbek bei Hamburg.

Braun, Kathrin 1993: Gewerbeordnung und Geschlechtertrennung. Baden-Baden.

Brink, Bert van den/Reijen, Willem van (Hg.) 1995: Bürgergesellschaft, Recht und Demokratie. Frankfurt/M.

Broker, Manfred 1992: Arbeit und Eigentum. Der Paradigmawechsel in der neuzeitlichen Eigentumstheorie. Darmstadt.

Brugger, Winfried 1997: Menschenwürde, Menschenrechte, Grundrechte. Baden-Baden.

Brumlik, Micha/Brunkhorst, Hauke (Hg.) 1993: Gemeinschaft und Gerechtigkeit. Frankfurt/M.

Brunner, Otto/Conze, Werner/Kosellek, Reinhard (Hg.) 1990: Geschichtliche Grundbegriffe. Historisches Lexikon zur politisch-sozialen Sprache in Deutschland, Bd. 6. Stuttgart.

Bublitz, Hannelore 1993: Geschlecht. In: Korte/Schäfers (Hg.), 59-78.

Bublitz, Hannelore/Kuhn, Annette 1992: Aneignungen, Enteignungen und Widerständigkeiten. Die Beziehung von Frauen zur Nation. *Metis. Zeitschrift für historische Frauenforschung und feministische Praxis* 1 (1), 10-27.

Büchner, Bernward 1991: Kein Rechtsschutz für ungeborene Kinder? *Zeitschrift für Rechtspolitik* 24 (11), 431-435.

Burmeister, Joachim (Hg.) 1997: Verfassungsstaatlichkeit. Festschrift für Klaus Stern. Im Zusammenwirken mit Michael Nierhaus. München.

Bussjäger, Peter, 1999: Der Unbegriff des Politischen. Wien.

Butler, Judith 1991: Das Unbehagen der Geschlechter. Frankfurt/M.

Caemmerer, Ernst von (Hg.) 1960: Festschrift zum hundertjährigen Bestehen des Deutschen Juristentages Bd. 2. Karlsruhe.

Calhoun, Craig J. (Hg.) 1992: Habermas and the Public Sphere. Cambridge u. a.

Campenhausen, Axel Freiherr von 1987: Verfassungsgarantie und sozialer Wandel - Das Beispiel von Ehe und Familie. In: Veröffentlichungen der Vereinigung der Deutschen Staatsrechtlslehrer (45). Berlin, New York, 7-54.

Clark, Lorenne M.G. 1979: Women and Locke: Who Owns the Apples in the Garden of Eden? In: Dies./Lange, 3-22.

Clark, Lorenne M.G./Lange, Linda 1979: The Sexism of Social and Political Theory: Women and Reproduction from Plato to Nietzsche. Toronto.

Clemens, Thomas 1995: Das BVerfG im Rechts- und Verfassungsstaat. In: Piazolo (Hg.), 13-32.

Cordes, Mechthild 1996: Frauenpolitik. Gleichstellung oder Gesellschaftsveränderung? Opladen.

Cornelissen, Waltraud 1993: Politische Partizipation von Frauen in der alten Bundesrepublik und im vereinten Deutschland. In: Helwig/Nickel (Hg.), 321-350.

Correll, Cathrin 1998: Freiheit und Individuum. Eine Untersuchung anhand der Rechtsprechung des Bundesverfassungsgerichts. Baden-Baden.

Däubler, Wolfgang/Küsel, Gudrun (Hg.) 1979: Verfassungsgericht und Politik. Kritische Beiträge zu problematischen Urteilen. Reinbek.

Däubler-Gmelin, Herta (Hg.) 1986: Menschengerecht: Arbeitswelt, Genforschung, neue Technik, Lebensformen, Staatsgewalt; Dokumentation des 6. Rechtspolitistischen Kongreß der SPD vom 20. bis 22. Juni 1986 in Essen. Heidelberg.

Davis, Nathalie Z. 1975: Women's History in Transition. The European Case. *Feminist Studies* 3 (3-4), 83-103.

Degener, Theresia 1997: Der Streit um Gleichheit und Differenz in der Bundesrepublik Deutschland seit 1945. In: Gerhard (Hg.), 871-899.

Degenhart, Christoph 1993: Staatsrecht I. Heidelberg.

Denninger, Erhard 1976a: Demokratisierung – Möglichkeiten und Grenzen. Köln.

Denninger, Erhard 1976b: Freiheitsordnung – Wertordnung – Pflichtordnung. In: Tohidipur (Hg.), 163-183.

Denninger, Erhard 1977: Freiheitliche demokratische Grundordnung. Materialien zum Staatsverständnis und zur Verfassungswirklichkeit in der Bundesrepublik (1/2). Frankfurt/M.
Denninger, Erhard 1978: Rechtsstaat. In: Denninger/Lüderssen, 67-78.
Denninger, Erhard 1979: Staatsrecht II. Rheinbek bei Hamburg
Denninger, Erhard 1988: Der Präventionsstaat. *Kritische Justiz* (21), 1-15.
Denninger, Erhard 1989: I. Die Grundrechte. Art. 1 Abs. 2, 3. In: Wassermann, 228 ff.
Denninger, Erhard 1990: Der gebändigte Leviathan. Baden-Baden.
Denninger, Erhard 1994a: „Streitbare Demokratie" und Schutz der Verfassung. In: Benda/Maihofer/Vogel (Hg.), 675-716.
Denninger, Erhard 1994b: Sicherheit, Vielfalt, Solidarität: Ethisierung der Verfassung. In: Preuß (Hg.), 95-132.
Denninger, Erhard 1995: Der einzelne und das allgemeine Gesetz. Kritische Justiz (4), 425-438.
Denninger, Erhard/Lüderssen, Klaus 1978: Polizei und Strafprozeß im demokratischen Rechtsstaat. Frankfurt/M.
Dietz, Mary 1991: Hannah Arendt and Feminist Politics. In: Shanley/Pateman (Hg.), 232-252.
Dietz, Mary 1992: Context is All: Feminism and Theories of Citizenship. In: Mouffe (Hg.), 63-85.
Dietze, Gottfried 1966: Rechtsstaat und Staatsrecht. In: Bracher/Dawson/Geiger/Smend (Hg.), 17-48
Dietze, Gottfried 1971: Staatsrecht und Rechtsstaat. In: Beyme (Hg.), 526ff.
Dietze, Gottfried 1982: Kant und der Rechtsstaat. Tübingen.
Döbert, Rainer/Nummer-Winkler, Gertrud 1986: Wertwandel und Moral. In: Bertram (Hg.), 289-319.
Dokumentation der Diskussion im Sonderheft 1/1993 "Das Urteil zu § 218 StGB in Wortlaut und Kommentar "der Kritischen Vierteljahresschrift für Gesetzgebung und Rechtswissenschaft.
Dombois, Adolf/Schumann, Friedrich Karl (Hg.) 1955: Familienrechtsreform. Dokumente und Abhandlungen. Witten.
Dreier, Ralf 1981: Das Menschenbild im Recht. In: Böhme (Hg.), 87-94.
Duden, Barbara 1991: Der Frauenleib als öffentlicher Ort. Vom Mißbrauch des Begriffs Leben. Hamburg, Zürich.
Düring, Günter 1956: Der Grundrechtssatz von der Menschenwürde. *Archiv des öffentlichen Rechts* (AöR) (81), 117-157.
Dworkin, Ronald 1994a: Die Grenzen des Lebens. Reinbek.

Dworkin, Ronald 1994b: Gleichheit, Demokratie und die Verfassung: Wir, das Volk, und die Richter. In: Preuß (Hg.), 171-212.

Ebel, Friedrich (Hg.) 1995: Gemeinwohl-Freiheit-Vernunft-Rechtsstaat. 200 Jahre Allgemeines Landrecht für die Preußischen Staaten. Symposium der Juristischen Gesellschaft zu Berlin 27.-29. Mai 1994. Berlin, New York.

Ebrecht, Angelika 1997: Moralität und Leidenschaft. Geschlechterpolitik und Triebstrukturierung in anthropologischen Texten der deutschen Aufklärung. In: Kerchner/Wilde (Hg.), 135-156.

Ebsen, Ingwer 1985: Das Bundesverfassungsgericht als Element gesellschaftlicher Selbstregulierung. Berlin.

Ehmke, Horst 1975: Die Fristenregelung und das Grundgesetz. Bonn-Bad Gotesberg.

Eisenblätter, Bernd 1976: Die Überparteilichkeit des Bundesverfassungsgerichts im politischen Prozeß. Mainz.

Eisenstein, Zillah R. 1981: The Radical Future of Liberal Feminism. New York.

Eisenstein, Zillah R. 1984: Feminism and Sexual Equality. New York.

Ellerbrock, Dagmar U. 1993: Frauenkörper gegen Volkskörper. In: Becker, Andrea Martha u.a.(Hg.): Mutterpflichten-Vaterrechte?! Vom Abtreibungsparagraphen bis zur Retorte. Eine aktuelle Diskussion zur Bevölkerungspolitik. Frankfurt/M, 9-45.

Elshtain, Jean Bethke 1981: Public Man, Private Women: Women in Social and Political Thought. Princeton University Press.

Engler, Wolfgang 1994: Was ist privat, politisch, öffentlich? *Leviathan. Zeitschrift für Sozialwissenschaft* (4), 470-497.

Erichsen, Hans Uwe/Kollhosser, Helmut/Welp, Jürgen (Hg.) 1996: Recht der Persönlichkeit. Berlin.

Erler, Adalbert/Kaufmann, Ekkehard (Hg.) 1993: Handwörterbuch zur deutschen Rechtsgeschichte. Berlin.

Eser, Albin 1992a: ‚Ärztliche Erkenntnis‘ und richterliche Überprüfung bei Indikation zum Schwangerschaftsabbruch nach § 218 StGB: Kritische Bemerkungen zu den ‚Memminger Urteilen‘ des BayObLG vom 26.04.1990 und des BGH vom 03.12.1991. In: Eser/Koch, 13-47.

Eser, Albin 1992b: Neuregelung des Schwangerschaftsabbruches vor dem Hintergrund des Embryonenschutzgesetzes – Gedanken zur Vermeidung von Wertungswidersprüchen. In: Eser/Koch, 147-162.

Eser, Albin 1994: Schwangerschaftsabbruch: Auf dem verfassungsgerichtlichen Prüfstand. Rechtsgutachten im Normenkontrollverfahren zum Schwangeren- und Familienhilfegesetz von 1992. Baden-Baden.

Eser, Albin/Koch, Hans-Georg 1988/1989: Schwangerschaftsabbruch im internationalen Vergleich: Rechtliche Regelungen – Soziale Rahmenbedingungen – Empirische Grunddaten. Teil 1: Europa 1988. Teil 2: Außereuropa 1989. Baden-Baden.

Eser, Albin/Koch, Hans-Georg 1992: Schwangerschaftsabbruch: auf dem Weg zu einer Neuregelung. Gesammelte Studien und Vorschläge. Baden-Baden.

Fetscher, Iring/Münkler, Herfried (Hg.) 1985: Politikwissenschaft. Begriffe – Analysen – Theorien. Hamburg.

Fetscher, Iring 1985: Politische Ideen in der jüngeren Geschichte. In: Fetscher/Münkler (Hg.), 25-68.

Fetscher, Iring 1987: Freiheit. In: Nohlen/Schultze (Hg.), 251-253.

Fetscher, Iring/Münkler, Herfried (Hg.): Pipers Handbuch der politischen Ideen Bd. 5, Neuzeit: Vom Zeitalter des Imperialismus bis zu den neuen sozialen Bewegungen. München, Zürich.

Fisahn, Andreas 1995: Rechtsmäßigkeit von ‚Quotenregelungen' nach Änderung des art. 3 II GG. *Neue Justiz* (7), 352-356.

Forst, Rainer 1994: Kontexte der Gerechtigkeit. Politische Philosophie jenseits von Liberalismus und Kommunitarismus. Frankfurt/M.

Forsthoff, Ernst (Hg.) 1968: Rechtsstaatlichkeit und Sozialstaatlichkeit. Darmstadt.

Forsthoff, Ernst 1954: Begriff und Wesen des sozialen Rechtsstaats. Veröffentlichungen der Vereinigung der deutschen Staatsrechtler (12). Berlin, 8-33.

Forsthoff, Ernst 1968: Zur heutigen Situation einer Verfassungslehre. In: Barion/Böckenförde/Forsthoff/Weber (Hg.), 185-211.

Forsthoff, Ernst 1971: Der Staat der Industriegesellschaft. München.

Forsthoff, Ernst 1976: Rechtsstaat im Wandel. Verfassungsrechtliche Abhandlungen, 1954-1973. München.

Foucault, Michel 1990: Die Ordnung der Dinge. Frankfurt/M.

Fox Keller, Evelyn 1986: Liebe, Macht und Erkenntnis. München/Wien.

Frankenberg, Günter (Hg.) 1994: Auf der Suche nach einer gerechten Gesellschaft. Frankfurt/M.

Frankenberg, Günter 1996: Hüter der Verfassung einer Zivilgesellschaft. *Kritische Justiz* (1), 1-14.

Frankenberg, Günter 1997: Die Verfassung der Republik. Autorität und Solidarität in der Zivilgesellschaft. Frankfurt/M.

Fraser, Nancy 1989: Unruly Practises: Power, Discourse and Gender in Contemporary Social Theory. Minneapolis.

Fraser, Nancy 1992: Rethinking the Public Sphere. A Contribution to the Critique of Actually Existing Democracy. In: Calhoun (Hg.), 109-142.

Fraser, Nancy/Gordon, Linda 1994: Die Einforderung sozialer Bürgerrechte. Jenseits der Ideologie von Vertrag kontra Wohltätigkeit. In: Frankenberg (Hg.), 185-203.

Freudiger, Kerstin 1995: Selbstbestimmung der Frau und Verfassung. Die Auseinandersetzung um die Reform des § 218 StGB vor dem Bundesverfassungsgericht. Hannover.

Friesenhahn, Ernst 1950: Recht, Staat, Wirtschaft Bd. 2. Opladen.

Frommel, Monika 1990a: Strategien gegen die Demontage der Reform des §§ 218 ff. StGB. Streit, 78-83.

Frommel, Monika 1990b: Vorschläge für eine Neufassung des § 218 StGB in der BRD. *Neue Justiz*, 329-330.

Frommel, Monika 1991a: Eheliches Sorgerecht oder privatautonome Beziehungen? Zeitschrift für Sexualforschung (3), 181-191.

Frommel, Monika 1991b: Schwangerschaftsabbruch ist eine Gewissensentscheidung. *Feministische Studien extra* (9), 59-65.

Frowein, Jochen A. 1987: „Grundrechte". In: Nohlen/Schultze (Hg.), 316-319.

Gante, Michael 1993: Das 20. Jahrhundert (II). Rechtspolitik und Rechtswirklichkeit 1927-1976. In: Jütte (Hg.), 169-207.

Garzoni, Fernado 1952: Die Rechtsstaatsidee im schweizerischen Staatsdenken des 19. Jahrhunderts. Zürich.

Gebhardt, Jürgen/Schmalz-Bruns, Rainer (Hg.) 1994: Demokratie, Verfassung und Nation. Die politische Integration moderner Gesellschaften. Baden-Baden.

Geiger, Jutta/Lampe, Claudia von 1994: Das zweite Urteil des Bundesverfassungsgerichts zum Schwangerschaftsabbruch. Ein Schritt vorwärts, zwei Schritte zurück. JURA (1), 20-30.

Geiger, Willi 1979: Vom Selbstverständnis des Bundesverfassungsgerichtes. Hannover.

Geiger, Willi 1981: Das Menschenbild des Grundgesetzes. In: Böhme (Hg.), 9-23.

Geis, Norbert 2000: Autorität und Macht des Bundesverfassungsgerichtes. Kritik am Verfassungsgericht, insbesondere unter Berücksichtigung der Entscheidungen zum Ehrenschutz und zur Abtreibungsfrage. In: Rill (Hg.), 137-150.

Gerhard, Ute 1988: Die Verfügbarkeit von Frauen von Frauen. In: Gerhard/Schwarzer/Slupik (Hg.), 39-77.

Gerhard, Ute 1990a: Bürgerliches Recht und Patriarchat. In: Gerhard u.a. (Hg.), 188-204.

Gerhard, Ute 1990b: Gleichheit ohne Angleichung. Frauen im Recht. München.

Gerhard, Ute 1991: Maßstäbe einer Verfassung auch für Frauen - eine andere Freiheit, Gleichheit , Würde. *Feministische Studien extra* 9, 11-21.

Gerhard, Ute 1994: Maßstäbe für eine neue Verfassung: Über Freiheit, Gleichheit und die Würde von Frauen. In: Preuß (Hg.), 248-276.

Gerhard, Ute/Schwarzer, Alice/Slupik, Vera (Hg.) 1988: Auf Kosten der Frauen. Frauenrechte im Sozialstaat. Weinheim, Basel.

Gerhard, Ute/Jansen, Mechthild/Maihofer, Andrea/Schmid, Pia/Schultz, Irmgard (Hg.) 1990: Differenz und Gleichheit. Menschenrechte haben (k)ein Geschlecht. Frankfurt/M.

Gerhard, Ute (Hg.) 1997: Frauen in der Geschichte des Rechts. Von der frühen Neuzeit bis zur Gegenwart. München.

Gerlach, Irene 1996: Familie und staatliches Handeln. Ideologie und politische Praxis in Deutschland. Opladen.

Gerlach, Irene 1999: Bundesrepublik Deutschland. Entwicklung, Strukturen und Akteure eines politischen Systems. Opladen.

Gerlach, Irene 2000: Politikgestaltung durch das Bundesverfassungsgericht am Beispiel der Familienpolitik. *Aus Politik und Zeitgeschichte*, B3-4/2000, 21-31.

Gierke, Otto von 1868: Das deutsche Genossenschaftsrecht Bd. I. Berlin.

Gierke, Otto von 1874: Die Grundbegriffe des Staatsrechts und die neuestens Staatsrechtstheorien. *Tübinger Zeitschrift für die gesamte Staatswissenschaft* (Z.f.d.ges. Staatswissensch.) Bd. 30 (1874), 153ff.

Gildemeister, Regina/Wetterer, Angelika 1992: Wie Geschlechter gemacht werden. Die soziale Konstruktion der Zweigeschlechtlichkeit und ihre Beziehung in der Frauenforschung. In: Wetterer/Knapp (Hg.), 201-254.

Gilheany, Barry 1998: The state and the discursive constitution of abortion. In: Randal/Waylen (Hg.), 58-79.

Gilligan, Carol 1984: Die andere Stimme. Lebenskonflikte und Moral der Frau. München.

Gneist, Rudolf von 1869: Verwaltung, Justiz, Rechtsweg. Berlin.
Gneist, Rudolf von 1879: Der Rechtsstaat und die Verwaltungsgerichte in Deutschland. 2. Aufl. Berlin.
Görlitz, Axel/Prätorius, Rainer (Hg.) 1987: Handbuch Politikwissenschaft. Grundlagen – Forschungsstand – Perspektiven. Reinbek bei Hamburg.
Görlitz, Axel/Voigt, Rüdiger 1985: Rechtspolitologie. Eine Einführung. Opladen.
Grawert, Rolf 1973: Staat und Staatsangehörigkeit. Berlin.
Grimm, Dieter 1987: Bürgerlichkeit im Recht. In: Kocka (Hg.), 149-188.
Grimm, Dieter 1988: Rückkehr zum liberalen Grundrechtsverständnis? Recht. Zeitschrift für Ausbildung und Praxis 6, 41-50.
Grimm, Dieter 1990: Verfassung. In: Brunner/Conze/Koselleck (Hg.), 831-899.
Grimm, Dieter 1994: Die Zukunft der Verfassung. Frankfurt/M.
Grimm, Dieter (Hg.) 1990: Wachsende Staatsaufgaben – sinkende Steuerfähigkeit des Rechts. Baden-Baden.
Grimm, Dieter (Hg.) 1996: Staatsaufgaben. Frankfurt/M.
Guggenberger, Bernd/Würtenberger, Thomas (Hg.) 1998: Hüter der Verfassung oder Lenker der Politik. Das Bundesverfassungsgericht im Widerstreit. Baden-Baden.
Gusy, Christoph 1985: Parlamentarischer Gesetzgeber und Bundesverfassungsgericht. Berlin.

Häberle, Peter 1972: Grundrechte im Leistungsstaat. In: Veröffentlichungen der Vereinigung deutscher Staatsrechtslehrer 30, 43-141.
Häberle, Peter 1980: Verfassungsgerichtsbarkeit zwischen Politik und Rechtswissenschaft. Königstein/Ts.
Häberle, Peter 1984: Verfassungsschutz der Familie - Familienpolitik im Verfassungsstaat. Heidelberg.
Häberle, Peter 1987: Die Menschenwürde als Grundlage der staatlichen Gemeinschaft. In: Isensee/Kirchhof (Hg.), 815-861.
Häberle, Peter 1988: Das Menschenbild in der Verfassung. Berlin.
Häberle, Peter 1976: Verfassungsgerichtsbarkeit. Darmstadt.
Habermas, Jürgen 1963: Theorie und Praxis. Neuwied.
Habermas, Jürgen 1985: Theorie des kommunikativen Handelns. Frankfurt/M.
Habermas, Jürgen 1987: Strukturwandel der Öffentlichkeit. Untersuchungen zu einer Kategorie der bürgerlichen Gesellschaft. Darmstadt/Neuwied.

Habermas, Jürgen 1988: Individuierung durch Vergesellschaftung. In: Habermas, 187-241.

Habermas, Jürgen 1988: Nachmetaphysisches Denken. Frankfurt/M.

Habermas, Jürgen 1992: Faktizität und Geltung. Beiträge zur Diskurstheorie des Rechts und des demokratischen Rechtsstaats. Frankfurt/M.

Habermas, Jürgen 1994: Über den internen Zusammenhang von Rechtsstaat und Demokratie. In: Preuß (Hg.), 83-94.

Habermas, Jürgen 1997: Die Einbeziehung des Anderen. Studien zur politischen Theorie. Frankfurt/M.

Hagemann-White, Carol 1989: Wir werden nicht zweigeschlechtlich geboren.... In: Hagemann-White/Rerrich (Hg.), 224-235.

Hagemann-White, Carol/Rerrich, Maria S. (Hg.) 1989: FrauenMännerBilder. Bielefeld.

Hansen, Brigitte 1993: Geschlechterverhältnis und politische Philosophie des 17. Jahrhunderts. Zum feministischen Diskurs über die politische Theorie von Thomas Hobbes. *Feministische Studien* 11 (1), 65-80.

Hase, Friedhelm/Ladeur, Karl-Heinz 1980: Verfassungsgerichtsbarkeit und politisches System. Frankfurt/M.

Hayek, Friedrich A. von 1971: Die Verfassung der Freiheit. Tübingen.

Heber, Matthias 1990: Gedanken zum ‚Rechtsstaat'. *Recht und Staat*, 530ff.

Heinsohn, Gunnar/Knieper, Rolf/Steiger, Otto 1979: Menschenproduktion. Allgemeine Bevölkerungslehre in der Neuzeit. Frankfurt/M.

Heinsohn, Gunnar/Knieper, Roy 1976: Theorie des Familienrechts: Geschlechtssrollenaufhebung, Kindesvernachlässigung, Geburtenrückgang. Frankfurt/M.

Heller, Hermann 1978: Rechtsstaat oder Diktatur? In: Tohidpur (Hg.), 159-176.

Heller, Hermann 1930: Rechtsstaat oder Diktatur. Tübingen.

Hellermann, Johannes 1993: Die sogenannte negative Seite der Freiheitsrechte. Berlin.

Helwig, Gisela/Nickel, Hildegard M. (Hg.), Frauen in Deutschland 1945 – 1992. Bonn.

Hermes, Georg 1987: Das Grundrecht auf Schutz von Leben und Gesundheit Heidelberg.

Herrmann, Alfred (Hg.) 1954: Aus Geschichte und Politik: Festschrift zum 70. Geburtstag von Ludwig Bergstraesser. Düsseldorf.

Hesse, Konrad 1978: Der Rechtsstaat im Verfassungssystem des Grundgesetzes. In: Tohidipur (Hg.), 290-314.

Hesse, Konrad 1991: Grundzüge des Verfassungsrechts der Bundesrepublik Deutschland, 18. Auflage. Heidelberg.

Hesse, Konrad 1995: Verfassungsrechtsprechung im geschichtlichen Wandel. *Juristen Zeitung* (50), 265-273.

Hesselberger, Dieter 1995: Das Grundgesetz. Bonn.

Hill, Werner 1975: Bundesverfassungsgericht im Zwielicht. *Merkur. Deutsche Zeitschrift für europäisches Denken* 327 (8), 695-713.

Hill, Werner 1976: Auch nur Menschenwerk. 25 Jahre Bundesverfassungsgericht. Sind die Karlsruher Schiedsrichter überfordert? *Vorwärts* vom 18.11., 6-18.

Hirsch, Joachim 1980: Der Sicherheitsstaat. Frankfurt/M.

Hobbes, Thomas 1970: Leviathan. Stuttgart.

Hoecker, Beate 1987: Frauen in der Politik. Eine soziologische Studie. Opladen.

Hoecker, Beate 1998 (Hg.): Handbuch politische Partizipation von Frauen in Europa. Opladen.

Hoerster, Norbert 1991: Der säkularisierte Staat. Frankfurt/M.

Höffe, Otfried 1981: Thomas Hobbes: Anthropologie und Staatsphilosophie. Freiburg.

Hofmann, Hasso 1995: Geschichtlichkeit und Universalitätsanspruch des Rechtsstaats. *Der Staat* 34 (1/4), 1-32.

Hofmann, Rainer 1996: Die Bindung staatlicher Macht. In: Hofmann/Marko/Merli/Wiederin (Hg.), 3-30.

Hofmann, Rainer/Marko, Joseph/Merli, Franz/Wiederin, Ewald (Hg.): Rechtsstaatlichkeit in Europa. Heidelberg.

Holland-Cunz, Barbara 1994: Öffentlichkeit und Intimität - demokratietheoretische Überlegungen. In: Holland-Cunz/Biester/Sauer (Hg.), 227 - 246.

Holland-Cunz, Barbara/Biester, Elke/Sauer, Birgit (Hg.) 1994: Demokratie oder Androkratie. Theorie und Praxis demokratischer Herrschaft in der feministischen Diskussion. Frankfurt/M.

Holland-Cunz, Barbara/Wilde, Gabriele 1998, Staatsform Demokratie – Demokratieform Staat. *femina politica. Zeitschrift für feministische Politik-Wissenschaft* 7 (1), 9-14.

Hollerbach, Alexander 1968: Ideologie und Verfassung. In: Maihofer (Hg.), 37-61.

Holtfort, Werner 1979: Praktische Vorschläge, das Bundesverfassungsgericht in eine demokratieangemessene Rolle zurückzuführen. In: Däubler/Küsel (Hg.), 191-203.

Honneth, Axel (Hg.) 1993: Kommunitarismus. Eine Debatte über die moralischen Grundlagen der Gesellschaft. Frankfurt, New York.
Horkheimer, Max (Hg.) 1936: Studien über Autorität und Familie. Paris.
Horkheimer, Max 1985: Zur Kritik der instrumentellen Vernunft. Frankfurt/M.
Horkheimer, Max 1987 (Hg.): Studien über Autorität und Familie. In: Schriften des Instituts für Sozialforschung. Fünfter Band, 2. Aufl. Lüneborg.
Hufen, Friedhelm 1990: Die Grundrechte und der Vorbehalt des Gesetzes. In: Grimm (Hg.), 273-290.
Huffmann, Ursula/Frandsen,Dorothea/Kuhn, Annette (Hg.) 1987: Frauenmacht in Wissenschaft und Politik. Düsseldorf.

Institut für Sozialforschung (Hg.) 1994: Geschlechterverhältnisse und Politik. Frankfurt/M.
Ipsen, Jörg 1994: Staatsrecht I. Neuwied, Berlin.
Irigaray, Luce 1992: J'aime à toi. Paris.
Isensee, Josef 1987: Staat und Verfassung. In: Isensee/Kirchhof (Hg.), 591-663.
Isensee, Josef 1995a: Am Ende der Demokratie oder am Anfang? Berlin.
Isensee, Josef 1995b: Die Verfassungsgerichtsbarkeit zwischen Recht und Politik. In: Piazolo (Hg.), 49-60.
Isensee, Josef/Kirchhof, Paul (Hg.) 1987: Handbuch des Staatsrechts der Bundesrepublik Deutschland Bd.1. Darmstadt.
Isensee, Josef/Kirchhof, Paul (Hg.) 1989: Handbuch des Staatsrechts der Bundesrepublik Deutschland, Band. 6: Freiheitsrechte. Heidelberg.
Isensee, Josef/Kirchhof, Paul (Hg.) 1992: Handbuch des Staatsrechts der Bundesrepublik Deutschland, Band 5: Allgemeine Grundrechtslehren. Heidelberg.

Jaggar, Alison 1983: Feminist Politics and Human Nature. Totowa.
Jarras, Hans D. 1996: Die Entwicklung des allgemeinen Persönlichkeitsrechts in der Rechtssprechung des Bundesverfassungsgerichtes. In: Erichsen/Kollhosser/Welp (Hg.), 89-104.
Jaspers, Karl 1957: Die großen Philosophen. München.
Jauch, Pia Ursula 1988: Immanuel Kant und die Geschlechterdifferenz. Wien.
Jellinek, Georg 1905: System der subjektiven öffentlichen Rechte 2. Aufl. Tübingen.

Jellinek, Georg 1960: Allgemeine Staatslehre 7. Neudr. der 3. Aufl. 1914. Bad Homburg.
Jellinek, Georg 1996: Die Erklärung der Menschen- und Bürgerrechte. Ein Beitrag zur modernen Verfassungsgeschichte. Schutterwald/Baden.
Jerouschek, Günter 1988a: Lebensschutz und Lebensbeginn: Kulturgeschichte des Abtreibungsverbots. Stuttgart.
Jerouschek, Günther 1988b: Werdendes Leben versus ungeborenes Leben. Zum Schutzgut des § 218 StGB. In: Goldtdammers Archiv für Strafrecht 1988, 483-492.
Jerouschek, Günter 1989: Vom Wert und Unwert der pränatalen Menschenwürde. *Juristen Zeitung*, 279-285.
Jerouschek, Günther 1993a: Mittelalter. Antikes Erbe, weltliche Gesetzgebung und kanonisches Recht. In: Jütte (Hg.), 44-67.
Jerouschek, Günther 1993b: Zur Geschichte des Abtreibungsverbots. In: Staupe/Vieth (Hg.), 11-26.
Jessop, Bob 1998: Nationalstaat, Globalisierung und Gender. In: Kreisky/Sauer (Hg.), 262-292.
Jochimsen, Luc 1971: §218 (1871-1971): Hundert Jahre Elend mit einer tausendjährigen Tradition. In: Jochimsen (Hg.), 14-36.
Jochimsen, Luc 1971: §218: Dokumentation eines 100 jährigen Elends. Hamburg.
Jonasdottir, Anna G. 1988: Sex/Gender, Power and Politics: Towards a Theory of the Foundation of Male Authority in the Formally Equal Society. *Acta Sociologica* 31 (2), 157-174.
Jütte, Robert 1993: Vom Umgang mit der Geschichte in der Abtreibungsdiskussion. In: Jütte (Hg.), 7-26.
Jütte, Robert (Hg.) 1993: Die Geschichte der Abtreibung. Von der Antike bis zur Gegenwart. München.

Kaase, Max/Schmid, Günther (Hg.) 1999: Eine lernende Demokratie. 50 Jahre Bundesrepublik Deutschland. WZB-Jahrbuch. Berlin
Kaegi, Werner 1953: Rechtsstaat und Demokratie. In: Demokratie und Rechtsstaat: Festgabe zum 60. Geburtstag von Zaccaria Giacometti. Zürich, 107-142.
Kaegi, Werner 1978: Rechtsstaat und Demokratie. Antinomie und Synthese. In: Tohidipur (Hg.), 127-158.
Kant, Immanuel 1797: Metaphysische Anfangsgründe der Rechtslehre. Königsberg.

Kant, Immanuel 1968: Über den Gemeinspruch, das mag in der Theorie richtig sein, taugt aber nicht für die Praxis 1793.Hrsg. von J. Ebbinghaus. Frankfurt/M.

Kant, Immanuel 1983: Beantwortung der Frage: Was ist Aufklärung? In: Werke in zehn Bänden, Band 9. Hrsg. von Wilhelm Weischedel. Sonderausgabe. Darmstadt, 53-61.

Kant, Immanuel 1992: Mutmaßlicher Anfang der Menschheitsgeschichte, Sämtliche Werke Band 1. Leipzig.

Kant, Immanuel 1997: Die Metaphysik der Sitten, Werkausgabe in zwölf Bänden, Band VIII. Hrsg. von Wilhelm Weischedel, 11. Aufl. 1797. Frankfurt/M.

Karl, Wilfried/Nielebock, Thomas (Hg.) 1991: Die Zukunft des Militärs in Industriegesellschaften. Jahrbuch für Frieden- und Konfliktforschung. Bd. 8. Baden-Baden.

Karpen, Ulrich 1992: Der Rechtsstaat des Grundgesetzes. Bewährung und Herausforderung nach der Wiedervereinigung Deutschlands. Baden-Baden.

Kaufmann, Franz-Xaver 1996: Diskurse über Staatsaufgaben. In: Grimm (Hg.), 15-42.

Keller, Achim 1988: Die Abortiva in der römischen Kaiserzeit. Stuttgart.

Kelsen, Hans 1931: Wer soll Hüter der Verfassung sein? *Die Justiz*, Bd.6, 576-628.

Kenngott, Eva Maria 1995: Feminismus und Demokratie. *Leviathan* 23 (5), 351-375.

Kerchner, Brigitte 1997: Rückzug als Verweigerung. Historische Perspektiven auf Sexualität und Staat. In: Kerchner/Wilde (Hg.), 157-188.

Kerchner, Brigitte/Wilde, Gabriele 1997: Einleitung. In: Kerchner/Wilde (Hg.), 9-28.

Kerchner, Brigitte/Wilde, Gabriele (Hg.) 1997: Staat und Privatheit. Aktuelle Studien zu einem schwierigen Verhältnis. Opladen.

Kersting, Wolfgang 1992: Thomas Hobbes zur Einführung. Hamburg.

Kersting, Wolfgang 1993: Wohlgeordnete Freiheit. Immanuel Kants Rechts- und Staatsphilosophie. Frankfurt/M.

Kersting, Wolfgang 1994: Die politische Philosophie des Gesellschaftsvertrages. Darmstadt.

Kessler, Suzanne J./McKenna, Wendy 1978: Gender. An Ethnomethodological Approach. New York.

Kickbusch, Ilona/Riedmüller, Barbara (Hg.) 1984: Die armen Frauen. Frauen und Sozialpolitik. Frankfurt/M.

Klaus, Elisabeth 1994: Von der heimlichen Öffentlichkeit der Frauen. In: Institut für Sozialforschung (Hg.), 72-97.
Klein, Eckart (Hg.) 1995: Grundrechte, soziale Ordnung und Verfassungsgerichtsbarkeit. Festschrift für Ernst Benda. Heidelberg.
Klein, Hans H.1974: Die Grundrechte im demokratischen Staat. Stuttgart.
Klinger, Cornelia 1990: Welche Gleichhheit und welche Differenz? In: Gerhard u.a. (Hg.), 112-127.
Knapp, Gudrun-Axeli 1989: Arbeitsteilung und Sozialisation: Konstellationen von Arbeitsvermögen und Arbeitskraft im Lebenszusammenhang von Frauen. In: Beer (Hg.), Klasse Geschlecht. Feministische Gesellschaftsanalyse und Wissenschaftskritik. Bielefeld, 267-306.
Knapp, Gudrun-Axeli 1994: Politik der Unterscheidung. In: Institut für Sozialforschung (Hg.), 262-287.
Kocka, Jürgen (Hg.) 1987: Bürger und Bürgerlichkeit im 19. Jahrhundert. Göttingen.
Köhler, Michael 1988: Personensorge und Abtreibungsverbot. Goltdammerer's Archiv für Strafrecht, 455-470.
Kokott, Juliane 1995: Zur Gleichstellung von Mann und Frau – Deutsches Verfassungsrecht und Europäisches Gemeinschaftsrecht. *Neue Juristische Wochenschrift* 48 (16), 1049-1057.
König, Doris 1995: Die Grundgesetzänderung in Art. 3 Abs. 2 GG. *Die öffentliche Verwaltung*, 837-846.
Köppe, Olaf 1997: Politische Einheit und pluralistische Gesellschaft. Ambivalenzen der Verfassungstheorie Ernst-Wolfgang Böckenfördes. *Kritische Justiz* 97 (1), 45-62.
Korte, Hermann/Schäfers, Bernhard (Hg.) 1993: Einführung in die Hauptbegriffe der Soziologie. Einführungskurs Soziologie (1). 2. Aufl. Opladen.
Koselleck, Reinhard 1989: Drei bürgerliche Welten? Theoriegeschichtliche Vorbemerkung zur vergleichenden Semantik der bürgerlichen Gesellschaft in Deutschland, England und Frankreich. In: Michalski (Hg.), 118-129.
Kreisky, Eva 1991: Bürokratisierung der Frauen - Feminisierung der Bürokratie. In: Schaeffer-Hegel/Kopp-Degethoff (Hg.), 194-210.
Kreisky, Eva 1992: Der Staat als Männerbund. Der Versuch einer feministischen Staatssicht. In: Biester u.a. (Hg.), 53-62.
Kreisky, Eva 1994a: Aspekte der Dialektik von Politik und Geschlecht. Plädoyer gegen ‚geschlechtshalbierte Wahrheiten und Blickrichtungen' in der Politikwissenschaft. In: Appelt/Neyer (Hg.), 13- 36.

Kreisky, Eva 1994b: Das ewig Männerbündische? Zur Standardform von Staat und Politik. In: Leggewie (Hg.), 191-208.

Kreisky, Eva 1995a: Der Staat ohne Geschlecht? Ansätze feministischer Staatskritik und feministischer Staatserklärung. In: Kreisky/Sauer (Hg.), 203-222.

Kreisky, Eva 1995b: Der Stoff, aus dem die Staaten sind. Zur männerbündischen Fundierung politischer Ordnung. In: Becker-Schmidt/Knapp (Hg.), 85-124.

Kreisky, Eva 1996: Das Geschlecht politischer Institutionen. *Gewerkschaftliche Monatshefte* 47 (9), 585-595.

Kreisky, Eva 1997: Diskreter Maskulinismus. Über den geschlechtsneutralen Schein politischer Idole, politischer Ideale und politischer Institutionen. In: Kreisky/Sauer (Hg.), 161-213.

Kreisky, Eva/Sauer, Birgit 1998a: Anti-Politikwissenschaft? Auf der Suche nach dem Geschlecht von Politik. In: Kreisky/Sauer (Hg.), 7-23.

Kreisky, Eva/Sauer, Birgit (Hg.) 1995: Feministische Standpunkte in der Politikwissenschaft. Eine Einführung. Frankfurt/M., New York.

Kreisky, Eva/Sauer, Birgit (Hg.) 1997: Das geheime Glossar der Politikwissenschaft. Geschlechtskritische Inspektion der Kategorien einer Disziplin. Frankfurt/M., New York.

Kreisky, Eva/Sauer, Birgit (Hg.) 1998a: Geschlecht und Eigensinn. Feministische Recherchen in der Politikwissenschaft. Wien u.a.

Kreisky, Eva/Sauer, Birgit (Hg.) 1998b: Geschlechterverhältnisse im Kontext politischer Transformation. PVS Sonderheft 28. Opladen.

Kriele, Martin 1976: Theorie der Rechtsgewinnung entwickelt am Problem der Verfassungsinterpretation. Berlin.

Kriele, Martin 1994: Einführung in die Staatslehre. Die geschichtlichen Legitimitätsgrundlagen des demokratischen Verfassungsstaates. 5. Aufl. Opladen.

Krings, Hermann/Baumgartner, Hans-Michael/Wild, Christoph (Hg.) 1973: Handbuch philosophischer Grundbegriffe. Bd. 3. München.

Kuhn, Annette/Wolpe, Ann-Marie (Hg.) 1978: Feminism and Materialism. Women and Modes of Production. London.

Kulawik, Teresa 1996: Modern bis maternalistisch: Theorien des Wohlfahrtsstaates. In: Kulawik/Sauer (Hg.), 47-81.

Kulawik, Teresa/Sauer, Birgit (Hg.) 1996: Der halbierte Staat. Grundlagen feministischer Politikwissenschaft. Frankfurt/M., New York.

Kunig, Philip 1986: Das Rechtsstaatsprinzip. Tübingen.

Landes, Joan 1988: Women and the Public Sphere in the Age of the French Revolution. Ithaca.

Landes, Joan B. 1995: The Public and the Private Sphere: A Feminist Reconsideration. In: Meehan (Hg.), 91-116.

Landfried, Christine 1984: Bundesverfassungsgericht und Gesetzgeber. Wirkungen der Verfassungsrechtsprechung auf parlamentarische Willensbildung und soziale Realität. Baden-Baden.

Landfried, Christine 1990: Rechtspolitik. In: Beyme/Schmidt (Hg.), 76-98.

Lang, Sabine 1995: Politische Öffentlichkeit und Geschlechterverhältnis. Überlegungen zu einer Politologie der öffentlichen Sphäre. In: Kreisky/Sauer (Hg.), 83-121.

Lang, Sabine 1997: Geschlossene Öffentlichkeit. Paradoxien der Politikwissenschaft bei der Konstruktion des öffentlichen Raums. In: Kreisky/Sauer (Hg.), 46-69.

Langenfeldt, Christine 1990: Die Gleichbehandlung von Mann und Frau im Europäischen Gemeinschaftsrecht. Baden-Baden.

Langer-EL Sayed, Ingrid 1980: Familienpolitik. Tendenzen, Chancen und Nowendigkeiten. Ein Beitrag zur Entdämonisierung. Frankfurt/M.

Lautmann, Rüdiger 1990: Die Gleichheit der Geschlechter und die Wirklichkeit des Rechts. Opladen.

Lecheler, Helmut 1989: Paragraph 133: Schutz von Ehe und Familie. In: Isensee/Kirchhof (Hg.), 211-264.

Lecheler, Helmut 1979: Der Schutz der Familie. (Fehlentwicklungen bei der Konkretisierung eines Grundrechts). *Zeitschrift für das gesamte Familienrecht (FamRZ)* 26 (1), 1-8.

Leggewie, Claus (Hg.) 1994: Wozu Politikwissenschaft? Über das Neue in der Politik. Darmstadt.

Legnaro, Aldo/Aengenheister, Astrid 1995: Geschlecht und Strafrecht. Aspekte der Aburteilung von Tötungskriminialität. *Kritische Justiz* (2), 188-202.

Leibrock-Plehn, Larissa 1993: Frühe Neuzeit. Hebammen, Krätermedizin und weltliche Justiz. In: Jütte (Hg.), 68-90.

Lerche, Peter/Erhard, Benno 1979: Begründung des Nomenkontrollantrages. In: Arndt/Erhard/Funke (Hg.), 16-47.

Libreria delle donne die Milano 1988: Wie weibliche Freiheit entsteht. Berlin.

Lietzmann, Hans J. 1988: Das Bundesverfassungsgericht. Eine sozialwissenschaftliche Studie. Opladen.

Lietzmann, Hans J. 1994: Staatswissenschaftliche Abendröte. Zur Renaissance der Staatsorientierung in Deutschland. In: Gebhardt/Schmalz-Bruns (Hg.), 72-101.

Lietzmann, Hans J. 1998a: Reflexiver Konstitutionalismus und Demokratie. Die moderne Gesellschaft überholt die Verfassungsrechtssprechung. In: Guggenberger/Würtenberger (Hg.), 233-261.

Lietzmann, Hans J. 1998b: Die politische Theorie des „Verfassungsstaats" an der Schwelle zur Europäischen Union. Vortrag vor der gemeinsamen Konferenz der deutschen, österreichischen und schweizerischen PolitologInnenvereinigungen „Europa zwischen Integration und Ausschluß. Die Europäisierung der Politik als Chance und als Herausforderung", Wien am 5.-7.Juni 1998.

Limbach, Jutta 1984: Über den Stil der Rechtspolitik – oder die Mär von dem einträglichen Geschäft mit der Scheidung. *Zeitschrift für Rechtspolitik*, 199-201.

Limbach, Jutta 1995: Die richterliche Unabhängigkeit – Ihre Bedeutung für den Rechtsstaat. *Neue Justiz*, 281-283.

Limbach, Jutta/Eckertz-Höfer, Marion 1993: Frauenrechte im Grundgesetz des geeinigten Deutschland: Diskussion in der Gemeinsamen Verfassungskommission von Bundestag und Bundesrat und der Bundesratskommission Verfassungsreform. Dokumentation. Baden-Baden.

Lisken, Hans 1996: Rechtsstaat - was sonst? Hrsg. von Erhard Denninger und Reinhard Mokros. Baden-Baden.

List, Elisabeth/Studer, Herlinde (Hg.) 1989: Denkverhältnisse. Feminismus und Kritik. Frankfurt/M.

Lister, Ruth 1997: Citizenship. Feminist Perspectives. Houndsmills u.a.

Lloyd, Genieviève 1985: Das Patriarchat der Vernunft. Bielefeld.

Locke, John 1977: The Second Treatise of Government. Oxfort.

Locke, John 1992: Zwei Abhandlungen über die Regierung. Hrsg. von Walter Euchner. Stuttgart.

Loschelder, Wolfgang 1988: Staatlicher Schutz für Ehe und Familie. Der Auftrag der Verfassung und die Krise der Institiution. *Zeitschrift für das gesamte Familienrecht (FamRZ)* 35 (4), 333-339.

Lübbe-Wolff, Gertrude 1988: Die Grundrechte als Eingriffsabwehrrechte. Baden-Baden.

Lucke, Doris 1991: Das Geschlechterverhältnis im rechtspolitischen Diskurs. Gleichstellungsdiskussion und gesetzgeberischer 'double talk'. Bremen.

Lucke, Doris 1996: Zur Rechtssoziologie der Geschlechterverhältnisse. Pfaffenweiler.

Luhmann, Niklas 1974: Grundrechte als Institution – Ein Beitrag zur politischen Soziologie. Berlin.

MacKinnon, Catharine A. 1983: Feminism, Marxism, Method and the State: Towards Feminist Jurisprudence. *Signs* (4), 635-658.

MacKinnon, Catharine A. 1989: Towards a feminist theory of the state. Cambirdge, London.

MacKinnon, Catharine A. 1990: Feministische Rechtspolitik heute. In: Gerhard u.a. (Hg.), 205-210.

MacKinnon, Catharine A. 1991: Reflections on Sex Equality under Law. *Yale Law Journal* (100), 1281-1328.

MacKinnon, Catharine A. 1994: Gleichheit der Geschlechter: Über Differenz und Dominanz. In: Appelt/Neyer (Hg.), 37-71.

Mädje, Eva/Neusüß, Claudia 1996: Frauen in der Sozial- und Armutsforschung. In: Kulawik/Sauer (Hg.), 206-222.

Maihofer, Andrea 1990: Gleichheit nur für Gleiche? In: Gerhard u.a. (Hg.), 351-367.

Maihofer, Andrea 1994: Gleichberechtigung in der Differenz oder Gleichheit und Differenz. Zur Kritik des herrschenden Gleichheitsverständnisses. In: Gebhardt/Schmalz-Bruns (Hg.), 345-363.

Maihofer, Werner (Hg.) 1968: Ideologie und Recht. Frankfurt/M.

Marcic, René 1957: Vom Gesetzesstaat zum Richterstaat. Recht als Maß der Macht – Gedanken über den demokratischen Rechts- und Sozialstaat. Wien.

Marcuse, Herbert 1969: Ideen zu einer kritischen Theorie der Gesellschaft. Frankfurt/M.

Marshall, Thomas H. 1992: Bürgerrechte und soziale Klassen. Zur Soziologie des Wohlfahrtsstaates. Frankfurt/M., New York.

Massing, Otwin 1972: Das Bundesverfassungsgericht als Instrument sozialer Kontrolle. In: Tohidipur (Hg.), 30-91.

Matthes, Joachim (Hg.) 1979: Sozialer Wandel in Westeuropa. Frankfurt/M.

Matz, Ulrich 1975: Politik und Gewalt. München.

Maunz, Theodor/Düring, Günter/Herzog, Roman 1989: Kommentar zum Grundgesetz. München.

Maunz, Theodor/Düring, Günter/Herzog, Roman/Scholz, Rupert 1996: Grundgesetz. Kommentar Bd. 1 (Art.1 – 12), (Stand: Oktober 1996). München.

Maus, Ingeborg 1978: Entwicklung und Funktionswandel der Theorie des bürgerlichen Rechtsstaats. In: Tohidipur (Hg.), 13-81.

Maus, Ingeborg 1986: Rechtstheorie und politische Theorie im Industriekapitalismus. München.
Maus, Ingeborg 1992: Zur Aufklärung der Demokratietheorie. Frankfurt/M.
Mayer-Tasch, Peter Cornelius 1991: Politische Theorie des Verfassungsstaates. Eine Einführung. München.
Mayntz, Renate 1979: Regulative Politik in der Krise? In: Matthes (Hg.), 55-81.
McIntosh, Mary 1978: The State and the Oppression of Women. In: Kuhn/Wolpe (Hg.), 254-289.
Meehan, Johanna (Hg.) 1995: Feminists read Habermas. Gendering the subject of Discourse. New York, London.
Menger, Christoph Friedrich 1953: Der Begriff des sozialen Rechtsstaates im Bonner Grundgesetz. Tübingen.
Merten, Detlef 1995: Die Rechtsstaatsidee im Allgemeinen Landrecht. In: Ebel (Hg.), 109-138.
Meyer, Birgit 1992: Die „unpolitische Frau“. Politische Partizipation von Frauen oder: haben Frauen ein anderes Verhältnis zur Politik? *Aus Politik und Zeitgeschichte (ApuZ)* B 25-26. Beilage zur Wochenzeitung Das Parlament, 3-18.
Meyer, Birgit 1997: Frauen im Männerbund. Politikerinnen in Führungspositionen von der Nachkriegszeit bis heute. Frankfurt/M., New York.
Michalski, Krsyztof (Hg.) 1989: Europa und die Civil Society. Stuttgart.
Mickel, Wolfgang M. (Hg.), 1986: Handlexikon zur Politikwissenschaft. Schriftenreihe der Bundeszentrale für politische Bildung Bd. 237. Bonn.
Mies, Maria 1988: Patriarchat und Kapital. Frauen in der internationalen Arbeitsteilung. Zürich.
Ministerium für Arbeit, Soziales, Gesundheit und Frauen des Landes Brandenburg (Hg.) 1996: Mit Recht und Courage. Praxisnahes Rechtswissen für die Gleichstellungsarbeit. Potsdam.
Mohl, Robert von 1829: Staatsrecht des Königreichs Württemberg. 1. Teil: Das Verfassungsrecht. Tübingen.
Mohl, Robert von 1844: Die Polizeiwissenschaft nach den Grundsätzen des Rechtsstaates Bd. 1, 2. Aufl. Tübingen.
Mohl, Robert von 1872: Encyklopädie der Staatswissenschaften. 2. Aufl. (1859). Tübingen.
Moore, Henrietta L. 1990: Mensch und Frau sein: Perspektiven einer feministischen Anthropologie. Gütersloh.
Mouffe, Chantal 1992: Democratic Citizenship and the Political Community. In: Mouffe, Chantal (Hg.), 225-239.

Mouffe, Chantal (Hg.) 1992: Dimensions of Radical Democracy. London, New York.
Muth, Ulrich 1994: Die Diskussion über eine Reform des strafrechtlichen Abtreibungsverbots in der Bundesrepublik Deutschland bis zum 15. Strafrechtsänderungsgesetz vom 18.5.1976. München.

Nagl-Docekal, Herta 1994: Geschichtsphilosophie als Theorie der Geschlechterdifferenz – Das Beispiel Rousseaus. *Deutsche Zeitschrift für Philosophie* (4), 571-590.
Nagl-Docekal, Herta/Pauer-Studer, Herlinde (Hg.) 1993: Jenseits der Geschlechtermoral. Beiträge zur feministischen Ethik, Frankfurt/M.
Nagl-Docekal, Herta/Pauer-Studer, Herlinde (Hg.) 1996: Politische Theorie. Differenz und Lebensqualität. Frankfurt/M.
Narr, Wolf-Dieter/Naschold, Frieder 1971: Theorie der Demokratie. Stuttgart, Berlin.
Narr, Wolf-Dieter/Vack, Klaus (Hg.) 1991: Verfassung oder wie können wir in Zukunft leben? Sensbachtal.
Neumann, Franz 1967: Der Funktionswandel des Gesetzes im Recht der bürgerlichen Gesellschaft (1937). In: Neumann (Hg.), 31-81.
Neumann, Franz 1967: Demokratischer und autoritärer Staat. Studien zur politischen Theorie. Frankfurt/M.
Neumann, Franz L. 1978: Rechtsstaat, Gewaltenteilung und Sozialismus. In: Tohidipur (Hg.), 118-126.
Neumann, Franz L. 1980: Die Herrschaft des Gesetzes. Eine Untersuchung zum Verhältnis von politischer Theorie und Rechtssystem in der Konkurrenzgesellschaft. Frankfurt/M.
Neyer, Gerda 1997: FeMale. Geschlechterkonstruktionen in der Sozialpolitik. Das Beispiel der Lohnarbeitsmarkt- und Sozialpolitikformierung in Österreich im 18. und 19. Jahrhundert. In: Kreisky/Sauer (Hg.), 137-160.
Nicholson, Linda 1994: Was heißt „gender"? In: Institut für Sozialforschung (Hg.), 188-220.
Nipperdey, Hans Carl 1962: Freie Entfaltung der Persönlichkeit. In: Die Grundrechte. Bd. IV/2. Berlin 1962, 742-909.
Nipperdey, Hans Carl 1977: Freie Entfaltung der Persönlichkeit. In: Denninger (Hg.), 251-259.
Nohlen, Dieter/Schultze, Rainer-Olaf (Hg.) 1987: Politikwissenschaft. Theorien – Methoden – Begriffe. Pipers Wörterbuch zur Politik Bd. 1. München, Zürich.

Noske, Heiner (Hg.) 1995: Der Rechtsstaat am Ende? Analysen, Standpunkte, Perspektiven. München, Landsberg/L.

Oberlies, Dagmar 1992a: „§218 – Ein Grenzfall des Rechts?" *Kritische Justiz*, 199-213.

Oberlies, Dagmar 1992b: §218: Die Frau als Rechtssubjekt. *Streit* (2), 60-67.

Okin, Susan Moller 1979: Women in Western Political Thought. London.

Okin, Susan Moller 1989: Justice, Gender and the family. New York.

Olsen, Francis 1991: A Finger To The Devil. Abortion. Privacy and Equality. Dissent (38), 377-382.

Ossenbühl, Fritz/Rudolphi, Hans-Joachim 1979: Begründung des Normenkontrollantrags (Baden-Württemberg). In: Arndt/Erhard/Funke (Hg.), 67-105.

Osterloh, Lerke 1996: Art. 3 GG Rdnr. 264ff. In: Sachs (Hg.), 181-248.

Ostner, Ilona 1990: Der partikularistische Sozialstaat – das Beispiel der Frauen. In: Dressel u.a. (Hg.), 19-40.

Pateman, Carole 1988: The Sexual Contract. Stanford.

Pateman, Carole 1989: The Disorder of Women. Democracy, Feminism and Political Theory. Stanford.

Pateman, Carole 1992: Gleichheit, Differenz, Unterordnung. Die Mutterschaftspolitik und die Frauen in ihrer Rolle als Staatsbürgerinnen. *Feministische Studien* 10 (1), 54-69.

Pateman, Carole 1994: Der Geschlechtervertrag. In: Appelt/Neyer (Hg.), 73-96.

Pateman, Carole 1996: Feminismus und Ehevertrag. In: Nagl-Docekal/Pauer-Studer (Hg.), 174-219.

Pauly, Walter 1993: „Verfassung". In: Erler/Kaufmann (Hg.), 698 - 708.

Pawlowski, Hans-Martin/Roellecke, Gerd (Hg.) 1996: Der Universalitätsanspruch des demokratischen Rechtsstaates. Archiv für Rechts- und Sozialphilosophie. Beiheft 65. Stuttgart.

Penrose, Virginia/Rudolph, Clarissa (Hg.) 1996: Zwischen Machtkritik und Machtgewinn. Feministische Konzepte und politische Realität. Frankfurt/M.

Pfarr, Heide 1995: Das Zweite Gleichberechtigungsgesetz. Recht der Arbeit (RdA) (4), 204-211.

Pfarr, Heide 1995: Die Frauenquote. *Neue Zeitschrift für Arbeits- und Sozialrecht* (17), 809-813.

Pfeiffer, Gerd/Burgermeister, Udo/Roth, Gerald (Hg.) 1993: Der verfaßte Rechtsstaat. Festschrift für Karin Graßhof. Heidelberg.

Phillips, Anne 1991: Engendering Democracy. Pennsylvannia.

Piazolo, Michael (Hg.) 1995: Das Bundesverfassungsgericht. Ein Gericht im Schnittpunkt von Recht und Politik. Mainz, München.

Pieper, Annemarie 1973: ‚Individuum'. In: Krings/Baumgartner/Wild (Hg.), 728-737.

Plett, Konstanze 1995/96: Den Frauen die Chance, den Müttern das Recht – oder: Förderung ja, Beförderung nein. *Ansprüche. Forum demokratischer Juristinnen und Juristen* (4)1995–(1)1996, 10–16.

Podlech, Adalbert 1969: Das Grundrecht der Gewissensfreiheit und die besonderen Gewaltverhältnisse. Berlin.

Preuß, Hugo 1923: Deutschlands republikanische Reichsverfassung 2. Aufl. Berlin.

Preuß, Ulrich K. 1973: Legalität und Pluralismus. Beiträge zum Verfassungsrecht der Bundesrepublik Deutschland. Frankfurt/M.

Preuß, Ulrich K. 1977: Legalität, Loyalität, Legitimität. *Leviathan. Zeitschrift für Sozialwissenschaft* (5), 450-466.

Preuß, Ulrich, K. 1989: Rechtsstaat und Demokratie. *Kritische Justiz* 22 (1), 1-11.

Preuß, Ulrich K. 1990: Verfassungstheoretische Überlegungen zur normativen Begründung des Wohlfahrtsstaates. In: Sachße/Engelhardt (Hg.), 106-132.

Preuß, Ulrich K. 1996: Risikovorsorge als Staatsaufgabe. In: Grimm (Hg.), 523-552.

Preuß, Ulrich K. 1998: Die Belagerung des liberalen Verfassungsstaates durch die multikulturelle Gesellschaft. *Leviathan* (1), 60-76.

Preuß, Ulrich K./Everson, Michelle 1996: Konzeptionen von 'Bürgerschaft' in Europa. *Prokla. Zeitschrift für kritische Sozialwissenschaft* 26 (105), (4), 543-564.

Preuß, Ulrich K. (Hg.) 1994: Zum Begriff der Verfassung. Die Ordnung des Politischen. Frankfurt/M.

Raasch, Sybille 1989: Rechtsweg ausgeschlossen!? Läßt sich die Befreiung der Frau durch Gesetze erstreiten? Frauen-Macht-Politik. Zerreißproben um Emanzipation und Quotierung. Jahrbuch für Sozialökonomie und Gesellschaftstheorie. Opladen, 29-53.

Raasch, Sybille 1991: Frauenquote und Männerrechte. Baden-Baden.

Raasch, Sybille 1995: Der EuGH zur Frauenquote. *Kritische Justiz* (4), 493–498.

Radbruch, Gustav/Kaufmann, Arthur (Hg.) 1991: Die peinliche Gerichtsordnung Kaiser Karl V. von 1532 (Carolina) 6. Aufl. Stuttgart.

Ramm, Thilo 1989: Die Fortpflanzung - ein Freiheitsrecht? Juristenzeitung, 861-874.

Randall, Vicky/Waylen, Georgina (Hg.) 1998: Gender, Politics and the State. London, New York.

Rawls, John 1977: Gerechtigkeit als Fairneß. München.

Rawls, John 1979: Eine Theorie der Gerechtigkeit. Frankfurt a.M.

Reich-Hilweg, Ines 1979: Männer und Frauen sind gleichberechtigt. Der Gleichberechtigungsgrundsatz (Art. 3 Abs. 2 GG) in der parlamentarischen Auseinandersetzung 1948-1957 und in der Rechtsprechung des Bundesverfassungsgerichts 1953-1975. Frankfurt/M.

Reiter, Rayna R. (Hg.) 1975: Toward in Anthropology of Women. New York.

Ridder, Helmut 1975: Die soziale Ordnung des Grundgesetzes. Opladen.

Riedmüller, Barbara 1984: Frauen haben keine Rechte. Zur Stellung der Frau im System Sozialer Sicherheit. In: Kickbusch/Riedmüller (Hg.), 311-335.

Rill, Bernd (Hg.) 2000: Fünfzig Jahre freiheitlich-demokratischer Rechtsstaat. Vom Rechtsstaat zum Rechtswegestaat. Baden-Baden.

Robbers, Gerhard 1992: Geschichtliche Entwicklung der Verfassungsgerichtsbarkeit. In: Umbach/Clemens (Hg.), 3-10.

Rödel, Ulrich/Frankenberg, Günter/Dubiel, Helmut 1989: Die demokratische Frage. Frankfurt/M.

Röhrich, Wilfried 1989: Denker der Politik. Zur Ideengeschichte der bürgerlichen Gesellschaft. Opladen.

Rössler, Beate 1992: Der ungleiche Wert der Freiheit. Aspekte feministischer Kritik am Liberalismus und Kommunitarismus. *Analyse & Kritik* (1), 86-113.

Rössler, Beate 1992: Der ungleiche Wert der Freiheit. Aspekte feministischer Kritik am Liberalismus und Kommunitarismus. *Analyse & Kritik* 14 (1), 86-113.

Rousseau, Jean-Jacques 1971: Emile oder über die Erziehung. Paderborn.

Rousseau, Jean-Jacques 1977: Der Gesellschaftsvertrag. Stuttgart.

Rousseau, Jean-Jacques 1978: Schriften in zwei Bänden. Hrsg. von H. Ritter. München.

Rousseau, Jean-Jacques 1989: Kulturkritische und Politische Schriften in zwei Bänden. Hrsg. von Martin Fontius. Berlin.

Rubin, Gayle 1975: The Traffic in Women. In: Reiter, Rayna R. (Hg.): Toward an Anthropology of Women. New York, London, 157-210.
Ruddick, Sara 1983: Maternal Thinking. In: Trebilcot, Joyce (Hg.), 213-230.
Rudolph, Clarissa 1996: Einflußpotentiale und Machtbarrieren. Frauenpolitik in der Verfassungsdiskussion. Baden-Baden.
Rumpf, Mechthild 1992: Staatliches Gewaltmonopol, nationale Souveränität und Krieg. Einige Aspekte des männlichen Zivilisationsprozesses. *L'Homme. Zeitschrift für feministische Geschichtswissenschaft* (3), 7-30.
Rust, Ursula 1996: Anmerkung zum EuGH–Urteil vom 17.10.1995. *Neue Justiz*, 102–104.

Sachs, Michael (Hg.) 1996: Grundgesetz. Kommentar. München.
Sachße, Christoph/Engelhardt, Tristram H. 1990: Sicherheit und Freiheit: Zur Ethik des Wohlfahrtsstaates. Frankfurt/M.
Säcker, Horst 1989: Das Bundesverfassungsgericht. Schriftenreihe der Bundeszentrale für politische Bildung. Bonn.
Säcker, Horst 1995: Gesetzgebung durch das BVerfG – Das BVerfG und die Legislative - In: Piazolo (Hg.), 189-226.
Sacksofsky, Ute 1991: Das Grundrecht auf Gleichberechtigung. Eine rechtsdogmatische Untersuchung zu Artikel 3 Absatz 2 des Grundgesetzes. Baden-Baden.
Sadrozinski, Renate 1988: Kinder oder keine – entscheiden wir alleine? Zum Zusammenhang von § 218 und Embryonenschutz. In: Sadrozinski/ Paczensky (Hg.), 28-40.
Sadrozinski, Renate 1990: Anmerkungen zum Thema Abtreibung und Selbstbestimmung. In: Gerhard u.a. (Hg.), 182-187.
Sadrozinski, Renate/Paczensky, Susanne von (Hg.) 1988: § 218 – Zu Lasten der Frauen. Neue Auskünfte zu einem alten Kampf. Reinbek bei Hamburg.
Sandel, Michael J. 1993: Die verfahrensrechtliche Republik und das ungebundene Selbst. In: Honneth (Hg.), 18-35.
Šarčević, Edin 1996: Der Rechtsstaat. Modernität und Universalitätsanspruch der klassischen Rechtsstaatstheorien - eine Bilanz der Rechtsstaatslehren zwischen aufgeklärtem Liberaliusmus und Nationalsozialismus. Leipzig.
Sarstedt, Werner 1987: Rechtsstaat als Aufgabe. Ausgewählte Schriften und Vorträge 1952 bis 1985. Hrsg. von Gisela Sarstedt, Rainer Ahmm, Wolfgang Köberer und Regina Michalke. Mit einem Geleitwort von Gerhard Mauz. Berlin, New York.

Sauer, Birgit 2001: Die Asche des Souveräns. Staat und Demokratie in der Geschlechterdebatte. Frankfurt/New York.

Sauer, Birgit 1997: „Die Magd der Industriegesellschaft". Anmerkungen zur Geschlechtsblindheit von Staats- und Institutionentheorien. In: Kerchner/ Wilde (Hg.), 29-54.

Sauer-Burghard, Brunhilde 1985: ...Wie der Staat zum Vater aller Dinge wurde - Eine Untersuchung staatlicher Funktionen bei der Organisation der modernen kapitalistisch-patriarchalen Verhältnisse zwischen Männern und Frauen dargestellt am Beispiel Preußens. *Beiträge zur feministischen Theorie und Praxis* 8 (13), 37-48.

Schaeffer-Hegel, Barbara/Kopp-Degethoff, Heidi (Hg.) 1991: Vater Staat und seine Frauen. Bd. 2: Studien zur politischen Kultur. Pfaffenweiler.

Schaeffer-Hegel, Barbara/Watson-Franke, Barabara (Hg.) 1989: Männer Mythos Wissenschaft. Grundlagentexte zur feministischen Wissenschaftskritik. Pfaffenweiler.

Scharpf, Fritz W. 1991: Die Handlungsfähigkeit des Staates am Ende des zwanzigsten Jahrhunderts *Politische Vierteljahresschrift* 32 (4), 621-634.

Scheuner, Ulrich 1955: Die verfassungsrechtlichen Grundlagen der Familienrechtsreform. In: Dombois/Schumann (Hg.), 42–54.

Scheuner, Ulrich 1960: Die neuere Entwicklung des Rechtsstaates in Deutschland. In: Caemmerer (Hg.), 231 – 278.

Schiek, Dagmar 1995: Die Schnecke Fortschritt kriecht rückwärts: Das zweite Gleichberechtigungsgesetz. *STREIT - feministische Rechtszeitschrift* (1), 3-13.

Schmid, Viola 1989: Die Familie in Artikel 6 des Grundgesetzes. Berlin.

Schmidt, Manfred G. 1995: Das Wörterbuch zur Politik. Stuttgart.

Schmidt, Manfred G. 1995: Demokratietheorien. Eine Einführung. Opladen.

Schmitt, Carl 1957 (1928): Verfassungslehre. Berlin.

Schmitt-Glaeser, Walter 1997: Das Bundesverfassungsgericht als „Gegengewalt" zum verfassungsändernden Gesetzgeber? Lehren aus dem Diäten –Streit 1995. In: Burmeister (Hg.), 1183-1199.

Schneider, Hans-Peter 1974: Die Verfassung – Aufgabe und Struktur. *Archiv des öffentlichen Rechts*, Beiheft 1, 64ff.

Schneider, Hans-Peter 1999: Richter oder Schlichter. Das Bundesverfassungsgericht als Integrationsfaktor. *Aus Politik und Zeitgeschichte. Beilage zur Wochenzeitung Das Parlament* (16), 9-19.

Schöler-Macher, Bärbel 1991: Fremd(körper) in der Politik. Die Normalität des politischen Alltags in Parteien und Parlamenten aus der Sicht von Frauen. *Frauenforschung* (1-2), 98-116.

Schöler-Macher, Bärbel 1992: Auf den Spuren einer möglichen Fremdheit von Frauen in der Politik. In: Wetterer (Hg.), 257-276.
Schöler-Macher, Bärbel 1994: Die Fremdheit der Politik. Erfahrungen von Frauen in Parteien und Parlamenten. Weinheim.
Scholz, Rupert 1999: Das Bundesverfassungsgericht: Hüter der Verfassung oder Ersatzgesetzgeber? *Aus Politik und Zeitgeschichte. Beilage zur Wochenzeitung das Parlament* (16), 3-8.
Scholz, Rupert 1995: Abschied vom Politischen. Justitia als Wunderheiler. In: Noske (Hg.), 92-98.
Scholz, Rupert 1997: Karlsruhe im Zwielicht. Anmerkungen zu den wachsenden Zweifeln am BVerfG. In: Burmeister (Hg.), 1201-1223.
Schröder, Hannelore 1979: Die Rechtlosigkeit der Frau im Rechtsstaat. Frankfurt/M.
Schultz, Irmgard 1985: Überlegungen zu einer feministischen Staatstheorie anhand von Jean Bodin. *Beiträge zur feministischen Theorie und Praxis* 8 (13), 9-22.
Schultze-Caspar, Astrid 1981: Die Diskussion um die Reform des §218 zur Zeit der Weimarer Republik im Deutschen Reichstag und unter den Ärzten. Frankfurt/M.
Schulz-Schaeffer, Helmut 1971: Der Freiheitssatz des Art. 2 Abs. 1 Grundgesetz – Libertätsrechte und Vermutung für den Kernbereich der Freiheitsrechte. Berlin.
Schumacher, Joachim 1978: Die Angst vor dem Chaos. Über die falsche Apokalypse des Bürgertums. Frankfurt/M.
Schünemann, Bernd 1991: Quo vadis §218. *Zeitschrift für Rechtspolitik*, 379-392.
Schunter-Kleemann, Susanne (Hg.) 1992: Herrenhaus Europa - Geschlechterverhältnisse im Wohlfahrtsstaat. Berlin.
Schunter-Kleemann, Susanne 1992: Wohlfahrtsstaat und Patriarchat - Ein Vergleich europäischer Länder. In: Schunter-Kleemann (Hg.), 141-327.
Schunter-Kleemann, Susanne 1993: Feministische Anmerkungen zur Theorie des Wohlfahrtsstaates. In: Blattmann, u.a. (Hg.), 113-124.
Schuppert, Gunnar Folke 1998: Das Gesetz als zentrales Steuerungsinstrument des Rechtsstaates. In: Ders. (Hg.), 105-156.
Schuppert, Gunnar Folke (Hg.) 1998: Das Gesetz als zentrales Steuerungsinstrument des Rechtsstaates. Symposium anläßlich des 60. Geburtstages von Christian Starck. Baden-Baden.
Schwab, Dieter 1989: Familienrecht 5. Aufl. München.

Schwab, Dieter 1997: Gleichberechtigung und Familienrecht im 20. Jahrhundert. In: Gerhard, Ute (Hg.), 790-827.

Scott, Joan 1988: Gender and the Politics of History. New York.

Scott, Joan 1991: Gender: A Useful Category of Historical Analysis. In: Aruna (Hg.), 13-37.

Seebode, Manfred (Hg.) 1992: Festschrift für Günter Spendel zum 70. Geburtstag am 11. Juli 1992. Berlin.

Seemann, Birgit 1996: Feministische Staatstheorie. Der Staat in der deutschen Frauen- und Patriarchatsforschung. Opladen.

Seidler, Eduard 1993: Das 19. Jahrhundert. Zur Vorgeschichte des Paragraphen 218. In: Jütte (Hg.), 120 - 139.

Seifert, Jürgen 1976: Verfassungsgerichtliche Selbstbeschränkung. In: Tohidipur (Hg.), 116-135.

Selbert, Elisabeth 1987: Zur Entstehung von Art. 3 Abs. 2 des Grundgesetzes im Parlamentarischen Rat. In: Huffmann/Frandsen/Kuhn (Hg.), 69-74.

Senett, Richard 1985: Autorität. Frankfurt/M.

Senett, Richard 1993: Verfall und Ende des öffentlichen Lebens. Die Tyrannei der Intimität. Frankfurt/M.

Shanley, Mary Lyndon/Pateman Carole (Hg.) 1991: Feminist Interpretations and Political Theory. Cambridge.

Slupik, Vera 1988: Die Entscheidung des Grundgesetzes für Parität im Geschlechterverhältnis. Zur Bedeutung von Artikel 3 Abs. 2 und 3 GG in Recht und Wirklichkeit. Berlin.

Smend, Rudolf 1968: Staatsrechtliche Abhandlungen, 2. Aufl. Berlin.

Smid, Stefan (Hg.) 1996: Gerechtigkeit und Rechtsstaat. Frankfurt/M. u.a.

Sobota, Katharina 1997: Das Prinzip Rechtsstaat. Verfassungs- und verwaltungsrechtliche Aspekte. Tübingen.

Sokol, Bettina 1989: Feministische Rechtspolitik – rechtliche Diskriminierung und Gleichberechtigungskonzepte. *Streit* (1), 3-12.

Sommer, Imke 1998: Zivile Rechte für Antigone. Zu den rechtstheoretischen Implikationen der Theorie von Luce Irigaray. Baden-Baden.

Sommerville, John 1951: Um die Erklärung von Menschenrechten. Ein Symposium. Einführung von Jacques Maritain. Hrsg. von der Unesco.

Spaemann, Robert 1987: Über den Begriff der Menschenwürde. In: Spaemann/Böckenförde (Hg.), 295-313.

Spaemann, Robert/Böckenförde, Ernst-Wolfgang (Hg.) 1987: Menschenrechte und Menschenwürde. Historische Voraussetzungen – säkulare Gestalt – christliches Verständnis. Institut für die Wissenschaft vom Menschen. Stuttgart.

Stahl, Friedrich Julius 1856: Die Philosophie des Rechts 2 Bände. 2. Band: Rechts- und Staatslehre auf der Grundlage christlicher Weltanschauung 3. Aufl. Tübingen.

Staupe, Gisela/Vieth, Lisa (Hg.) 1993: Unter anderen Umständen: Zur Geschichte der Abtreibung. Dresden, Berlin.

Stein, Ekkehart 1982: Staatsrecht 8. Aufl. Tübingen.

Stein, Tine 1997: Demokratie und Verfassung an den Grenzen des Wachstums. Zur ökologischen Kritik und Reform des demokratischen Verfassungsstaates. Wiesbaden.

Steiner, Udo 1995: Das zweite Grundsatzurteil zum Schwangerschaftsabbruch - Ein Gericht zwischen Verfassung und gesellschaftlicher Moral. In: Piazolo, Michael (Hg.), 107-124.

Steinbrügge, Lieselotte 1987: Das moralische Geschlecht. Weinheim/Basel.

Stern, Klaus 1980: Staatsrecht II. München.

Stiegler, Barbara 1992: Zur Aufhebung des Eheprivilegs im Grundgesetz. Diskussionspapier. Hrsg. von der Friedrich Ebert-Stiftung. Abteilung Arbeits- und Sozialforschung. Bonn.

Stolz-Willig, Brigitte/Veil, Mechthild (Hg.) 1999: Es rettet uns kein höh'res Wesen. Feministische Perspektiven der Arbeitsgesellschaft. Hamburg

Stukenbrock, Karin 1993: Das Zeitalter der Aufklärung. Kindsmord, Fruchtabtreibung und medizinische Policey. In: Jütte (Hg.), 91-119.

Suhr, Dieter 1976: Entfaltung des Menschen durch die Menschen. Berlin.

Taylor, Charles 1988: Negative Freiheit? Zur Kritik des neuzeitlichen Individualismus. Frankfurt.

Taylor, Charles/Gutman, Amy/Rockefeller Steven C./Walzer, Michael/Wolf, Susan 1993: Multikulturalismus und die Politik der Anerkennung. Frankfurt.

Thiele, Willi 1984: Staat und Bürger. Kontinuitäten und Wandlungen in der deutschen Entwicklung des Rechts- und Sozialstaates. Herford.

Thoma, Richard, 1910: Rechtsstaatsidee und Verwaltungsrechtswissenschaft. Jahrbuch des öffentlichen Rechts der Gegenwart (4), Tübingen, 196ff.

Tohidipur, Mehdi (Hg.) 1976: Verfassung, Verfassungsgerichtsbarkeit, Politik. Zur verfassungsrechtlichen und politischen Stellung und Funktion des Bundesverfassungsgerichts. Frankfurt/M.

Tohidipur, Mehdi (Hg.) 1978: Der bürgerliche Rechtsstaat Band 1 und 2. Frankfurt/M.

Trebilcot, Joyce (Hg.): Mothering. Essays in Feminist Theory. Totowa.

Tröndle, Herbert 1992: Das Menschenbild des Grundgesetzes und die Neuregelung des Abtreibungsrechts im geeinten Deutschland. In: Seebode (Hg.), 611-628.

Umbach, Dieter/Clemens, Thomas (Hg.) 1992: Bundesverfassungsgerichtsgesetz: Mitarbeiterkommentar und Handbuch. Heidelberg.

Voet, Rian 1998: Feminism And Citizenship. London u.a.

Vogel, Hans-Jochen 1995: Verfassungsreform und Geschlechterverhältnis. Zur Ergänzung des Art. 3, Abs. 2.; GG durch ein Staatsziel Frauenförderung. In: Klein (Hg.), 395-420.

Vogel, Ursula 1991: Is Citizenship Gender-Specific? In: Vogel/Morgan (Hg.), 58-85.

Vogel, Ursula 1998: The State and the making of gender: some historical legacies. In: Randall/Waylen (Hg.), 29-44.

Vogel, Ursula/Morgan, Michael (Hg.) 1991: The Frontiers of Citizenship. London, New York.

Voigt, Rüdiger 1987: Staat. In: Görlitz/Prätorius (Hg.), 509-516.

Walzer, Michael 1992: Sphären der Gerechtigkeit. Ein Plädoyer für Pluralität und Gleichheit. Frankfurt, New York.

Walzer, Michael 1993: Die kommunitaristische Kritik am Liberalismus. In: Honneth (Hg.), 157-180.

Walzer, Michael 1995: Was heißt zivile Gesellschaft? In: Brink van den/Reijen van (Hg.), 44-70

Wasmuth, Ulrike 1991: Militarisierung und Zivilisierung von Staaten und Gesellschaften aus feministischer Sicht. Über den Zusammenhang zwischen Sexismus und Bellinismus. In: Karl/Nielebock (Hg.), 133-145.

Wasmuth, Ulrike 1997: Zum Zusammenhang zwischen Nationalismus, Krieg und Geschlecht. In: Kerchner/Wilde (Hg.), 223-238.

Wassermann, Robert 1989: Kommentar zum Grundgesetz für die Bundesrepublik Deutschland. Bd. I, Art. 1-37, 2. Aufl. Neuwied, Frankfurt/M.

Weber, Max, 1980: Wirtschaft und Gesellschaft, Grundriß der verstehenden Soziologie 5. Aufl. Tübingen.

Welcker, Carl Th. 1813: Die letzten Gründe von Recht, Staat und Strafe. Gießen.

Wellmer, Albrecht 1993: Bedingungen einer demokratischen Kultur. Zur Debatte zwischen Liberalen und Kommunitaristen. In: Brumlik/Brunkhorst (Hg.), 173-198.

Werlhof, Claudia von (Hg.) 1991: Was haben die Hühner mit dem Dollar zu tun? Frauen und Ökonomie. München.
Werlhof, Claudia von 1990: Mit Frauen ist kein Staat zu machen. Thesen zur politologischen Frauenforschung. Eine kritische Bilanz. *Widerspruch* (19), 105-127.
Werlhof, Claudia von 1991: Die Puppen in der Puppe. Zum Verhältnis von Staat und Kapital und Patriarchat. In: Werlhof (Hg.), 22-38.
Werner Dressel u.a. (Hg.): Lebenslauf, Arbeitsmarkt und Sozialpolitik. Beiträge zur Arbeitsmarkt- und Berufsforschung. Nürnberg.
Wesel, Uwe 1984: Nach Karlsruhe gehen. *Kursbuch* 77, 123-144.
Wetterer, Angelika (Hg.) 1992: Profession und Geschlecht. Über die Marginalität von Frauen in hochqualifizierten Berufen. Frankfurt/M., New York.
Wetterer, Angelika/Knapp, Gudrun-Axeli (Hg.) 1992: TraditionenBrüche. Entwicklungen feministischer Theorie. Freiburg i.Br.
Wiener, Antje 1996a: Editorial. Fragmentierte Staatsbürgerschaft. *Prokla. Zeitschrift für kritische Sozialwissenschaft* 26 (105), 488-496.
Wiener, Antje 1996b: (Staats)Bürgerschaft ohne Staat. Ortsbezogene Partizipationsmuster am Beispiel der Europäischen Union. *Prokla. Zeitschrift für kritische Sozialwissenschaft* 26 (105), 497-514.
Wilde, Gabriele 1995: Geschlecht und das Prinzip der Ungleichheit: Zur Problematik der Gleichheit in demokratietheoretischen Ansätzen. In: Kreisky/Sauer (Hg.), 122-160.
Wilde, Gabriele 1997: Staatsbürgerstatus und die Privatheit der Frauen. Zum partizipatorischen Demokratiemodell von Carole Pateman. In: Kerchner/Wilde (Hg.), 69-106.
Wilde, Gabriele 1999: Geschlechtsbürgerinnen als Konstrukt demokratischer Verfassungsstaaten. Zum Paradox einer privaten Öffentlichkeit. In: Abels/Sifft (Hg.), 183-212.
Wingen, Max 1997: Familienpolitik. Grundlagen und aktuelle Probleme. Stuttgart.
Wittmann, Johann 2000: Self-restraint als Ausdruck der Gewaltenteilung. In: Rill (Hg.), 109-124.
Wobbe, Teresa 1989: Gleichheit und Differenz. Politische Strategien von Frauenrechtlerinnen um die Jahrhundertwende. Frankfurt/M., New York.
Würtenberger, Thomas 2000: Zu den Wurzeln des Rechtsstaates in Deutschland. In: Rill (Hg.), 15-36.
Wunder, Heide 1992: „Er ist die Sonn, sie ist der Mond". Frauen in der frühen Neuzeit. München.

Yeatman, Anna 1996: Jenseits des Naturrechts. Die Bedingungen für einen universellen Staatsbürgerstatus. In: Nagl-Docekal/Pauer-Studer (Hg.), 315-349.

Young, Iris Marion 1987: Impartiality and the Civic Public. In: Benhabib/Cornell (Hg.), 57-76.

Young, Iris Marion 1990: Justice and the Politics of Difference. Princeton.

Young, Iris Marion 1993: Das politische Gemeinwesen und die Gruppendifferenz. Eine Kritik am Ideal des universalen Staatsbürgerstatus. In: Nagl-Docekal/Pauer-Studer (Hg.), 267-305.

Zaretzky, Eli, 1978: Die Zukunft der Familie. Über Emanzipation und Entfaltung der Persönlichkeit. Frankfurt/M.

Zuck, Rüdiger 1996: Bundesverfassungsgericht: Unkontrollierter Kontrolleur? Kein Anlaß zur Sorge. *Universitas. Zeitschrift für interdisziplinäre Wissenschaft* 51 (1), 1-5.

Kulturwissenschaften

Jan Engelmann (Hg.)
Die kleinen Unterschiede
Der Cultural Studies-Reader
1999. 318 Seiten
ISBN 3-593-36245-7

Die Aufnahme der Cultural Studies in deutsche Kultur- und Politikdebatten zeigt, dass gleiche Fragen in verschiedenen Ländern und Diskursen offenbar ganz anders gestellt und vor allem beantwortet werden können. Britische und deutsche Autoren äußern sich zu Themen wie Multikulturalismus, Globalisierung, Identität, Popkultur, Konsum, Musik, Medien, Kunst, Mode und Bildung – darunter Stuart Hall, Paul Gilroy und John Fiske.

Sighard Neckel
Die Macht der Unterscheidung
Essays zur Kultursoziologie
der modernen Gesellschaft
2000. 235 Seiten
ISBN 3-593-36623-1

Die Macht der Unterscheidung beruht darauf, durch Distinktionen Vorteile und Prestige zu erlangen. Neckel schildert in seinen Essays die »Kleiderordnungen« und das Gefühlsleben der sozialen Konkurrenz. In ethnografischen Streifzügen durch Szenen, Lebensstile und Milieus berichtet er scharfsinnig und präzise von den aktuellen Stichworten und Symbolen sozialer Ungleichheit.